议题式教学设计
优秀案例选编

黄建炜　沈雪春　主　编
高传轩　贺瑶瑶　副主编

陕西师范大学出版总社

图书代号：JY21N1926

图书在版编目（CIP）数据

议题式教学设计优秀案例选编／黄建炜，沈雪春主编．—西安：陕西师范大学出版总社有限公司，2021.10（2022.10重印）
ISBN 978-7-5695-2537-3

Ⅰ.①议… Ⅱ.①黄… ②沈… Ⅲ.①政治课—教学设计—高中 Ⅳ.①G633.202

中国版本图书馆 CIP 数据核字（2021）第 203932 号

议题式教学设计优秀案例选编
YITISHI JIAOXUE SHEJI YOUXIU ANLI XUANBIAN

黄建炜 沈雪春 主编

责任编辑	闫　琳
责任校对	张文婷
装帧设计	王宏忠
出版发行	陕西师范大学出版总社
	（西安市长安南路199号　邮编　710062）
网　　址	http://www.snupg.com
印　　刷	西安永琛快速印务有限责任公司
开　　本	787 mm×1092 mm　1/16
印　　张	24.25
字　　数	400千
版　　次	2021年10月第1版
印　　次	2022年10月第2次印刷
书　　号	ISBN 978-7-5695-2537-3
定　　价	60.00元

如有印装问题，请与出版社联系调换。联系电话：029-85308197。

序一：建设议题式教学的"理想国"

教育是国之大计、党之大计，承担着立德树人的根本任务。思政课是落实立德树人根本任务的关键课程，发挥着"为党育人、为国育才"的作用。办好学校思政课，事关中国特色社会主义事业后继有人，是培养一代又一代社会主义建设者和接班人的重要保障。

对于如何办好思政课，习近平总书记强调，要推动思想政治理论课改革创新，不断增强思政课的思想性、理论性和亲和力、针对性，并提出了"八个相统一"。在办好思政课的实践中，新生了很多更符合教学规律、更具有时代特征的方式方法与研究成果，其中议题式教学可谓独具魅力。

《普通高中思想政治课程标准（2017年版2020年修订）》（以下简称"新课标"）指出，高中思想政治是一门综合性、活动型学科课程。教学设计能否反映活动型学科课程实施的思路，关键在于确定开展活动的议题。据此，新课标在"课程内容"部分，针对各个必修模块提供了议题设计提示，在"教学与评价建议"部分则明确提出，要"围绕议题，设计活动型学科课程的教学"，并给出了具体的议题设计示例。议题式教学也成为高中思想政治学科核心素养落地的重要途径，成为教师转变教学方式和学生改变学习方式的重要变革。但是在现实中还存在着对议题式教学认识模糊、困惑迷茫、操作不当的情况。为此，陕西师范大学基础教育研究院、陕西师范大学出版总社中学政治教学参考编辑部举办了"首届全国高中思想政治议题式教学设计大赛"活动，以期通过活动，助力议题式教学研究，让议题式教学再上台阶。

或许是观照了一线教学的现实诉求，这次活动得到广大教师和教研员的热烈响应。无论是地区分布、人员构成，还是作品的数量与质量，都令人欣喜。翻看入编本书的案例，能明显地感受到在这些优秀的案例中，有种真、善、美的力量在涌动。老师们在议题式教学的设计中,以学科核心素养为"意",在求真、崇德、尚美中寻幽探胜。

从求真来说,议题式教学之"真",强调的是这种教学方式要真切、实在,不花里胡哨、不弄虚作假。这些优秀的案例,设计精致精巧、务实有效,都是围绕学生感兴趣的核心议题,以敏锐的生活触觉,捕捉一个个发生在师生身边的鲜活案例,将其结构化改造成进行议题研究所需要的真实情境。在议题研究过程中,设计了基于生活的真问题,有效调动学生的情感和注意,让学生忍不住地思考和回答,全身心地投入课堂、参与课堂,增加了学生思考的深度和灵动。围绕议题设计的序列化活动,较好地实现了活动内容课程化、课程内容活动化。在丰富的活动背后承载的是帮助学生发现生命意义的真知识,学生在辨析、讨论、展示的真实活动过程中获得了知识、提升了能力,成为课堂和生命的主人。按照这样设计所呈现的课堂,提供的是"真"情境,运用的是"真"知识,解决的是"真"问题,开展的是"真"活动,进行的是"真"学习,提升的是"真"素养。

就崇德而言,议题式教学设计不能偏离思想政治课程的性质,要落实立德树人的根本任务,以培育社会主义核心价值观为目的,帮助学生树立正确的政治方向。议题式教学的基础表现是"以题为载体,以议为形式,以育为内容",其理想样态则应该是在议题讨论的过程中实现"教与育"的合一。素养时代背景下的议题式教学设计,需要摆脱简单的照本宣科和知识传送,充分挖掘德育元素,努力让课堂成为师生生命和灵魂相互交融、相互点亮的幸福家园,于"润泽"中实现德性养成。但德的内涵甚为广博,而一次议题式教学所承载的功能又是有限的,不可能面面俱到,通过一次议题式教学实现各项素养目标达成的希冀最后难免会流于虚空。入选本书的一篇篇案例,老师们在进行议题式教学设计时,都能针对高中阶段的学生群体,通过精当的议题引入,在议题研究的层层推进中,让学生形成对党、国家、民族及政治、经济、文化等价值的认同。同时,依附议题所设计的活动注意培养学生的"参与"之德,使他们在询问与聆听、惊叹与质疑、独立思考与吸纳比较中,实现对自己具有挑战性的学习。这时,每个人都有表达和展现自己的机会,每个人的声音都能够得到大家自觉的尊重,得到承认,每个人的呼吸和节奏都会变得柔和。

拿尚美来讲,好的教育是美的教育,如果没有对美的渴慕,最初的教育就不会发生。课堂教学之美是立体的,这种美首先美在形式。从教室的布置、桌椅的安排,到教师的穿着、言语的神态、板书的设计,无论简洁还是率真,每一个教育细节都可以成为学生的审美对象。议题式教学作为一种新的教学形态,既要具备这些课堂教学的形式之美、共性之美,还应该追求更深层次的智慧之美、个性之美,在问题与活动的设计上,努力追求"教师引发问题"和"学生生成问题"的有机结合、"知识生成过程"和"学生成长过程"的有机融合。当然,议题式教学如果仅限于形式之美,往往会流于碎片化、浅表化,还应兼具神韵,通过跨学科、跨模块的综合性问题,要求学生根据学科知识之间的内在关联,对学科知识进行整合与把握,从而实现知识的深度学习和综合学习。通过开放的、辨析式的学习路径,在比较、鉴别、质疑中提高学生的批判性思维、辩证思维、创新思维等高阶思维能力,从而彰显综合思维和高阶思维之美。我们在这些优秀案例中,不时地会捕捉到美的课堂场景,让人遐想而沉醉。

这次,我们应广大教师要求,将这些优秀案例结集成册,是想对思政教师及思政教学成就下列心愿:

一是拥有一颗进步心。捧读这些优秀案例,会吸引我们进入书中,借鉴、学习已有的设计;同时,又不拘泥、不满足地展开持续的思考与研究,再走出书来,不断优化自己的议题式教学。

二是注入几滴清泉水。在教学中存在着桶水与杯水的比喻。随着教学实践的深入,对水的理解已经突破量的要求,出现活水、纯净水等质的丰富。其实,教师的一桶水,不应仅是知识的储备,同时应包含思想、方法等方面的吸纳与更新。这本案例中的教学设计,不少是同题异构,可以让我们多些选择,便于整合,从而不断丰富自己的议题式教学实践,使教学更显得优雅从容。

三是掌起一盏指路灯。此次入选的设计作品,可以说源于书本、高于书本,源于生活、高于生活。这些在体例上相对规范、统一的教学设计,无不体现了教学风格、渗透着教学思想、蕴含着教学智慧。透过这些作品,我们似乎也可以感受到作者与我们进行着议题式教学的理解与对话,并从中受到启发。这启发,如同一盏灯,发出的或许是微光,但足以刺破议题式教学之路上的黑暗。

四是作好一幅教学画。现在,议题式教学的研究可谓百花齐放,见仁见智。这些研究和研究指导下的实践让思想政治课教学具有更大的生命力和更好的发展图景。我们在议题式教学中可以大有作为,绘就属于自己的议题式教学画作。

当然,"理想国"是一个美好的彼岸世界,是一个梦想的遥远召唤。本次的议题式教学设计大赛获奖作品也还存在着些许缺憾,但是我们已然向着议题式教学的"理想国"进发。

希望有更多的志同道合者加入我们!希望我们的议题式教学之路越走越顺畅!

黄建炜
2021年8月于陕西师范大学
(作者系全国中文核心期刊《中学政治教学参考》主编)

序二：议题式教学设计的优秀案例"优"在哪里？

因写序之需，我再次翻阅了首届全国高中思想政治议题式教学设计大赛的每一篇优秀案例，享受"优秀"带来的欢欣之情和理性之光。《首届议题式教学设计大赛优秀作品选编》是一个思政课堂改进的多样态展示区，汇聚着不同地区、不同学校老师的"议中学"和"议中做"的智慧，展现了思政课从小课堂走向大课堂、从学习个体走向学习共同体、从知识性架构走向素养化架构的多种策略；《首届议题式教学设计大赛优秀作品选编》又是一个思政学科课程改革的最近发展区，不同的案例蕴含了共同的课改走向：知识的核心化和结构化的统一、理论逻辑与实践逻辑的统一、显性教育和隐性教育的统一等。优秀案例的设计者不仅展现了课堂改进层面的巧妙设计，还展露了课程改革层面的卓越思考。

操作策略之优：课堂改进层面的巧妙设计

课堂是正在进行教学的场所，意味着教学场域的形成。课堂的优质与否关系到人与他人、人与自身发展之间的和谐与否，关系到学习是否真实发生，关系到课程任务能否顺利完成。作为一种新的教学方式，议题式教学应该助力课堂教学的改进，形成优化的策略，推动课堂从学生被动地接受知识的传统学习场域走向学生主动建构意义的现代学习场域。议题式教学设计的优秀案例为我们提供了丰富而巧妙的课堂改进策略。

一、从小课堂走向社会大课堂的策略

维果茨基的社会建构理论、班杜拉的社会学习理论、杜威的实用主义理论、陶行知的生活教育理论都在不同层面强调了生活背景和社会情境对于学习的必要性和意义。《普通高中思想政治课程标准（2017年版2020年修订）》明确

指出,"要走出教室,迈入社会实践活动的大课堂""校外社会实践活动为教学提供了更广阔的空间、更丰富的资源、更真实的情境,是实施活动型学科课程的社会大课堂"。可见,中外教育家和国家课程都十分重视社会大课堂对于学生成长的意义。

优秀案例的设计者用自己的生活经验和专业认知,从不同途径将社会大课堂的理念引入教学活动之中,主张"议中做"和"做中议"的结合。一方面,他们主张通过小组合作的方式进行社会调查、专题访谈、参观访问等社会性活动,搜集资料形成"认知基础",作为从已有经验走向新认知的衔接环节。另一方面,他们主张通过小组合作的方式进行志愿服务、职业体验等活动,在"制定方案—集体参与项目—形成物化成果"的项目化学习中将课堂行为从教室延伸到社会,在社会情境中真实参与,形成职业体验,生长实践素养和创新素养。湖北省宜昌市夷陵中学谭老师"如何理解辩证法的联系观"的教学设计便是一个"从小课堂走向社会大课堂"的典型案例。其主要教学环节和任务如下:

议题:如何理解辩证法的联系观?

环节一:议题描述——探寻城市微光。

任务:课前讨论访谈提纲,包括准备采访的对象和原因。

环节二:议题辨析——透视城市微光。

任务:辨析地摊经济该不该被"唱衰"。

环节三:议学延伸——助力城市微光。

任务:给相关部门提出宜昌中心城区地摊经济发展的建议。

延伸环节:模拟《世界青年与社会发展论坛》。

任务:运用联系观知识,以"雪崩之下,没有一片雪花会幸免于难"为主题,作构建人类命运共同体的微演讲。

在上述课例中,谭老师通过设计"采访调查地摊经济、提出助燃城市微光的建议、举办模拟发展论坛"等活动,引领学生从教室的小课堂走向社会的大课堂。

二、从学习个体走向学习共同体的策略

社会性是人的本质属性,"社会参与"是中国学生发展核心素养总体框架的基本内涵之一。合作学习则是培养青少年"社会参与"意识和能力的重要方式,它以学习共同体为高品质的组织方式。

优秀的设计者本着"学习本身就是一种社会建构"的认知,将同桌、小组和班级视作有利于社会建构的学习共同体或准学习共同体,试图帮助学生形成相互学习、一起成长、心心相印的公共空间,引领学生在合作共赢中寻求自己发展的"阳光大道"。从这些优秀案例中,我们可以发现多种共同体方式,包括同桌互助式学习共同体、小组协作式学习共同体和大组合作式学习共同体。同桌互助式学习共同体主要用于前置学习中的自主梳理环节和课堂的知识解疑环节,小组合作式学习共同体可用于调查、访问等搜集资料的环节和项目式学习环节,大组合作式学习共同体主要用于较大规模的"议中学"或"议中做"活动。不同的共同体为不同的合作学习提供孵化器。如广东省阳江市第三中学郑老师设计的"如何成立公司、经营公司"的课案,充分体现了学习共同体思维。其简要思路和环节如下:

课前准备环节:自愿组合建立三个小组,每组组长负责记录讨论情况。每小组探讨后抢答发言,发言小组可得一分,最后得分最多的小组被评为优秀创业小组,获得学分管理课堂表现部分加分。

各小组通过走访和网上查找资料,搜集阳江本土著名企业的有关信息,主要负责收集成立公司、经营公司方面资料,尤其收集一些企业经营成功的典例;通过展示收集到的图片和资料,辨别企业的含义、地位和类型。

课堂环节一:成立公司,创业起步。小组成员可根据各自资金、技术、实物等情况成立或加盟不同类型的公司,包括准备成立的公司名称、取得法律资格的途径、类型、特征、主要生产和经营的项目、组织结构。

课堂环节二:学习榜样,努力经营。小组成员讨论并展现自己的观点:我们公司确定的学习榜样、经营成功措施。

课堂环节三:畅想未来,理性对待。小组成员讨论公司发展各种可能性的应对措施,包括兼并、破产等。

在以上课例中,自愿组织的研究性学习小组实际上形成关于本议题的"议中学""议中做"的学习共同体。

三、从知识性架构走向素养化架构的策略

长期以来,高中思政课堂的基本架构具有知识性倾向,注重知识的识记、知识的梳理和知识的理解。知识性架构的优点在于能够厘清和理解知识,缺点在于忽视知识的应用和迁移。

议题式教学的课堂遵循价值性与知识性相统一原则,在注重知识梳理的基础上,关注知识的理解、应用和迁移。根据议题式教学过程中议题、任务、情境和活动四个基本要素地位和作用,形成以议题/任务线为主线,情境、活动为辅线的素养进阶式的教学结构。主线既可以描述为议题引领的问题串,又可以描述为议题引领的任务线,一般由知识梳理—知识理解—知识应用—知识迁移构成;辅线为围绕任务线的情境线和活动线,其中情境线由简单情境—复杂情境—挑战性复杂情境构成,活动线由接受式探究—建构式探究—发现式探究构成。相比于知识性架构,素养化架构更加注重能力的提高和素养的培育。

从选编的优秀案例中,可发现大量的素养化架构策略。如江苏省苏州市吴江中学梁老师设计的"为什么马克思是对的"课案,为我们提供了一条从知识性架构走向素养化架构的操作路径。课例如下:

[议中做:前置学习中的学生活动]

自主阅读《共产党宣言》。

上网搜索"真理的力量——纪念马克思诞辰200周年主题展览"。

自主梳理"科学社会主义的理论与实践"知识结构。

[议中说:课堂学习中的学生活动]

同桌互助:厘清"科学社会主义的理论与实践"知识结构。

小组讨论:空想社会主义为什么是一个空想?

小组讨论并合作设计思维导图:科学社会主义理论的其内在的逻辑是怎样的?

小组辩护:东欧剧变、苏联解体,尽管世界社会主义运动的发展出现严重曲折,但社会主义终将代替资本主义不可逆转。

[议中做:课堂学习后的学生活动]

参加演讲比赛:找出《共产党宣言》中打动自己的一句话,并以此为论点,撰写一篇演讲稿;组织一次演讲比赛,学生参与演讲。

在这一课例中,梁老师通过引领学生"读原著、悟原理"的设计追求"内化于心"的目标,通过小组辩论和演讲比赛的设计追求"外显于形"的效果。整个设计不再止步于单纯的知识性架构,而是走向素养化架构。

顶层设计之优:课程改革层面的卓越思考

思政课的根本任务是立德树人,而思政课的现实状态却是教书有余而育人不足。因而,思政课议题式教学的顶层设计必须考虑课程改革的走向,致力于知识核心化与结构化的建构、理论逻辑与实践逻辑的结合、显性教育与隐性教育的统一,帮助学生从解题走向解决问题、从做题转向做人做事。议题式教学的优秀案例在顶层设计上为我们呈现引领课程改革的许多卓越的思考。

一、核心化与结构化相统一的学科知识建构方式

认知心理学认为,只有组织有序的知识才能在一定的刺激下被激活,在需要应用时被成功提取。因此,知识结构化有助于学生对学科知识的记忆保留,并促进学习的迁移。《普通高中思想政治课程标准(2017年版2020年修订)》指出,新教材"进一步精选了学科内容,重视以学科大概念为核心,使课程内容结构化,以主题为引领,使课程内容情境化,促进学科核心素养的落实"。可见,知识结构化是认知心理学和新课程改革共同关注的教学话题,它意味着指向育人的思政学科的知识建构不应该是一种"点点清"的覆盖,而是一种"重点清"的勾勒。

我欣喜地发现,议题式教学的优秀案例无一例外地贯穿了"学科知识核心化和结构化相统一"的原则。在知识核心化方面,将教材知识形成核心概念和原理体系;在知识结构化方面,把所学的知识划分为不同的部分或归入某种更大的范畴,从知识点到知识链,从知识链到知识网形成知识体系。吴江高级中学费老师的"社会主义为什么是近代中国历史发展的必然"议题式教学设计就体现了知识的核心化和结构化的统一。(见图1)

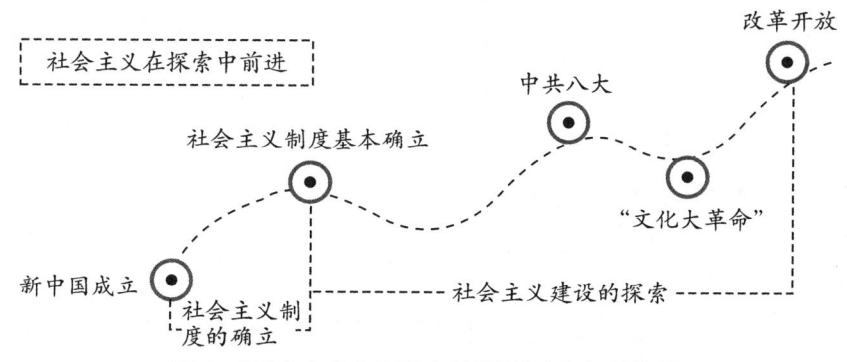

图1 "社会主义在探索中前进"核心知识结构图

在上述核心知识结构图中,设计者将"社会主义在探索中前进"的知识凝练为"新中国成立、社会主义制度基本确立、中共八大、文化大革命和改革开放"五个要点,是一种知识核心化的思维;用两个时期、五个要点形成"社会主义在探索中前进"的知识图式,这是一种结构化思维。不仅如此,费老师还用上下波动的曲线来表征社会主义在前进性与曲折性相统一中发展的实质,这是一种可视化思维。

二、理论逻辑与实践逻辑相统一的学科原理应用方式

一方面,受班级授课制、寄宿制等客观因素的影响,传统课堂教学中的"做中学"行为常常缺失。另一方面,受根深蒂固的重"教"意识和工具理性的重"评"观念影响,课堂成为教师讲、学生听的地方。在这样的课堂上,学生活动比重偏少,甚至连坐以论道也较难实现,理论逻辑与实践逻辑存在事实上的断层。

议题式教学重视社会实践和课堂活动,将"活动型"作为自己的基本特征,将"议中做—议中说—议中做"作为教学的常态化流程。在前置学习环节,以自由合作搜集资料的"议中做"过程为课堂活动作好准备;在课堂教学环节,以同桌互助式知识学习、师生对话式知识学习、小组商讨式知识理解、小组讨论式知识应用为主进行"议中说"活动,理解和应用知识、提升能力和素养;在课堂拓展环节,以小组合作方式进行知识迁移,在"议中做"活动中培育学生的核心素养,检验其达成度。从议题式教学设计优秀案例中,我发现大量的设计者正以极大的热情和智慧的方式尝试着理论逻辑与实践逻辑的统一之道。比如,华中师范大学龙岗附属中学周老师的"我们怎样当家作主"的议题式教学中设计彰显了理论逻辑与实践逻辑相统一的基本原则。教学环节如下:

第一环节:对学校的食堂进行问卷调查,展示结果并交流;

第二环节:通过"劳动光荣"活动走进食堂,开展劳动教育,交流劳动感悟,分享心得体会;

第三环节:举办模拟听证会,论证改进方法的合理性;

第四环节:学生代表参观、了解学校食堂的运行与管理全过程,与管理人员交流、反馈、探讨改进意见。

在上述案例中,周老师将"民主决策""民主管理"等理论逻辑与对所在学校食堂的问卷调查、劳动教育、参与管理等实践逻辑结合在一起,为思政学科课程改革中理论逻辑与实践逻辑相统一提供了可操作的路径。

三、显性教育与隐性教育相统一的学科素养培育方式

"显性教育与隐性教育相统一"是习近平总书记在学校思想政治理论课教师座谈会上提出的思政课改革创新的原则。这一原则不仅要落实在思想政治课改革的课程设置中,还要落实在教学方式中。作为思政课的一种重要的育人方式,议题式教学需要进行空间格局和流程路线的整体设计,既要对课堂的教学要素进行知识层面显性架构完成学科的基本任务,又要对教学要素进行素养层面的隐性架构完成立德树人的根本任务,才能更好地实现知识教学与价值引领的高度统一。

议题式教学的显性架构就是从课堂整体出发搭建的用于商讨和辩论活动的课堂结构,完成"分类与描述、解释与论证、预测与选择、辨析与评价"等学科基本任务。议题式教学的隐性架构蕴含于显性架构之中,通过"学习理解—实践应用—创新迁移"的逻辑进路提升学生的学科核心素养,实现立德树人目标。吴江中学柳老师设计的"为什么要树立中国特色社会主义道路自信"课案为我们呈现"显性教育与隐性教育相统一"的设计思路,其所要解决的问题和任务如下:

问题1:为什么要走社会主义道路?

显性任务:独立画人类社会发展趋势图和近代中国的发展轨迹图。

隐性任务:在知识梳理中理解中国走社会主义道路的历史必然性。

问题2:中国特色社会主义建设中取得了哪些伟大成就?

显性任务:在师生对话中叙述伟大成就。

隐性任务:在事实描述中认同中国特色社会主义道路的科学真理性。

问题3:中国特色社会主义为何能取得巨大成就?

显性任务:小组讨论。

隐性任务:在知识应用中认同中国特色社会主义制度的优越性。

问题4:中国网络化抗疫策略在美国抗疫中是否行得通?

显性任务:组际辩论。

隐性任务:在知识应用中深度认同中国特色社会主义制度的优越性。

问题5:站在"两个百年"历史交汇点上,为本地、本校或本人的未来擘画蓝图。

显性任务:项目化学习。

隐性任务:在知识迁移中实现政治认同素养的落地。

上述课例的隐性任务是引领学生在知识理解、应用和迁移中促使政治认同素养的落地。这一任务寓于一连串的描述、论证、决策等显性任务之中,并通过显性任务得以实现。

《首届议题式教学设计大赛优秀作品选编》中的案例全部来自首届全国高中思想政治议题式教学设计大赛。因为首届,许多设计的年轻态和探索性显而易见。比如,有议题与试题混淆的,有议题缺乏可议性的,有课程的活动型特征不明显的,有课堂的社会性建构缺失的,等等。也因为首届,参赛案例中折射出弄潮儿勇敢的探索精神和参与意识,弥足珍贵。这里,只分析了极少数优秀案例中的部分优秀之处,更多的"优秀"期待大家去发现。

沈雪春

(江苏省苏州市吴江中学)

目 录

新版高中思想政治教材

"科学社会主义的理论和实践"教学设计 …………………… 梁英姿(003)
"新民主主义革命的胜利"教学设计 ………………………… 关晓雯(009)
"社会主义制度在中国的确立"教学设计 …………………… 费金娟(019)
"中国特色社会主义的创立、发展和完善"教学设计 ……… 罗幸平(026)
"伟大的改革开放"教学设计 ………………………………… 程海燕(035)
"伟大的改革开放"教学设计 ……………………… 尚玲玲 李仙鸿(042)
"中国特色社会主义进入新时代"教学设计 ………………… 战晓菲(051)
"实现中华民族伟大复兴的中国梦"教学设计 ……………… 卢 月(060)
"习近平新时代中国特色社会主义思想"教学设计 ………… 薛凤东(069)
"回看走过的路 比较别人的路 远眺前行的路"教学设计 ……… 柳 翠(076)
"方向决定道路 道路决定命运"教学设计 ………………… 蔡晓珠(083)
"方向决定道路 道路决定命运"教学设计 ………………… 周树发(094)
"公有制为主体 多种所有制经济共同发展"教学设计 …… 费 兰(102)
"公有制为主体 多种所有制经济共同发展"教学设计 …… 陈亚萍(109)
"坚持'两个毫不动摇'"教学设计 …………………………… 王 斌(116)
"使市场在资源配置中起决定性作用"教学设计 …………… 郑水莲(122)
"更好发挥政府作用"教学设计 ……………………………… 钮娟华(131)
"坚持新发展理念"教学设计 ………………………………… 叶绕平(138)
"我国的个人收入分配"教学设计 …………………………… 丁 巧(145)
"我国的社会保障"教学设计 ………………………………… 朱彬彬(153)
"始终坚持以人民为中心"教学设计 ………………………… 严 蕾(158)
"始终走在时代前列的中国共产党"教学设计 ……………… 叶佳晨(164)

"人民代表大会：我国的国家权力机关"教学设计 …………… 梁婉雅(173)
"我国的根本政治制度"教学设计 …………………………… 高慧敏(181)
"中国共产党领导的多党合作和政治协商制度"教学设计
　　　　　　　　　　　　　　　　　　　　…………… 李祖宇　周后华(187)
"科学立法"教学设计 …………………………………………… 施海龙(195)
"坚持党的领导、人民当家作主、依法治国有机统一"教学设计
　　　　　　　　　　　　　　　　　　　　……………………… 黄万强(202)
"哲学的基本问题"教学设计 ………………………………… 甘丽霞(209)
"人的认识从何而来"教学设计 ………………………………… 杨　君(215)
"世界是普遍联系的"教学设计 ……………………………… 谭立婷(224)
"在实践中追求和发展真理"教学设计 ……………………… 高书立(230)
"价值判断与价值选择"教学设计 …………………………… 侯新怡(237)

旧版高中思想政治教材

"企业的经营"教学设计 ……………………………………… 郑观柳(247)
"民主决策：作出最佳选择"教学设计 ……………………… 周树发(252)
"坚持国家利益至上"教学设计 ……………………………… 赖婳媮(262)
"有序与无序的政治参与"教学设计 ………………………… 卢秀明(269)
"国家行政机关"教学设计 …………………………………… 马耀军(274)
"政府的权力：依法行使"教学设计 ………………………… 郭　红(282)
"把握思维的奥妙"一轮复习教学设计 ……………………… 罗惠兰(289)
"意识的作用"教学设计 ……………………………………… 赵松涛(298)
"唯物辩证法的实质与核心"教学设计 ……………………… 陈　婧(306)
"矛盾是事物发展的源泉和动力"教学设计 ………………… 邢成双(314)
"传统文化的继承"教学设计 ………………………………… 蔡郭秦(322)
"弘扬中华民族精神"教学设计 ……………………………… 娄鹏飞(330)
"文化创新的途径"教学设计 ………………………… 严旻佳　边洪伟(336)
"创新是引领发展的第一动力"教学设计 …………………… 刘喜如(344)

专题

"中国抗疫彰显制度自信的光芒"教学设计 ………………… 黄　强(355)
"中国共产党领导战'疫'彰显'人民至上'担当"专题复习 ……… 周萍波(366)

新版高中思想政治教材

"科学社会主义的理论和实践"教学设计

梁英姿(江苏省苏州市吴江中学)

议题:为什么马克思是对的?

【思路框架】

问题线:由总议题"为什么马克思是对的"和子议题"空想社会主义为什么是一个空想""为什么说科学社会主义是科学的""为什么说社会主义终将代替资本主义是不可逆转的"组成,使议题贯穿教学过程始终。

情境线:由"《共产党宣言》的前世故事—《共产党宣言》的诞生—《共产党宣言》的今生故事"组成,以读书会的形式为议中学提供载体。

活动线:通过"小组阅读思考—集体诵读经典—个人分享读书心得"等形式,进行"论证和展示—分析和论证—论证和展示",为议中学开辟道路。

任务线:由"科学社会主义产生的历史前提—论证科学社会主义的科学性—论证社会主义终将代替资本主义不可逆转"组成。

【基础设计】

(一)教材分析

1.本课地位:"科学社会主义的理论和实践"是人教版高中思想政治必修1《中国特色社会主义》第一课的第二框,采用历时性讲述方式,以科学社会主义为主线,讲述科学社会主义形成的历史条件、创立的标志,科学社会主义从理论到实践、从一国到多国实践的历史性飞跃,引导学生正确认识和对待世界社会主义运动遇到的曲折,把握人类社会发展的趋势,坚定中国特色社会主义道路自信、理论自信、制度自信、文化自信。

2.内容分析:本框包括三目,第一目"科学社会主义产生的历史条件",主要阐述空想社会主义是科学社会主义的思想来源,空想社会主义的产生、主张和主要缺陷,资本主义的发展和工人运动的兴起是科学社会主义产生的历史前提;第二目"科学社会主义的创立",主要阐述马克思、恩格斯创立了唯物史观、剩余价值学说,揭示了人类社会发展的一般规律,揭示了资本主义运行的特殊规律,《共产党宣言》的主要内容和意义;第三目"社会主义从一国到多国的实践"主要阐述十月革命建立了世界上第一个社会主义国家,实现了科学社会主义从理论到现实的历史性飞跃、第二次世界大战后社会主义实现了从一国实践到多国实践的历史性飞跃,20世纪80年代末90年代初,世界社会主义运动发展出现曲折,但从中国特色社会主义伟大实践中,我们可以看到科学社会主义强大的生命力,进而坚信社会主义终将替代资本主义。

(二)学情分析

1.学生心智特征分析:本框内容的教学对象为高一新生,教材内容思路清晰,内在结构化特点比较明显,便于学生学习。学生对文本知识阅读有畏难情绪,教师应在课前精心选择文本材料、图片材料、视频,精心设计读书会活动,激发学生兴趣,调动学生学习的积极性和主动性。

2.学生已有知识分析:一方面,本框内容与历史学科有关内容有很大程度的重合,在一定程度上降低了学生理解难度;另一方面,内容解释性知识较少,多为介绍性知识,易于学生理解。同时,中国特色社会主义建设的伟大实践也为教学提供了必要佐证。

(三)教学目标

本节课通过学习和讨论《共产党宣言》,了解科学社会主义理论的前世今生,理解科学社会主义的科学真理性和强大生命力,提高思辨、合作和行动能力,坚定社会主义必胜的信念,培育学生的责任心和担当精神,增强政治认同,引导学生自觉投身中国特色社会主义建设事业。

(四)教学重难点

教学重点:科学社会主义产生的历史条件和基本内容。

教学难点:资本主义终将被社会主义所取代。

(五)教学方法

议题式教学法、读书指导法。

【主体设计】

(一)课前活动

1.学生人手一册,自主阅读《共产党宣言》。

2.学生网上搜索了解在国家博物馆举办的"真理的力量——纪念马克思诞辰200周年主题展览"。

(二)导入新课

在人类历史长河中,曾诞生了无数星光熠熠的思想家,他们用无与伦比的智慧点亮人类文明的思想火把,照亮人类前行的道路。其中,有这么一位思想家,他在英国剑桥大学和英国广播公司先后举办的千年思想家评选当中,两次当选第一。他的反对者把他视为洪水猛兽,四次将他驱逐出境,直到去世,他都没有国籍;他的崇敬者则把他称为世界无产阶级和劳动人民的革命导师。他就是马克思。

习近平总书记说,学习理论最有效的办法是读原著、学原文、悟原理。今天,我们就以读书会的形式,读一读《共产党宣言》,聚焦科学社会主义的理论与实践,共同研究为什么马克思是对的?

(三)新课环节

[议题]为什么马克思是对的?

[自主梳理]根据提示,自主梳理必备知识。

(设计意图)通过学生课前预习、课上师生对话的方式进行基础知识梳理,教师适时点评,不仅有利于学生掌握基础知识,还有利于教师了解学情,有针对性地进行教学,为整个教学活动打下良好基础。

环节一:论证空想社会主义为什么是一个空想

[议题情境]视频《马克思是对的》节选、《共产党宣言》"批判的空想的社会主义和共产主义"节选文段。

[议学活动]结合视频,阅读《共产党宣言》相关文段,小组讨论"空想社会主义为什么是一个空想"。

(设计意图)通过阅读《共产党宣言》相关内容,找出空想社会主义的弊端,理解空想社会主义为什么是空想。

[教师指导]随着资本主义的形成和发展过程中日益显现的激烈矛盾,社会主义思想得以产生和发展,空想社会主义者看到资本主义的弊端,对资本主义进行揭露和批判,同时,表达对未来理想社会的诉求。但是他们仅从理性、正义等原则出发,揭露资本主义的弊端,设计未来社会的蓝图。他们主张阶级调和,反对阶级斗争,看不到广大人民群众特别是无产阶级的力量,没有找到消灭资本主义社会和建立新社会的强大力量,也没有找到进行社会变革的正确途径。同时,总结科学社会主义产生的历史前提和理论来源。

环节二:论证科学社会主义的科学性

[议题情境]视频《马克思是对的》节选、诵读《共产党宣言》名言名句。

[议学活动]观看视频,小组讨论,描述科学社会主义理论的主要内容,找出其内在逻辑关系并设计思维导图。

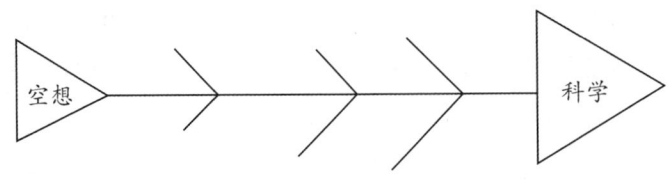

科学社会主义的主要内容

(设计意图)通过描述科学社会主义的主要内容,认识科学社会主义的科学性,了解唯物史观和剩余价值学说为科学社会主义的创立奠定了理论基础,使社会主义实现了从空想到科学的伟大飞跃。

[教师指导]科学社会主义的思想来源(空想社会主义)、理论基石(唯物史观、剩余价值学说)、依靠力量(无产阶级)、掌舵人(共产党,无产阶级政党)、道路(无产阶级专政、生产力充分发展)、目的地(理想目标:共产主义社会)。

《共产党宣言》的发表标志着科学社会主义的诞生,为工人阶级提供了一个科学的纲领。社会主义之所以从空想走向科学,是因为它弥补了空想社会主义的弊端,做到了"有理""有人""有路"。科学社会主义"有理":唯物史观、剩余价值学说,这两大发现为科学社会主义的创立奠定了理论基石,揭示了人类社会发展的一般规律和资本主义运行的特殊规律。科学社会主义"有人":看到了人民群众的主体作用,找到了工人运动的依靠力量,那就是广大无产阶级。科学社会主义"有路":主张阶级斗争,广大无产阶级找到了实现目标的路径。

环节三:辩驳"科学社会主义已经过时"的错误观点

[议题情境]俄国十月革命开启了人类历史的新纪元。第二次世界大战后,社会主义在世界范围内获得大发展。20世纪80年代末90年代初,随着东欧剧变、苏联解体,世界社会主义运动的发展出现严重曲折。

[议学活动]讨论:东欧剧变、苏联解体,世界社会主义运动的发展出现严重曲折,请小组讨论,结合中国特色社会主义实践,举例辩驳"科学社会主义已经过时"的错误观点。

(设计意图)通过"社会主义终将代替资本主义"的议题辨析,基于中国特色社会主义伟大实践,认同马克思学说的科学真理性。

[教师指导]苏联解体的原因。政治上,高度中央集权;经济上,单一的公有制,不允许商品货币的流通;军事上,与美国进行军备竞赛,忽视民生导致它失去民心;戈尔巴乔夫上台后放弃了共产党的执政地位,从根本上否定了共产党。刚刚在画思维导图时,共产党才是掌舵人,必须坚持共产党的领导。所以,苏联解体不是因为科学社会主义的问题,而是因为背离了科学社会主义。

中国走中国特色社会主义道路,是科学社会主义在中国的实践与发展,与中国实际相结合。中国特色社会主义的伟大实践证明了科学社会主义的正确性,证明了科学社会主义强大的生命力。2020年9月6日,G20成员第二季度GDP出炉,仅中国实现经济正增长。历史和现实都表明,科学社会主义具有强大的生命力,《共产党宣言》是真理,光芒永不褪色,《共产党宣言》的发表标志着科学社会主义的诞生。

环节四:诵读《共产党宣言》,感悟科学社会主义的力量

[活动任务]请再次阅读《共产党宣言》相关文段,找出打动自己的一句话,并说明理由。

【板书设计】

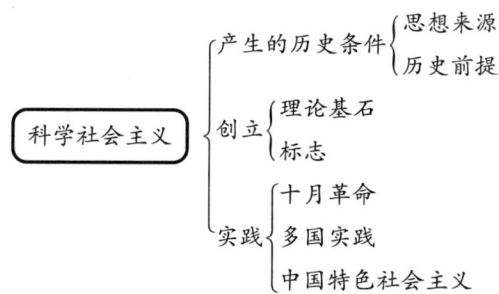

【延伸设计】

(一)思考题

以下三个表示时间轴的图式分别从某个角度揭示人类社会发展的奥秘,请根据图式和提示①、④完成②、③处填空。

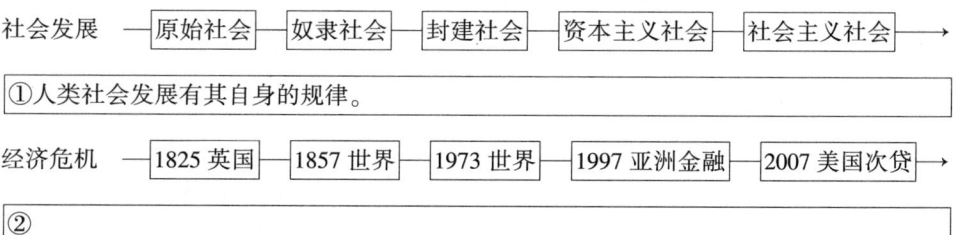

中国发展 —— 1978年人均GDP381元 —— 2012年人均GDP38420元 —— 2019年人均GDP>70892元 ——→

③_____

以上材料和结论说明：④社会主义代替资本主义是不可逆转的必然趋势。

参考答案：②资本主义发展到一定阶段，就会发生经济危机。（经济危机是资本主义无法克服的瘤疾）

③中国特色社会主义取得了巨大成就，可以看出科学社会主义在21世纪仍然具有强大的生命力。

（二）推荐阅读

1.马克思,恩格斯:《共产党宣言》。

2.恩格斯:《社会主义从空想到科学的发展》。

"新民主主义革命的胜利"教学设计

关晓雯（广东省珠海市第二中学）

议题： 中华民族是如何站起来的？

【思路框架】

任务线： 梳理和了解近代中国是如何一步步走向半殖民地半封建社会的。结合社会发展规律，使学生在自主学习中感受我国沦为半殖民地半封建社会的屈辱，进一步明确近代中国人民的历史任务，激发强烈的爱国热情和历史责任感——比较近代中国不同政治力量所提出的各种救国方案，在讨论和辨析中理解资本主义道路在中国走不通的原因，坚信只有社会主义才能救中国——探究与讨论中国共产党能领导人民取得新民主主义革命胜利的原因，在讨论与分析中拥护党的领导，增强政治认同。

情境线： 播放《开国大典》视频——播放视频《旗帜》第一集：开天辟地精选片段——以毛泽东为代表的共产党人对新民主主义革命性质、革命任务、革命道路的分析——图片展示中国近现代社会的发展变化。

问题线： 近代中国的社会性质是什么？此时中国人民的历史任务是什么？两者之间有何关系？（师生对话）——近代中国有哪些阶级做了尝试和斗争？（师生对话）自我剖析所代表的阶级探索之路失败的原因？（小组讨论）——为什么把五四运动定为旧民主主义革命到新民主主义革命的转折点？（师生对话）讨论探究为什么中国共产党能领导人民取得新民主主义革命的胜利？（小组讨论）与旧民主主义革命相比，新民主主义革命的"新"主要体现在哪三个方面？（师生对话）——怎样理解中华人民共和国成立的历史意义（项目学习）？

活动线： 课前梳理近代以来清政府与西方列强签订的不平等条约及其影响，课堂展示——将学生分为三个小组，分别代表农民阶级、地主阶级、资产阶级，自我剖析所代表的阶级探索之路失败的原因。

【基础设计】

(一)教材分析

1.本课地位:"新民主主义革命的胜利"是人教版高中思想政治必修1《中国特色社会主义》第二单元第二课第一框的教学内容,在教材中起着重要的承上启下作用。

2.内容分析:教材第一课主要讲述人类社会发展的历程。本课阐述的是中国选择社会主义道路的必然性和确立社会主义基本制度的重大意义,承接前一课"社会主义从空想到科学、从理论到实践的发展",继而讲述"只有社会主义才能救中国",为后一课"只有中国特色社会主义才能发展中国"做铺垫。本框的课标依据是:可列举基本事实,反映近代中国探索复兴之路的悲怆历程,分析多种尝试终归失败的原因,证实只有经过新民主主义革命建立人民政权,才能确立社会主义制度,实现中国历史上最为广泛而深刻的社会变革,为当代中国一切发展进步奠定根本政治前提和制度基础。

(二)学情分析

1.心智特征:高一年级的学生思维比较活跃,善于思考,学习积极性高,处于由感性思维逐渐过渡到理性思维的阶段。因此,本节课将充分运用音乐、视频、图片等形式,通过与社会实践活动相结合的方式引导学生理解中国近代的具体国情和只有社会主义才能救中国的道理,培养学生对选择社会主义道路的积极认同,学会用发展的眼光看问题,增强对我国社会主义制度的认同感。

2.认知结构:通过初中的课程学习及学校各类爱国主义教育活动的体验,高一年级的学生对于近代史的基本轮廓和重大史实有了一定了解,但存在浅层次、碎片化现象,容易混淆一些概念、观点。欠缺理论联系实际、在一般原理指导下分析特殊情况的能力。

(三)教学目标

1.政治认同:结合社会发展规律,使学生感受到我国沦为半殖民地半封建社会的屈辱,明确近代中国人民的历史任务,激发强烈的爱国热情和历史责任感,坚信只有社会主义才能救中国,拥护党的领导,增强对中国选择社会主义道路的政治认同感。

2.科学精神:通过设计开放性的问题和情境,引导学生辩证地看待近代中国探索复兴之路的曲折,懂得新民主主义革命的性质、必要性、与社会主义的关系,明确新民主主义革命的胜利不是一帆风顺的,培养学生实事求是、勇于探究的科学精神及用发展的眼光看问题的能力。

3.公共参与:通过分组交流讨论和情境分析,引导学生运用唯物史观的基本原理,探讨近代中国走资本主义道路行不通的原因,使学生在合作学习中充分表达自己的观点,在和谐的课堂氛围中体验共同参与的乐趣,培养学生的团队合作意识。

(四)教学重难点

1.教学重点:新民主主义革命的性质、前途和取得胜利的原因。

2.教学难点:中华人民共和国成立的历史意义。

(五)教学方法

对话式教学法、议题式教学法。

【主体设计】

(一)资料收集

(1)通过网络收集近代以来清政府与西方列强签订的不平等条约及其影响。

(2)观看视频《旗帜》,梳理近代中国人民为了探索复兴之路所做的各种尝试。

(二)自主梳理

学生用绘制流程图的方式,自主梳理近代中国人民如何一步步找到解决中国问题的出路。

(三)课堂教学

1.导入新课

[情境设计]课前播放《开国大典》视频。

(教师):我们刚刚看的这个视频是1949年10月1日在天安门举行的开国大典。在这场大典上,伟大领袖毛主席向世界庄严地宣告中华人民共和国中央人民政府成立了,这也意味着中国人民彻底站了起来,并成为国家的主人。遥想近代史上的中国,从1840年鸦片战争开始便饱受列强的侵略和践踏,长期处于内忧外患之中。再看今朝,是什么让饱受磨难的中华民族迎来了从站起来到富起来再到强起来的伟大飞跃?本节课,我们一起来探究中华民族是如何站起来的?

[设计意图]通过观看视频,使学生迅速将注意力放在课堂上,激发学生的学习动机,引导学生带着好奇求知的心理状态开启本节课学习。

2.新课讲授

环节一:内忧外患,了解近代中国

(教师):中国是世界文明发源地之一,也是世界上唯一一个历史文化从未中断、一直延续至今的国家。在五千多年的历史进程中,中华民族创造了辉煌灿烂的文明,曾经长期走在世界前列,对人类社会发展做出了不可磨灭的贡献。然而,当历史的脚步迈入十九世纪,由于封建统治的腐败和束缚,清王朝已经开始衰败。此时的世界形势已经发生了巨大变化,西方一些国家资产阶级革命已经完成,工业革命蓬勃兴起,凭借坚船利炮不断对外扩张。中国就是在这样的情况下走入近代。接下来,由学生向大家汇报展示近代以来清政府与西方列强签订的不平等条约及其影响。

(学生):第一次鸦片战争,中英签订《南京条约》,中国开始沦为半殖民地半封建社会;第二次鸦片战争,签订《天津条约》《北京条约》等,中国社会半殖民地化程度进一步加深;中日甲午战争,中日签订《马关条约》,大大加深了中国半殖民化程度;八国联军侵华战争,签订《辛丑条约》,中国完全沦为半殖民地半封建社会。

(教师):那么,在这一系列不平等条约的签订下,近代中国的社会性质是什么?此时中国人民的历史任务是什么?两者之间有何关系?

(学生):半殖民地半封建社会的社会性质决定了近代中国两大历史任务:争取民族独立、人民解放和实现国家富强、人民幸福。

[教师总结]这两大历史任务是相互区别又紧密联系的,争取民族独立、人民解放是实现国家富强、人民幸福的前提和基础,实现国家富强、人民幸福是争取民族独立、人民解放的目的和动力。追求实现中华民族伟大复兴的中国梦就这样被历史性地提了出来。

[设计意图]结合导学案,由学生课下调研完成。通过该活动,明确近代西方国家已经冲破了封建制度的罗网,取得了日新月异的进步,而中国在日趋没落的封建专制统治下一步步走向了半殖民地半封建社会。通过设问方式引起学生的好奇心,激发学生的学习兴趣,克服因缺乏深厚的历史背景导致的畏难情绪,有利于提高学生的表达能力,并为后面中国近代史背景的相关教学做好铺垫。

环节二:艰辛探索,反思悲怆历程

(教师):面对苦难,中国人民没有沉沦、没有屈服,而是奋起抵抗。为了探索复兴之路，无数仁人志士、各种政治力量轮番登场，进行了各种各样的尝试，如太平天国运动、戊戌变法、辛亥革命等，那它们的结局如何呢？

（学生）：都以失败告终。

[情境]播放视频《旗帜》第一集：开天辟地精选片段。

[任务]请学生观看视频并结合初中所学历史知识，探究近代中国人民所做的各种尝试为什么以失败告终？资本主义道路在中国为什么走不通？

（教师）：视频中都有哪些阶级做了尝试和斗争？

（学生）：地主阶级、农民阶级、资产阶级。

[活动]（分角色讨论）接下来，我们进行小组活动，中间人数最多的四列同学代表广大的农民阶级，左边一组同学代表地主阶级，右边这组同学代表资产阶级，给大家2分钟时间组内讨论，自我剖析你们所代表的阶级探索之路失败的原因。

（农民阶级小组代表）：农民阶级自身阶级局限性，小农思想束缚，别的国家都争着去发展工业，它们还局限在土地上，还有就是中外联合势力的镇压和绞杀。

（地主阶级小组代表）：地主阶级试图在不改变根本政治制度的前提下学习西方技术，不能从根本上解决近代中国的问题。

（资产阶级小组代表）：资产阶级资金少、规模小、技术薄弱，这就导致其经济、政治上力量非常弱小，还具有软弱性和妥协性的特点。

[教师总结]历史证明，近代中国封建主义走不通，不管是农民阶级还是地主阶级，他们代表的是落后的生产力，不符合人类社会发展规律。那么，资本主义为什么在中国走不通呢？我们一起看教材第21页"专家点评"，具体来讲有三个原因：首先，从外部环境看，帝国主义决不允许中国通过走资本主义道路强大起来，成为自己的竞争对手；其次，从内部环境看，当时的封建势力非常顽固，不愿意退出历史舞台，并同帝国主义相勾结，极力阻挠民族资本主义的发展；最后，民族资产阶级力量十分弱小，具有软弱性和妥协性的特点，无力承担这个重任。从根本上来讲，资本道路在中国行不通是由近代中国的基本国情决定的。为了实现民族复兴，需要中国先进分子进行新的尝试、新的探索，而这个新探索其实就是指中国共产党领导的新民主主义革命。

[设计意图]通过分角色讨论的活动，调动学生的学习积极性，引导学生设想自己身处落后的近代中国，审视自己代表的这三个阶级所做的尝试和斗争失败的原因。同时，引导学生用辩证思维看问题，学会多角度分析问题。通过小

组合作的形式,充分发挥学生在课堂学习中的主体地位,让学生在交流中展示自己的风采。同时,为学生主动向他人学习、不断取长补短提供机会,有利于培养学生的公共参与意识,提高学生的合作能力。更重要的是,培养学生在特定历史背景下用人类社会发展规律的原理来分析问题、解决问题的能力,提升学生的历史责任感,增强学生的代入感和认同感。

环节三:另辟新路,探究胜利原因

(教师):中国近代史将1840年鸦片战争至1919年五四运动划分为旧民主主义时期,将1919年五四运动至1949年新中国成立划分为新民主主义革命时期,请同学们观看视频。

[情境]播放视频《旗帜》片段。

[任务]结合课本第23页相关链接内容,大家说一说为什么把五四运动定为旧民主主义革命到新民主主义革命的转折点?

(学生1):因为五四运动促进了马克思主义在中国的传播,促进了马克思主义同中国工人运动的结合,为中国共产党成立做了思想上、干部上的准备。

(学生2):因为五四运动标志着工人阶级开始作为一支独立的政治力量登上中国历史舞台。

(教师):中国共产党的成立是中国历史上开天辟地的大事。虽然诞生伊始,只有几十名党员,但作为新事物的他们,犹如星星之火,给黑暗的中国带来光明,给苦难深重的中国人民带来希望,中国革命的面貌从此焕然一新!

[情境]

情境一 1921年,中共一大在上海胜利召开,中国有了自己的无产阶级和工人阶级政党,中国人民谋求民族独立和人民解放有了主心骨,使新民主主义革命成为世界无产阶级革命的一部分。

"共产党的任务,基本的不是经过长期合法斗争以进入起义和战争,也不是先占城市后取乡村,而是走相反的道路。"从此把经过长期武装斗争,先占乡村,后取城市,最后夺取全国胜利,作为革命道路确立下来。

——毛泽东《战争和战略问题》(1938年11月)

情境二 夜半三更哟 盼天明/寒冬腊月哟 盼春风/若要盼得哟 红军来/岭上开遍哟 映山红

——歌曲《映山红》

统一战线,武装斗争,党的建设,是中国共产党在中国革命中战胜敌人的三个法宝,三个主要的法宝。

——毛泽东《〈共产党人〉发刊词》(1939年10月)

[任务]结合所学历史知识和上述材料,讨论探究为什么中国共产党能领导人民取得新民主主义革命的胜利?

(学生3):有了主心骨中国共产党的领导。

(学生4):在中国共产党的领导下,基于中国国情探索出一条农村包围城市、武装夺取政权、最后夺取全国胜利的新民主主义革命道路。

(学生5):有了统一战线、武装斗争、党的建设三个法宝。

(学生6):有了马克思中国化的理论成果——毛泽东思想的正确指导。

(教师):经过28年的浴血奋战和顽强奋斗,中国共产党领导中国人民终于在1949年夺取了新民主主义革命的伟大胜利,建立了中华人民共和国。与旧民主主义革命相比,新民主主义革命的"新"主要体现在哪三个方面?

(学生):新的领导权、新的革命前途和新的世界革命范畴。

[任务]结合教材第24页,组织学生谈一谈对"两篇文章,上篇与下篇,只有上篇做好,下篇才能做好"的理解。

(学生7):"两篇文章"指的是新民主主义革命和社会主义革命,它们任务不同,所以说一个是上篇,一个是下篇。"只有上篇做好,下篇才能做好",指的是只有完成前一个革命,才能完成后一个革命,这两个革命阶段必须互相衔接。新民主主义革命是社会主义革命的必要准备,社会主义革命是新民主主义革命的必然趋势。

(教师):中国革命要分新民主主义革命和社会主义革命两个步骤来完成,是由近代中国的基本国情决定的。

新民主主义革命		
革命性质	无产阶级领导、工农联盟为基础的、人民大众的,反对帝国主义、封建主义和官僚资本主义的民主革命	领导权
主心骨	中国共产党	
三大法宝	统一战线、武装斗争、党的建设	世界革命范畴
指导思想	马克思列宁主义、毛泽东思想	
革命道路	中国共产党在领导新民主主义革命过程中,逐渐探索出一条农村包围城市、武装夺取政权、最后夺取全国胜利的新民主主义革命道路	革命前途
四个阶段	大革命、土地革命战争、抗日战争和解决战争四个阶段,在1949年夺取了新民主主义革命的伟大胜利,建立了中华人民共和国。	
两个步骤	新民主主义革命和社会主义革命两个步骤	

[设计意图]这种情境设问方式打破了学生对抽象知识点的理解,帮助学生理清了新民主主义革命取得胜利的原因,让学生对比以往失败的革命,都是照抄照搬西方的器具、理论、制度等,并没有与中国的社会状况相结合。由此得出中国共产党领导中国人民取得新民主主义革命胜利的原因,使学生成为学习的主体,充分发挥学生在课堂教学中的主动性。通过新旧革命的对比,引导学生坚信资本主义道路在中国走不通,只有社会主义才能救中国的道理,看到新民主主义革命的进步之处,激发学生的爱国热情,提高学生的思辨能力。

环节四:傲然屹立,奠定富强基础

[情境]图片展示中国近现代社会的发展变化(经济、政治、国际地位等角度)。

[任务]怎样理解中华人民共和国成立的历史意义?

(学生):从国内意义角度看:实现了中国从几千年封建专制政治向人民民主的伟大飞跃,彻底结束了半殖民地半封建社会的历史。为实现由新民主主义向社会主义过渡创造了前提条件,从根本上改变了中国社会的发展方向,为实现国家富强、民族复兴展示了美好前景和现实道路。从世界意义角度看:冲破了帝国主义的东方战线,极大地改变了世界政治力量的对比,鼓舞和推动了世界被压迫民族和被压迫人民争取解放的斗争。

(教师):实现中华民族伟大复兴是中国人民的百年梦想。建立中国共产党、成立中华人民共和国、推进改革开放和中国特色社会主义事业,是近代以来实现中华民族伟大复兴的三大里程碑!今天,中华民族迎来了从富起来到强起来的伟大飞跃,我们要记住创业维艰、建国之难,要明白没有建国就不会有富国与强国。正如教材说的:"新民主主义革命的胜利、新中国的建立、社会主义基本制度的确立为当代中国一切发展进步奠定了根本政治前提和制度基础。"让我们谨记"共和国是红色的",不忘红色政权是怎么来的、新中国是怎么来的、今天的幸福生活是怎么来的!

[设计意图]通过展示近代以来取得历史成就图片,使学生水到渠成地领悟到,只有中国共产党才能救中国,只有坚持党的正确领导才能实现中华民族伟大复兴,坚定学生对中国特色社会主义道路的认同。

回顾中国近代史,从悲怆的历程到胜利的征程,让我们明白:马克思主义是对的、中国共产党是能的、社会主义是行的!从站起来到富起来再到强起来,一步步地飞跃,国家富强、人民幸福的梦想定能早日实现!中国梦是你的梦、我的梦、所有炎黄子孙共同的梦,让我们凝聚力量、共筑中国梦!加油,少年!

[设计意图]通过结束语的总结,使学生对本节课的知识点有总体把握。同时,明确社会主义是近代中国的必然选择,只有坚持社会主义道路,才能完成历史任务。最后,通过中国梦升华情感,激发学生的爱国热情。

【板书设计】

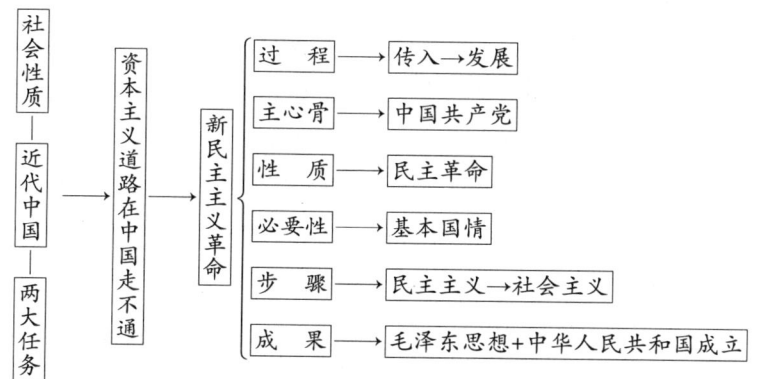

【延伸设计】

(一)思考题

1.在历史长河中,总有一些标志性事件凝结着人类的光荣与梦想、昭示着历史前进的方向,成为民族发展、人类社会进步的里程碑。1921年7月,中国共产党诞生,这是中国历史上开天辟地的大事变。中国共产党的诞生意味着( )

①中华民族迎来了从站起来、富起来到强起来的伟大飞跃

②中国革命面貌从此焕然一新,逐步走向民族独立和人民解放

③工人阶级成为反帝反封建的新民主主义革命的领导力量

④中国人民在斗争中有了主心骨,看到了解决中国问题的出路和希望

A.①②   B.①③   C.②④   D.③④

答案:C

2.课堂上,教师组织学生讨论俄国十月革命和中国新民主主义革命的问题。你认为下列哪个小组的观点是正确的 ( )

A.第一小组的结论:两国革命目标相同,都是用武装斗争推翻封建专制统治

B.第二小组的结论:两国革命道路相同,都是由城市到农村,武装夺取政权

C.第三小组的结论:俄国是无产阶级领导,中国是资产阶级领导的民主革命

D.第四小组的结论:俄国是由城市到农村,中国是农村包围城市,武装夺取政权

答案:D

(二) 推荐阅读

1.张德旺:《道路与选择:五四运动100周年纪念版》。

2.陈旭麓:《近代中国社会的新陈代谢》。

"社会主义制度在中国的确立"教学设计

费金娟(江苏省苏州市吴江高级中学)

议题: 社会主义为什么是近代中国历史发展的必然?

【思路框架】

根据2017年版课程标准和本课内容确定"社会主义为什么是近代中国历史发展的必然"主议题。邮票记载着历史大事件,反映着社会发展历程。本课以邮票为主题情境,选取了13枚邮票,设置开国、探索、飞跃、回眸四个环节,在赏析邮票中回顾历史,完成过渡时期总路线、必然性、意义,社会主义建设的探索相关知识的学习,在回眸环节让学生动手设计邮票,回顾学科知识的基础上提高参与意识、动手能力,落实学科素养。

本课架构模型如下图所示:

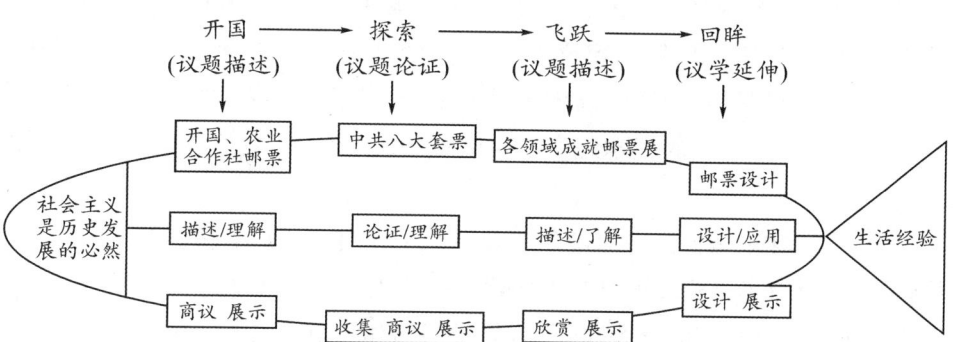

任务线:由"探究从新民主主义到社会主义过渡历程—理解中共八大是社会主义改造的一次成功探索—理解社会主义制度确立的意义—设计邮票"组成,是教学的目标。

情境线:围绕邮票展开,分别是"开国、农业合作社2枚邮票—中共八大3枚套票—各方面成就7枚邮票展—设计这一历史时期的邮票"组成。

问题线:由"开国"是否意味着社会主义制度的确立—新中国第一次发行的党代会纪念邮票为什么选"八大"—社会主义制度确立后实现了哪些"飞跃"三个问题及通过设计邮票回顾知识构成。

活动线:由"商议、展示—收集、商议、展示—欣赏、展示—设计、展示"组成,为"议中学"开辟路径。

【基础设计】

(一)教材分析

1.本课地位:本课的教学内容是《中国特色社会主义》第二课第二框"社会主义制度在中国的确立"。本框内容承接前框"新民主主义革命的胜利",之后中华民族伟大复兴之路再上一个台阶。社会主义改造的完成,标志着中国真正意义上确立了社会主义制度。学习本框,有助于学生明确中国选择社会主义道路的必然性和确立社会主义制度的重大意义,增强学生对社会主义制度的认同。

2.内容分析:在学习新民主主义革命胜利的基础上,本框主要介绍最深刻、最伟大的社会变革,即社会主义制度的确立和在艰辛探索中前行。本框下设两目:

第一目"最深刻、最伟大的社会变革",主要介绍了社会主义制度的确立。该目主要介绍社会主义改造的总任务、由新民主主义向社会主义过渡的必然性、社会主义改造完成的标志、确立社会主义制度的意义。教材通过一个"探究分享"引导学生思考新民主主义革命胜利后是否具备社会主义改造的条件。"相关链接"介绍了第一届全国人大通过的《中华人民共和国宪法》,以宪法形式明确社会主义社会的根本任务。"专家点评"介绍了社会主义改造胜利的意义。

第二目"在艰辛探索中前进",主要介绍了社会主义基本制度确立后的初步探索,以及社会主义建设道路初步探索取得的成果。教材通过"探究与分享"介绍了新中国成立初期的巨大成就,四个"相关链接"说明毛泽东在这个时期的探索和这一时期中华民族精神的发展。

(二)学情分析

1.学生心智特征分析:本课的教学对象是高一学生。高一学生的思维水平已经发展到一定程度,抽象和逻辑思维已经具有假设性和预设性,对于历史事件能够做出相对全面的分析和判断。

2.学生知识经验分析:学习本课内容之前,学生在初中已经接触过相关历史知识,经过高中《中国特色社会主义》前一阶段的学习,对人类社会发展的历程与趋势有一个大体上的认识,为本课知识的学习奠定了一定基础。但是作为

"00后",生活在中国经济飞速发展的时代,对于生产力水平较低的改革开放前的生活感受不强。

(三)教学目标

明确党在过渡时期的总路线和总任务,理解从新民主主义向社会主义过渡的历史必然性。了解对生产资料私有制进行社会主义改造的历史过程,懂得中国走社会主义道路是历史发展的必然,以及中国确立社会主义制度的伟大意义。了解在中国共产党领导下,我国各族人民投身社会主义建设所取得的巨大成就。在对历史成就的理解和运用中提升实践能力、培养科学精神和合作学习能力,进而增强对中国特色社会主义道路的认同,树立中国特色社会主义道路自信。

(四)教学重难点

理解从新民主主义向社会主义过渡的历史必然性,理解社会主义建设在曲折中前行。

(五)教学方法

议题式教学法、对话式教学法。

【主体设计】

资料搜集:查阅相关历史资料,搜集相关历史邮票,了解邮票背后的故事。

[总议题]社会主义为什么是中国近代历史发展的必然?

导入:同学们,方寸之间可见世界,今天让我们翻出几枚老邮票,追溯中国的一段历史。

环节一:议题描述·变革

[学科概念]社会主义制度的确立。

[子议题1]"开国"是否意味着社会主义制度的确立?

[议题情境]左图为《中华人民共和国开国》纪念邮票,其图案为庆祝开国典礼阅兵情景。右图为《农业合作化——入社》特种邮票四套票之一,其图案为要求报名入社的农民走向合作社的情景。

《中华人民共和国开国》

《农业合作化——入社》

[议学活动]商议两枚邮票的历史关联,探究从新民主主义到社会主义的过渡历程。

[设计意图]通过邮票来回顾解读历史,减少了理论知识的枯燥感,增强了学生的学习兴趣。通过两枚邮票历史关联的分析,让学生了解新民主主义到社会主义的过渡时期及过渡时期的总路线。

[答案提示]《中华人民共和国开国》纪念邮票展现的是:1949年10月1日,毛泽东主席在天安门城楼上庄严宣告中华人民共和国中央人民政府成立,并进行阅兵的场景。中华人民共和国的诞生,标志着新民主主义革命的基本胜利,但并不意味着社会主义制度的确立。新民主主义到社会主义要经历一个过渡时期。

《农业合作化——入社》邮票描述了农民积极加入农业生产合作社的历史片段,反映了过渡时期总路线和总任务,即"一化三改"中的农业的社会主义改造。到1956年底,基本上实现了完全的社会主义改造,完成了由农民个体所有制到社会主义集体所有制的转变。1956年不仅完成了农业的社会主义改造,还完成了手工业和资本主义工商业的社会主义改造,标志着我国社会主义制度确立。

环节二:议题论证·探索

[学科概念]我国社会主义建设的探索。

[子议题2]新中国第一次发行的党代会纪念邮票为什么选中共八大?

[议题情境]1956年,中华人民共和国邮电部发行纪念中共八大的邮票,这是新中国第一次发行纪念党代会的邮票,其图案为麦穗、棉花、齿轮围绕天安门。

《中国共产党第八次全国代表大会》套票

[议学活动]商议中共八大的重要性。

[设计意图]通过对中国八大为什么被选为新中国第一次发行纪念党代会

邮票的主题的探讨,激发学生探究中共八大相关知识的兴趣,在搜集资料和商议过程中全面正确评价中共八大,理解中共八大是社会主义建设的一次有益探索,进而理解我国社会主义建设的艰辛。

[答案提示]社会主义制度确立后,如何建设发展社会主义没有现成的答案,需要中国共产党在马克思列宁主义基本原理指导下,以苏联教训为鉴,结合中国具体实际,艰辛探索适合中国国情的社会主义建设道路。中共八大是中国共产党的一次成功探索,对社会主义改造基本完成后中国社会的主要矛盾和根本任务做出了规定,为社会主义的发展指明了方向。制定的党的路线是正确的,提出的许多新的方针和设想是富有创造精神的。当然,由于实践的时间很短,许多新的设想没有充分付诸实施,很快又发生反复。但是,中共八大后,中国建设社会主义道路的探索取得初步成果。历史证明,这些成果对于党的事业的发展有长远的重要意义。

环节三:议题描述·飞跃

[学科概念]社会主义制度确立的意义。

[子议题3]社会主义制度确立后实现了哪些"飞跃"?

[议题情境]反映这一时期各方面成就的七枚邮票:1958年第一原子反应堆,1960年猪肥满仓,1964年石油工业、钻井,1970年东方红一号卫星,1956年康藏、青藏公路,1959年民族文化宫,1959年第一届全国运动会。

第一原子反应堆

猪肥满仓

石油工业、钻井

东方红一号卫星

康藏、青藏公路

民族文化宫

第一届全国运动会

[议学活动]说一说邮票反映的建设成就。

[设计意图]通过展示这一历史时期不同方面成就的邮票,让学生在赏析邮票的同时,说一说邮票背后的故事和历史片段,进一步感受中华民族的伟大飞跃。

[答案提示]社会主义制度确立后,我国建立起独立的比较完整的工业体系和国民经济体系,农业生产初步满足基本生活需求,建筑、交通、基础设施获得较快发展,教育、医疗事业得到长足进步,人们的精神面貌得到极大的改变,科技发展取得重要突破,成为在世界上有重要影响的大国。

环节四:议学延伸·回眸

[议学活动]设计一枚反映"社会主义制度确立历程"的邮票。

设计要求:①体现这一历史时期的某一方面特点。

②特色鲜明,有创意,有意义。

[设计意图]本课以邮票作为情境主线讲述社会主义制度在中国的确立,课堂结尾要求学生设计邮票,既有利于学生总结回顾本课所学知识,又有利于学生内化和应用知识,激发学生的创作热情。

空白邮票

[答案提示]设计多元化,有自己的想法均可。

【板书设计】

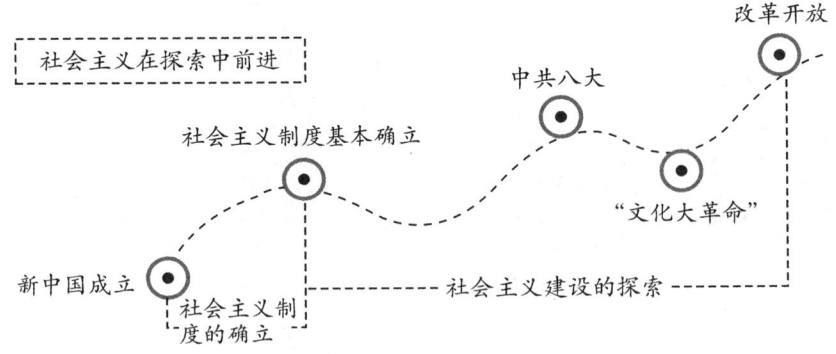

【延伸设计】

(一)思考题

二十世纪五六十年代,中华人民共和国进入社会主义建设道路的初步探索时期。毛泽东"以苏联为鉴戒",在总结我国经验基础上,发表了很多探索适合中国国情的社会主义建设道路的著名文章。这些文章在指导中国进行社会主义建设道路过程中起到重要作用。

请搜集查阅毛泽东这一时期的著名文章,分析这些文章在社会主义道路探索中的作用。

参考答案:社会主义制度确立后,如何把马克思主义与中国实际相结合,走中国自己的社会主义建设道路,成为以毛泽东为代表的中国共产党人面临的一个全新课题。

1956年,毛泽东发表的《论十大关系》讲话中提出"把国内外一切积极因素调动起来,为社会主义事业服务"的基本方针,第一次比较系统地阐述了具有中国特色的社会主义经济建设、政治建设和科学文化建设等十个方面的关系问题,成了全党探索中国自己的社会主义建设道路的先声。随后召开的中共八大科学地阐明了我国社会的主要矛盾和根本任务,在执政党建设、国家的民主政治建设及经济建设的各个方面,提出许多具有创造性的正确思想,反映了党对社会主义的初步认识。中共八大的路线是基本正确的。

1957年2月,毛泽东发表《关于正确处理人民内部矛盾的问题》的讲话,提出社会主义基本矛盾及必须正确区分和处理社会主义社会两类不同性质的社会矛盾的学说,并将正确处理人民内部矛盾作为国家政治生活的主题。

(二) 推荐阅读

1.匡洪治:《艰辛与辉煌:从新民主主义到中国特色社会主义的探索实践》。
2.张素芝:《中国特色社会主义道路的探索》。

"中国特色社会主义的创立、发展和完善"教学设计

罗幸平(广东省深圳科学高中)

议题：深圳为什么能？

【思路框架】

任务线：通过深圳建筑梳理马克思主义中国化四大理论进程——理解中国特色社会主义道路、理论、制度、文化与深圳的发展——在设计活动中实现知识迁移，坚定中国特色社会主义道路自信、理论自信、制度自信与文化自信。

情境线：猜猜它是谁——深圳建筑史与马克思主义中国化四大理论进程——视频《深圳新使命，建设中国特色社会主义先行示范区》——《关于支持深圳建设中国特色社会主义先行示范区的意见》。

问题线：见"圳"40年，请你讲述深圳建筑蕴藏的马克思主义中国化四大理论进程。（小组讨论）

深圳的快是如何回答马克思主义为什么"行"这个时代之问的？（师生对话）

历史为什么再次选择深圳，自信底气从何而来？请从道路自信、理论自信、制度自信、文化自信里任选一个，阐述深圳成为中国特色社会主义先行示范区的自信底气。（小组讨论、师生对话）

深圳建设中国特色社会主义先行示范区"既要先行，又要示范"。请你结合"四个自信"，设计一个建筑展现先行与示范，并说说你的设计理念。（项目学习）

活动线：学生竞猜——小组讨论——师生对话——小组讨论后师生对话——项目化学习。

【基础设计】

(一)教材分析

1.本课地位："中国特色社会主义的创立、发展和完善"是《中国特色社会主义》第三课第二框的内容，在教材中起承上启下的作用。

2.内容分析：本课由改革开放以来党的全部理论和实践的主题，中国特色社会主义道路、理论、制度、文化组成。

改革开放以来党的全部理论和实践的主题主要阐述内容:邓小平理论、"三个代表"重要思想、科学发展观、习近平新时代中国特色社会主义思想。

中国特色社会主义道路、理论、制度、文化主要阐述内容:中国特色社会主义道路、中国特色社会主义理论体系、中国特色社会主义制度、中国特色社会主义文化。

(二)学情分析

1.心智特征:本课内容的教学对象为高一学生。教材内容思路清晰,但内容多且理论性比较强。高一学生认知水平和思维特点处于感性认识向理性认识发展阶段,形象思维和抽象思维在逐步发展,因而如何通过事例激发学生的兴趣,进而形成政治认同,提升学科核心素养水平是教师需要研究的重点。

2.认知结构:新时代,高一学生的认知结构受两方面影响。一方面,受客观现实的直观影响,学生对改革开放、社会进步、国力提升都有直接的感受;另一方面,学生在初中阶段对中国特色社会主义相关知识有一定的积累,但是不系统、不够深刻。因此,需要将学生的感性认识、浅层理解转为更具体、更深刻的把握。

(三)教学目标

了解改革开放以来党的全部理论和实践的主题,中国特色社会主义道路、中国特色社会主义理论体系、中国特色社会主义制度、中国特色社会主义文化;培养学生的合作学习能力、科学精神和政治认同;认同中国特色社会主义道路、理论、制度、文化;树立中国特色社会主义道路自信、理论自信、制度自信、文化自信。

(四)教学重难点

教学重点:中国特色社会主义道路、理论、制度、文化。

教学难点:如何树立中国特色社会主义道路自信、理论自信、制度自信、文化自信。

(五)教学方法

议题式教学法、项目式教学法、对话式教学法。

【主体设计】

(一)资料搜集

视频:《深圳新使命,建设中国特色社会主义先行示范区》。

图片:深圳十大最高建筑。

相关文章:深圳建筑与马克思主义理论中国化的关联。

(二)自主梳理

通过网络查阅相关深圳建筑的信息,并把它们与中国特色社会主义理论进程联系起来,做好笔记。

(三)重点理解

环节一:四十载东方风来满眼春——深圳速度

[问题1]猜猜它是谁?

如果说华强北电子街是一条河,她,曾经是这条河的源头;如果说华强北商圈是一个舞台,她,曾经是这个舞台最早的导演;如果说深圳电子工商业是一棵枝繁叶茂的大树,她,就是看着这棵树长大的园丁。

图1

电子大厦

1982年,深圳GDP 8.26亿元。

电子大厦高69.9米,建成时是深圳经济特区的第一座高楼,也是当时深圳的地标建筑。围绕电子大厦,逐渐兴起华强北电子商圈,带动深圳电子工商业的发展。(见图1)

她是诞生"神话"的地方,她的"矗立"本身就是神话。说起最早的建筑工程招标,说起三天一层楼的"深圳速度",说起那个春天声震天下的"南方谈话",你总会说起她。她曾是中国第一高楼,如今在林立的高楼中仍是需要被仰望的里程碑。

图2

深圳国际贸易中心大厦

1985年,深圳GDP 39.02亿元。

国贸大厦高160米,是当时全国最高建筑。1992年,邓小平同志视察深圳,在这里发表谈话(即"南方谈话"部分内容)。(见图2)

时代和理论背景

邓小平理论,十一届三中全会(1978年12月)。

工作重心转移到经济建设上,实行改革开放,深刻揭示社会主义本质,确立社会主义初级阶段基本路线,明确提出走自己的路、建设中国特色社会主义,科学回答建设中国特色社会主义的一系列基本问题,提出设立经济特区。

[设计意图]通过"猜猜它是谁"活动,活跃课堂气氛,为理论内容的讲述做铺垫。

[小结]十一届三中全会提出建立经济特区,电子大厦和国贸大厦拔地而起。制度的变革带来生产力的解放。高楼拔地而起,无不彰显深圳速度。

[过渡]我们继续通过建筑来了解蕴藏的历史。

[情境]

地王大厦

1995年,深圳GDP 842.79亿元。

地王大厦高383.95米,她曾经是亚洲最高建筑,中国第一个钢结构建筑,现在仍然代表着深圳建筑的高度。她挺拔的英姿,蕴藏着一个新的速度、新的梦想。(见图3)

图3

"三个代表"重要思想

十三届四中全会(1989年6月)。

加深了对什么是社会主义、怎样建设社会主义和建设什么样的党、怎样建设党的认识,确立了社会主义市场经济体制的改革目标和基本框架,确立了社会主义初级阶段的基本经济制度和分配制度,开创全面改革开放新局面,成功把中国特色社会主义推向21世纪。

京基 100

2011 年,深圳 GDP 11806.84 亿元。

京基 100 高 441.8 米,是深圳房企京基集团旗下的世界级地标,也是中国民营地产企业投资建造的最高建造,成为全球第五金融中心的代言,作为献礼大运会(2011 年 8 月)的城市地标建筑,展现着深圳的新城市精神,是中国京基与技术发展的新体现。(见图 4)

图 4

科学发展观

党的十六大(2002 年 11 月)。

根据新的发展要求,深刻认识和回答了新形势下实现什么样的发展、怎样发展等重大问题,在全面建设小康社会进程中推进实践创新、理论创新、制度创新,强调坚持以人为本、全面协调可持续发展,成功在新的历史起点上坚持和发展了中国特色社会主义。

平安国际金融中心

2015 年,深圳 GDP 18013.50 亿元。

平安国际金融中心高 592.5 米,是深圳第一高楼。中国平安集团以超强的发展速度成为世界 500 强企业。中国平安是深圳金融业的骄傲,是深圳企业改革开放的一面旗帜,标志着创新发展。(见图 5)

图 5

习近平新时代中国特色社会主义思想

党的十八大(2012 年 11 月 8 日)。

深刻回答了新时代坚持和发展什么样的中国特色社会主义、怎样坚持和发展中国特色社会主义这个重大时代课题,提出一系列新理念、新思想、新战略,推动党和国家事业发生历史性变革、中国特色社会主义进入新时代。

[问题 2]深圳的快是如何回答马克思主义为什么"行"这个时代之问的?

学生小组合作,查阅相关资料,交流展示。

[教师总结]十一届三中全会提出建立经济特区。不久后,电子大厦和国贸大厦拔地而起,三天一层楼(国贸大厦),两天半一层楼(地王大厦),无不彰显深圳速度。深圳速度的背后是制度的变革,蕴含改革开放进程。不同理论都是根据客观实际提出来的指导意见,极大地解放了思想,推动了生产力的变革。建筑的高度不断被刷新证明马克思主义有强大生命力,深圳的奇迹正回答着时代之问、人民之问,深圳的实践证明马克思主义"行"。

[设计意图]理论对于学生来说比较枯燥。地处深圳,学生对这几个地标建筑非常熟悉,希望通过建筑拉近学生与理论的距离、活跃学生的思维。通过查阅建筑资料,让学生了解马克思主义中国化的四大理论成果与建筑之间的关联。

(四)重点应用

环节二:新时代南海潮头又春风——深圳高度

[过渡]深圳不仅有速度,还有高度。2020年,深圳又被赋予新使命,走向新征程。

[情景]视频:《深圳新使命,建设中国特色社会主义先行示范区》。

[议题]中国特色社会主义先行示范区,是深圳的新高度,也是深圳的新起点。历史为什么再次选择深圳,自信底气从何而来?请从道路自信、理论自信、制度自信、文化自信里任选一个,阐述深圳成为中国特色社会主义先行示范区的自信底气。

[活动]小组商议,交流展示,并选派代表发言。

[教师总结]深圳有道路自信,深圳从一开始就是中国特色社会主义道路的先行者、探路者。我国改革开放许多先例都是起源于深圳。深圳自建立经济特区以来,一直是改革的试验田、开放的窗口,承担为改革开放先行探索的使命。尤其以"摸着石头过河"的智慧和"杀出一条血路"的勇气,为全国改革开放和现代化建设积累了宝贵经验,为探索中国特色社会主义道路做出重大贡献。

从文化自信来说,深圳是我国人口最年轻的大城市,其多元包容的文化造就了深圳人创新、敢为天下先的品质,使深圳人富有敢想敢干的精神。深圳干部群众一直具有强烈的危机感和超前的发展意识,这是做好先行示范、发挥先行示范作用的先决条件。深圳干部群众有开阔的发展视野,善于谋划未来,凡事想在前头。从回应20世纪80年代"特区失败论",到20世纪90年代"特区不特论""深圳抛弃论",再到有效应对亚洲金融危机、全球金融危机的影响,深圳都能正视危机、面对未来、主动应变,从而锻炼出强烈的先行意识。

从制度自信看,深圳不仅建立了相当完善的市场机制,还将党和政府的作用发挥得很好。中国特色社会主义最本质的特征是中国共产党领导,发挥着统揽全局、协调各方的核心作用。可以说,深圳是我国改革开放以来处理好市场与政府关系的典范。

相信在中国共产党的带领下,深圳能从这个高度再出发,探出一条新路子,发挥示范引领的作用。

[设计意图]环节一展示了深圳速度,历史选择了深圳,而深圳也不负历史的选择;环节二从历史的再次选择讲起,一脉相承。这是深圳的高起点,因为深圳有自信的底气。让学生理解"四个自信"与深圳的发展。

(五) 重点迁移

环节三:奋力谱写先行示范新篇章——深圳温度

[情景]《关于支持深圳建设中国特色社会主义先行示范区的意见》确定了深圳的战略定位,即高质量发展高地、法治城市示范、城市文明典范、民生幸福标杆、可持续发展先锋。深圳经济特区不仅是外界观察改革开放的一扇窗口,也是彰显中华文化魅力和中国文化自信的窗口。

[过渡]这是一个文化高度自觉的故事,深圳深刻意识到经济建设和文化建设犹如"鸟之双翼,车之两轮",发自内心地对文化发展给予大力支持。从"时间就是金钱,效率就是生命",到"改革创新是深圳的根、深圳的魂""鼓励创新,宽容失败",再到"来了就是深圳人",深圳让城市精神较早地融入城市发展,发挥了更加自觉、更加主动、更为显著的作用;率先打造国内第一份对标国际一流城市的"文化菜单",以一系列精彩而富有城市特色的文化活动逐渐形成"创新之城""创意之城",具有年轻、时尚、活力、蓬勃的品牌文化体系;"一区一书城、一街道一书吧"的基层文化服务网络基本建成,以市民精神文化需求为导向的公共文化服务体系初步建立,为深圳汇聚创意人才、辐射创新观念提供极大的文化滋养;深圳文创产业的生态正茁壮成长,我国第一家主题公园"锦绣中华"、QQ音乐等数字文化产业、《熊出没》《流浪地球》中大部分的视觉特效等都在这里诞生,华侨城发力"文化+旅游",在龙岗打造甘坑小镇,深入发掘客家传统文化底蕴,孵化出小凉帽等一系列IP形象,探索特色小镇发展新路径;"同心耀中华——深港澳青年文化交流艺术季"等多种形式演绎心灵"同唱一首歌"。

[议题]深圳建设中国特色社会主义先行示范区,"既要先行,又要示范"。请你结合"四个自信",设计一个建筑展现先行与示范,并说说你的设计理念。

　　[活动]小组商议,交流展示,并选派代表发言。

　　[教师总结]深圳建设中国特色社会主义先行示范区,努力创建社会主义现代化强国的城市范例。对于我而言,深圳的五大定位——高质量发展、法治城市、文明典范、民生幸福、可持续发展,无不彰显深圳是一座幸福城市。幸福是什么,幸福之于大家各有各的感受。如果要我设计一个建筑来表达的话,我可能会设计一个苹果形状的建筑,赋予其五种颜色,对应五大定位。我希望深圳既幸福又平安,一如我的名字。同时,我希望深圳模式推广到全国,各地能具体问题具体分析,与时俱进,结出五彩的果子。

　　[设计意图]深圳是先行,也是示范。要为其他城市提供样板,与环节一的建筑首尾呼应,建筑中蕴藏历史,蕴藏美好的祝愿,标志着两区的理念。让学生学会运用迁移,理解"四个自信"。

【板书设计】

改革开放以来党的全部理论和实践的主题
- (1) 主题:中国特色社会主义
- (2) 中国特色社会主义的创立
- (3) 中国特色社会主义的发展

中国特色社会主义道路、理论、制度、文化
- (1) 改革开放以来,我国取得一切成绩和进步的根本原因
- (2) "四个自信"的关系

【延伸设计】

(一) 思考题

　　面对新冠肺炎疫情这场历史性大考,以习近平同志为核心的党中央统揽全局、果断决策,领导人民共同抗疫。中国用3个月左右的时间夺取了全国抗疫斗争重大胜利。在此基础上,开启疫情防控和经济社会发展"两手抓""两手硬",使2020年各项经济指标全面转"正"。取得这样的战绩,离不开秉持"我将无我"信念人们的牺牲奉献,离不开460多万个基层党组织的冲锋陷阵,离不开400多万名社区工作者的日夜值守,更离不开从各地集结奔赴前线、逆行而上的4万多名医务人员的无私奉献。

我国的疫情防控工作为什么能取得如此战绩?

参考答案:①中国共产党的领导是抗疫必胜的根本保证。坚持全国一盘棋,集中力量办大事,彰显中国特色社会主义制度的显著优势。②坚持以人民为中心,密切联系群众,紧紧依靠人民,推动国家抗疫取得成绩。③中国制度、文化优势在抗疫中得到充分彰显。"我将无我"、奋斗精神、爱国主义是悠久历史文化的积淀,更是中国制度文化的新篇、文化自信的体现。

(二) 推荐阅读

1. 吴晓波:《激荡四十年》。
2. 傅高义:《邓小平时代》。
3. 张维为:《这就是中国:走向世界的中国力量》。

"伟大的改革开放"教学设计

程海燕(华中师范大学龙岗附属中学)

> 议题:改革开放为何伟大?

【思路框架】

任务线:梳理和了解十一届三中全会后我国改革开放波澜壮阔的发展历程、重要事件和深圳改革开放历程,在自主学习中增强道路自信、理论自信、制度自信和文化自信——展示改革开放的重要成就,感受改革开放带来的深刻变革,阐释改革开放的重要意义,彰显中国特色社会主义的无比优越性和强大生命力——展望新时代深圳改革开放新征程,在公共参与中实现知识迁移,形成坚持和发展中国特色社会主义的自觉性。

情境线:以深圳的改革开放为载体,设置"深圳因改革开放而生"——"深圳因改革开放而兴"——"深圳改革不停顿、开放不止步"三个情境。

问题线:改革开放经历了怎样伟大的历程——为什么要进行改革开放——改革开放是进行时还是完成时。

活动线:以小组的形式完成任务,搜集、整理并展示深圳改革开放的素材。任务分别是"介绍、展示深圳改革开放历程"——"介绍深圳改革开放变化、成就"——"介绍深圳新使命,建设中国特色社会主义先行示范区"——"介绍深圳改革先锋人物"——以"深圳的未来 有我参与"为题,分享自己的人生理想。

【基础设计】

(一)教材分析

1.本课地位:"伟大的改革开放"是思想政治必修1《中国特色社会主义》第三课"只有中国特色社会主义才能发展中国"第一框的内容。本课在教材中处于承前启后的地位。本册教材讲述了社会主义从空想到科学、从理论到实践的发展过程,讲述了中国特色社会主义的创立、发展和完善过程,阐明了只有社会主义才能救中国、只有中国特色社会主义才能发展中国、只有坚持和发展中国特色社会主义才能实现中华民族伟大复兴。中国特色社会主义道路从何而来?

中国特色社会主义是在改革开放的实践中形成和发展的,谈中国特色社会主义必须从改革开放谈起。因此,本课"伟大的改革开放"是中国特色社会主义的起点,承接第二课"站起来",开始讲述中国特色社会主义发展中国,使中国"富起来",又为第四课坚持和发展中国特色社会主义使中国"强起来"做铺垫。

2.内容分析:本课内容包含两目。第一目"改革开放的进程",讲述党的十一届三中全会做出实行改革开放的历史性决策,开启了改革开放和社会主义现代化建设的伟大征程,阐述从农村、城市改革到社会主义市场经济体制的建立和完善,从设立经济特区到设立自贸区,对外开放格局从基本形成到新格局、新阶段的历史进程;第二目"改革开放的意义",阐明改革开放对国家、民族和人民的伟大意义,明确改革开放是坚持和发展中国特色社会主义的必由之路,是实现中华民族伟大复兴的关键一招。通过理解和掌握改革开放的历程和意义,引导学生坚定中国特色社会主义道路自信、理论自信、制度自信、文化自信。

(二)学情分析

1.学生心智特征:高一学生思维比较活跃,具备一定的逻辑思维能力、归纳总结能力。教材内容逻辑清晰、内容结构化明显,学生能够对教材内容进行自主阅读、梳理,并能搜集素材进行论证分析。深圳是改革开放的窗口、试验田,深圳因改革开放而生、因改革开放而兴。作为生长在深圳的新时代青年,对于改革开放具有直观的感受,但对于深圳改革开放的历程可能并不是很了解,可以通过小组活动,激发学生搜集素材、展示交流、了解深圳改革开放大事件和深圳巨变原因的积极性。

2.学生认知结构:学生在初中的历史课、道德与法治课中对党的十一届三中全会、改革开放的知识有了一定积累,对于改革开放的进程可以通过画时间轴进行自主梳理,对于改革开放的意义可以通过改革开放带来的巨大变化进行阐述。对改革的理论依据、改革的实质,学生理解有一定难度,可以把改革开放的实践与前面学过的人类社会两大基本矛盾的理论相结合加以分析论证,提高学生理论联系实际、论证分析的能力。

(三)教学目标

1.必备知识目标:梳理和了解改革开放的历史进程和主要成就,理解改革开放的伟大意义。

2.关键能力目标:通过搜集、整理深圳改革开放的素材,培养学生团结协作的能力;从人类社会基本矛盾运动角度分析改革开放的原因,培养科学精神。

3.学科素养目标:从深圳改革开放的历程、巨大变化和成就中感受改革开放给中国、中国人民、中华民族带来的巨大变化及伟大意义,感悟中国特色社会主义的优越性,增强对中国特色社会主义道路的自信,提升对中国特色社会主义的政治认同;以深圳新使命先行示范区的建设激发参与深圳建设的积极性,弘扬敢闯敢试的深圳精神,增强责任感、使命感。

4.核心价值目标:坚定中国特色社会主义道路自信、理论自信、制度自信、文化自信。

(四)教学重难点

教学重点:改革开放的伟大意义。

教学难点:从人类社会基本矛盾角度,分析理解改革开放成功的根本原因。

(五)教学方法

议题式教学法、合作探究法。

【主体设计】

(一)资料收集

全班学生分为4组,通过网络、采访、参观"大潮起珠江"展览(深圳展馆)等方式分别搜集、整理深圳改革开放的相关素材。"深圳改革开放历程""深圳改革开放带来的变化及成就""深圳建设中国特色社会主义先行示范区""深圳改革先锋人物(例如:袁庚、禹国刚、马化腾)"。

(二)自主梳理(自学、陈述、评价)

课前自主阅读教材第32－33页,梳理改革开放的历史进程,并绘制成时间轴。

(三)重点理解(讨论或辩论)

总议题:改革开放为何伟大?

[子议题1]改革开放经历了怎样伟大的历程?

[情境]深圳因改革开放而生。

图N:习近平向深圳莲花山公园邓小平同志铜像敬献花篮。

文字:"深圳是改革开放后党和人民一手缔造的崭新城市,是中国特色社会主义在一张白纸上的精彩演绎。"——2020年10月14日,习近平总书记在深圳经济特区建立40周年庆祝大会上的讲话

[活动1]思考:深圳的精彩演绎得益于什么?

[观点结论]得益于十一届三中全会实行改革开放的决议、1980年设立经

济特区的重大决策。

[设计意图]以深圳特区成立40周年导入新课,让学生了解自己真实生活中的重大时政,理解深圳的奇迹是得益于党的正确决策,认识党的十一届三中全会是党的历史上的伟大转折。

[情境]随机选取个别学生绘制的改革开放历程时间轴进行展示。

[活动2]①学生选取重要事件、关键时间进行解读(例如:家庭联产承包责任制、建立社会主义市场经济体制、2001年加入世界贸易组织……)。

②第(1)小组介绍深圳改革开放历程,分享感悟。

③讨论:改革是对社会主义制度的否定吗?

[观点结论]改革开放是什么?

①改革开放的历程;②改革是社会主义制度的自我完善和发展,不是对社会主义制度的否定。

[设计意图]以对改革开放重大事件的解读、深圳改革开放的历程的了解,感悟改革开放的艰辛探索过程,体会敢闯敢试、敢为人先的改革精神,培养学生的创新拼搏精神;同时,引导学生认识改革不是对我国社会主义制度的根本改变,而是自我完善和发展,培养科学精神,提高学生辩证思维的能力。

(四)重点应用

[子议题2]为什么要进行改革开放?

[情境]深圳因改革开放而兴。

通过图片、文字、视频对比深圳的过去与现在,感受改革开放给深圳带来的巨大变化、成就。40年来,深圳地区生产总值从1980年的2.7亿元增至2019年的2.7万亿元,年均增长20.7%,经济总量位居亚洲城市第五位,人均GDP达3万美元;深圳建成5G基站超4.6万个,5G基站密度国内第一,5G产业规模、5G基站和终端出货量全球第一……

[活动3]①第2小组介绍深圳改革开放的变化、成就,分享感悟。

②运用社会基本矛盾运动原理分析为什么要进行改革开放?

[观点结论]为什么要进行改革开放?

①改革开放的现实意义:1个重要法宝、1个必由之路、2个关键一招、3个飞跃、4个改变。

②理论依据:改革的目的就是使生产关系适应生产力的发展,使上层建筑适应经济基础的发展。改革是发展中国特色社会主义的强大动力。

[设计意图]以深圳改革开放的巨大变化、成就,感悟改革开放对深圳的重大意义、重要影响,增强学生对改革开放作用的感性认知,提升政治认同。用社会基本矛盾运动分析改革开放,增强学生的理论认知和科学精神。

(五)重点迁移

[子议题3]改革开放是进行时还是完成时?

[情境]深圳改革不停顿、开放不止步。

习近平总书记在深圳经济特区建立40周年庆祝大会上说,"经济特区不仅要继续办下去,而且要搬得更好、办得水平更高""改革永远在路上,改革之路无坦途""继续发扬敢闯敢试、敢为人先、埋头苦干的特区精神,激励干部群众勇当新时代的拓荒牛"。新时代,深圳有了新使命——建设中国特色社会主义先行示范区,2035年深圳成为我国建设社会主义现代化强国的城市范例,2050年深圳成为竞争力、创新力、影响力显著的全球标杆城市。深圳的改革永不停顿、开放永不止步。作为深圳未来的建设者,该如何担负责任和使命,书写深圳更精彩的未来?

[活动4]①思考讨论:改革开放是进行时还是完成时?

②第(3)小组介绍深圳新使命"建设中国特色社会主义先行示范区"。

第(4)小组介绍深圳改革先锋人物(例如:袁庚、禹国刚、马化腾),分享感悟。

③2035年、2050年,作为深圳建设者的你可能在什么岗位工作?应怎样跟上深圳发展的步伐,助力深圳续写"春天的故事"?以"深圳的未来 有我参与"为题,分享自己的人生理想。

[观点结论]新时代如何坚持改革开放?

——坚持对外开放的基本国策!改革开放只有进行时,没有完成时!

[设计意图]通过了解深圳先行示范区建设,增强学生对深圳未来发展规划的了解,感悟深圳改革不停顿、开放不止步,树立创新意识;以改革先锋人物事迹,激励学生弘扬"敢闯敢试、开放包容、务实尚法、追求卓越"的新时代深圳精神;以"深圳的未来 有我参与"的人生理想规划为形式,引导学生积极投身深圳先行示范区建设的公共参与中,增强使命感、责任感,在"课程内容活动化"中激发学生的公共参与意识、增强其对中国特色社会主义的政治认同,落实思政课立德树人根本任务。

【板书设计】

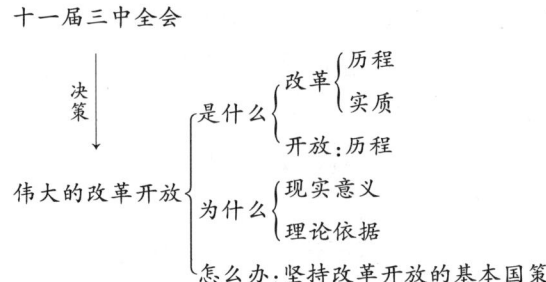

【延伸设计】

（一）思考题

2020年10月14日，习近平总书记在深圳经济特区建立40周年庆祝大会上发表重要讲话。他指出，深圳是改革开放后党和人民一手缔造的崭新城市，是中国特色社会主义在一张白纸上的精彩演绎，用40年时间走过了国外一些国际化大都市上百年走完的历程，这是中国人民创造的世界发展史上的一个奇迹。"经济特区不仅要继续办下去，而且要办得更好、办得水平更高。""改革永远在路上，改革之路无坦途。"

改革不停顿，开放不止步。新时代，深圳有了新使命——建设中国特色社会主义先行示范区。2020年10月，中共中央办公厅、国务院办公厅印发《深圳建设中国特色社会主义先行示范区综合改革试点实施方案（2020－2025年）》，支持深圳在更高起点、更高层次、更高目标上推进改革开放，努力创建社会主义现代化强国的城市范例。

结合材料，运用《中国特色社会主义》的知识，分析说明"改革不停顿、开放不止步"的合理性。

参考答案：①改革开放极大地改变了中国的面貌、中华民族的面貌、中国人民的面貌、中国共产党的面貌。②中华民族迎来了从站起来、富起来到强起来的伟大飞跃，中国特色社会主义迎来了从创立、发展到完善的伟大飞跃，中国人民迎来了从温饱不足到小康富裕的伟大飞跃。③改革开放是党和人民大踏步赶上时代的重要法宝，是坚持和发展中国特色社会主义的必由之路，是决定当代中国命运的关键一招，也是实现"两个一百年"奋斗目标、实现中华民族伟大复兴的关键一招。④对外开放是中国的基本国策。当今世界是开放的世界，开放带来进步，封闭必然落后。

(二) 推荐阅读

1. 马立诚:《交锋三十年:改革开放四次大争论亲历记》。
2. 吴晓波:《激荡人生:一起走过三十年》。
3. 徐迅雷:《民间记忆 30 年》。

"伟大的改革开放"教学设计

尚玲玲(浙江师范大学教师教育学院)
李仙鸿(浙江师范大学附属中学)

议题:改革开放为何是坚持和发展中国特色社会主义的必由之路?

【思路框架】

任务线:课前预习,梳理和了解改革开放的发展历程和重要影响,在自主学习中探寻坚持改革开放的缘由——了解改革开放的历史背景,在总结中理解改革开放的必要性,加深对改革开放的认同——比较对内改革和对外开放的历程,在讨论与展示中理解改革开放的重要特点,增强对改革开放的认同——讲述改革先锋的光荣事迹,在讨论与展示中加深对改革开放先锋的了解,坚定对改革先锋的敬佩——展望金华市的发展前景,在公共参与中实现知识迁移,坚定改革开放的信念。

情境线:总情境为伟大的变革——庆祝改革开放40周年大型展览,走进国家博物馆,领略国家四十年的光辉历程。子情境一:历史背景展区(改革开放的背景材料)——子情境二:伟大发展展区(改革开放四十年发展的视频)——子情境三:巨大成就展区(改革先锋事迹材料)。

问题线:四十年前,改革开放是在怎样的背景下被提出来的?(齐声朗读)——为什么改革开放被称之为"改革"而不是"革命"?(师生对话)——改革开放四十载,中国取得怎样的发展?(小组讨论)——观看改革开放进程图,大家发现什么规律?(独立讲授)——改革先锋具备怎样的精神?(小组讨论,上台展示)——改革开放四十载,中国取得怎样的成就?(小组讨论)

活动线:自主梳理知识——看材料,回答问题——小组合作为改革开放的进程撰写解说词——小组合作为改革先锋撰写解说词——撰写金华市发展规划。

【基础设计】

(一)教材分析

1.本课地位:本课是思想政治必修1《中国特色社会主义》第三课第一框的内容,本框题在全书中具有承上启下的作用,承接前一课"只有社会主义才能救中国",讲述"只有中国特色社会主义才能发展中国"。

2.本课内容:本框题包括"改革开放的进程"和"改革开放的意义"两目内容。本框题讲述了改革开放的背景、十一届三中全会的重要决定和重要意义,阐述了改革开放的发展历程,最终阐明改革开放的重要意义。通过本节课的学习,引导学生感受改革开放给中国带来的深刻变革,理解改革开放的重要意义,坚定中国特色社会主义道路自信、理论自信、制度自信和文化自信。

(二)学情分析

1.心智特征分析:高中阶段是帮助学生树立世界观、人生观、价值观的关键时期。本课的教学对象是高一学生,他们善于思考,思维能力不断增强,开始以批判的眼光看待周围事物,有独特见解,喜欢质疑和争论。

2.认知结构分析:高一学生在初中已经接触过改革开放相关知识,对十一届三中全会和改革开放的进程、意义有一定了解,但不够深入,缺乏对改革开放理性深刻的思考。因此,本节课采用议题式教学法,通过设置教学情境、学生活动,培养学生政治认同、科学精神、公共参与等学科核心素养。

(三)教学目标

让学生了解改革开放的历史背景,梳理改革开放四十年的伟大进程,掌握改革开放的重要意义。在教学活动中培养学生的理解能力、归纳总结能力和语言表达能力,帮助学生树立正确的政治方向,增强中国特色社会主义道路自信、理论自信,培养学生对改革开放的认同感,培养学生的参与能力和责任意识。

(四)教学重难点

教学重点:改革开放的意义。

教学难点:改革开放的进程、改革开放的意义。

(五)教学方法

议题式教学法、情境教学法。

【主体设计】

(一) 资料搜集：网络搜集改革开放的相关史实

自主梳理：

伟大的改革开放
- 进程
  - 起步阶段
    - 1978年，_____做出了改革开放的伟大决策。
    - 1980年，经济特区设立，标志着对外开放_____。
    - 1984年，中国改革的重点_____。
    - 1990年开放上海浦东。至此，_____、_____、_____的对外开放格局基本形成。
  - 逐步深化阶段
    - 1992年，南方谈话和十四大确立_____的目标，改革开放进入_____。
    - 2001年，中国加入_____，标志着我国对外开放达到_____。
  - 全面深化阶段
    - 2013年，党的十八届三中全会作出_____的重要部署。
    - 2017年，十九大提出形成对外开放_____。
- 意义
  - (1) 改革开放是坚持和发展中国特色社会主义的_____：
    改变了四个面貌：_____、_____、_____、_____；
    实现了三个飞跃：_____、_____、_____。
  - (2) 改革开放是党和人民大踏步赶上时代的_____（两个关键一招）：
    _____；_____。

(二) 新课导入

[教师活动] 展示四幅对比图。第一幅是老式自行车和共享单车；第二幅是粮票和微信支付；第三幅是黑白电视机和液晶彩电；第四幅是四十年前的深圳和现在的深圳。

[学生活动] 观看图片，听教师讲解。

[教师提问] 从20世纪70年代到现在不过短短四十载，是什么让我们的生活方式发生了如此巨大的变化？

[学生回答] 改革开放。

[教师总结] 对，就是改革开放，今天就让我们一起学习"伟大的改革开放"。

[设计意图] 用四张对比图，向学生展示我国40年的发展变化，让他们认识到改革开放使我国人民的生活方式发生了巨大的变化，激发学生学习兴趣，引导学生树立对改革开放的认同感。

(三) 课堂新授

总情境：2018年是改革开放40周年，北京国家博物馆举行了"伟大的变革——庆祝改革开放40周年大型展览"。今天,我们一起走进国家博物馆,回顾国家走过的40年光辉历程。

总议题:改革开放为何是坚持和发展中国特色社会主义的必由之路?

[情境一]走进国家博物馆,我们来到历史背景展区,解说人员向我们详细介绍了改革开放的背景。(展示解说人员解说改革开放背景的解说词)

[子议题1]四十年前,中国为何做出改革开放的决策?

[议学任务]给大家一分钟时间阅读这则材料,总结改革开放是在怎样的背景下被提出的。

[议学活动]认真阅读材料,独立思考问题。

[教师总结]

国内局面:

(1)经济落后:"文化大革命"结束时,全国政治局面比较混乱,整个国民经济则处于崩溃的边缘。

(2)思想僵化:"文化大革命"结束以后,大多数人的思想观念仍然受过去极"左"思维方式的束缚,非常僵化与保守。

国际局势:

(1)和平与发展的时代主题更加凸显。

(2)世界经济快速发展,科技进步日新月异。世界上一些主要国家分别从"经济腾飞"时期进入稳步增长或低速增长时期,但总体上世界经济发展速度仍然比较快。美国是世界第一经济大国,日本则牢牢锁定亚洲第一经济大国的地位。

[教师过渡]在这样的国内国际背景下,中国如果不进行改革开放,社会主义现代化建设事业就会功亏一篑。于是在1978年,党召开了十一届三中全会,由此迎来了伟大的历史转折。十一届三中全会的相关知识大家以前学习过,结合教材31页十一届三中全会的相关知识,一起齐声告诉我十一届三中全会确立了哪一个主义、哪一个重点、哪一个决策?具有怎样的意义?

[学生回答](齐声回答)

一个主义是重新确立了马克思主义的思想路线、政治路线和思想路线;

一个重点是把党和国家的工作重点转移到社会主义现代化建设上来;

一个决策是改革开放的伟大决策。

由此实现了中华人民共和国成立以来党历史上一次具有深远意义的伟大

转折,开启了改革开放和社会主义现代化建设新时期。

[教师提问]中国经历了旧民主主义革命和新民主主义革命,为什么前两次称为革命,而这一次称为改革呢?

[学生活动]积极思考问题。

[教师总结]旧民主主义革命是资产阶级领导的,推翻了清王朝的统治,但最终没有改变中国人民的悲惨命运;新民主主义革命是无产阶级领导的,推翻了资产阶级的统治,把中国由一个半殖民地半封建的旧中国变成一个社会主义新中国。由此可见,革命是一个阶级去推翻另一个阶级。而改革开放前是社会主义社会,是中国共产党领导的,改革开放后还是社会主义社会,还是中国共产党的领导,改革开放并没有改变社会性质,也没有改变领导阶级,改革仅仅是社会主义制度的自我完善和发展,从根本上改变束缚我国生产力发展的经济体制,建立充满生机和活力的社会主义经济体制,以实现中国的社会主义现代化。

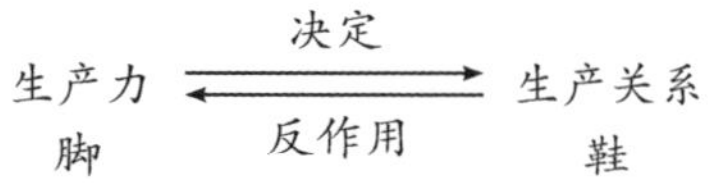

$$\text{生产力} \xrightleftharpoons[\text{反作用}]{\text{决定}} \text{生产关系}$$
$$\text{脚} \qquad\qquad\qquad \text{鞋}$$

图1 生产力与生产关系关系图

[设计意图]以解说员解说改革开放背景这一形式,让学生在学习过程中有一些新鲜感;通过解说人员的解说,让学生了解在当时的背景下进行改革开放的必要性;通过教师对十一届三中全会的讲解,使新旧知识相结合,增强学生对十一届三中全会的了解,并且分清改革与革命的区别,增强对社会主义制度和中国共产党自我革命的认同感。

[情境二]跟随解说人员的脚步,我们了解了改革开放的历史背景。接下来,让我们来到伟大发展展区,跟着解说人员看一下改革开放四十年我国取得怎样的发展。(展示视频《改革开放40年的发展》)

[子议题2]改革开放四十载,中国取得怎样的发展?

[教师活动]播放视频,了解我国改革开放四十年的发展。

[学生活动]认真观看视频。

[议学任务]假如你是解说员,你将如何向游客介绍改革开放的伟大进程?小组合作,根据视频和教材32页内容,以解说词的形式描述改革开放的进程。三分钟后请小组代表上台为大家展示讨论成果。

[议学活动]小组合作,积极讨论,回答问题。

[教师总结]改革开放分为三个阶段,从1978年十一届三中全会的召开到

1990年全方位、多层次和宽领域对外开放格局的基本形成是改革开放的起步阶段;从1992年南方谈话、十四大确立社会主义市场经济体制的目标到2003年十六届三中全会完善社会主义市场经济体制是改革开放的逐步深化阶段;从2013年十八届三中全会提出全面深化改革开放到现在是全面深化改革开放阶段。

大家仔细观察这个进程图,有没有发现什么规律?

[学生回答]进程图上方是改革的内容,下方是对外开放的内容。

[教师活动]对,回答正确。从进程图的上方我们可以看出,对内改革是不断深化的;从进程图的下方我们可以看出,对外开放的大门越开越大。由此可以得出改革开放的特点是中国改革全面推进,对外开放向纵深处发展。接下来,我们分别看一下对内改革和对外开放。

对内改革:教材33页相关链接部分对改革开放以来党的历次三中全会进行简要回顾,从中可以看出中国共产党高举改革开放的旗帜,不断深化对内改革。

对外开放:从十一届三中全会开启对外开放的大门,到1980年迈出关键步伐,到形成对外开放的基本格局,到进入新阶段、到达新水平、形成新格局,可以看出我国对外开放不断向纵深处发展。

图2 对外开放重要节点图

[设计意图]通过小组代表解说改革开放历程的形式,加深学生对改革开放历程的记忆,调动学生学习的积极性,培养学生的参与意识。教师对对内改革和对外开放的讲解,让学生认识到改革开放的特点是对内改革不断推进、全面深化,对外开放向纵深处发展,中国开放的大门越来越大。

[情境三]跟随解说人员的脚步,我们了解改革开放四十年的发展,那么这些发展产生了怎样的影响?让我们跟着解说人员的步伐,一起来到巨大成就展区。

[子议题3]改革开放四十载,中国取得怎样的成就?

[教师活动]时势造英雄,改革开放40年历程中涌现出一大批先锋模范人物,他们是人民群众的优秀代表,是为社会发展做出突出贡献的模范人物。2018年,党中央、国务院授予于敏等100名同志改革先锋称号。今天,老师展示大家比较熟悉的两位人物,一位是阿里巴巴集团创始人马云,一位是钟南山院士。大家用一分钟时间阅读他们的事迹,思考他们身上体现了怎样的精神。

[学生活动]阅读材料。

[议学任务]根据这两位改革先锋的事迹,思考他们身上体现了怎样的精神?小组合作给这两位改革先锋撰写解说词。给大家三分钟时间。

[议学活动]小组合作,讨论解说词。

[教师总结]改革先锋身上体现的解放思想、实事求是、敢闯敢试、勇于创新、互利合作、命运与共的精神,是我们宝贵的财富,大家要学习他们的精神,以他们为榜样,奋发图强。

[教师活动]改革开放所取得的发展离不开人民群众的努力,也离不开党的正确领导。我国到底取得了哪些成就?(展示五张图片:经济、政治、文化、社会和生态方面的重大成就)这些成就仅仅是巨大成就的一部分,由此我们可以得出改革开放具有哪些意义?

(1)改革开放是坚持和发展中国特色社会主义的必由之路!(改变了四个面貌、实现了三个飞跃)

①正确之路:改革开放极大地改变了中国的面貌、中华民族的面貌、中国人民的面貌、中国共产党的面貌。

②强国之路:改革开放使中华民族迎来了从站起来、富起来到强起来的伟大飞跃,中华民族以崭新的姿态屹立于世界东方。

③特色之路:改革开放使中国特色社会主义迎来了从创立、发展到完善的伟大飞跃。

④富民之路:改革开放使中国人民迎来了从温饱不足到小康富裕的伟大飞跃。

(2)改革开放是党和人民大踏步赶上时代的重要法宝!(两个关键一招)

①改革开放是决定当代中国命运的关键一招。

②改革开放也是实现"两个一百年"奋斗目标、实现中华民族伟大复兴的关键一招。

[教师提问]改革开放四十年，我们取得了瞩目的成就。有人说："我们改革开放已经取得了这么多的成就，可以不改革、不开放了。"

你怎么看这个观点？请说出理由。

[学生回答]实践发展永无止境，解放思想永无止境，改革开放也永无止境，停顿和倒退没有出路。对外开放是中国的基本国策。当今世界是开放的世界，开放带来进步，封闭必然落后。改革开放只有进行时，没有完成时。

[教师总结]是的，改革开放只有进行时，没有完成时，新时代我们要将改革开放进行到底。

[设计意图]通过为改革先锋撰写解说词的形式，让学生深刻体会改革先锋的精神；同时，让学生认识到改革开放所取得的成就离不开人民群众的努力。通过图片展示，让学生认识到我国取得的巨大成就，从而增强对改革开放是坚持和发展中国特色社会主义的必由之路、是党和人民大踏步赶上时代的重要法宝的认同感。同时，加深学生对改革开放只有进行时、没有完成时的体悟，在新时代自觉树立将改革开放进行到底的信念。

建立自由贸易试验区是党中央、国务院在新时代推进改革开放的重要战略举措。2020年9月21日，为了进一步扩展自贸试验区区域，国务院发布《中国（浙江）自由贸易试验区扩展区域方案》，其中，自贸试验区扩展区域涵盖金义片区。

学生课下找到这个方案的原文并阅读、思考：假设你是金华市政府的工作人员，请以"如何将金义片区打造成新时代改革开放新高地"为主题，写一份发展规划，字数控制在300字以内。

[设计意图]让学生撰写金华市发展规划，目的是让学生展现一个时代青年的责任与担当，使他们认识到要自觉参与、主动实践、外化于行，为家乡的改革开放事业尽一分力量。

伴随《春天的故事》这首歌，教师对本节课做小结：

四十年众志成城，四十年砥砺奋进，四十年春风化雨，四十年沧桑巨变。改革开放以来，我国设立经济特区，大力发展经济贸易。放眼当今，一条条立交桥上车水马龙，一座座高楼大厦巍然耸立，我们过着幸福又富足的生活，这无不归功于改革开放。风劲帆满海天阔，同舟共济再出发。希望当今的我们、你们能像老一辈一样，勇于创新、敢闯敢试，继续推进改革开放伟大事业，为祖国繁荣发展贡献一分力量。

【板书设计】

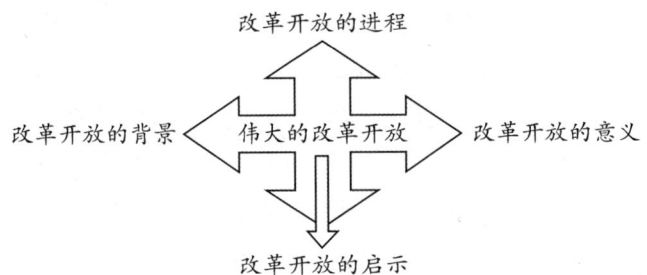

【延伸设计】

(一) 思考题

党的十一届三中全会做出实行改革开放的重大决策,是中华人民共和国成立以来党的历史上具有深远意义的伟大转折,开启了改革开放和社会主义现代化建设新时期。1982年,邓小平在党的十二大上提出了"走自己的道路,建设有中国特色的社会主义"这一鲜明主题。经过长期的不懈奋斗和接力探索,一个经济社会比较落后的古老的东方大国焕发出蓬勃生机与活力,发生了翻天覆地的变化。

结合材料及所学知识,思考改革开放带给我们什么启示?

(二) 推荐阅读

慎海雄:《习近平改革开放思想研究》。

"中国特色社会主义进入新时代"教学设计

战晓菲(山东省济南中学)

> **议题**：怎样理解中国特色社会主义进入新时代？

【思路框架】

任务线：了解党的十八大以来我国取得的辉煌成就，理解经过长期努力，中国特色社会主义进入了新时代——对比人民的美好生活需要和发展不平衡不充分的矛盾，明确我国社会主要矛盾已经转化为人民日益增长的美好生活需要和不平衡不充分的发展之间的矛盾，进而理解新时代的变与不变——书写新时代的奋斗目标，坚定"四个自信"，明确继续坚持和发展中国特色社会主义需要每个中国人的努力奋斗。

情境线：济南近10年的发展变化、党的十八大以来我国取得的成就——新时代学生的生活体验——新时代要奋斗的相关视频。

问题线：新时代是一个怎样的时代(分享调研成果，师生探讨)——你对当前的生活满意吗？如果满分是10分，你给当前的生活打几分？（现场采访）当前距离你所期盼的美好生活还有哪些差距？（师生对话）满足人民美好生活需要的主要制约因素是什么？（小组讨论）新时代的变与不变？（辨析）——作为新时代中学生，你的奋斗目标是什么？（写卡片）如何继续坚持和发展中国特色社会主义？（师生探讨）

活动线：课前分小组调查济南近10年各个方面的发展变化，然后课堂展示——现场采访学生对当前生活的满意度，小组讨论满足人民美好生活需要的主要制约因素，辨析新时代的变与不变——小卡片上书写新时代的奋斗目标并分享。

【基础设计】

(一)教材分析

1.本框地位："中国特色社会主义进入新时代"是高中思想政治新教材必修1《中国特色社会主义》第四课第一框题的内容，第四课"只有坚持和发展中国特色社会主义才能实现中华民族伟大复兴"是全书的落脚点。本框题既承接第三课"只有中国特色社会主义才能发展中国",又引出第四课第二框"实现中华民族伟大复兴的中国梦",进而引出第三框"习近平新时代中国特色社会主义思想"。新时代、新征程、新思想,本框题起着承上启下的作用,在《中国特色社会主义》这一模块中具有重要地位。

2.内容分析:第四课第一框主要包括三目。第一目:新时代的科学内涵,明确了中国特色社会主义进入新时代,这是我国发展新的历史方位;第二目:新时代我国社会主要矛盾,指出中国特色社会主义进入新时代,我国社会主要矛盾发生了变化,但是我国仍处于社会主义初级阶段的基本国情、我国是最大发展中国家的国际地位没有变;第三目:新时代坚持和发展中国特色社会主义要一以贯之。

(二)学情分析

1.心智特征:本课内容的教学对象为高一学生,他们初步形成了一定的价值观,抽象思维能力有所提高,但是该框题理论性较强、比较抽象,特别是关于新时代的内涵、意义、社会主要矛盾的变化等,具有一定的深度和难度,学生在理解方面存在一定困难,这就需要教师把握教材、国家发展和学生生活的契合点来设计教学活动。

2.认知结构:一方面,高一学生成长在21世纪,对于最近几年中国的快速发展有着切身体会,对于国家所取得的成就有一定了解。另一方面,学生前面学习了"只有社会主义才能救中国""只有中国特色社会主义才能发展中国",对中国的发展脉络有所了解,为学习本框内容做了知识铺垫。

(三)教学目标

通过查阅党的十八大以来我国取得的辉煌成就的资料,理解中国特色社会主义进入了新时代;能够对比人民的美好生活需要和发展不平衡不充分的矛盾,明确我国社会主要矛盾已经转化为人民日益增长的美好生活需要和不平衡不充分的发展之间的矛盾,从而理解解决当代中国发展主要问题的根本着力点,进而培养学生的合作学习能力和辩证思维能力,树立科学精神,贯彻实事求是的思想方法,激发学生的国家自豪感和民族认同感,坚定"四个自信",并为实现中华民族伟大复兴贡献自己的力量。

(四)教学重点和难点

1.教学重点:

(1)如何全面理解中国特色社会主义进入新时代是我国发展新的历史方位。

（2）如何全面理解我国社会主要矛盾的变化。

2.教学难点：如何全面理解我国社会主要矛盾的变化。

（五）教学方法

议题式教学法、活动探究法、讲授法。

【主体设计】

（一）播放歌曲，情境导入

上课之前播放2018年央视春晚歌曲《我们的新时代》视频。"当盛世的钟声敲醒未来，春风入怀、百花盛开，辉煌地走向世界中心的舞台，新时代大幕在中国拉开，当幸福的生活如约到来，万家灯火、欢乐开怀，温暖的旋律融化所有的冰雪，听新时代的歌声为中国喝彩，日出霞满天，涛声连四海，豪情跨江河，自信越千山，这就是中国伟大的新时代。"

2017年10月18日，中国共产党第十九次全国代表大会在北京开幕。党的十九大报告提出了中国发展新的历史方位——中国特色社会主义进入了新时代。这节课我们一起走进中国特色社会主义新时代。

（二）师生互动，议题探究

环节一："观济南蝶变，看中国腾飞"

[子议题1]"新时代"新在哪里？

各小组从不同角度分享社会实践调研成果，展示济南最近10年的发展，进而感受党的十八大以来我国所发生的巨大变化，理解中国特色社会主义进入新时代，知道这是一个什么样的新时代。认同党对我国发展新的历史方位的判断。

[活动1]分享社会实践调研成果——展示济南最近十年的发展。

1.课前进行分组，学生利用课外时间分别从衣食住行、经济、政治、文化、社会、生态几个方面对济南近十年的发展进行调研采访。

2.各小组代表依次分享社会实践调研成果，展示济南最近十年的发展。

[设计意图]学生通过调研采访，对济南的发展有更全面、更深刻的体验。一个城市的"生长"记录着时代的变迁和中国的腾飞，济南的蝶变是中国腾飞的一个缩影。

[视频]观看视频——感受党的十八大以来我国所发生的巨大变化。

1.播放视频《中国五年》，了解党的十八大到党的十九大这五年我国所取得的成就。

2.播放视频《国庆70周年阅兵中那些令人惊艳的武器装备》,了解我国现代化的作战装备。

[设计意图]通过播放国家腾飞的视频,进一步强化学生对国家强大的自豪感和自信心,使学生对党的十八大以来,党和国家事业取得历史性成就、发生历史性变化、产生历史性影响有更强烈的认同感,更加明确中国特色社会主义进入了新时代,这是我国发展新的历史方位。

[总结]师生共同探求——"新时代"是一个怎样的时代?

学生归纳:取得各方面成就,国家富强、生活富裕……

教师总结:中国特色社会主义进入新时代的内涵和意义。

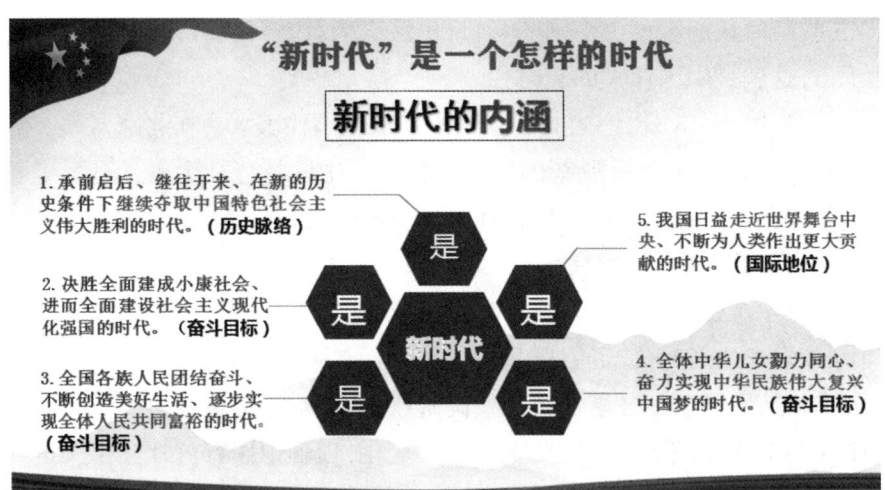

图1 新时代的内涵

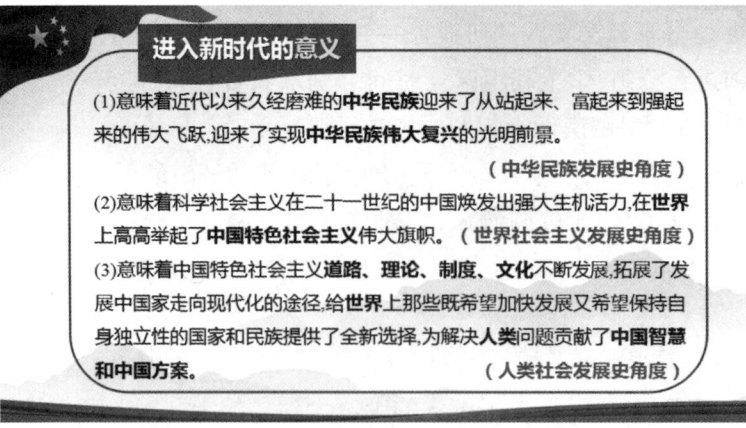

图2 新时代的意义

环节二:"腾飞新时代,提出新矛盾"

【子议题2】"新时代"的变与不变?

通过了解人民对美好生活的需要,以及目前我国发展不平衡不充分的状况,明确我国面临的新矛盾、新问题,增强对党的基本路线的认同。

1.理解新时代社会主要矛盾的变化。

[活动2]现场采访学生——对美好生活的期盼。

最近十年,济南市发生了很大变化,我们国家也取得了历史性成就,中国特色社会主义进入了新时代。你对现在的生活满意吗?如果满分是十分,你给现在的生活打几分?

学生预设:十分满意。

教师:哪些方面让你十分满意?

学生预设:打8分……

教师:哪些方面让你不满意?因而扣掉2分?当前距离你所期盼的美好生活还有哪些差距?

[图片]PPT展示材料和图片——"人民需求的新期盼"。

[设计意图]进一步理解人民对美好生活的需要:人们期待有更好的教育、更可靠的社会保障、更高水平的医疗卫生服务、更富足的生活……

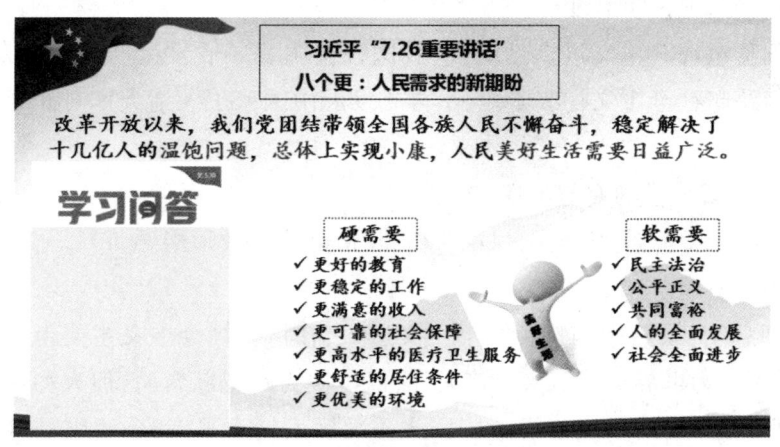

图3 人民需求的新期盼

[活动3]小组讨论:满足人民日益增长的美好生活需要的主要制约因素是什么?

思考并讨论:我国生产力水平显著提高,社会生产能力在很多方面进入世界前列,成为世界上第二大经济实体,对世界经济增长的贡献率超过30%,为什么不能满足人民的美好生活需要?满足人民日益增长的美好生活需要的主要制约因素是什么?

学生讨论并回答:发展不平衡不充分是主要制约因素……

教师总结提升:经过改革开放几十年的快速发展,我国社会生产力水平总体上显著提高,社会生产能力在很多方面进入世界前列,再讲"落后的生产"已经不符合实际。但是面对新的社会需要,我们的供给还有许多差距,发展不平衡不充分的问题在社会凸显出来。所谓发展不平衡,有区域发展不平衡,如东部和西部发展不平衡;有城乡发展不平衡;有供需结构不平衡,如既存在落后产能过剩的情况,又存在有效供给不足的问题;有群体发展不平衡,如收入分配差距依然较大。所谓发展不充分,主要指广大人民群众创造能力和创新能力的释放不够充分、各类社会资本的运用还不充分,制度优势和政策优势的体现还不充分等。这就要求努力实现更高质量、更有效率、更加公平、更可持续的发展。

中国特色社会主义进入新时代,社会主要矛盾转变为人民日益增长的美好生活需要和不平衡不充分的发展之间的矛盾,这也是中国特色社会主义进入新时代的主要标志。

2.明确新时代我国处于社会主义初级阶段的基本国情和世界上最大的发展中国家的国际地位没有变。

中国特色社会主义进入新时代,我国社会主要矛盾发生变化。有人认为,我国已经跨越社会主义初级阶段,不再是发展中国家了。请大家对此观点加以评析。

[辨析]新时代的变与不变。

(学生先思考,小组合作,讨论辨析,自由辩论。教师指导。)

学生回答略。

教师总结:虽然中国特色社会主义进入新时代,社会主义主要矛盾发生了变化,我国成为世界上第二大经济实体,经济实力跃上新台阶,但人均水平仍低于世界平均水平,明显低于发达国家水平。用人均水平考察,我国是世界上最大发展中国家的国际地位没有变,我国处于并将长期处于社会主义初级阶段的基本国情没有变。中国特色社会主义的发展过程并非一帆风顺,我们还面临很多没有弄清楚的问题和待解的难题,对许多重大问题的处理都还处于不断深化的过程中。因此,我们必须牢牢坚持党在社会主义初级阶段的基本路线。

环节三:"奋斗新时代,筑梦新征程"

[子议题3]新时代如何继续坚持和发展中国特色社会主义?

中国特色社会主义是中国共产党领导人民进行伟大社会革命的成果,也是党领导人民进行伟大革命的继续,必须一以贯之。新时代,既有机遇,又有挑战,发展中国特色社会主义要一以贯之,需要一代又一代共产党人带领人民接续奋斗。新时代是奋斗者的时代,新时代属于每一个人,我们又该如何书写新时代的篇章?

[视频]观看视频《新时代,去奋斗》。

是嫩芽,就要破土生长;是原野,就要播种希望;是海洋,就要奔涌激荡;

是良驹,就要奔跑赛场;是神舟,就要九天揽月;是蛟龙,就要五洋捉鳖;

是航母,就要下水巡航;是荣光,就要进击绽放;是梦想,就要春日飘扬。

新时代属于每一个人,每一个人都是新时代的见证者、开创者、建设者,只要精诚团结、共同奋斗,就没有任何力量能够阻挡中国人民实现梦想的步伐!

[活动4]请同学们结合视频内容和所学知识,在小卡片上书写自己新时代的奋斗目标,然后与大家分享。

学生分享略。

教师总结提升:

坚持好、发展好中国特色社会主义,是无比崇高的事业,需要一代又一代共产党人带领人民接续奋斗。当代共产党人的任务就是把新时代坚持和发展中国特色社会主义这场伟大社会革命进行好,在实践中不断丰富中国特色社会主义的实践特色、理论特色、民族特色、时代特色,在新的历史条件下把党和国家的各项事业继续推向前进。

每个中国人要不忘初心、牢记使命,以永不懈怠的精神状态和一往无前的奋斗姿态,一以贯之坚持和发展中国特色社会主义,一以贯之推进党的建设新的伟大工程,一以贯之增强忧患意识、防范风险挑战,开新局于伟大的社会革命,强体魄于伟大的自我革命。

(三)课堂小结,提炼升华

中国特色社会主义进入新时代,这是我国发展新的历史方位。进入新时代,我国社会主要矛盾发生了变化,但是我国的基本国情没有变,我们要继续坚持党在社会主义初级阶段的基本路线,新时代坚持和发展中国特色社会主义要一以贯之,坚持好、发展好中国特色社会主义需要一代又一代的中国共产党人带领人民接续奋斗,需要每一个人不忘初心、牢记使命,继续书写中国人民伟大奋斗的新华章。

(四)感悟生活,实践体验

以"中国特色社会主义进入新时代"为主题,相互协作,每个小组设计一份手抄报。

【板书设计】

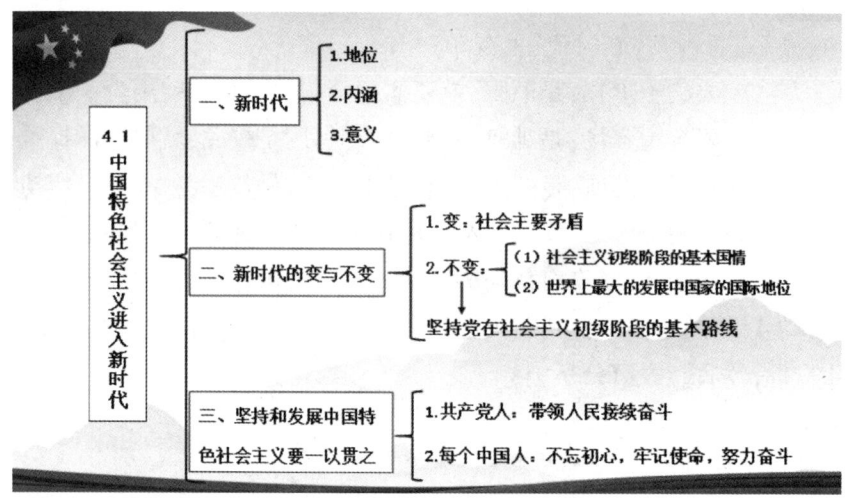

【延伸设计】

(一)思考题

从二十世纪九十年代末开始,我们逐渐感觉到:市场上的产品不再短缺;"落后的生产力"的定位已不再符合我国发展状况,而更表现为发展的不平衡、不充分;人民群众的需要已不单纯地限定在物质文化生活,而是扩展到美好生活的方方面面。

分析材料,说明新时代我国社会主要矛盾的变化,以及我们该如何看待社会主要矛盾的这一变化。

参考答案:①我国社会主要矛盾已经转化为人民日益增长的美好生活需要和不平衡不充分的发展之间的矛盾。②我国社会主要矛盾的改变,并没有改变对我国社会主义所处历史阶段的判断,我国仍处于并将长期处于社会主义初级阶段的国情没有改变,我国是世界上最大发展中国家的国际地位没有改变。③我们要立足国情,牢牢坚持党的基本路线,不断推进社会主要矛盾的解决。

（二）推荐阅读

1. 张维为:《这就是中国:走向世界的中国力量》。
2. 胡清波:《我们都是追梦人》。
3. 任仲文:《只争朝夕　不负韶华:新时代奋斗者》。

"实现中华民族伟大复兴的中国梦"教学设计

卢 月(山东省济南市济阳闻韶中学)

议题： 如何实现中华民族伟大复兴的中国梦？

【思路框架】

本课以议题式教学为主要方式，围绕议题、情境、活动和任务四个要素形成四条教学线索。

议题线：围绕"如何实现中华民族伟大复兴的中国梦"总议题，设置议题描述—议题分析—议题商议—议题辩论—议题决策等议学环节，每一环节均由某一相关子议题引领，从而使总议题贯穿教学全过程。

情境线：在"忆往昔，峥嵘岁月稠""看今朝，责任在肩头""新征程，而今从头越"的时间背景之下，采用视频情境、材料情境及表格填写，选择易于学生接受的材料，从中国梦的由来到中国共产党的历史使命，最后是青年应该如何积极作为。

活动线：基于教材内容，设计"描述、分析、商议、辩论和决策"等一系列活动及其结构化设计，涉及小组合作学习、写颁奖词、列演讲提纲和填写表格等具体活动，为"课程内容活动化""活动内容课程化"的"议中学"开辟道路。

任务线：通过"描述进而理解中国梦的由来—商议进而分析中国梦的内涵—描述进而明确党的历史使命—辩论进而明晰伟大斗争需要本领和智慧—决策进而争做民族复兴的时代新人"，在这个过程中让学生养复兴之心、育复兴之才、践复兴之行。

【基础设计】

(一)教材分析

本课是"只有社会主义才能救中国""只有中国特色社会主义才能发展中国"的落脚点。本框是第四课的第二框，第一框讲述中国特色社会主义进入新时代，接下来是实现中华民族伟大复兴的中国梦，第三框是习近平新时代中国特色社会主义指导思想的介绍。本框内容丰富，涵盖面广，包括三目。第一目

"中国梦的本质是国家富强、民族振兴、人民幸福",讲述中国梦是近代以来中华民族最伟大的梦想,中国梦是人民的梦、民族的梦、国家的梦,把国家的追求、民族的向往、人民的期盼融为一体,阐释了中国梦的本质;第二目"新时代中国共产党的历史使命",讲述中国共产党人的初心和使命,阐述了实现中华民族伟大复兴的历史使命,必须进行伟大斗争、建设伟大工程、推进伟大事业;第三目"分两步走建成社会主义现代化强国",讲述新时代中国特色社会主义发展的战略安排,为实现这一战略安排,我们每个人都要不懈奋斗。

(二)学情分析

1.生活经验:高一学生作为"00后",生活在网络信息大爆炸的时代,有机会了解各种时政新闻,加之初中道德与法治和历史科目的学习,学生对"'两个一百年'奋斗目标""中国梦""中国共产党"有浅层次的感性了解。

2.学习基础:"00后"学生开放、自我、独立、自信,具有强烈的自我意识,通过巧妙设置指向学科核心素养的教学情境,合理设计基于议题的学科任务(活动),实现学科(知识)内容的综合性与结构化,能引导学生带着问题和任务进入角色、开展活动,通过"课程内容活动化""活动内容课程化",构建培育学科核心素养的活动型学科课程。

(三)教学目标

1.回顾历史和观照现实,明确近代以来中华民族最伟大的梦想,理解中国梦的本质,知道中国共产党的初心和使命,以及为实现伟大梦想需要进行伟大斗争、伟大工程、伟大事业。

2.在商议、辩论等活动中培养学生的自主学习、交流合作能力,发散性思维和综合分析、归纳的能力,同时提高学生对党的决策和指导思想的政治认同和社会参与意识。

(四)教学重难点

教学重点:中国梦的本质,新时代中国共产党的历史使命,"四个伟大"。

教学难点:分两步走建成社会主义现代化强国及其实现措施。

(五)教学方法

议题式教学法、对话式教学法。

【路线与结构】

(一)教学思路

根据《普通高中思想政治课程标准(2017年版)》有关精神,设置"如何实现中华民族伟大复兴的中国梦"议题,并在此基础上分解出"忆往昔,峥嵘岁月稠""看今朝,责任在肩头"及"新征程,而今从头越"三个时间概念,依次归纳出实现中国梦要有"复兴之心""复兴之才"和"复兴之行"。一方面,有利于创设师生互动、开放民主的学习氛围,促进学生自主学习、合作探究,以议学情境为引导培养创新精神,通过活动任务的参与提高实践能力;另一方面,根据学生课前自主合作学习的成果,创设学生熟悉、认可的真实情境,引导学生将理论观点与生活经验有机结合,认同中国共产党的正确领导,争做担当民族复兴大任的时代新人。

(二)教学结构

```
                  ┌情境线:忆往昔,峥嵘岁月稠—看今朝,责任在肩头—新征程,
                  │      而今从头越
                  │
                  ├活动线:描述—分析—商议—辩论—决策
如何实现中华民族 ─┤
伟大复兴的中国梦  ├任务线:描述进而理解中国梦的由来—商议进而分析中国梦的
                  │      内涵—描述进而明确党的历史使命—辩论进而明晰伟大斗争
                  │      需要本领和智慧—决策进而争做民族复兴的时代新人
                  │
                  └素养线:养复兴之心—育复兴之才—践复兴之行
```

图1 "实现中华民族伟大复兴的中国梦"架构模型

【主体设计】

(一)课前准备

1.全班学生分成若干小组,分别围绕中国历史、国家发展和责任担当,查阅、搜集、整理有关资料;搜集、调查关于济南的历史、发展状况等资料。

2.教师审核各小组提交的自主学习成果。

设计意图:发挥学生主体作用,增加其对中国发展的昨天、今天、明天的感性认识,培养透过现象看本质、综合分析、概括归纳等思维品质和能力。

(二)课堂教学

总议题:如何实现中华民族伟大复兴的中国梦?

导入:同学们,中华民族的复兴之梦是有历史厚度的,今天我们就来追溯其昨天、思考其今天、展望其明天。

第一篇:忆往昔,峥嵘岁月稠

议题1:为什么中国梦是实现中华民族伟大复兴而不是振兴?

环节一:议题论证——上下五千年,创造过辉煌,经历过苦难,渴望复兴

[议学情境]播放视频《追梦者》,如何理解"只有创造过辉煌的民族,才懂得复兴的意义;只有经历过苦难的民族,才对复兴有如此深切的渴望"。

[议学活动]学生小组商议和展示。

[活动任务]回顾历史,不难理解中国梦的由来、明白复兴的含义。中国人民百折不挠、坚韧不拔,以同敌人血战到底的气概、在自力更生基础上光复旧物的决心、自立于世界民族之林的能力,为实现这个伟大梦想进行了170多年的持续奋斗。我们比历史上任何时期都更接近、更有信心和能力实现中华民族伟大复兴。那么复兴到什么程度才算是实现了我们的梦想呢?请同学们研读教材有关内容,描述中国梦的本质、分析其深刻内涵。

[议学提示]实现中华民族伟大复兴的中国梦,就是要实现国家富强、民族振兴、人民幸福。(1)国家富强,就是要全面建成小康社会,并在此基础上建设富强民主文明和谐美丽的社会主义现代化强国。(2)民族振兴,就是要使中华民族更加坚强有力地自立于世界民族之林,为人类做出新的更大贡献。(3)人民幸福,就是要坚持以人民为中心,增进人民福祉,促进人的全面发展,朝着共同富裕方向稳步前进。

设计意图:从为什么是"复兴"而不是"振兴"引出中华文明五千多年曾在世界上长期领先,近代以后遭受了前所未有的苦难,让学生更好地理解复兴的意义、复兴的目标,即中国梦的本质。

环节二:议题论证——中国梦是人民的梦、个人的梦、奉献世界的梦

[议学情境]情境一:播放抗疫英雄张静静的故事视频,了解张静静的感人事迹,体会她的个人梦与国家梦融为一体。

情境二:新冠肺炎是近百年来人类遭遇的影响范围最广的全球性流行病,对全世界是一次严重危机和严峻考验,使人类生命安全和健康面临重大威胁。面对来势汹汹的疫情,中国果断打响疫情防控阻击战,把人民生命安全和身体健康放在第一位,采取最全面、最严格、最彻底的防控措施,取得了抗击疫情的重大战略成果。中国始终秉承人类命运共同体理念,肩负大国担当,同其他国家并肩作战,共克时艰,毫无保留同各方分享防控和救治经验,尽己所能向国际社会提供人道主义援助,支持全球抗疫。

2020年3月26日,国家主席习近平出席二十国集团领导人特别峰会并发表"携手抗疫 共克时艰"讲话,倡议打好新冠肺炎疫情防控全球阻击战,有效

开展国际联防联控,积极支持国际组织发挥作用,加强国际宏观经济政策协调。

[议学活动]学生小组商议和展示。

[活动任务](1)结合视频和情境一,请学生小组讨论中国梦与人民梦、个人梦和世界梦的关系。

(2)2020年春节,一场突如其来的疫情席卷中华大地,涌现出一群舍生取义的"逆行者",他们是这个时代的英雄。请你为印象最深刻的"逆行者"写一段颁奖词。

[议学提示]中国梦要紧紧依靠人民来实现,不断为人民造福,实现人民幸福的现实目标;中国梦是每一个中华儿女的梦,只要每个人都把人生理想融入国家和民族的伟大梦想之中,就能汇聚起实现中国梦的强大力量,国家才能富强;中国梦是中国人民追求幸福的梦,同世界人民的梦想息息相通,中国同世界携手抗击疫情、"一带一路"建设,说明中国在发展的同时,也带动其他国家共享发展成果,实现合作共赢,最终实现民族振兴。中国梦与人民的梦、个人的梦和世界的梦这三对关系与中国梦的三个本质相互呼应。

设计意图:学生经过该部分的学习更深入地理解了中国梦的本质,并且通过分享颁奖词,深刻体会个人梦如何与中国梦结合起来,将小我融入大我;进一步了解与世界梦的关系,中国同世界是合作共赢,而不是零和博弈,从而埋下爱国的种子,树立复兴之志。

第二篇:看今朝,责任在肩头

议题2:中国共产党如何领导人民实现伟大梦想?

环节三:议题决策——"创业团队"的"企业定位和战略规划"

[议学情境]"吾兄系本公司发起人之一,现公司生意兴隆,望速来参与经营。"

这是解放战争即将胜利之际,毛泽东写给李达的一封信中的内容。李达是中共一大代表,当时身处国民党统治区。毛泽东打算邀请李达到解放区来,又怕信件会被拦截,于是便使用了暗语。如果把中国共产党比作一家公司,它的"业绩"如何呢?

1921年,十多名成员在上海正式建立创业团队——中国共产党,当时全国仅有五十余名党员。在近百年波澜壮阔的历史进程中,这个团队紧紧依靠人民,跨过一道又一道沟坎,取得一个又一个胜利,使中华民族迎来了从站起来、富起来到强起来的历史飞跃。

1978年,改革开放的伟大征程拉开了序幕。从1978年到2017年,中国人均可支配收入增长22.8倍,贫困人口减少了7.4亿,城乡免费义务教育全面实现,世界上覆盖人口最多的社会保障体系基本建立。中国货物进出口总额增长198倍,服务贸易进出口总额增长超过147倍,累计吸引外资超过2万亿美元,中国已经成为世界第一大货物贸易国、130多个国家的主要贸易伙伴。如今的中国已经成长为全球第二大经济体,如今的中国共产党已经拥有近九千万名党员。

[议学活动]商议、撰写和展示。

[活动任务]结合材料或必要的史实,研读教材有关内容,小组商议"史上最牛创业团队"的企业目标定位和重点战略规划,分享你知道的其他"业绩报表"。

[议学提示]将中国共产党比喻为"创业团队",将其初心和使命比喻为"企业目标定位",将"四个伟大"比喻为"重点战略规划",既增强知识的趣味性,又提高学生兴趣。中国共产党的初心和使命是为中国人民谋幸福、为中华民族谋复兴。为实现这个伟大梦想,必须进行伟大斗争,推进党的建设新的伟大工程,推进中国特色社会主义伟大事业。

设计意图:此部分内容对于学生来讲有一定理解难度,这样设计让学生易于接受,从整体感性把握"四个伟大"及其关系,让学生深刻体会中国共产党带领人民取得的骄人成绩,增强民族自豪感,培育政治认同。同时,要理性分析"四个伟大"的具体内涵,下一个环节围绕伟大斗争展开,帮助学生更好地理解伟大斗争,树立理性的斗争精神,培养法治意识。

环节四:议题辩论——中国是理性斗争还是软弱之举

[议学情境]目前,中美关系日益紧张,起因是前段时间的中美贸易战。2018年的中国传统佳节中秋节,美国送来一份"厚礼",对我国2000亿美元输美商品征收10%的关税;随即中国"回礼",对美国600亿美元商品征收10%或5%的关税。"来而不往非礼也。"中国的这句古话,今天说来显得特别妥帖。面对美国的出尔反尔、不断发难及美国一些专家对中国的种种不实指控,国内有一种声音很强烈:中国是不是太软弱了?比如,美国对我国2000亿美元输美商品加征关税,税率是10%;中国反击只是对美国600亿美元商品加征关税,税率是10%或5%。太不解气了,哪怕没有那么多美国商品,别忘了,还有那么多美国公司在中国市场赚钱呢。

[议学活动]小组商议,组际辩论。

[活动任务]请学生就"中国是理性斗争还是软弱之举"展开辩论,选择自己的立场完成"鱼骨图"。

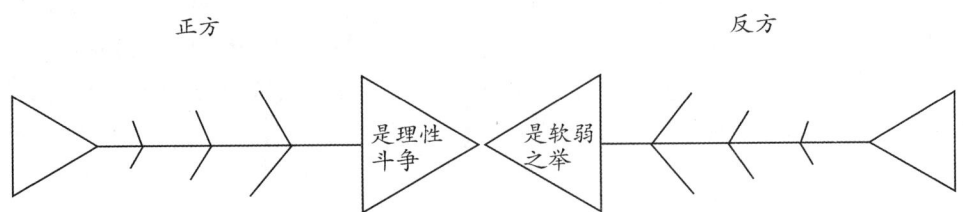

图 2 "中国是理性斗争还是软弱之举"辩论鱼骨图

[议学提示]毫无疑问,中国是理性的,中国的做法符合国际法,符合人道主义;经济全球化是世界经济发展的必然趋势;国际关系的决定性因素是国家利益,在追求本国利益的同时要兼顾他国合理关切,树立人类命运共同体意识。中国共产党在带领人民进行伟大斗争的同时,要认识到斗争的长期性、复杂性、艰巨性,在发扬斗争精神的同时也要提高斗争本领、增强斗争智慧,在斗争的过程中要尊重客观实际,符合国内国际发展形势,尊重国际法准则,做出理性判断与分析。进行伟大斗争、实现中国梦要秉持理性精神和遵循法治轨道相统一。

设计意图:该部分意在使学生更好地理解伟大斗争的内涵,认识到斗争的复杂性、长期性,增强斗争本领的同时也要增强斗争智慧,树立法治精神,要有复兴之才。

第三篇:新征程,而今从头越

问题1:实现中国梦的征程中你该如何担当?

环节五:问题决策——实现中国梦征程中的担当

[问题情境]

情境一:济南先行区绿色城市发展战略解读:八大路径直通未来绿色城市。第一,规划布局"千园之城"。将黄河作为重要的生态基底,营造"两大绿色生态体系"。第二,开展绿色城市顶层设计。创建黄河绿色研究院,对绿色城市建设进行顶层设计、开展系统研究。第三,建立全产业链的绿色建造产业园。打造世界领先的绿色建造全产业链集聚园区。第四,建设绿建博览园。绿建博览园位于先行区中部温泉特色产业小镇,总面积 2 平方公里。第五,打造绿色可持续国际宜居社区。将引进国际学校、国际医院、黄河国际论坛、国际碳排放交易中心及国际知名绿色建筑企业总部。

情境二:播放视频《漫谈济南高质量发展》。

[学习活动]绘制成长链:我与祖国共成长(绘制你最愿意看到的景象)。

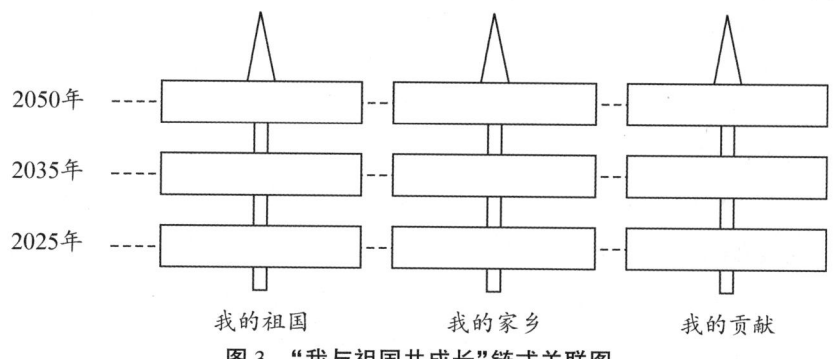

图3 "我与祖国共成长"链式关联图

[活动任务]请学生研读教材有关内容,结合情境一的材料,填写表格内容,明确国家两步走的战略安排。在实现中国梦的过程中,国家有哪些举措?青年学生又该如何担当责任、写好时代答卷?以"争做担当民族复兴大任的时代新人"为题,列一个演讲提纲。

[活动提示]"两个一百年"奋斗目标与每个人息息相关。作为青年学生,更应该担当责任。青年兴则国家兴,青年强则国家强。习近平总书记在纪念五四运动100周年大会上的讲话中对新时代中国青年提出六点要求:树立远大理想、热爱伟大祖国、担当时代责任、勇于砥砺奋斗、练就过硬本领、锤炼品德修为。

设计意图:问题情境以济南未来的绿色城市发展为例,贴近学生实际,又展望家乡发展蓝图,增进学生归属感和自豪感,使之学有所成后更好地为家乡发展做出贡献;"问题情境"与"学习活动"相呼应,意在培养青年学生的家国情怀和责任意识,将个人梦融入家乡梦和国家梦,最终落实到实际行动中,争做担当民族复兴大任的时代新人,要有复兴之行。

总结升华:习近平总书记指出,中国共产党人的初心和使命就是为中国人民谋幸福、为中华民族谋复兴。实现中华民族伟大复兴为国家带来富强、为民族带来振兴、为人民带来幸福,更为世界带来和平与发展、合作与共赢。中国特色社会主义新时代是全体中华儿女勠力同心、奋力实现中华民族伟大复兴的时代,是最有基础、最有希望实现中华民族伟大复兴的时代。全体中华儿女凝心聚力,一定能实现近代以来中华民族最伟大的梦想!

[拓展性作业]围绕本节课所学,小组合作设计一个"中国梦"App简案。

【板书设计】

$$
\left.\begin{array}{r}\text{中国梦的本质}\\ \text{新时代中国共产党的历史使命}\\ \text{分两步建成社会主义现代化强国}\end{array}\right\} \longrightarrow \text{实现中华民族伟大复兴的中国梦}
$$

【延伸设计】

(一) 思考题

习近平总书记在纪念五四运动100周年大会上引用毛泽东同志"中国的青年运动有很好的革命传统,这个传统就是永久奋斗"这一讲话,并分析指出,五四运动以全民族的搏击培育了永久奋斗的伟大传统,新时代中国青年要勇于砥砺奋斗。中国特色社会主义进入新时代,实现中华民族伟大复兴的中国梦,实现中国社会发展、中华民族振兴、中国人民幸福,为新时代青年提供了难得的际遇。根据材料分析,作为有志青年,你应如何书写人生华章?

参考答案:①要树立远大理想,树立对马克思主义的信仰、对中国特色社会主义的信念、对中华民族伟大复兴中国梦的信心。②要热爱伟大祖国,坚持爱国和爱党、爱社会主义高度统一。③要担当时代责任,珍惜这个时代、担负时代使命。④要有奋斗精神,传承"永久奋斗"的伟大传统,勇做走在时代前列的奋进者、开拓者、奉献者。⑤要抓住大有可为的历史机遇期,锐意进取、埋头苦干、善于创新、永不停息。

(二) 推荐阅读

1.顾保国:《幸福论:中国共产党人始终不变的初心和使命》。

2.中共中央宣传部:《习近平新时代中国特色社会主义思想三十讲》。

"习近平新时代中国特色社会主义思想"教学设计

薛凤东(天津市宝坻区第九中学)

> **议题**:为什么习近平新时代中国特色社会主义思想如此伟大,我们要长期坚持并不断发展?

【思路框架】

任务线:理解、概括习近平新时代中国特色社会主义思想创立的背景和条件—理解、阐述习近平新时代中国特色社会主义思想的核心内容—论证、理解习近平新时代中国特色社会主义思想的巨大作用—内化、应用习近平新时代中国特色社会主义思想—在公共参与中实现知识迁移,坚定真理的力量。

情境线:疫情大考与百年未有之大变局—视频《战"疫"中国策》—图文展示·生命至上+民生实事+脱贫攻坚+人民伟力—视频《世界战"疫"的中国力量:与世界共渡难关》—战"疫"时刻,社区宣讲。

问题线:当今世界正经历怎样百年不遇的大变局—习近平新时代中国特色社会主义思想如何引领中国人民在抗击疫情中运筹帷幄、乘风破浪—习近平新时代中国特色社会主义思想为什么在战"疫"中得到人民认可,是写在亿万中国人民心中的科学理论—在全球疫情大流行的当下,中国方案为什么赢得国际社会的高度评价—战"疫"时刻,作为一名社区宣讲员,如何开展"习近平新时代中国特色社会主义思想"主题宣讲。

活动线:议题描述—议题决策—议题论证—议题再证。

【基础设计】

(一)教材分析

1.本课地位:本框是本课的核心内容,本课是全书的落脚点。本册教材主要是对学生进行马克思主义基本原理及中国特色社会主义道路、理论、制度、文化,特别是习近平新时代中国特色社会主义思想教育,以习近平新时代中国特色社会主义思想铸魂育人。

2.内容分析:本框主要包括习近平新时代中国特色社会主义思想创立的时

代背景、核心内容、历史地位和指导意义等内容,下设三目:

第一目"回答时代之问的科学理论"。该目讲述了习近平新时代中国特色社会主义思想产生的时代背景,回答时代之问,不断丰富和发展中国特色社会主义,习近平新时代中国特色社会主义思想应运而生。

第二目"具有开创性意义的新理念新思想新战略"。该目重点讲述了习近平新时代中国特色社会主义思想的核心内容,即"八个明确"和"十四个坚持",阐述了习近平新时代中国特色社会主义思想具有开创性意义的丰富内涵。

第三目"党和国家必须长期坚持的指导思想"。该目讲述了习近平新时代中国特色社会主义思想的原创贡献、历史地位和指导意义。

(二)学情分析

1.学生心智特征分析:高中时期是学生自主发展、素养生成和价值观确立的关键期,学生的智力水平、思维能力等会发生质的飞跃。授课对象为高一年级学生,他们注重现实,喜欢探究事物的本质,敢于大胆发表自己的见解,接受性强,也可能产生片面性、主观性的观点,学习的动机、态度和目标需要更为明确,思维的敏捷性、广阔性需要深入提升,形成良好的思维品质。

2.学生知识经验分析:学生现已对中国特色社会主义发展有总体了解,同时具备逻辑思维、合作探究、深度学习的能力。教学要着眼于学生的"最近发展区",为学生搭建达成学习目标的"脚手架"。

(三)教学目标

1.必备知识目标:了解习近平新时代中国特色社会主义思想创立的时代背景,掌握习近平新时代中国特色社会主义思想的核心内容,理解习近平新时代中国特色社会主义思想在党和国家治国理政中的重要地位和作用。

2.关键能力目标:培养学生透过现象看本质、分析综合、概括归纳、合作探究等思维品质和能力,培养学生的科学精神。

3.学科素养目标:着力提升学生对中国特色社会主义的政治认同、道路认同。

4.核心价值目标:真正做到学思用贯通、知信行统一,提高学习和贯彻习近平新时代中国特色社会主义思想的自觉性,引导学生学习、应用新思想、承担新时代的社会责任和历史使命,积极投身社会主义现代化建设,成为社会主义事业合格的建设者和可靠接班人。

（四）教学重难点

1.教学重点:习近平新时代中国特色社会主义思想的核心内容。

2.教学难点:习近平新时代中国特色社会主义思想的历史地位。

（五）教学方法

议题式教学法。

【主体设计】

（一）搜集资料

搜集中国战"疫"的制胜之道。

（二）自主梳理

学生初学教材,根据议学单深度预习,掌握本课必备知识,初步构建知识网络。

（三）课堂教学

环节一:议题描述·时代之问

[学科概念]习近平新时代中国特色社会主义思想创立的时代背景。

[子议题1]当今世界正经历怎样百年不遇的大变局?

[情境]人类或难以预料到,21世纪的第三个十年会以这样的方式拉开帷幕,一种只能在显微镜下观察到的新型冠状病毒,使人类匆忙前行的脚步被骤然按下"暂停键"。目前,全球确诊病例突破1亿,疫情波及210多个国家和地区。新冠肺炎疫情严重挑战国际公共卫生安全,全面冲击世界经济运行,深刻影响社会生活运转,成为当今世界不稳定性、不确定性日益凸显的最新注脚,再次证明了习近平总书记做出"世界正处于百年未有之大变局"这一精准判断的深刻洞见。

[活动]商议习近平新时代中国特色社会主义思想创立的时代背景。

[设计意图]帮助学生明白习近平新时代中国特色社会主义思想创立的时代背景。同时,让学生懂得习近平新时代中国特色社会主义思想来源于时代、来源于实践,具有科学性,正是在把握世界发展大势、应对全球共同挑战、维护人类共同利益的过程中创立并不断丰富发展的。

(答案提示)人类正处于大发展大变革大调整时期,世界多极化、经济全球化、社会信息化、文化多样化深入发展,全球治理体系和国际秩序变革加速推进,世界各国人民的命运紧紧相连。同时,世界面临的不稳定性、不确定性突出,人类面临的全球性问题前所未有,世界经济增长乏力,发展鸿沟日益突出,兵戎相见时有发生,非传统安全威胁持续蔓延。

教师补充:习近平新时代中国特色社会主义思想的创立,除了在当下百年未有之大变局的国际背景下应运而生,还有当代中国正处于近代以来最好的发展时期的国内环境。同时,中国共产党面对新考验,具有坚定的革命性,不断自我革命。科学社会主义在二十一世纪的中国焕发出强大生机活力。

环节二:议题决策·思想精华

[学科概念]习近平新时代中国特色社会主义思想的核心内容。

[子议题2]习近平新时代中国特色社会主义思想如何引领中国人民在抗击疫情中运筹帷幄、乘风破浪?

[情境]视频《战"疫"中国策》。

[活动]小组商议、展示。

[设计意图]习近平新时代中国特色社会主义思想理论性强,学生理解较为困难。但战"疫"大考,中国交出了世所罕见、令人佩服的满意答卷,这一真实情境生动诠释了习近平新时代中国特色社会主义思想的核心内容、金钥匙、活的灵魂。理论鲜活灵动,让习近平新时代中国特色社会主义思想能真正入脑入心,增强学生政治认同。

(答案提示)核心内容:"八个明确"和"十四个坚持";金钥匙:为人民谋幸福、为民族谋复兴、为世界谋大同;活的灵魂:解放思想、实事求是、与时俱进。

环节三:议题论证·真理光辉

[学科概念]习近平新时代中国特色社会主义思想的历史地位、指导意义。

[子议题3]习近平新时代中国特色社会主义思想为什么在战"疫"中得到人民认可,是写在亿万中国人民心中的科学理论?

[情境](图文展示)

生命至上:面对突如其来的新冠肺炎疫情,习近平总书记反复强调"始终把人民生命安全和身体健康放在第一位",调集全国最优秀的医生、最先进的设备、最急需的物资,全力以赴投入疫病救治。救治新冠肺炎患者不计成本、不惜代价,救治费用全部由国家承担,最大程度提高检测率、治愈率,最大程度降低感染率、病死率。

民生实事:在疫情防控斗争中,各级党委和政府认真落实"米袋子"省长负责制和"菜篮子"市长负责制,加强物资调配和市场供应,尽最大努力满足人民群众基本生活需要。同时,受疫情影响,我国经济发展遇到严重困难,以习近平同志为核心的党中央按下恢复发展经济"加速键",采取各种有效措施,帮助企业解决复工复产面临的实际困难。

脱贫攻坚:脱贫攻坚决战之年遭遇疫情的重大影响,按照党中央部署,变压力为动力、善于化危为机,决胜脱贫攻坚决不能缓一缓、等一等,把提高脱贫质量放在首位,聚焦深度贫困地区,打好精准脱贫攻坚战,让人民共享全面小康。

人民伟力:习近平总书记强调,战胜这次疫情,给我们力量和信心的是中国人民。人民才是真正的英雄,只要紧紧依靠人民,我们一定能够战胜一切艰难险阻,实现中华民族伟大复兴。

[活动]商议习近平新时代中国特色社会主义思想所彰显的巨大作用。

[设计意图]让学生深切感受到习近平新时代中国特色社会主义思想在战"疫"大考中充分彰显出强大的真理力量,始终是我们党的精神旗帜和行动指南,是我们党和国家必须长期坚持的指导思想,从而坚定我们对伟大思想的信念。

(答案提示)习近平新时代中国特色社会主义思想坚持人民至上,给人民带来切实的安全感和幸福感,实现人民对美好生活的向往,体现了亲民、爱民、忧民、为民的真挚情怀,为人们谋幸福、为民族谋复兴,是党和人民实践经验和集体智慧的结晶,是全党全国人民为实现中华民族伟大复兴而奋斗的行动指南,必须长期坚持并不断发展。

教师补充归纳:原创贡献、历史地位、指导意义。

环节四:议题再证·中国力量

[子议题4]在全球疫情大流行的当下,中国方案为什么赢得国际社会的高度评价?

[情境]视频《世界战"疫"的中国力量:与世界共渡难关》。

[活动]商讨习近平新时代中国特色社会主义思想所贡献的中国智慧、中国理念,为全球战"疫"传递信心力量。

[设计意图]让学生感受到非凡的大国担当,深切认同中国特色社会主义制度的独特优势,能够战胜任何艰难险阻,能够为人类文明进步做出重大贡献。增强制度自信,坚信我们的祖国一定会实现中华民族的伟大复兴。

(答案提示)从对人民负责、携手抗疫、人类命运共同体、大国担当等多维度展开。

环节五:议学延伸·飞入寻常百姓家

[活动]战"疫"时刻,作为一名社区宣讲员,如何开展习近平新时代中国特色社会主义思想主题宣讲?

[设计意图]激活学生思维,释放学生力量,彰显思政学科特有的育人使命,以习近平新时代中国特色社会主义思想铸魂育人,让学科核心素落地生根,落实立德树人根本任务,激发学生投身中国特色社会主义现代化建设的公共参与意识、责任感和使命感。

【板书设计】

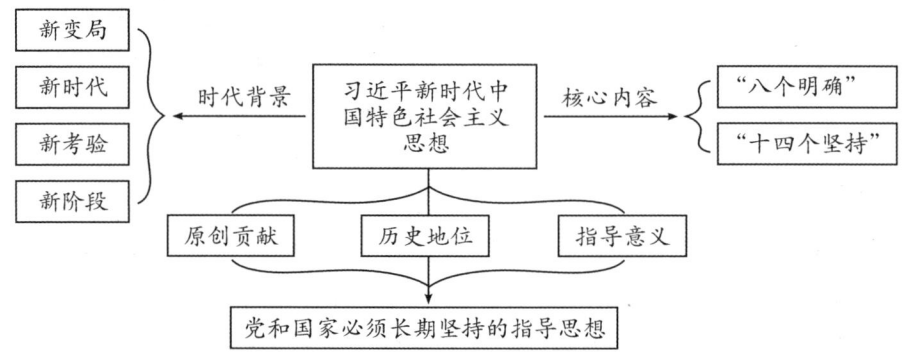

【延伸设计】

(一) 思考题

"十三五"在中国特色社会主义的历史进程中承前启后、继往开来。这五年中,在以习近平同志为核心的党中央坚强领导下,在习近平新时代中国特色社会主义思想指引下,我国经济社会发展实现历史性跨越,取得决定性成就,脱贫攻坚和全面建成小康社会如期完成,中华民族迎来了新的历史巨变。

"十四五"规划与2035年远景目标在十九届五中全会已谋篇布局,意义重大、任务艰巨、前景光明。全党全国各族人民要紧密团结在以习近平同志为核心的党中央周围,同心同德,顽强奋斗,夺取全面建设社会主义现代化国家新胜利!

思考:为实现"十四五"规划和2035年远景目标,如何坚持和贯彻习近平新时代中国特色社会主义思想?

答案提示:

习近平新时代中国特色社会主义思想的核心内容是"八个明确"和"十四个坚持"。

"八个明确"：(1)明确坚持和发展中国特色社会主义，总任务是实现社会主义现代化和中华民族伟大复兴，在全面建成小康社会基础上，分两步走在21世纪中叶建成富强民主文明和谐美丽的社会主义现代化强国；(2)明确新时代我国社会主要矛盾是人民日益增长的美好生活需要和不平衡不充分的发展之间的矛盾，必须坚持以人民为中心的发展思想，不断促进人的全面发展，实现全体人民共同富裕；(3)明确中国特色社会主义事业总体布局是"五位一体"、战略布局是"四个全面"，强调坚定道路自信、理论自信、制度自信、文化自信；(4)明确全面深化改革总目标是完善和发展中国特色社会主义制度、推进国家治理体系和治理能力现代化；(5)明确全面推进依法治国总目标是建设中国特色社会主义法治体系、建设社会主义法治国家；(6)明确党在新时代的强军目标是建设一支听党指挥、能打胜仗、作风优良的人民军队，把人民军队建成世界一流军队；(7)明确中国特色大国外交要推动构建新型国际关系，推动构建人类命运共同体；(8)明确中国特色社会主义最本质的特征是中国共产党领导，中国特色社会主义制度的最大优势是中国共产党领导，党是最高政治领导力量，提出新时代党的建设总要求，突出政治建设在党的建设中的重要地位。

"十四个坚持"：坚持党对一切工作的领导；坚持以人民为中心；坚持全面深化改革；坚持新发展理念；坚持人民当家作主；坚持全面依法治国；坚持社会主义核心价值体系；坚持在发展中保障和改善民生；坚持人与自然和谐共生；坚持总体国家安全观；坚持党对人民军队的绝对领导；坚持"一国两制"和推进祖国统一；坚持推动构建人类命运共同体；坚持全面从严治党。

(二) 推荐阅读

习近平：《习近平谈治国理政》。

"回看走过的路 比较别人的路 远眺前行的路"教学设计

柳 翠(江苏省苏州市吴江中学)

议题: 为什么要树立中国特色社会主义道路自信?

【思路框架】

任务线:梳理和了解人类社会发展趋势和近代以来中国的发展轨迹,在自主学习中探寻自信的根基——比较不同国家的发展历程,在讨论和辨析中理解中国特色社会主义制度优势,彰显自信底气——眺望中国的发展前景,在公共参与中实现知识迁移,坚定自信的力量。

情境线:人类发展史和新中国发展史——中美抗疫情况对比——十九届五中全会关于"十四五"规划的远景目标。

问题线:为什么要走社会主义道路?(独立画思维导图)——说说你知道的中国特色社会主义建设中取得的伟大成就有哪些?(师生对话)——中国特色社会主义为何能取得巨大成就?(小组讨论)——中国网格化抗疫策略在美国抗疫中是否行得通?(组际辨析)——站在"两个百年"历史交汇点上,青年学生应该如何擘画蓝图?(项目学习)

活动线:课前完成人类社会发展趋势图和近代中国的发展轨迹图——展示知识图谱——师生对话——小组讨论——组际辨析——项目化学习。

【基础设计】

(一)教材分析

1.本课地位:"回看走过的路 比较别人的路 远眺前行的路"是《中国特色社会主义》综合探究一的内容,是对整本教材的整合与提升,既有对人类社会发展一般规律的介绍,又穿插对比西方资本主义国家道路不同,从而增强对中国特色社会主义道路的自信。

2.内容分析:本课由探究活动目标、探究活动建议、探究活动路径和结语组成。

探究活动目标部分主要阐述内容：了解人类社会发展历史进程的统一性和多样性，理解进程的决定因素即社会基本矛盾运动，认同中国特色社会主义的历史必然性和科学真理性。

探究活动建议部分主要阐述内容：提供了具有子议题性质的三个议题"如何理解人类社会发展的一般进程""如何看待世界各地历史发展的不同轨迹""如何看待中国特色社会主义的科学真理性和历史必然性"，并提供相应的教学提示和探究路径。

结语部分主要阐述：在分析基础上得出人类社会的两条基本规律内容、在不同国家的不同表现、中国特色社会主义的历史必然性和科学真理性。

（二）学情分析

1.心智特征：本课教学对象为高一学生。教材内容思路清晰，内在结构化特点比较明显，便于学生学习，但本课内容理论性比较强，故事性不足。激发学生的学习兴趣是教师需要研究的重点。

2.认知结构：新时代高一学生的认知结构受两个方面影响：一方面，适逢我国经济社会大发展时期，学生对现实社会不同水平、不同制度国家经济社会发展状态有直观感受；另一方面，通过半个学期的学习，学生已经对人类社会基本形态、中国发展状态等知识有一定积累。

（三）教学目标

本课主要围绕"为什么要树立中国特色社会主义道路自信"这一议题，通过创作思维导图形式，梳理近代中国探索复兴之路的历程，了解社会发展历史进程的统一性和多样性，理解进程的决定因素；培养学生的合作学习能力和科学精神；结合"十四五"规划内容及中美在抗疫过程中不同途径的原因分析，理解走社会主义道路是近代中国历史发展的必然，认同中国特色社会主义的历史必然性和科学真理性；阐明中国特色社会主义是根植中国大地、反映中国人民意愿、适应中国和时代发展进步要求的科学社会主义，从而认同中国特色社会主义的必然性，树立中国特色社会主义道路自信。

（四）教学重难点

1.教学重点：走中国特色社会主义道路的历史必然性和科学真理性。

2.教学难点：青年学生应该如何树立社会主义道路自信。

（五）教学方法

议题式教学法。

【主体设计】

(一)课前准备

画思维导图:人类社会发展趋势图和近代以来中国的发展轨迹图。

课前播放视频《大国发展　规划先行——"十四五"规划》

(二)导入新课

2020年是"十三五"规划的收官之年,也是"十四五"规划的开局之年,我国既要全面建成小康社会,实现第一个百年奋斗目标;又要乘势而上,开启全面建设社会主义现代化国家新征程,向第二个百年奋斗目标进军。今天,我们站在实现两个一百年奋斗目标的历史交汇点上探讨:为什么要树立中国特色社会主义道路自信?进入探究一:"回看走过的路　比较别人的路　远眺前行的路"的学习。

[进入新课]

环节一:回看走过的路——探寻自信根基

[子议题1]为什么要走社会主义道路?

(过渡)回望,是为了更好地出发。改革开放40多年的伟大实践、中华人民共和国成立70年的持续探索、党领导人民进行伟大社会革命98年的实践……正是经历了风雨如磐的岁月洗礼,经历了筚路蓝缕的不懈努力,才有了"不是从天上掉下来的"中国特色社会主义之路。让我们一起回看走过的路,探寻自信根基。

[活动1]展示人类社会发展趋势图和近代以来中国的发展轨迹图。

学生上台展示所画图形(教师点评略)。

[设计意图]通过画图方式,使学生对之前所学知识点有宏观把握,起到铺垫的作用。

[小结]思考回答:为什么要走社会主义道路?

[答案预设]中国走社会主义道路具有历史必然性和科学真理性。

1.人类社会向前更替的根本动力是生产力与生产关系、经济基础与上层建筑的矛盾运动。

2.生产关系一定要适应生产力发展的基本规律决定了社会主义代替资本主义是历史的必然。

3.社会主义生产关系适应我国生产力发展,社会主义道路在中国取得巨大成就。

4.社会主义道路适合我国国情,是中国共产党领导人民做出的历史选择!只有社会主义才能救中国,只有中国特色社会主义才能发展中国。

[习语填空]"行进在'赶考'路上的中国共产党人,只有时常回看走过的路、比较别人的路、远眺前行的路,弄清楚我们从哪儿来、往哪儿去,很多问题才能看得深、把得准,才能审好题、审准题,书写出符合＿＿＿＿＿＿要求、让＿＿＿＿＿满意的奋斗答卷。"

——2020年1月5日,习近平总书记讲话

环节二:比较别人的路——彰显自信底气

[子议题2]为什么要走中国特色社会主义道路?

[活动2]说说你知道的中国特色社会主义建设中取得的伟大成就有哪些?

学生展示,教师点评略。

视频播放:改革开放以来,中国取得的伟大成就。

[情境]美国2020年的大选采取邮寄方式,原因是美国疫情进入第三波激增期,14天新增确诊病例100万例。而中国却没有出现专家预测的第二波疫情,分析主要原因是我国采取社区网格化管理抗疫策略。从中可以看出,中国特色抗疫方案在中国行得通。

[辩题]中国网格化抗疫策略在美国抗疫中是否行得通?

学生先思考,小组合作,讨论辨析,自由辩论。

[教师指导]

正方观点:

1.随着云计算、物联网、区块链、人工智能等前沿信息技术的集成创新和融合应用日益深化,数字化、智能化、网络化成为提高社区治理效能的重要导向。

2.网格化管理具有诸多突出优势:

一是有助于提高基层防控能力。二是有效降低治理对象的模糊性和不确定性。三是政府治理与社区自治之间的智慧化、网格化融通点,在打赢疫情防控阻击战及应对重大公共突发事件方面发挥最大效能。

因此,可以得出中国为世界贡献中国方案和中国智慧。

反方观点:

1.美国的政治制度不允许。联邦制国家不能像中国一样集中力量办大事。美国是三权分立和两党制国家,政策制定和执行会发生相互"扯皮"现象。

2.美国的人文思想传统不允许。美国人崇尚自由民主。

3.美国是资本主义国家的经济制度,以私有制为基础,以大资产阶级利益为代表的利益集团只会维护自身利益,不顾民众的利益感受,生活在底层的人民没有民主可言。

因此,一个国家道路的选择与发展往往受经济发展程度、阶级力量、地理环境、文化传统、人口素质等多种因素影响。

[活动3]讨论:中国特色社会主义为何能取得巨大成就?

学生讨论,说出取得巨大成就的具体原因。

(教师总结概括)根本原因:中国共产党带领全国人民开辟了中国特色社会主义道路,形成了中国特色社会理论体系,确立了中国特色社会主义制度,发展了中国特色社会主义文化。从而进一步归纳:一个国家走什么样的道路,关键要看这条道路能否解决这个国家面临的历史性、现实性课题。中国特色社会主义道路符合中国国情,是中国大踏步赶上时代、引领时代发展的康庄大道。中国特色社会主义能够发展中国。

[设计意图]通过真实情境下的"中国网格化管理在美国是否行得通"的辩论,学生不仅学会用所学知识解决实际问题,还提升了对中国特色社会主义道路自信的政治认同感和公共参与度。

[习语填空]道路千万条,_____第一条。只有结合开创出一条最合适_____的道路,才能越走越畅通、越走越宽广,否则就会画虎不成反类犬、误入歧途。"鞋子好不好,只有脚知道。"

——习近平在学习贯彻党的十九大精神研讨班开班式上的讲话

[小结]当代中国伟大社会变革,不是简单延续我们历史文化的母版,不是简单套用马克思主义经典作家设想的模板,不是其他国家社会主义实践的再版,也不是国外现代化发展的翻版。社会主义制度的建立,特别是改革开放使中国的生产关系适应了生产力的发展,使中国特色社会主义彰显强大生命力。

环节三:眺望前行的路——坚定自信力量

[微项目]站在历史交汇点上擘画蓝图。

[过渡]眺望,是为了锚定好前行的方向。"昨天的成功并不代表着今后能够永远成功,过去的辉煌并不意味着未来可以永远辉煌。"抵达新的历史方位,阔步向前,必须增强忧患意识、防范风险挑战。

[视频]中国特色社会主义道路为什么能够自信。

[情境]2020年10月26日至29日,党的十九届五中全会在北京召开。会

议审议通过《中共中央关于制定国民经济和社会发展第十四个五年规划和二〇三五年远景目标的建议》，为未来5年乃至15年中国发展擘画蓝图。

[活动4]2021年是中国共产党领导中国人民实现两个一百年奋斗目标的历史交汇点。站在这一历史交汇点上，作为青年学生的我们该如何擘画蓝图？请选择苏州的发展、吴江中学的发展、"我"的发展中的任何一个方面，擘画蓝图。

[习语填空]"中国特色社会主义道路是实现社会主义现代化建设、创造人民美好生活、实现中华民族伟大复兴的_____，中国特色社会主义道路是当代中国大踏步赶上时代、引领时代发展的康庄大道，必须_____。"

[设计意图]对所学知识的迁移与应用，培养学生的政治认同和公共参与能力，契合课程生涯规划要求。

[总结]中国特色社会主义是科学社会主义理论逻辑和中国社会发展历史逻辑的辩证统一，是根植中国实际、反映中国人民意愿和时代发展进步要求的科学社会主义。

中国特色社会主义道路是我国进一步实现民族振兴、国家富强、人民幸福、社会和谐的必由之路、成功之路、胜利之路。

中华民族伟大复兴的高度，进一步增强坚持走中国特色社会主义道路的自觉性和坚定性，奋力开拓中国特色社会主义更为广阔的发展前景。

【板书设计】

中国特色社会主义具有历史必然性和科学真理性 { 符合基本规律, 展现制度优势 } 具有大好前程

【延伸设计】

(一)思考题

从1953年开始，我国已编制实施了13个五年规划（计划），有力推动了经济社会发展、综合国力提升、人民生活改善。一部中国五年规划的历史，可谓一部新中国的成长和发展史，不断彰显中国特色社会主义的独特优势。"党提建议、政府编制规划、人大审议通过规划、全国人民执行人大审议通过的规划，这是中国共产党在国家治理当中创造的一个非常好的经验。"可以说，五年规划的编制就是一个集思广益、形成共识、科学设计、民主决策、依法通过的决策过程，生动体现了寓科学于民主的中国式决策模式。全面建成小康社会不是终点，而

是新生活、新奋斗的起点。

请你结合以上材料归纳总结有哪些优势让你感觉到中国特色社会主义道路自信?

参考答案:①坚持党的集中统一领导,保持政治稳定的显著优势。②坚持人民当家作主,发展人民民主,密切联系群众,紧紧依靠人民推动国家发展的显著优势。③坚持全国一盘棋,调动各方面积极性,集中力量办大事的显著优势。④把社会主义制度和市场经济有机结合起来,不断解放和发展社会生产力的显著优势。⑤坚持不断保障和改善民生、增进人民福祉,走共同富裕道路的显著优势。

(二)推荐阅读

1.尤瓦尔·赫拉利:《人类简史:从动物到上帝》。

2.亚当·斯密:《国富论》。

3.习近平:《习近平谈治国理政》。

"方向决定道路 道路决定命运"教学设计

蔡晓珠(广东省揭阳第一中学榕江新城学校)

议题: 中国为什么能?

【思路框架】

任务线:梳理和了解中国特色社会主义道路的发展历程,在自主学习中探寻改革开放以来中国取得成就的原因—比较不同国家的抗疫历程,在讨论和辨析中理解中国方案的世界意义,突出中国特色社会主义的制度优势,彰显自信底气—展望中国发展前景,在公共参与中实现知识迁移,让学生深刻领悟自己与"2020""2035""2050"三个数字的关系,坚定社会主义共同理想,树立共产主义远大理想。

情境线:改革开放以来中国取得的成就—中国抗疫情况—中国共产党成立95周年大会上关于"四个自信"的内容及中国发展远景目标。

问题线:说说你知道的中国特色社会主义建设中取得的伟大成就有哪些?(师生对话)中国特色社会主义为何能取得巨大成就?(板书思维导图)—中国为什么不会被唱衰?(文献查阅)为什么要走中国特色社会主义道路?(小组讨论)中国抗疫的制度性优势在哪里?(组队辩论)—开启新征程,站在这一历史的交汇点上,作为青年学生该如何坚定自信,实现中国梦?(情感升华)

活动线:课前完成中国特色社会主义建设的发展轨迹图,然后课堂展示—师生对话—文献查阅—讨论—先对话后辩论—情感升华—课堂小结。

【基础设计】

(一)教材分析

1.本课地位:"方向决定道路 道路决定命运"是高中思想政治教材必修1《中国特色社会主义》综合探究二内容,处于教材最后一个部分,是对整本教材的整合与提升,是整本教材的归宿。

2.内容分析:本课由探究活动目标、探究活动建议、探究活动路径和结语组成。

主要阐述内容:中国道路,中国自信。小到一个人、一个集体,大到一个政党、一个民族、一个国家,只要有信仰、信念、信心,就会愈挫愈奋、愈战愈勇,否则就会不战自败、不打自垮。无论过去、现在还是将来,对马克思主义的信仰、对中国特色社会主义的信念、对实现中华民族伟大复兴中国梦的信心,都是指引和支撑中国人民站起来、富起来、强起来的强大精神力量。

(二)学情分析

1.心智特征:本综合探究课程面向高一年级新生。学生已经完成必修1主体知识的学习,对中国特色社会主义的开创与发展历程有一定了解,但本课内容理论性比较强,故事性不足,激发学生的学习兴趣是教师需要研究的重点;同时,在对知识的综合应用和总结提升上仍需教师加以指导。

2.认知结构:高中阶段的学生正处在世界观、人生观、价值观形成时期,本综合探究课程针对高中学生思想活动和行为方式的多样性、可塑性,通过实施活动型课程,引领学生观察、辨析、反思和实践,从而树立为共产主义远大理想和中国特色社会主义共同理想而奋斗的信念,在人生成长道路上把握正确的思想政治方向。

(三)教学目标

1.必备知识目标:了解中国特色社会主义道路的发展历程与重大意义。

2.关键能力目标:培养学生的合作学习能力和科学精神。

3.学科素养目标:

(1)通过理解新中国确立社会主义制度的历史必然性,阐明开创中国特色社会主义是党和人民长期奋斗、创造、积累的根本成就,论证中国特色社会主义是当代中国发展的根本方向等,坚定、坚持和发展中国特色社会主义的自信,提升政治认同素养。

(2)通过运用辩证唯物主义和历史唯物主义的观点看待中国特色社会主义道路,培育科学精神。

(3)通过激发学生在实现中华民族伟大复兴历史征程中勇于担当的责任心,为实现中国梦贡献自己的一分力量,实现人生价值,提高公共参与素养。

4.核心价值目标:坚定中国特色社会主义道路自信、理论自信、制度自信、文化自信。

(四)教学重难点

1.教学重点:为什么要坚持和点赞中国特色社会主义道路?

2.教学难点:

(1)引导学生坚信我国走中国特色社会主义道路的科学真理性。

(2)进一步树立道路自信、理论自信、制度自信和文化自信。

(五)教学方法

1.教学方法

(1)议题探究法:通过设置议题探究解决教学重难点。

(2)启发式教学法:通过教师的提问或者讲述启发学生思考。

(3)演示法:通过多媒体展示图片、案例,引导学生思考。

(4)讨论法:在教师指导下,学生以全班或小组为单位,围绕教材的中心问题各抒己见,通过讨论或辩论活动,获得知识或巩固知识。

(5)任务驱动法:布置探究性的学习任务,使学生查阅资料,对知识体系进行整理,再选出代表进行讲解,最后由教师进行总结。

2.学生学法

(1)自主学习法:课前回顾上节重点,预习本节课内容,课后自我总结与反思。

(2)合作探究法:通过与同学合作探究解决教学重难点。

(六)教学思路

1.回顾中国共产党带领中国人民革命、建设和改革的奋斗历程,理解坚持和发展中国特色社会主义是实现中华民族伟大复兴的必由之路。

2.搜集中国成就的相关资料,探究成就背后的经验,坚定中国特色社会主义道路自信、理论自信、制度自信、文化自信。

3.展望富强民主文明和谐美丽的社会主义现代化强国目标,坚定中国特色社会主义共同理想,树立共产主义远大理想。

【主体设计】

[导入新课]

观看视频《新中国70周年150个动人时刻》,提出议题:中国为什么能?

活动1:通过观看视频,思考中国为什么能迎来这些"超燃"的动人时刻。

(设计意图:直观生动,引人入胜,易于引发学生思考。)

[讲授新课]

子议题1:改革开放以来,祖国取得了怎样的成就?

环节一:聚焦中国成就——从站起来、富起来到强起来

观看视频《改革开放40年》。

活动2:观看视频,与同学交流近年来自己的生活发生了什么变化,讨论交流中国取得了哪些成就。

(设计意图:利于学生直观地感受新时代的变化。)

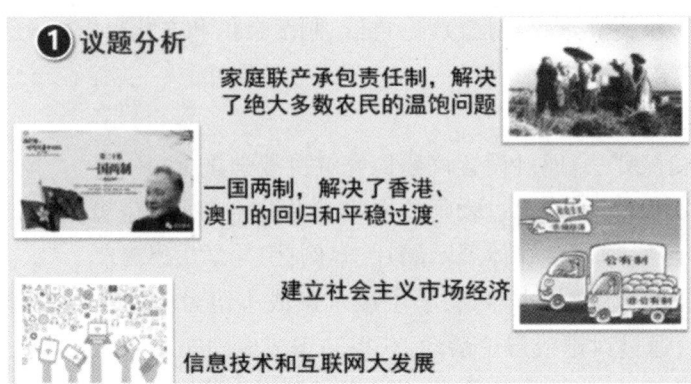

活动3:教师展示、引导查阅《建国方略》第68页;学生查阅文献,了解孙中山为振兴中华提出了怎样的建设计划,并请学生分析该建设计划在当时未能实现的原因。

(设计意图:学生直观感受历史资料,贴近真实文献。)

教师总结:

1.经济因素:列强入侵,长年累月的战争致使国库亏空。

2.政治因素:政治制度落后,国家不独立,民族不统一。

3.文化因素:文化与科技落后,人才稀缺。

4.社会因素:民众不觉悟,政府不支持,列强不允许。

5.其他因素:地理因素,建设方案不实际等。

活动4:学生认真阅读教材第69页内容,自主体会中国走中国特色社会主义道路所取得的成就,思考新中国为什么能实现孙中山先生建设计划中的合理部分?

(设计意图:让学生从上个视频直观感受中国成就,并从文献资料中自我探究加深印象。)

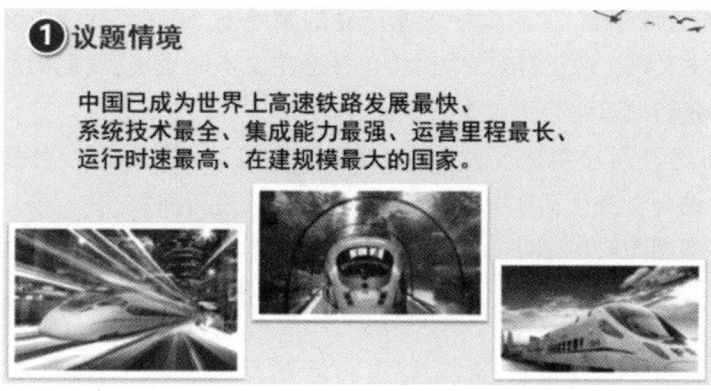

教师总结:

1.社会主义制度的优越性——能够集中力量办大事。

2.新中国国家统一,民族团结,综合国力日益提升。

3.中国走自己的道路,建设中国特色社会主义。我国坚持中国特色社会主义道路、中国特色社会主义理论体系、中国特色社会主义制度、中国特色社会主义文化。

子议题2:为什么要坚持和点赞中国特色社会主义道路?

环节二:点赞中国道路——科学社会主义的强大生机活力

观看视频《中国特色社会主义道路:让"历史终结论"彻底破产》。

思考:中国为什么不会被唱衰?

活动5:通过视频引发思考,让学生分小组探究何为中国特色社会主义道路,讨论西方的"历史终结论"带来的警醒。

(设计意图:发动学生思考,培养学生的辩证思维,提高通过探究得出结论的能力)

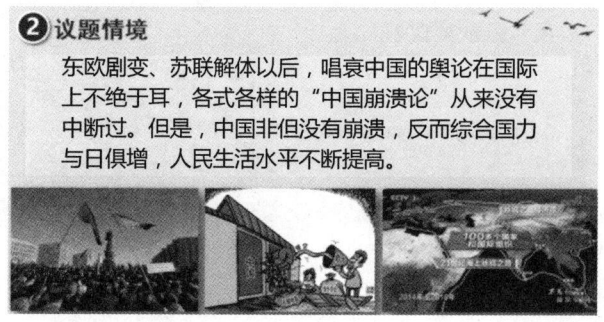

教师总结：

中国不会被唱衰，因为在中国共产党的领导下，建立了社会主义基本经济制度、社会主义民主政治，随着中国特色社会主义不断发展，我们的制度必将越来越成熟，我们的道路必将越走越宽广。

活动6：学生分小组探究讨论"为什么要坚持和点赞中国特色社会主义道路"？学生结合自身生活实际和对旧知识的回顾，进行回答。

（设计意图：让学生明白中国特色社会主义道路是一条适合中国国情的道路。）

教师总结：

(1)中国特色社会主义道路是历史和人民的选择。

(2)这条道路符合国情，顺应时代潮流，提供了根本政治保证。

(3)中国特色社会主义道路前途光明，前景广阔。

子议题3：中国智慧、中国方案的世界意义是什么？

环节三：贡献中国智慧、中国方案

议学活动：观看视频《美国公益脱口秀：疫情下的中国》。

思考：中国抗疫方案对世界疫情防控的贡献有哪些？从中看出中国道路对世界的意义是什么？

活动7：学生观看视频，并结合教材第70页的内容，自主思考中国为世界提供的中国方案是怎样的？

（设计意图：有利于学生进一步了解中国的强大，明白中国正在走向世界舞台中央的过程中展示的强大力量。）

教师总结：

"中国方案"帮助世界抗疫，中国抗疫成果获得世界的认可，给世界带来了信心,值得全球学习。中国为世界抗疫贡献巨大,背后的原因是中国制度的优越性。这是一头"和平的、可亲的、文明的狮子",中国提倡构建人类命运共同体。

观看视频《"一带一路"5周年了!》

思考:中国智慧、中国方案产生了怎样的影响?

活动8:学生以小组为单位进行讨论,并请小组发言人回答。

(设计意图:通过观看视频,创设有效场景,引导学生积极讨论,通过小组竞争的形式融入课堂,主动探索知识,培养学生科学分析问题的能力。)

教师总结:

中国方案开辟了一条合作共赢、共建共享的文明发展新道路。在全球化的今天,中国经验不仅是中国现实社会和历史文化的产物,还具有超越国界的理论和现实意义。中国特色社会主义道路、理论、制度、文化不断发展,拓展了发展中国家走向现代化的途径,给世界上那些既希望加快发展又希望保持自身独立性的国家和民族提供了全新选择,为解决人类问题贡献了中国智慧和中国方案,为建立国际机制、遵守国际规则、追求国际正义,形成以合作、共赢为核心的世界新秩序奠定了基础。

子议题4:如何坚定自信,实现中国梦?

环节四:坚定自信,实现中国梦

观看视频《四个自信让中国战胜疫情》。

议题情境:国难当头,大疫当前,奔赴在抗疫一线的工作人员肩负着救人使命。但是,国家选择了"我",每一个"我"当逆行向前,绝不退缩!大有"风萧萧兮易水寒,壮士一去兮不复还"的悲壮!点点滴滴的感动点燃爱的火焰,最终汇聚成一种强大的精神力量——中国力量,展现大国形象,彰显强国风范。

议题讨论:还有哪些方面的成就展现了中国力量?

活动9:学生分为十个小组,围绕视频提出的中心主题各抒己见,通过辩论活动,在思想的交流碰撞中得出结论。

(设计意图:素材背景时政性强,引导学生胸怀天下,放眼世界大事,以此进行价值观教育。)

教师总结:

(1)在经济发展方面:中国经济持续保持中高速增长,成为全球经济复苏和可持续发展不可或缺的"发动机"和"稳定器"。

(2)在绿色生态方面:中国已经跃居为世界最大的绿色能源投资国、生产国、消费国和绿色技术发明国,对世界绿色能源的贡献率超过40%。

(3)在世界和平方面:中国军队已先后向联合国10个维和任务区派出1450人参与维和行动,倡导建立人类命运共同体,树立了中国真心维护世界和平的形象,也向世界充分展示了一个负责任大国的形象与参与国际事务的务实作风。

(4)在文化进步方面:中华民族有着5000多年的悠久历史和灿烂文化,中国文化立时代之潮头、通古今之变化、发思想之先声,为各种文明交融互鉴提供扎实的文化滋养和学理支撑。

(5)在科技创新方面:中国跻身创新型国家前列,科技创新成绩斐然,一些突出领域开始进入并跑甚至领跑阶段,中国科技企业、产品和服务逐渐让世界瞩目。

活动10:观看视频《2035》。

议学活动:2035年,中国会是什么样?你会是什么样?

(设计意图:让学生展望未来,创新逻辑思维,认真思考在新的时代背景下,青少年应担当什么样的责任,青少年与时代发展进步的关系。)

议题情境:以习近平同志为核心的党中央对新时代推进社会主义现代化强国建设做出新的顶层设计,提出从2020年到21世纪中叶,在全面建成小康社会的基础上,分两步走全面建成社会主义现代化强国。

活动11:材料分析

材料一:梁启超曰:"少年智则国智,少年富则国富,少年强则国强,少年独立则国独立,少年自由则国自由,少年进步则国进步,少年胜于欧洲则国胜于欧洲,少年雄于地球则国雄于地球。"

问题:分析上述材料,青年学生在实现中华民族伟大复兴历史征程中应当承担什么责任?

(设计意图:让学生明白少年强则国强,我国离现代化强国的目标还有一定距离,需要每一位中华儿女奋发努力,借以激发学生的责任感和紧迫感。)

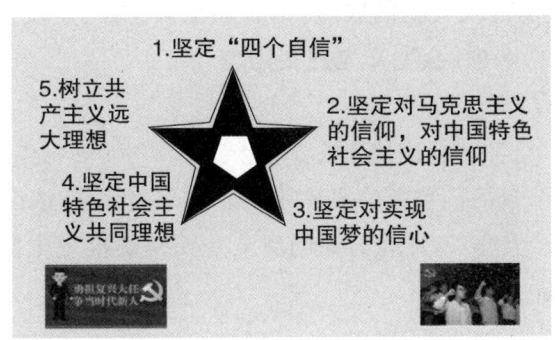

教师总结:

(1)坚定"四个自信"。

(2)坚定对马克思主义的信仰,对中国特色社会主义的信仰。

(3)坚定对实现中国梦的信心。

(4)坚定中国特色社会主义共同理想。

(5)树立共产主义远大理想。

材料二:2016年7月1日,习近平总书记在庆祝中国共产党成立95周年大会上的讲话中指出:"全党要坚定道路自信、理论自信、制度自信、文化自信。"道路自信、理论自信、制度自信、文化自信是一个有机整体。

问题:(1)为什么要有自信?

(2)为什么能有自信?

(3)如何坚定自信?

(设计意图:学生通过识记,把知识落实到理解和领悟上。强化核心知识和主干知识,注重让学生分析时政热点和知识点的联系。)

教师总结:

为什么要有自信:

(1)"四个自信"是实现中华民族伟大复兴的迫切需要。

(2)"四个自信"是实现"两个一百年"奋斗目标的迫切需要。

(3)强调"四个自信",可以回应国外敌对势力对中国道路的质疑和否定。

(4)现实生活中存在种种不自信的表现。

为什么能有自信:

(1)我国国家制度和国家治理体系多方面的显著优势,是我们坚定"四个自信"的基本依据。

(2)我们有优秀传统文化的底蕴,也有在中国革命、建设、改革的伟大实践中孕育出的革命文化和社会主义先进文化。

如何坚定自信:

(1)坚定"四个自信"要内化于心、外化于行。

(2)坚定"四个自信",要落实到实干上。实干兴邦,空谈误国。

(3)坚定"四个自信",要落实到创新上。要持续推进中国特色的道路、理论、制度、文化创新。

[课堂小结]

江河之所以能冲开绝壁夺隘而出,是因其积聚了千里奔涌、万壑归流的洪荒伟力。在近代以来漫长的历史进程中,中国人民经历了太多太多的磨难,付出了太多太多的牺牲,进行了太多太多的拼搏。现在,中国人民和中华民族在历史进程中积累的强大能量已经充分爆发出来了,为实现中华民族伟大复兴提供了势不可挡的磅礴力量。建成富强民主文明和谐美丽的社会主义现代化强国,实现中华民族伟大复兴,是一场接力跑。我们要一棒接着一棒跑下去,每一代人都要为下一代人跑出一个好成绩。

(设计意图:教师对整节课进行总结,完成四个子议题和母议题的逻辑衔接,加深学生的理解和对整节课的宏观把握。)

【板书设计】

方向决定道路　道路决定命运

中国为什么能
- 一、新中国取得的成就
  - 有哪些成就?
  - 为什么新中国能取得?
- 二、中国特色社会主义道路
  - 是什么?
  - 为什么要点赞和支持?
- 三、贡献中国智慧、中方方案
  - 是什么?
  - 中国智慧、中国方案析世界意义?
- 四、坚定自信,实现中国梦
  - 是什么?
  - 为什么要有?
  - 为什么能有?
  - 如何坚定?

【延伸设计】

(一) 思考题

1.填空题:小到一个人、一个集体,大到一个政党、一个民族、一个国家,只要有＿＿＿＿＿、＿＿＿＿＿、＿＿＿＿＿,就会愈挫愈奋、愈战愈勇,否则就会不战自败,不打自垮。

2.简答题:无论过去、现在还是将来,什么是指引和支撑中国人民站起来、富起来、强起来的强大精神力量?

参考答案:

1.信仰、信念、信心。

2.对马克思主义的信仰;对中国特色社会主义的信念;对实现中华民族伟大复兴中国梦的信心。

(二) 推荐阅读

1.洛丽塔·纳波利奥尼:《中国道路:一位西方学者眼中的中国模式》。

2.陈曙光:《我们的自信:大道之行的骨气与底气》。

3.习近平:《习近平谈治国理政》。

"方向决定道路 道路决定命运"教学设计

周树发（华中师范大学龙岗附属中学）

议题：中国为什么能？

【思路框架】

任务线：探究改革开放、建设经济特区给人民生活带来的巨大变化——探究深圳经济特区改革开放、创新发展积累的宝贵经验，说明坚持和发展中国特色社会主义是实现中华民族伟大复兴的中国梦的必由之路——分析疫情影响下深圳经济复苏的先进经验，以及深圳经济特区发展面临的主要困难，并为深圳实现社会主义现代化强市出谋划策——通过参观博物馆等活动坚定中国特色社会主义共同理想，树立共产主义远大理想，自觉担当实现中华民族伟大复兴的责任。

情境线：改革开放、建设经济特区给人民生活带来的巨大变化——深圳经济特区改革开放、创新发展积累的宝贵经验——习近平总书记在深圳经济特区建立40周年庆祝大会上的讲话视频片段，中共中央办公厅、国务院办公厅印发《深圳建设中国特色社会主义先行示范区综合改革试点实施方案（2020—2025年）》——参观博物馆、展览馆、纪念馆等活动的感悟、"2035年：祖国和我"主题演讲。

问题线：访谈市民最想对深圳经济特区说的一句话是什么？你能分析发生这些变化的原因有哪些吗？请结合访谈内容，谈谈对"来了就是深圳人"这句话的理解——请你从经济发展、法治建设、生态文明建设、城市文明建设、社会建设中任选一个领域，说明深圳经济特区在该领域取得的成就，以及成就背后的经验——结合深圳经济特区40年创造的伟大奇迹，分析中国特色社会主义制度的优越性——结合所学知识，说明党中央的坚强领导对深圳经济特区发展的重要意义——面对美国在关键技术上对我国"卡脖子"的情况，深圳经济特区应该如何突破，深圳要建设中国特色社会主义先行示范区，应该在哪些方面先行先试，创建社会主义现代强国的城市范例——深圳经济特区高质量发展需要什么样的人才，我们应该如何继承深圳精神,做新时代的追梦人。

活动线:采访调查、搜集资料、展示交流——资料整理、小组讨论——观看视频、阅读文件资料、小组讨论——参观访问、主题演讲——三行诗书写比赛

【基础设计】

(一)教材分析

1.本课地位:本课是必修1《中国特色社会主义》第2个综合探究,是整本书的落脚点。通过学习本课,有助于帮助学生树立为共产主义远大理想和中国特色社会主义共同理想而奋斗的信念。

2.内容分析:本课通过4个序列化的探究活动,探究中国共产党带领中国人民革命、建设和改革的奋斗历程。探究一"聚焦中国成就:从站起来、富起来到强起来";探究二"点赞中国道路:科学社会主义的强大生机活力";探究三"贡献中国智慧、中国方案";探究四"坚定自信,实现中国梦"。每个探究活动都配有材料和活动建议,帮助学生理解中国力量、坚定中国自信。

(二)学情分析

1.心智特征:学生已经具备了良好的政治素质和道德品质,并掌握了一定的科学思维方法,能有效整合学科相关知识,运用学科相关能力,高质量地认识问题、分析问题、解决问题。但在核心价值、学科素养、关键能力上还有一定欠缺,思维方法和实践探索能力水平还不够高,思维的深度和广度还不够,在调动和运用知识、论证和探究问题方面还有困难,需要进行专项提升。

2.认知结构:学生前期对教材必备基础知识有了准确把握,了解了人类社会发展的一般过程和基本规律;坚信社会主义终将替代资本主义是不可抗拒的历史趋势;懂得了中国特色社会主义是中国近代历史发展的必然选择;理解了坚持和发展中国特色社会主义是实现中华民族伟大复兴的中国梦的必由之路;坚定了坚持和发展中国特色社会主义的信心。

(三)教学目标

学生通过回顾深圳经济特区建设和改革40年的奋斗历程,理解坚持和发展中国特色社会主义是实现中华民族伟大复兴的中国梦的必由之路;通过搜集深圳经济特区建设成就的相关资料,探究成就背后的经验,提高分析与综合的能力,坚定中国特色社会主义道路自信、理论自信、制度自信、文化自信,实现政治认同;通过学习,展望富强民主文明和谐美丽的社会主义现代化强国目标,坚

定中国特色社会主义共同理想,树立共产主义远大理想,提高公共参与能力。

(四)教学重难点

教学重点:论证坚定中国特色社会主义道路自信、理论自信、制度自信、文化自信的重要性。

教学难点:结合生活实际说明中国特色社会主义制度优越性的突出表现。

(五)教学方法

案例教学法、理论实践一体式教学法、议题式教学法。

【主体设计】

(一)课程背景

2020年是深圳经济特区建立40周年。40年来,深圳始终牢记党中央兴办经济特区的战略意图,敢闯敢试、敢为人先,迅速从一个落后的边陲农业县成为一座充满魅力、动力、活力、创新力的国际化创新型城市,取得了辉煌的经济社会发展成就,向全国人民交上了一份优异答卷。

2019年8月,党中央作出支持深圳建设中国特色社会主义先行示范区的重大决策。2020年10月11日,中共中央办公厅、国务院办公厅印发《深圳建设中国特色社会主义先行示范区综合改革试点实施方案(2020—2025年)》。

2020年10月14日,习近平总书记在深圳经济特区建立40周年庆祝大会上发表重要讲话时指出,深圳是改革开放后党和人民一手缔造的崭新城市,是中国特色社会主义在一张白纸上的精彩演绎。这是中国人民创造的世界发展史上的一个奇迹。

(二)课前准备

将全班学生分成四个小组,分组进行前期准备。

第一组:资料收集组,小组成员分工合作,搜集图片、数据、视频、文献档案等相关资料,并对资料进行对比辨析、综合统筹。

第二组:参观访问组,小组成员参观博物馆、展览馆、纪念馆等,观看相关历史剧和文学作品,并以文字形式记录活动感悟。

第三组:访谈组,小组成员可访谈家人、身边的"改革开放杰出贡献人员""创业创新人物""先进模范人物",并编辑形成相关视频资料。

第四组:综合组,小组成员对前三组的活动过程和结果进行调查、了解,开展主题展演活动。

(三) 教学过程

环节一：深圳经济特区沧桑巨变四十年

【子议题1】

以"改革开放如何让人民生活更美好"为议题，结合自身生活实际，探究改革开放、建设经济特区给人民生活带来的巨大改变，并分析"经济特区建设始终坚持以人民中心"的原因。

【情境创设】

深圳经济特区在发展过程中真抓实干，践行"以人民为中心"的发展思想。从人民群众普遍关注、反映强烈、反复出现的问题出发，在就业、教育、医疗、社会保障、住房、养老、食品安全、生态环境、社会治安等方面改革创新举措，努力让人民群众获得感成色更足、幸福感更可持续、安全感更有保障。生活过得好不好，人民群众最有发言权。我们一起来看访谈组所了解到的情况。

【学生活动】

(1) 采访调查，访谈组就收入、消费、就业、教育、医疗、企业发展、环境保护……选择一个感兴趣的领域，访谈家人、普通市民或"改革开放杰出贡献人员""创业创新人物""先进模范人物"，调查这些年他们的生活发生了哪些变化。

(2) 搜集资料，并进行研究分析。

(3) 小组进行视频展示、交流分享。

问题探究：

(1) 你最想对深圳经济特区说的一句话是什么？

(2) 发生这些变化的原因有哪些？

(3) 请结合访谈内容，谈谈对"来了就是深圳人"这句话的理解。

【教师活动】

教师提前与学生就访谈活动过程、访谈内容、整理结果、课堂展示等进行沟通协商，充分尊重学生的创意，并引导学生加强同伴协作分工，观察学生在活动中的突出表现；引导学生从生活与书本中寻因问果，帮助学生理清语言、思维逻辑，以流畅地表达观点。对学生的表现做好记录。

【设计意图】

本环节从学生生活实际入手，让学生走出课堂、融入社会。通过访谈活动，一方面能增长学生见识，增强学生学习积极性；另一方面可以提升学生实践能力，增强学生公共参与能力，培育学科素养。另外，还可以在与父母的访谈中增加对父母的了解,学会尊重父母、尊敬英雄,热爱生活、热爱深圳、热爱国家。

环节二:探寻"深圳为什么能"的制度密匙

【子议题2】

以"深圳为什么能"为议题,结合深圳经济特区40年翻天覆地的变化,探究深圳经济特区改革开放、创新发展积累的宝贵经验,说明坚持和发展中国特色社会主义是实现中华民族伟大复兴的中国梦的必由之路。

【情境创设】

深圳是改革开放的排头兵、先行地、实验区,是改革开放后党和人民一手缔造的崭新城市,是中国特色社会主义在一张白纸上的精彩演绎。深圳广大干部群众披荆斩棘、埋头苦干,用40年时间走过了国外一些国际化大都市上百年走完的历程。这是中国人民创造的世界发展史上的一个奇迹。

【学生活动】

(1)资料收集组分工合作,搜集图片、数据、视频、文献档案等相关资料,并对资料进行对比辨析、综合分析,进行数据展示,用数据说事实。

(2)归纳、总结深圳经济特区40年改革开放创造的伟大奇迹,并说明积累了哪些宝贵经验。

(3)小组讨论、探究"深圳为什么能"的制度密匙。

问题探究:

(1)请你从经济发展、法治建设、生态文明建设、城市文明建设、社会建设中任选一个领域,说明深圳经济特区在该领域取得的成就,以及成就背后的经验。

(2)结合深圳经济特区40年创造的伟大奇迹,分析中国特色社会主义制度的优越性。

(3)结合所学知识,说明党中央的坚强领导对深圳经济特区发展的重要意义。

【教师活动】

教师参与学生资料的收集与整理工作,积极发挥学生的主体性,观察学生的自学能力,引导学生理论联系实际,分析和论证问题,深入探究问题的本质;考查学生的语言表达能力与辩证思维能力,引导学生全面、辩证地看问题;引导学生坚定中国特色社会主义道路自信、理论自信、制度自信、文化自信。

【设计意图】

本环节通过组织学生收集与整理数据等资料,一方面,让学生亲身参与实践,感悟深圳经济特区的变化,增强认同感和归属感;另一方面,可以提高学生的数据收集、处理能力,以及获取和解读信息的能力,促进学生将所学知识与生活实际结合起来,真正做到学以致用。

环节三:肩负新使命,深圳再出发

【子议题3】

以"新时代深圳经济特区如何拥有新作为,实现新担当"为议题,结合习近平总书记在深圳经济特区建立40周年庆祝大会上的讲话,展望深圳建设中国特色社会主义先行示范区的美好愿景。

【情境创设】

当今世界正经历百年未有之大变局,新冠肺炎疫情全球大流行使这个大变局加速演进,经济全球化遭遇逆流,保护主义、单边主义上升,世界经济低迷,国际贸易和投资大幅萎缩,国际经济、科技、文化、安全、政治等格局都在发生深刻调整,世界进入动荡变革期。

我国正处于实现中华民族伟大复兴的关键时期,经济长期向好,市场空间广阔,发展韧性强劲,正在形成以国内大循环为主体、国内国际双循环相互促进的新发展格局。同时,我国经济正处在转变发展方式、优化经济结构、转换增长动力的攻关期,实现高质量发展还有许多短板,经济特区发展也面临一些困难和挑战。

新形势需要新担当、呼唤新作为。经济特区要为全面建设社会主义现代化国家、实现第二个百年奋斗目标做出更大贡献。

【学生活动】

(1)观看习近平总书记在深圳经济特区建立40周年庆祝大会上的讲话视频片段。

(2)阅读中共中央办公厅、国务院办公厅印发的《深圳建设中国特色社会主义先行示范区综合改革试点实施方案(2020—2025年)》。

(3)小组讨论,分析疫情影响下深圳经济复苏的先进经验,以及深圳经济特区发展面临的主要困难,并为深圳实现2020—2025年"三阶段主要目标"出谋划策。

问题探究:

(1)面对美国在关键技术上对我国"卡脖子"的情况,深圳经济特区应该如何突破?

(2)深圳要建设中国特色社会主义先行示范区,应该在哪些方面先行先试,创建社会主义现代强国的城市范例?

【教师活动】

教师截取习近平总书记在深圳经济特区建立40周年庆祝大会上的讲话视频片段和中共中央办公厅、国务院办公厅印发的《深圳建设中国特色社会主义先行示范区综合改革试点实施方案(2020—2025年)》节选,并进行展示。在学生观看过程中,对相关内容进行解释、引导,观察学生的辩证分析能力与语言表达能力;关注学生对政策性文件的理解把握,教授学生获取和解读信息、调动和运用知识的方法,增强知识的广度、深度。

【设计意图】

本环节通过自主探究和深度学习激发学生的应用、论证能力。通过小组讨论和问题探究,使学生能够积极为新时代深圳经济特区如何拥有新作为、实现新担当出谋划策,增强学生对国家政策的理解和掌握,很好地培育公民素养。

环节四:筑梦我们共同的家园

【子议题4】

以"传承深圳精神,勇做新时代追梦人"为议题,结合学生生活实际,分析学生在实现中华民族伟大复兴历史征程中的责任,坚定中国特色社会主义共同理想,树立共产主义远大理想。自觉将个人理想信念与中华民族伟大复兴的中国梦结合起来,做新时代的追梦人。

【情境创设】

深圳是一个年轻的城市,要靠青年学子点亮未来希望的灯塔。青年学子要将个人所能与城市所需结合起来,实现兴趣驱动、需求牵引和国家需要有机结合,为深圳新一轮改革开放挥洒青春汗水。风华正茂的青年学子要掌握扎实的学识,进行创新性学习,敢于追踪热点、创造热点,增强能够乘风破浪的"硬核"实力,坚持创知(产生知识)、创新(把知识转化为技术)、创业(把技术和产品转化为财富)。奔跑吧,后浪!深圳未来靠你们,深圳因你们而荣耀,你们也会因深圳的发展而更美好。

【学生活动】

(1)参观访问组小组成员分享参观博物馆、展览馆、纪念馆和观看相关历史剧、文学作品等的活动感悟。

(2)综合组小组成员以"2035年:祖国和我"为主题,进行一次简短的主题演讲活动。

(3)以"献礼深圳经济特区"为主题,开展三行诗书写活动。

问题探究：

(1)深圳经济特区高质量发展需要什么样的人才？

(2)我们应该如何继承深圳精神,做新时代的追梦人？

【教师活动】

教师提前了解学生分享的内容,在学生分享过程中,观察学生的语言表达和综合运用能力。参与主题演讲活动,营造良好的课堂氛围。组织课后三行诗书写活动比赛,对优秀作品进行展示、分享。

【设计意图】

本环节以学生展示活动为主,让学生在活动中学以致用,拓宽学科知识,提升公共参与能力,培育学科素养,增强学生学习的幸福感、获得感。

【板书设计】

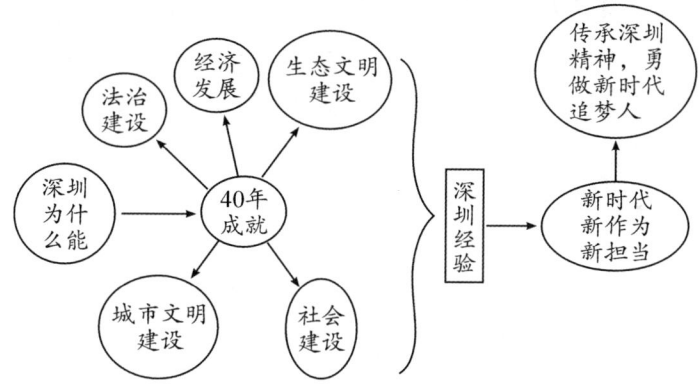

【延伸设计】

推荐阅读

1.《中共深圳市委关于制定深圳市国民经济和社会发展第十四个五年规划和二〇三五年远景目标的建议》。

2.习近平总书记在深圳经济特区建立40周年庆祝大会上的讲话。

"公有制为主体　多种所有制经济共同发展"教学设计

费　兰（江苏省江阴市祝塘中学）

> **议题**：抗疫中的经济制度优势是什么？

【思路框架】

任务线：进行咨询函调查，并做好成果展示的相应准备，让学生感知不同所有制经济成分的区别、作用和完善措施，明白劳动是创造财富的唯一源泉，生产资料是生产关系的基础和核心，也是财富创造的重要条件——结合生活实践，商讨在抗疫过程中，我国为什么要做到水不停、电不停、供暖不停、通讯不停、物资供应不停，相关物资又是从哪里来的——结合视频，查阅资料，从经济学角度探究我国为什么能够"物资供应不停"，把不可能变成一定能，并设置问题：(1)结合视频，谈谈公有制在抗疫中发挥了什么作用？(2)通过调查分析，概括作为"国家队"的国有企业如何才能发挥好"主力军"作用？(3)通过调查访谈，说说身边的非公有制经济有哪些？——观看视频，结合你所了解的民营企业等非公有制经济，商讨发展非公有制经济的重要意义。具体包括：(1)争辩明理，结合"我的就业去向"，说明公有制企业、非公有制企业谁更受欢迎？(2)结合所学知识，商讨应该如何正确看待公有制经济和非公有制经济的关系，以及多种所有制经济共同发展？

情境线：通过视频《全国抗击新冠肺炎疫情表彰大会》，说明人民至上——通过视频《同心战"疫"》说明国家统筹、财政兜底、国企主力军，说明公有制经济与非公有制经济的关系——视频总结，说明我国的经济制度优势。

问题线：为什么"不能停"？（师生对话）——政府如何对症下药，精准施"治"？（小组讨论）——为什么"能不停"？（组际交流）——怎样做到"不停"？（小组代表展示议学成果）——如何正确"看待"？总结并完成表格"公有制经济与非公有制经济的关系"。（以小组为单位交流合作、畅谈）

活动线：课前咨询函，并进行成果展示相应准备——成果展示——师生对话——小组讨论——组际交流——小组代表展示议学成果——以小组为单位交流合作、畅谈。

【基础设计】

(一)教材分析

1.本课地位：本课内容是必修2《经济与社会》第一单元"生产资料所有制与经济体制"第一课"我国的生产资料所有制"第一框的内容。本单元作为本模块的起点，在本书中处于基础性地位，能帮助学生理解我国的基本经济制度与经济体制。本单元知识是全书内容的逻辑起点和理论支撑，我国经济发展与社会进步都依托基本经济制度与经济体制。

2.内容分析："公有制为主体　多种所有制经济共同发展"是高中思想政治必修2《经济与社会》第一课第一框题内容，主要讲述公有制主体地位及其体现、多种所有制经济共同发展。公有制为主体是社会主义初级阶段基本经济制度的根本特征，公有制为主体、多种所有制经济共同发展的基本经济制度是中国特色社会主义制度的重要支柱，体现了中国特色社会主义制度的优越性。本框内容编写尊重学科逻辑。在此课之前，初中八年级下册教材关于"所有制经济的含义和作用"对我国生产资料所有制进行了介绍，高中必修1《中国特色社会主义》第一课对"生产力及生产关系"进行了相关介绍，从而为本框题学习做了必要铺垫。本框教材是在学生已有认知的基础上，侧重从理论及实践层面讲"所有制经济的实施是为什么"，从而与之前所学相衔接，形成比较完整的知识结构，避免了机械重复，做到螺旋式上升。

学习本框内容有利于学生理解和认同我国的生产资料所有制，正确看待不同所有制形式对社会经济发展的影响，培育学科核心素养。

(二)学情分析

高中生处于思想政治学科核心素养形成的特定阶段。一方面，他们不愿意被动地接受他人或既定的观点；另一方面，他们自身又难以完全独立地、全面地形成自己的思想观点，其思想活动和品德形成具有独立性、选择性、可塑性。通过学习帮助学生认同正确的价值观，把握正确的政治方向。从内容上看，本课是对《道德与法治》八年级下册关于生产资料所有制内容的拓展与深化，与初中相关内容共同构成比较完整的知识体系，通过学习可以使学生全面认识社会主义初级阶段的生产资料所有制，认识社会主义市场经济体制的优越性。

（三）教学目标

1.结合案例,通过调查、搜集素材、商讨等活动形式深刻理解人类进行生产活动的必要性,掌握我国生产资料所有制的地位、内容,增强对我国生产资料所有制的认同。

2.学生能列举实例,运用相关原理,说明坚持公有制经济主体地位、发挥国有经济主导作用的必要性和重要性。了解各种所有制经济成分的地位与作用。增强制度自信和爱国热情,弘扬社会主义核心价值观。

3.通过开展学生课前实践、探究活动,培养信息分析、解读能力及小组合作探究能力。对"公有制经济和非公有制经济哪个更受欢迎"进行辨析,明确坚持毫不动摇巩固和发展公有制经济,毫不动摇鼓励、支持、引导非公有制经济发展,培养学生"学习即生活、生活即学习"的思维能力,增强学生科学思维精神。

4.学科素养目标:认同我国的生产资料所有制。正确看待各种所有制经济的地位、作用及相互关系。懂得依法保护各种经济形式的合法地位,依法保护各种合法财产的所有权。通过走访调查,认识发展非公有制经济的意义,积极参与创业、创新。

（四）教学重难点

1.教学重点:我国生产资料所有制内容、依据;坚持公有制为主体、多种所有制经济共同发展的原因。

2.教学难点:公有制主体地位及其体现。

（五）教学方法

议题式教学法、项目式教学法。

【主体设计】

环节一:课前播放音乐《武汉伢》——创设议题情境。

教师:2020年是尤为重要的一年,是"十三五"规划、脱贫攻坚收官之年,也是全面建成小康社会决胜之年。

党的十九届五中全会召开,制定"十四五"规划。2021—2025年是全面建成小康社会、实现第一个百年目标之后趁势而上,开启全面建设社会主义现代化国家新征程、向第二个百年目标进军的第一个五年。

(知识更新)党的十九届四中全会首次将按劳分配为主体、多种分配方式并存和社会主义市场经济体制纳入我国社会主义基本经济制度。我国现阶段的三大基本经济制度:公有制为主体、多种所有制经济共同发展的经济制度;社会主义市场经济体制;按劳分配为主体、多种分配方式并存的分配制度。这标志着我国社会主义基本经济制度更加成熟、更加定型,体现了社会主义基本经济制度不断丰富、完善,增强了道路自信、理论自信、制度自信和文化自信,从实践上有力地促进了我国公有制经济和非公有制经济的快速发展。

环节二:议题引导·明新知

1.总议题:抗疫中的经济制度优势是什么?

2.子议题1:为什么"不能停"?

导入:《全国抗击新冠肺炎疫情表彰大会》片头——人民至上。

学生活动:结合生活实践,商讨在抗疫过程中,我国为什么要做到水不停、电不停、供暖不停、通讯不停、物资供应不停?这些物资又是从哪里来的呢?小组代表展示议学成果。

设计意图:通过"我国为什么要做到水不停、电不停、供暖不停、通讯不停、物资供应不停"的探讨,明确物质资料生产的必要性,引导学生树立正确的劳动生产观念。

议学总结:

(1)人类要生存和发展,就要满足衣食住行等基本生活需要,就必须进行物质资料生产。

(2)物质资料生产离不开人的劳动和生产资料。

(过渡)同学们消费的各种产品、接受的各种服务都离不开劳动者的生产和提供,其中当然少不了爸爸妈妈的劳动,劳动者从事生产、提供服务都离不开生产资料所有制。

(调研成果展示)——"咨询函"

咨询函

(1)父母各自的工作单位全称:_____。

(2)父母所在单位的生产资料分别归_____所有。

(3)父母单位发展的亮点有:_____。

(4)当地政府可以为单位发展做_____。

设计意图:感知不同所有制经济成分的区别、作用和完善措施,明白劳动是创造财富的唯一源泉,生产资料则是生产关系的基础和核心,也是财富创造的重要条件。培养学生政治认同、科学精神和公共参与等学科核心素养,同时帮助学生塑造公民的经济人身份。

3.子议题2:为什么"能不停"?

教师活动:运用多媒体播放《全国抗击新冠肺炎疫情表彰大会》视频——物资供应不停。

学生活动:结合视频,查阅资料,从经济学角度探究我国为什么能够"物资供应不停",把不可能变成一定能?小组代表展示议学成果。

设计意图:引导学生感悟和理解公有制为主体、多种所有制经济共同发展的作用。

议学总结:我国在社会主义初级阶段坚持公有制为主体、多种所有制共同发展的基本经济制度,这一基本经济制度是中国特色社会主义制度的重要支柱,体现了社会主义制度的优越性。

归纳:"生产资料所有制"地位、作用、内容、要求。

环节三:议题引导·攻重难

1.子议题3:怎样做到"不停"?

教师活动:运用多媒体展示议学情境。

视频:(1)《同心战"疫"》——国家统筹、财政兜底、国企主力军。

(2)《同心战"疫"》——民营企业、小型企业。

学生活动:

(1)结合视频,谈谈公有制在抗疫中发挥了什么作用?小组代表展示议学成果。

(2)通过调查分析,概括作为"国家队"的国有企业如何才能发挥好"主力军"作用?

教学目的:突破"为什么坚持以公有制为主体"。

(1)通过调查访谈,说说身边的非公有制经济有哪些?

(2)观看视频,结合你所了解的民营企业等非公有制经济商讨发展非公有制经济的重要意义?

教学目的:突破"为什么坚持多种所有制经济共同发展"。

设计意图:通过分析,了解公有制经济主体地位及其表现,明确非公有制经济的地位、作用。

2.议学总结

(1)以公有制为主体是社会主义初级阶段基本经济制度的根本特征,是促进生产力发展的根本要求,是实现共同富裕的基本前提。

（2）国有经济起主导作用，主要体现在控制力上。对关系国民经济命脉的重要行业和关键领域，国有经济必须占支配地位。

3.突破核心：完成表格"公有制的主体地位和国有经济的主导作用"。

（1）非公有制经济是社会主义市场经济的重要组成部分。

（2）非公有制经济不断发展壮大，成为稳定经济增长和改善民生的重要力量、创业就业的主要领域、技术创新的重要载体、国家税收的重要来源，为我国社会主义市场经济发展、政府职能转变、农村富余劳动力转移、国际市场开拓等发挥了重要作用。

环节四：议题引导·促提升

1.子议题4：如何正确看待"我"的就业去向？

学生活动：争辩明理，结合"我的就业去向"，说明公有制企业、非公有制企业谁更受欢迎？

（要求：独立思考、记录方案，以小组为单位交流合作、畅谈）

教师角色：点评学生的就业志愿，综合评价公有制和非公有制发展现状和利弊，引导学生得出我国各种所有制经济成分的地位与作用，并最终完成表格的全部知识建构。

学生活动：结合所学知识，商讨应该如何正确看待公有制经济和非公有制经济的关系，以及多种所有制经济共同发展？

总结：完成表格"公有制经济与非公有制经济的关系"。

设计意图：通过对公有制经济和非公有制经济关系的辨析，增强学生科学精神。

2.议学总结

（1）在社会主义初级阶段，公有制经济与非公有制经济相辅相成、相得益彰、共同发展，统一于社会主义现代化建设进程之中。

（2）多种所有制经济共同发展，有利于发挥各种所有制的长处，调动不同经济主体的积极性和创造性，有效利用各方面的资源，取长补短，激发社会主义市场经济活力，推动经济持续健康发展。

环节五：自主小结·建体系

1.视频总结：《同心战"疫"》——经济制度优势。

2.本课总结：实践证明，我国的生产资料所有制是由生产力发展状况决定的，与社会主义初级阶段的基本国情相适应，是中国特色社会主义制度的重要支柱,也是社会主义市场经济体制的根基。

新时代坚持和发展中国特色社会主义,必须坚持和完善我国生产资料所有制,毫不动摇巩固和发展公有制经济,毫不动摇鼓励、支持、引导非公有制经济发展。我国经济发展进入新时代,必须以习近平新时代中国特色社会主义经济思想为科学指引,推动我国经济发展。坚定中国特色社会主义道路自信、理论自信、制度自信、文化自信,参与现代化建设,有自己、家乡和国家一荣俱荣、一兴俱兴的家国情怀,一起凝心聚力为实现中国梦而奋斗。

【板书设计】

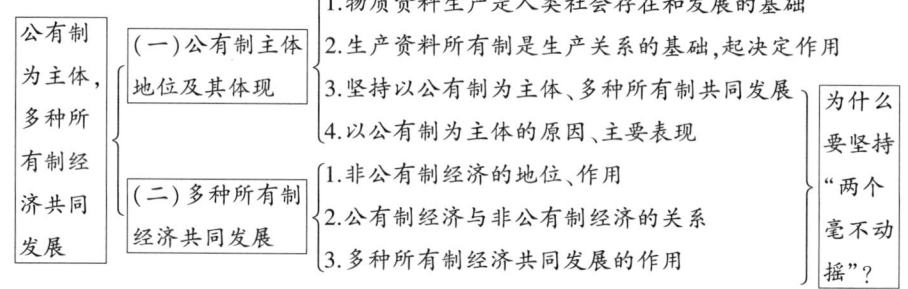

【延伸设计】

(一)思考题

课后以学习小组为单位,选择我市一家民营企业调查研究。结合本课知识,了解该企业享受何种扶持政策,该企业对我市的经济社会做出哪些贡献,并撰写调查报告。

(二)推荐阅读

1.亚当·斯密:《国富论》。

2.吴晓波:《激荡三十年》。

3.周其仁:《真实世界的经济学》。

4.张五常:《中国的经济制度》。

5.曼昆:《经济学基础》。

"公有制为主体 多种所有制经济共同发展"教学设计

陈亚萍(江苏省靖江高级中学)

议题:为什么要坚持"两个毫不动摇"?

【思路框架】

任务线:由描述与比较—解释与论证—选择与预测—辨析与评价组成,引导学生进行学科知识的理解、应用、迁移。

情境线:学生一天所能享受的产品和服务来自何种类型的经济—学生分享不同类型的企业—江苏非公有制经济的发展情况—民营企业的发展情况。

活动线:由课前调查—探索发现—分享感悟—质疑提升四部分组成。

问题线:我心中的国有企业—集体经济的作用—非公有制经济的地位和作用—是否可以放弃公有制主体地位或清场私营经济。

【基础设计】

(一)教材分析

《经济与社会》第一课"我国的生产资料所有制"由"公有制为主体 多种所有制经济共同发展"和"坚持'两个毫不动摇'"两个框题构成。从逻辑上看,第一框题侧重讲"为什么要坚持两个'毫不动摇'",第二框题侧重讲"如何坚持'两个毫不动摇'"。两个框题是承前启后的关系。本框内容由"公有制的主体地位及其体现""多种所有制经济共同发展"两目构成,前者讲公有制主体地位的体现和为什么要坚持公有制的主体地位,后者讲非公有制的存在形式、地位和作用,以及公有制与非公有制的关系。

(二)学情分析

高一年级的学生是"00后",是享受着改革开放成果长大的一代。通过初中阶段历史和政治课程的学习,他们对基本经济制度已经积累了一定的感性和理性认知。但是由于缺乏理解基本经济制度的生活经验和足够的辩证思维、历史思维,学生难以真正领悟"为什么要坚持两个'毫不动摇'",对中国特色社会主义经济制度的政治认同有待进一步提升,与祖国同行、与人民同在的担当意识有待进一步激发。

(三)教学目标

通过列举"学生一天中享受的产品和服务",让学生从生活出发了解各种经济成分,并在现实生活中区分各种经济成分,激发学生兴趣,提高科学分析经济现象的能力;引导学生从本地资源出发,切身体会、感悟国有企业、国有经济的作用,集体经济对农村经济发展的作用,非公有制经济的作用。通过"质疑提升",让学生在思维冲突中理解公有制的主体地位,认同要毫不动摇巩固和发展公有制经济;公平公正地对待公有制和非公有制的作用,遵纪守法,毫不动摇鼓励、支持和引导非公有制经济的发展。

(四)教学策略选择与设计

1.教学设计理念

本课在教学设计上重新建构教学内容,让思维逻辑更通畅,遵循"是什么、为什么、怎么做"的认知规律。在情境创设和活动安排上,试图摒弃空洞说教,让学生从生活感悟中得出结论,从而增强政治认同感。对于本课的重点和难点,让学生在思维碰撞中感悟制度的正确性、道路的规律性,从而增强制度自信和培养科学精神。

2.教学策略

(1)课前调查活动:教师引导学生关注生活、关注家国大事,培养家国情怀,做好学习准备。

(2)课上通过交流分享、问题探究等活动,激发学习兴趣,实现知识性与价值性的统一;通过课题思辨,实现建设性与批判性的统一,增强对"两个毫不动摇"的认同感及投身社会主义现代化建设的使命感。

(3)课后延伸活动:通过知识讲座、社会调查等形式,走进国有企业,拉近国企与学生之间的距离,增强亲历感,实现理论性与实践性的统一。

(五)教学重点与难点

1.教学重点:为什么要坚持"两个毫不动摇"。

2.教学难点:公有制主体地位的体现。

【主体设计】

(一)资料搜集与准备

第一组——国企组

搜集国企对国家贡献的资料,选择某个感人的瞬间拍成短片,分享他们最难忘的故事。

【提示与要求】

1.挖掘、分享国庆阅兵保障服务过程中某个感人故事。

2.在"感动宿迁"人物中选择来自国有企业的基层代表。

3.请为短片取一个名字。

第二组——魅力乡村组

说一说家乡某个村庄脱贫致富的故事。

【提示与要求】

1.结合自己的观察,从农民脱贫、乡村环境、公共设施等方面选取素材。

2.从地方新闻、政府工作报告中发掘素材。

3.讲述集体经济或公有制在农村发展中的作用。

第三组——非公有制经济组

探寻非公有制经济在国家经济发展、人民生活改善方面的作用。

【提示与要求】

1.选择某个典型的企业,挖掘企业背后的感人故事。

2.请为短片取一个名字。

第四组——评选组

1.感人指数10分;2.理论切合度10分;3.共鸣度10分。

(二)自主梳理

1.我国的生产资料所有制的基本内容。

2.公有制经济的组成、地位、作用。

3.非公有制经济的组成、地位、作用。

(三)重点理解与应用

[总议题]为什么要坚持"两个毫不动摇"?

活动一:探索发现

[问题1]您一天享受的产品或服务来自什么类型的经济?

学生交流:您的一天都享受了哪些产品或服务,这些产品或服务分别由什么所有制经济的劳动者提供?完成下表。

表1 一天中享受的产品或服务及其经济类型

产品或服务	提供者	所有制形式

教师引导学生归纳提升:

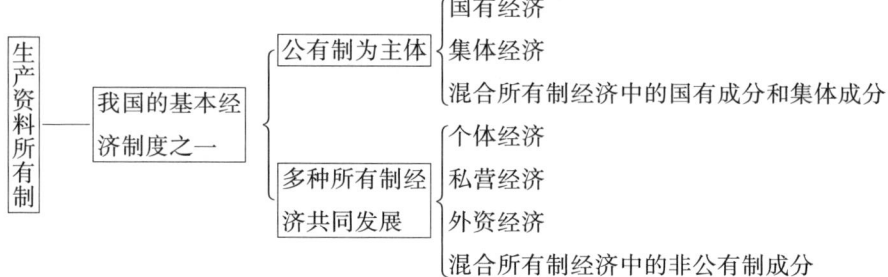

[设计意图]挖掘本地资源,拉近其与学生之间的距离,让学生感性了解公有制经济和非公有制经济的存在形式,并学会辨别两者之间的异同。

活动二:分享感悟

[问题2]学生分享的企业所对应所有制经济的地位和作用是什么?

[活动任务]

国企组、魅力乡村组、非公有制经济组分享故事,评审组按照感人指数10分、理论切合度10分、共鸣度10分进行评选。

一组分享,其他组思考所对应所有制经济的地位和作用并将之写在纸上,准备发言。

(1)国企组

边听边思:根据分享,请以"我心中的国有企业"为主题写一篇短文,要求150字左右。

学生深情朗诵短文,教师总结。

地位:国有企业是国有经济最主要的实现形式,是中国特色社会主义重要的物质基础和政治基础。

作用:是推进国家现代化、保障人民共同利益的重要力量,是中国共产党执政兴国的重要支柱和依靠力量。

学生获取和解读图表信息,并归纳国有经济的地位和作用。

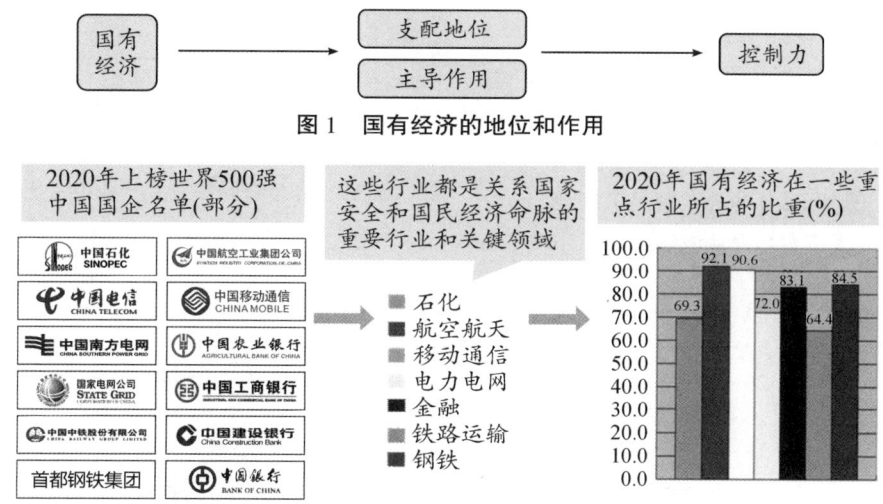

图1 国有经济的地位和作用

（2）魅力乡村组

就集体经济在农村脱贫致富过程中的作用撰写一句宣传标语。

学生交流。

（3）非公有制经济组

总结非公有制经济的地位和作用。

归纳:改革开放以来,非公有制经济不断发展壮大,成为稳定经济增长和改善民生的重要力量、创业就业的主要领域、国家税收的重要来源、技术创新的重要主体,为社会主义市场经济发展、政府职能转变、农村富余劳动力转移、国际市场开拓发挥了重要作用。

[设计意图]培养学生对国有企业的感情。学生在亲历调查过程中感悟国企人默默无私的奉献,感受国企人为满足我们美好生活需要所做出的努力,从而相信国有企业、热爱国有企业,感悟国有经济的作用,形成政治认同。将来进入社会,积极参与国有企业改革,坚持制度自信。通过国企组和魅力乡村组的分享,让学生体会公有制的优越性。用身边事例培养亲近感。

（四）重点迁移

活动三:质疑提升

[问题3]我国还是以公有制为主体的国家吗？为什么？

[情境]2018年江苏非公有制经济的发展情况。

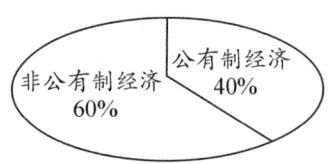

图2 江苏非公有制经济在全省生产总值中的比重

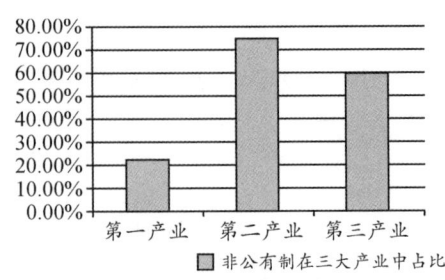

图3 江苏省非公有制在三大产业中占比

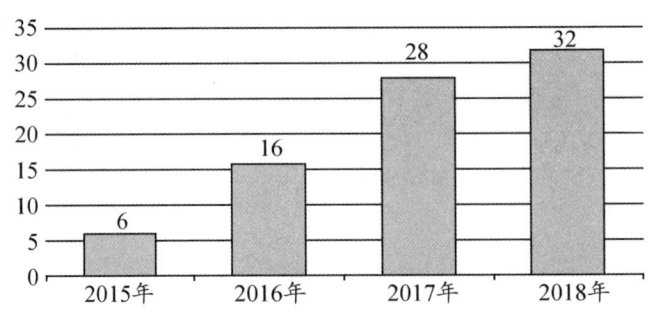

图4 2015—2018年我国民营企业入围世界500强的情况

2018年,全社会投资中的民营企业、民间投资已经占60%以上。特别是在制造业投资中,国内民营企业已经占到77.2%,成为名副其实的制造业投资大军。私有制经济比重还在继续上升,向电力、铁路、邮电、航空乃至国防工业等重要部门扩展。

学生活动:持不同观点的学生进行辩论,最后总结出公有制经济地位的体现。

[情境]

观点一:2018年9月,有人撰文指出,私营经济的任务是"协助公有制经济实现跨越式发展",目前已初步完成,应该逐步离场。

观点二:针对国有企业存在产权不清晰、国有资产流失、管理不到位、人才不稳定等问题,有人提出,要激发国有企业的活力、增强竞争力,必须搞私有化,放弃公有制经济的主体地位。

请阐述你的观点。

讨论提纲:(1)中国的国有企业能不能私有化?为什么?

(2)公有制经济的主体地位能放弃吗?为什么?

(3)私营经济会不会离场？能不能离场？

(4)公有制经济与非公有制经济是不是"你进我退、相互排斥"的关系？

学生感悟：(1)任何时候，都要毫不动摇巩固和发展公有制经济。

(2)任何时候，都要毫不动摇鼓励支持和引导非公有制经济发展。

(3)公有制经济和非公有制经济并不是此消彼长、相互排斥的关系，而是相辅相成、相得益彰、共同发展的关系。

4.各种所有制经济可以通过混合所有制经济相互融合。

[设计意图]在学生思维冲突中形成对知识的理解和认同。教师通过设置私营经济不断扩展的情境，解构原有认知，通过问题讨论激活学生思维，让他们做知识的探究者和真理的信仰者。

【板书设计】

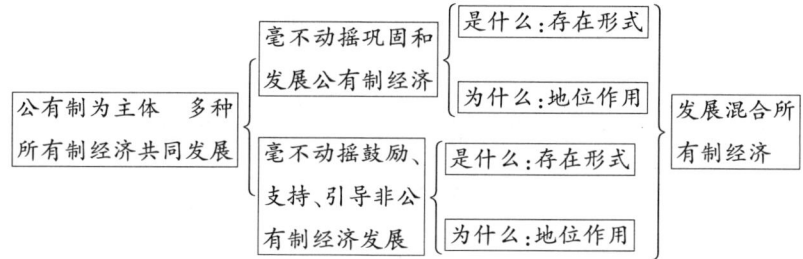

【延伸设计】

(一) 思考题

1.开展问卷调查或访谈，了解各种所有制形式对经济发展和提高人民生活水平的作用。

2.通过查阅资料，了解国有企业混合所有制改革的必要性和重要性，为下一课的学习做准备。

(二) 推荐阅读

路风：《光变：一个企业及其工业史》。

"坚持'两个毫不动摇'"教学设计

王　斌（甘肃省兰州市兰州新区舟曲中学）

> **议题：**透过中国经济奇迹思考公有制经济与非公有制经济如何相辅相成、相得益彰地发展？

【思路框架】

议题线：本节课围绕"透过中国经济奇迹思考公有制经济与非公有制经济如何相辅相成、相得益彰地发展"总议题，通过议题描述—议题辩论—议题决策—议题追问展开教学。

情境线：致敬！100位改革先锋的40年—国企改革深化过程中"国退民进"与"国进民退"的担忧—公有制经济发展相关视频—为什么要发展混合所有制经济相关视频。

问题线：不同所有制经济的贡献—你赞同"国退民进"还是"国进民退"—如何分别促进国有经济、集体经济、民营经济的发展—发展混合所有制经济的意义。

任务线：资料搜寻、分享—观点商议、辩驳—商议、分享—商议、展示。

【基础设计】

(一)教材分析

1.本课地位：本课是新教材必修2《经济与社会》第一单元"基本经济制度与经济体制"中第一课"我国的基本经济制度"第二框的内容，是对如何坚持"两个毫不动摇"的具体阐释。

2.本课内容：我国的所有制与分配制度、市场经济制度共同构成了我国的基本经济制度，本框"坚持'两个毫不动摇'"在全书起着承上启下的作用。本框题围绕"两个毫不动摇"，即通过探索如何毫不动摇巩固和发展公有制经济，如何毫不动摇鼓励、支持、引导非公有制经济发展，做好这两点就是坚持和完善我国基本经济制度。

(二)学情分析

1.情智特征:我校既有来自偏远山区的学生,也有来自省会城市的学生,学生的表达能力、思维广度与深度等差异较大,需要借助小组合作学习方式发挥各自优势,形成学习共同体,实现共同进步。

2.认知结构:学生在初中道德与法治课中已经学习我国基本经济制度的基本内容,对公有制经济和非公有制经济有一定的了解,但对我国该如何坚持"两个毫不动摇"的理解还有一定难度。本节课通过议题式教学法,使学生深入学习我国该如何坚持"两个毫不动摇"。

(三)教学目标

通过学习本课知识,掌握"两个毫不动摇"的内容,理解坚持"两个毫不动摇"的措施,能够辨识与判断国家发展不同所有制经济的措施,认同我国社会主义初级阶段的基本经济制度;通过感悟我国几十年经济社会发生的重大变化,逐步增强经济制度自信和理论自信;通过比较国家发展国有经济、集体经济和非公有制经济措施的不同之处,提升辩证思维能力;通过对改革开放成果的展示,使学生学会运用历史唯物主义观点分析现象、把握规律,增强中国特色社会主义的制度自信和理论自信,感知中国特色社会主义的制度优势。

(四)教学重难点

1.教学重点:发展、壮大公有制经济的措施,发展非公有制经济的措施。

2.教学难点:为什么要发展混合所有制经济。

(五)教学方法

议题式教学法、小组合作法。

【主体设计】

(一)资料搜集与准备

将全班学生分为三组,从国有经济、集体经济、非公有制经济角度选出100位改革先锋中的代表人物,搜集该企业所代表的所有制经济在改革开放以来对我国经济发展做出的贡献。

(二) 自主梳理

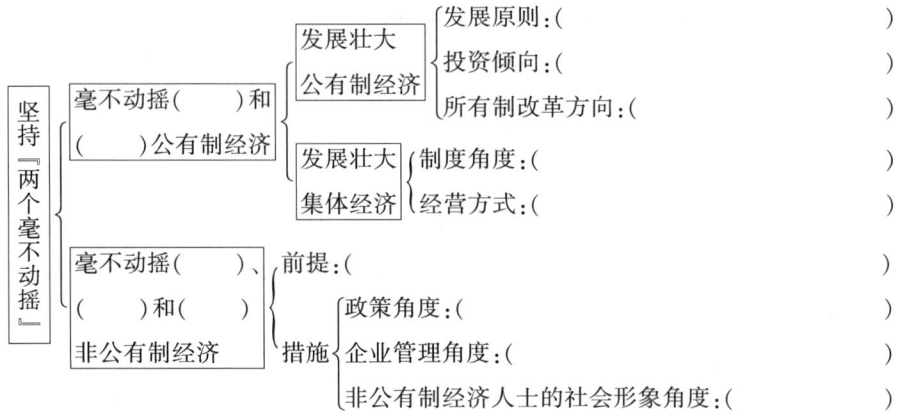

(三) 重点理解与应用

情境导入:党的十九大报告中提到,必须坚持和完善我国社会主义基本经济制度,毫不动摇巩固和发展公有制经济,毫不动摇鼓励、支持和引导非公有制经济。习近平总书记在民营企业座谈会上说:"非公有制经济在我国经济社会发展中的地位和作用没有变!我们毫不动摇鼓励、支持、引导非公有制经济发展的方针政策没有变!我们致力于为非公有制经济发展营造良好环境和提供更多机会的方针政策没有变!"正是坚持"两个毫不动摇",我们国家在改革开放中才创造了伟大的奇迹。那么,该如何坚持"两个毫不动摇",如何实现公有制经济和非公有制经济相辅相成、相得益彰地发展是本节课要探索的内容。

[总议题]透过中国经济奇迹思考公有制经济与非公有制经济如何相辅相成、相得益彰地发展?

环节一:议题描述——从国有经济、集体经济、非公有制经济角度选出100位改革先锋中的代表人物,搜集该企业所代表的所有制经济在改革开放以来对我国经济发展做出的贡献。

[议题情境]播放视频《致敬!这就是100位改革先锋的40年》。

[议学活动]小组合作查找资料,每组用时3分钟,描述不同所有制经济的贡献。

设计意图:学生通过小组合作查找资料,分辨不同所有制经济,找出不同所有制经济的代表人物,提炼我国不同所有制经济对改革开放的贡献。

[议学提示]国有经济中做出重大贡献的代表人物:王启民、叶聪、刘汉章、

许立荣、孙永才等;集体经济中做出重大贡献的代表人物:小岗村"大包干"带头人、杜润生、步鑫生等;非公有制经济中做出重大贡献代表人物:马万祺、马化腾、王永民、刘永好、李书福、李彦宏、何享健、南存辉、柳传志、曾宪梓等。

环节二:议题辩论——对"国退民进论"和"国进民退论"展开辩驳。

[议题情境]在国企改革深化过程中,有较长一段时间呈现"国退民进"现象:微观层面,国有资本通过产权转让退出大量中小企业;宏观层面,国有企业在竞争性行业比重迅速下降。有人肯定,认为民营企业效率较国有企业高,上述现象是市场化改革的必然结果。有人质疑,担忧存在国有资产流失现象,强调国有企业也可以提高效率,在社会经济发展过程中发挥更大作用。2008年以来,国有企业整体利润得到提高,在部分行业领域呈扩张性态势,一些央企通过并购重组规模迅速扩大。有人认为,这是国企改革提高企业效率的结果。但也有人担心,国有企业在上游行业拥有垄断地位,在竞争性行业又具备资金优势与政策倾斜,与民营企业的竞争具有不平等性,由此出现"国进民退"的现象。

[议学活动]请就"国退民进论"和"国进民退论"展开辩驳。

设计意图:通过对"国退民进论"和"民进国退论"观点的辩驳,明晰我国公有制经济和非公有制经济要相辅相成、相得益彰。

[议学提示]"国进民退论"和"国退民进论"观点都体现了"公私对立"的思维定式,因而可以从理论与实践两个层面对这两种观点进行辩驳,即从我国所有制经济政策发展及改革开放以来不同所有制经济所取得的成就中,体现公有制经济与非公有制经济应该相辅相成、相得益彰,而不是相互排斥、相互抵消。

(四)重点迁移

环节三:议题决策

1.国有经济该如何做好排头兵?

2.如何壮大集体经济?

3.如何促进民营经济持续健康发展?

[议学情境]

1.《国企备忘录》第四集"血脉相连"视频片段。

2.《稳定的土地承包为啥很重要》视频。

3.《民营企业在中国经济发展中究竟有多重要》视频。

[议学活动]三个小组借助平板观看不同的学习资源,借助网络资源讨论完

成本小组议题。

设计意图:学生借助视频资源和网络资料,自主寻找不同所有制经济该如何发展的措施。此活动将议题式教学与智慧平板教学相融合,更好地实现分层教学,在有限的教学时间内更有效地实现教学目标。

[议学提示]

1.国有经济如何做好排头兵?可以从发展原则、投资倾向、所有制改革方向等角度思考。

2.如何壮大集体经济?可以从制度改革与经营方式转变等角度思考。

3.如何促进民营经济持续健康发展?可以从政策、企业管理、非公有制经济人士社会形象等角度思考。

环节四:议题追问——为什么要发展混合所有制。

[议题情境]观看视频《为什么要发展混合所有制》。

[议学活动]观看视频,思考混合所有制经济对推进我国经济高质量发展的意义。

[议学提示]国有资本、集体资本、非公有资本等交叉持股的混合所有制经济是当前及今后相当长一段时期内基本经济制度的重要实现形式,可以实现国有经济与民营经济在深层次上的融合,其健康发展有利于进一步巩固和完善我国的基本经济制度,有利于国有资本放大功能、保值增值、提高竞争力,巩固我国公有制经济的主体地位,处理好市场与政府的关系。

设计意图:学生通过对混合所有制经济的了解,感受我国的制度创新、理论创新,树立坚定的制度自信和理论自信。

[课堂小结]

公有制经济和非公有制经济犹如鸟之两翼、车之两轮,缺一不可。两翼协调振动,中国经济才能飞得高;两轮一体前行,中国经济才能走得远。公有制经济与非公有制经济协同发展能让一切创造社会财富的源泉充分涌流,不断激发全社会的创造力和发展活力,为推动高质量发展提供强劲动力。

中国经济不是一个小池塘,而是一片汪洋大海,有着兼容百川的宽广胸襟和激浊扬清的强大力量。我们有理由相信,在中国特色社会主义制度的光辉照耀下,中国经济大海的浪潮澎湃奔涌,必将冲破绝壁的阻挡夺隘而出,奔向更加辽阔、更加壮美的海域。

——摘自《中国制度面对面》

【板书设计】

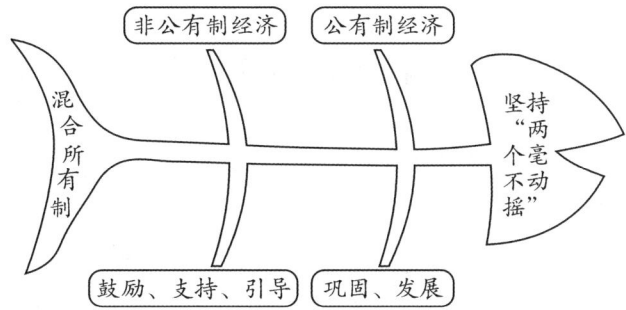

【延伸设计】

(一)思考题

1.(选择题)习近平总书记在民营企业座谈会上提出,民营经济是社会主义市场经济发展的重要成果,是推动社会主义市场经济发展的重要力量,是推进供给侧结构性改革、推动高质量发展、建设现代化经济体系的重要主体,也是我们党长期执政、团结带领全国人民实现"两个一百年"奋斗目标和中华民族伟大复兴的中国梦的重要力量。根据上述材料,可知(C)

①非公有制经济已经成为社会主义经济的重要组成部分
②保证各种所有制经济公开、公平、公正参与市场竞争
③各种所有制经济在国民经济中的地位实现了平等
④民营经济的发展能有效激发市场活力

A.①④　　　　B.②③　　　　C.②④　　　　D.①③

2.(主观题)每个小组为所选的先锋人物撰写一份颁奖词。

(二)推荐阅读

1.习近平在民营企业座谈会上的讲话。

2.中央宣传部理论局:《中国制度面对面》。

"使市场在资源配置中起决定性作用"教学设计

郑水莲(河北衡水中学)

议题:从"口罩之困"看市场配置资源的决定作用。

【思路框架】

本节课以疫情中口罩市场变化情况为背景,围绕"从口罩之困看市场配置资源的决定作用"这一核心议题展开,以"点赞:跨行增产解困局""探索:创办企业有难题""思辨:真假口罩惹争议""展望:饱和转行提建议"四个子议题为依托,引导学生进行深度思考、合作探究,逐步了解市场发挥作用的机制、市场的优点和局限性,以及如何完善市场体系,论证把社会主义市场经济体制的优点和社会主义的优越性结合起来是适合我国国情的必然选择。

本课以议题式教学为主要方式,议题、情境、活动和任务四个要素形成如下四条线。

议题线:由"议题描述—议题决策—议题论证—议学延伸"四个环节组成,每个环节由一个子议题引领,使议题贯穿教学过程。

情境线:由"跨行增产—创办企业—企业运行—企业转产"组成,为"议中学"提供载体。

活动线:由"描述和理解—决策和运用—辨析和运用—决策和迁移"组成,为"议中学"开辟路径。

任务线:由"描述市场发挥作用的过程和优点—创办企业需要的条件和策略—市场弊端的认识与举例—企业转产的方案和展望"组成。

本课架构模型如图1所示:

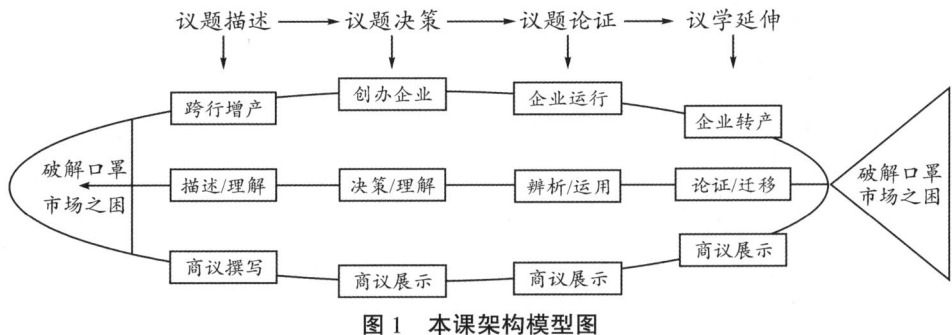

图1 本课架构模型图

【基础设计】

（一）教材分析

1.本课地位：本框是必修2《经济与社会》第一单元"基本经济制度与经济体制"中第二课"我国的社会主义市场经济体制"第一框的内容。本框和下一框共同阐述我国社会主义市场经济体制。党的十九届四中全会把社会主义市场经济体制上升为基本经济制度，体现了我们党对社会主义市场经济规律认识的深化。经济体制改革是全面深化改革的重点，核心问题是处理好政府和市场的关系，也是我们党对所有制结构、分配方式和经济体制改革目标及其内在联系的认识和深化。前两者是社会主义市场经济体制建立健全的前提和基础，又要通过社会主义市场经济体制的完善实现。三项基本经济制度紧密结合、相互促进。因此，本框内容承担着承上启下的重要任务，对理解我国当前全面深化改革、推进经济高质量发展有重要意义。

本框题在第一课"我国的基本经济制度"基础上，重点介绍市场经济的一般性理论。通过学习本框题，使学生初步明白市场机制发挥作用的机理、市场配置资源的优点和缺陷、如何建设现代市场体系，让学生对市场经济的运行规律有宏观的、初步的认识。上好本框题，有助于学生进一步了解社会主义市场经济的基本特征，理解政府经济职能发挥的必要性，正确认识社会主义市场经济发展中的一系列问题，为下一框题"更好发挥政府作用"学习奠定基础。

2.内容分析：本框内容共安排三目。

第一目"市场调节"，介绍资源配置的必要性、计划与市场是配置资源的两种基本手段、市场在资源配置中怎样发挥作用、市场的优点及其在我国资源配置中地位的发展变化。

第二目"市场体系"，介绍市场体系的含义，指出市场体系建设中存在的问题,说明建设现代化市场体系的必要性和主要措施。

第三目"市场缺陷",说明市场调节局限性和单纯市场调节带来的后果,明确不能完全依靠市场调节进行资源配置。

(二)学情分析

1.学生心智特征分析:本阶段学生独立思考能力不断增强,通过必修1的学习,初步具备由现象到本质、由具体到抽象的思维品质。他们关心国家大事和身边社会生活,对市场经济运行中的现象和问题有一些观察,要充分调动学生的这种主动性。学生对市场经济的了解限于局部现象。本节课涉及专业理论较多,与国家政策发展联系紧密,理解起来比较困难。从学生思想实际看,学生开始思考一些为人处世的问题。因此,结合本课内容,可教育学生树立尊法学法懂法守法用法观念,培养学生诚信为本、操守为重的良好品行。

2.学生已有知识经验分析:从知识方面看,学生在必修1《中国特色社会主义》中了解了我国社会主义市场经济体制发展的历程,但对市场经济运行规律没有进行系统、深入的学习。通过第一单元的学习,学生对我国所有制有一定了解,经过一定理性思维训练,有条件也有必要对我国市场经济运行体制进行深入了解。学生对这一框题内容有所接触,但知之不深,会产生一种深入求知的欲望。这些问题抽象、综合性强、理解难度大,教学要以现实生活为基础,贴近生活、贴近学生、贴近社会。

(三)教学目标

1.通过真实情境理解市场配置资源的机制,提升解读信息和用专业术语表达自己观点的能力,认识市场在资源配置中的巨大作用。

2.通过比较分析,辩证看待市场配置资源的优点和局限性,明确市场配置资源的优点是主要方面,局限性是次要方面,科学认识市场和宏观调控在资源配置中具有的作用,提升思辨、合作探究的能力,逐步增强制度自信、理论自信。

3.通过生活实例体悟国家建设市场体系的原因和措施,提高推理与论证、探究与建构的能力,从而深刻认识市场经济是法治经济,市场参与主体要遵守法律,树立诚信观念。

(四)教学重难点

1.教学重点:市场配置资源的优势及局限性。

2.教学难点:如何建设统一开放、竞争有序的现代市场体系。

(五)教学方法

议题式教学、启发式教学、情境探究、合作探究、讲授式教学法。

【主体设计】

议题:从"口罩之困"看市场在配置资源中的决定作用。

情境导入:随着新冠肺炎疫情在全国蔓延,口罩等防疫用品需求大增,出现供不应求的局面。加上临近春节,很多工厂停工,加剧了"一罩难求"的形势,口罩价格更是一路狂飙。

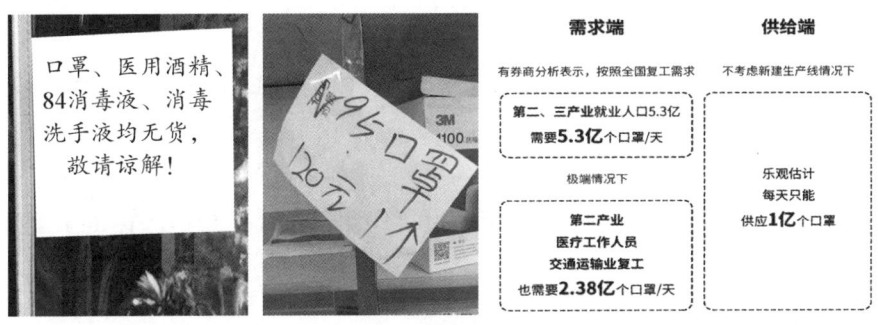

图2　口罩供需状况

环节一:点赞——跨行增产解困局

[学科概念]市场机制、市场优点。

[议题情境]口罩市场从供不应求、价格暴涨到大量企业进入加大供应的过程。非口罩生产商也都加入口罩生产行列。

为了破解口罩之困,上汽通用五菱汽车、中石化、比亚迪、富士康、水星家纺、雅戈尔等很多非口罩生产商也都加入口罩生产行列。数据显示,自2020年1月1日至2月7日,全国有超过3000家企业的经营范围新增"口罩、防护服"等业务。在各企业跨界支援下,2月底我国口罩产能从每天2000万只扩大到每天1.8亿只,同比增长800%!

图3　汽车企业加入口罩生产行列

[议学活动]

任务1:请概括上述口罩市场变化中市场如何发挥作用？可以用文字或流程图表示。

任务2:这就是市场的神奇之处。历史上很多经济学家都不吝啬于对市场的赞美。亚当·斯密认为,市场像一只看不见的手调节市场主体的活动。经济人的本意都是追逐自己的利益,结果却更有效地推动社会利益。请你给"市场"写一段颁奖词,字数在100字左右。

[设计意图]

任务1:通过结构化情境设置,参考2014年高考全国文综卷Ⅰ第38题第(2)问命题思路,引导学生思考价格、供求、竞争如何相互作用,最终促进资源合理配置。

任务2:通过拟人化手法,让学生通过写颁奖词方式发现市场在资源配置中的作用。

[答案提示]

任务1:市场发挥作用的过程:口罩需求增加—供不应求—价格上涨—买者竞争—供给增加(将来可能还会继续出现:供过于求—价格下降—卖者竞争)。在这个过程中,价格、供求、竞争相互作用,即市场机制。

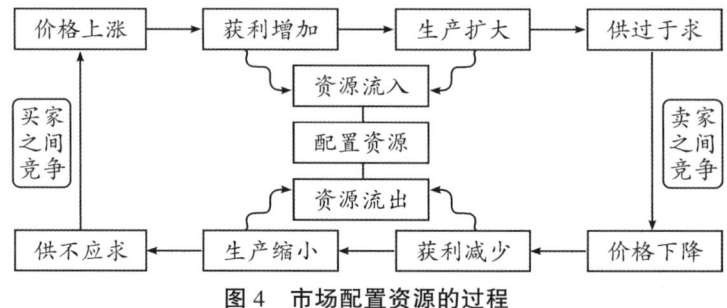

图4 市场配置资源的过程

任务2:答案略。提示:颁奖词的写法首先要点明人物的光辉事迹,即从大处着眼,抓住人物最主要的、令人钦佩的事迹简要概述,概述时一定要做到大写意。而给"市场"写颁奖词其实就是把市场当作典型人物写市场的优点。

环节二:探索——创办企业有难题

[学科概念]市场体系、市场规则。

[议题情境]教师听说口罩市场有利可图也想带领同学们创办一个口罩厂。

[议学活动]把学生分为两组同步解决不同问题,展开竞争,对表现好的小

组给予加分奖励。

A 战略筹备组:请你们帮教师策划,开办一个口罩厂需要准备什么?并为口罩厂制订经营策略。

B 产品营销组:请你们帮助公司解决下列运营中的问题。

(1)某地方为保护本地产品,对"外来客"在检疫和收费时抬高门槛。

(2)某大企业控制市场价格,挤压小企业的生存空间。

(3)公司注册商标被某企业冒用,给公司声誉带来负面影响。

[设计意图]通过设立口罩厂活动激发学生参与热情,引导学生根据自己的生活经验回答大部分问题。教师总结时,可以自然而然地引导到市场体系的类型和基本要素。通过模拟公司运营中遇到的问题,引导学生认识市场体系的重要性,并深入思考国家应如何完善市场体系,提升学生合作探究解决具体问题的能力。

[答案提示]

战略筹备组:办理口罩厂需要许可证(生产许可证、医疗器械注册证和食药监局颁发的许可证)、无菌生产车间(土地、厂房)、原材料(无纺布、熔布、挂耳和金属压条等)、口罩机、劳动力、启动资金等。经营策略要多样,如,生产专门针对婴幼儿的口罩,尺寸选择多、口罩印花充满童趣,引导小宝宝做好防护。再如,洗手液和口罩捆绑销售,单只购买原价,一包起购半价。(列举反面例子,正确引导学生遵守市场规则、诚信经营)

产品营销组:问题(1)是地方保护主义的表现;问题(2)是垄断的表现,都属于不正当竞争,需要政府完善公平竞争制度;问题(3)属于不诚信的表现,应该建立社会征信制度,褒扬诚信、惩戒失信。国家应建立统一、开放、竞争、有序的市场体系,建立公平、公开、透明的市场规则。

环节三:思辨——真假口罩惹争议

[学科概念]市场缺陷

[议题情境]随着市场供应充分,口罩市场饱和,我们的口罩厂经营艰难。本地出现个别生产假口罩的案件,工商部门依法对全市口罩生产企业资质展开调查。对此,学生中出现两种不同的声音。

正方:干得好!市场调节不是万能的,国家应该继续加大整顿力度。

反方:市场经济运行中出现一些问题是正常的,政府不应该过度干预企业正常生产。

[议学活动]你认同上述哪种观点？请举例并说明理由。

[设计意图]市场与政府的关系一直是经济学探讨的重大问题。通过辩论能让学生更加清楚地认识市场和宏观调控各自的优劣所在，增强对社会主义市场经济体制的认同。本环节为了丰富学生对市场调节弊端的感性认识，在活动设计上采取举例论证方式，引导学生从不同角度充分认识市场调节中"不能调""调不好""单纯市场调节的后果"等问题。

[答案提示]

正方观点：经济学家李嘉图认为，"商品价格的波动使资本恰好按照必要的数量运行，在没有政府干预时，农业、商业和制造业最为繁荣，需要国家做的全部事情就是避免一切干预。"因此，能让市场发挥作用的尽量让市场发挥作用，国家不应管得过多。比如，在定价环节，我国就规定凡是能由市场形成的都交给市场，政府不能进行不当干预。

反方观点：有一些产品不能依靠市场供应，必须由国家宏观调控。如枪支弹药类危险品，如果完全由市场配置不利于国家安全、人民生活安定，也不利于经济健康发展。世界上大多数国家持枪是非法的，但有二十多个国家允许人们合法持有枪支。例如，美国每年大约有10万人无辜遭到枪击，有3万多人被枪打死，平均每天死在枪口下的无辜者近百人。路透社2006年报道称，每年丧命枪口的美国人高达3万，这一数据意味着每天有82人死于枪下。

环节四：展望——饱和转行提建议

[议题情境]2020年下半年起，我国新冠肺炎疫情得到有效控制，口罩价格开始降低，零售价格最低降至每个0.25元，而口罩厂的批发价格也已跌到每个0.1元。一些口罩生产厂也因此损失惨重。口罩和呼吸机等防疫物资生产企业可能会面临市场饱和的难题。

[议学活动]请为口罩厂设计转型方案。

[设计意图]本议题作为本节课的议学延伸，引导学生对所学知识活学活用，迁移到其他生活场景，有利于学生课后深度思考整合知识、提升关键能力、生成核心素养。

[答案提示]口罩的主要原材料是无纺布，有一些产业的主要原材料也是无纺布，如床垫、墙纸、窗帘等家居产品，卫生巾、纸尿裤、湿巾等卫生用品。企业进行相近行业的转行，可以降低成本。

【板书设计】

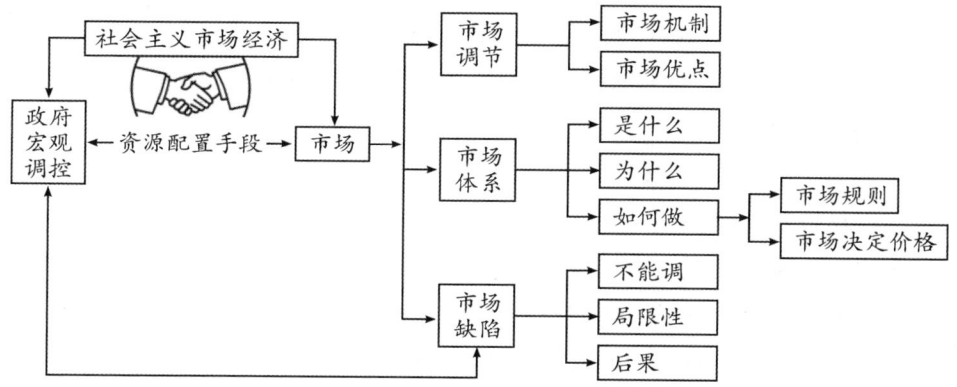

【延伸设计】

（一）思考题

衡水中学高一(1)班学习小组课后查阅资料,找到以下信息：

随着各地陆续复工复产,口罩需求量大幅增加。如何保障口罩持续供应? 国家发改委采取有力措施,全力以赴做好口罩保障工作。一是进一步加强生产监测和调度,及时解决企业生产中存在的问题,在保障安全生产和产品质量的前提下,力争全面达产、超产。二是根据疫情防控需要,继续开展口罩扩能专项工作。进一步扩大医用口罩生产,特别是医用 N95 口罩生产。三是进一步加强关键设备和原辅材料的供应协调,保障项目建设实施和顺利达产。同时,对重点省份和行业,采用调配使用等方式切实保障重点需求。通过各方面共同努力,口罩供求矛盾问题得到有效缓解。

据此,有同学认为在特殊时期,政府完全可以自主解决口罩供应问题,不需要发挥市场的作用。请你对此观点进行评析,并说明理由。

参考答案：①该同学的观点是片面的。②合理性：市场调节不是万能的,具有自发性、盲目性、滞后性等弊端,需要国家进行宏观调控。科学的宏观调控是政府的主要经济职能之一。政府通过宏观调控建立统一、开放、竞争、有序的市场体系,规范市场秩序,有效解决了口罩市场的供需矛盾,是实现资源配置的有效手段。③不合理性：市场决定资源配置是市场经济的一般规律。市场经济应发挥市场在资源配置中的决定性作用。市场通过价格、供求、竞争等机制调节资源配置。政府宏观调控调动了企业生产积极性,维护了市场秩序,最终是为了更好地发挥市场作用。④市场价格波动能够反映供求变化,供求也影响市场价格。竞争引导资源流向效率高的领域和企业,推动科学技术和经营管理进步,实现优胜劣汰。⑤如何做:解决口罩市场的供需矛盾,既要发挥政府的作用,又要充分发挥市场在资源配置中的决定性作用,把政府与市场结合起来。

(二)推荐阅读

1.亚当·斯密:《国富论》。

2.曼昆:《经济学原理》。

3.杨干忠:《社会主义市场经济概论》。

4.《中共中央国务院关于新时代加快完善社会主义市场经济体制的意见》。

5.《中共中央关于坚持和完善中国特色社会主义制度　推进国家治理体系和治理能力现代化若干重大问题的决定》。

"更好发挥政府作用"教学设计

钮娟华(江苏省苏州市吴江高级中学)

议题:为什么"两只手"优于"一只手"?

【思路框架】

任务线:学生课前对苏州旅游市场的"喜""忧"现象进行调查,并进行素材整合。在调查报告展示活动中,精准对接社会主义市场经济体制的4个基本特征——在自主梳理旅游市场问题过程中,精准施治,找准政府经济职能的不同内容,感悟市场作用的科学性——在思维辨析中思考政府作用"好"的界定,推进理解性学习——在拓展迁移中进行角色扮演,出谋划策,坚定对"两只手"优于"一只手"的认同。

情境线:市场调查报告1——市场调查报告2——文件《苏州市全域旅游发展配套政策实施细则》——视频《长三角旅游一体化协议达成,沪苏浙皖联手打造"世界著名旅游目的地"》

问题线:社会主义市场经济体制如何成就苏州旅游市场之"喜"(师生对话)——政府如何对症下药,精准施"治"(小组讨论)——评析:苏州旅游市场的发展,关键靠政府作用的发挥,政府管得越多越好吗(组际交流)——为更好地助推苏州旅游融入"长三角一体化"战略,作为新时代的苏州青年,请规划旅游业发展远景(项目学习)。

活动线:课前进行市场调查,并进行相应准备——成果展示——师生对话——小组讨论——组际交流——项目学习。

【基础设计】

(一)教材分析

"更好发挥政府作用"是必修2《经济与社会》第二单元第二课"我国的社会主义市场经济体制"第二框题的内容。该框题包括两个学科大概念:社会主义市场经济体制的基本特征和我国政府的经济职能。逻辑上,承接第一框题论证市场调节"活"的基础上阐述政府作用怎样发挥才"好",领悟政府调控得更好更优,认同"两只手"优于"一只手",感悟社会主义市场经济体制的特征和优势。

(二)学情分析

1.学生心智分析:该框题授课对象是高一学生,这一阶段学生心智逐渐成熟。在心理情感方面,对外界好奇心增强,但内心矛盾冲突较大;在智力水平方面,思考问题开始从感性层面朝理性层面发展,有一定抽象思维和辨析能力;在学习动机方面,自我内驱力的作用增强,"我"的社会人角色需求增大,更希望增长知识、融入社会、做出决策。

2.学生已有知识经验分析:学生通过初中学习和高一前一阶段的学习,对社会主义市场经济体制有了初步认识,但对市场和政府之间关系、政府作用的发挥还停留在零散和感性认知阶段,缺乏全面系统和深刻理性的认知。

(三)教学目标

学生通过学习社会主义市场经济体制的优越性和我国政府履行经济职能的具体体现及要求,领悟政府作用的"好",从而坚定发展中国特色社会主义的自信,增强走中国特色中国主义道路的认同,积极投身市场经济实践活动。

(四)教学重难点

教学重点:社会主义市场经济体制的基本特征、我国政府的经济职能。

教学难点:财政政策和货币政策。

(五)教学方法

讲授法、合作探究法、角色扮演法等。

【主体设计】

(一)过程与意图

1.课前准备

(1)课前收集素材,说说苏州旅游市场之"喜"。

(2)课前收集素材,梳理、列举苏州旅游市场之"忧"。

2.教学思路

环节一:论证——探市场蓬勃之因

[成果汇报]苏州旅游市场之"喜"。

[议学情境]"上有天堂,下有苏杭。"苏州地理条件优越、历史悠久。在改革开放的推动下,苏州旅游业在规模、质量和品位方面均迅速提升,成为苏州市第三产业的核心产业,也是带动创业就业的新引擎。近年来,在党中央和苏州

市政府的推进下,进行资源整合,加快旅游品牌建设,苏州旅游市场呈现蓬勃发展之势。

[议学活动]结合书本第21页、22页和已有知识,谈谈社会主义市场经济体制如何成就苏州旅游市场之"喜"。要求:独立思考,小组交流,代表发言。

[答案提示]党的领导是社会主义市场经济体制的一个重要特征,是中国特色社会主义最本质特征和最大优势。苏州旅游业发展是在党中央推进下,坚持党的领导,发挥党总揽全局、协调各方的作用。社会主义市场经济体制的根本目标是实现共同富裕。苏州旅游业是带动创业就业的新引擎,能调动各市场主体积极性和创造性,让人民共享发展成果。科学的宏观调控、有效的政府治理,是社会主义市场经济体制优势的内在要求。在苏州市政府推进下,进行资源整合,加快品牌建设,发挥集中力量办大事的优势。坚持社会主义制度是社会主义市场经济体制的根基。把社会主义制度和市场经济有机结合,既能发挥市场经济的长处,又能发挥社会主义制度的显著优势。

[设计意图]鲜活真实的身边素材,一直是小课堂教学背后的大社会背景。鼓励学生课前查阅资料,搜集整理,以契合活动型课程提倡的"动"中学、"动"中思的理念,让学生通过课前准备和课中展示,既提高关注生活的意识,又拉近与教材、教师、课堂之间的亲密感,为生命课堂的展开做好铺垫。

环节二:决策——议市场问题之治

[成果汇报]苏州旅游市场之"忧"。

[议学情境]问题如下:

(1)部分景区建设一哄而上,缺乏全局性、长期性的统一规划,同质化严重,如古镇游。

(2)一些旅游小微企业生产经营成本依旧高,"大山"在融资难、税负重。

(3)旅游业服务以传统方式为主,产品结构单一,文化内涵挖掘不足,缺乏国际性的超大规模旅游企业,综合竞争力弱。

(4)部分景区"脏乱差"现象严重,影响苏州乃至苏南形象。

(5)"低价团""黑导游""黄牛""套票陷阱"等扰乱旅游市场秩序现象屡禁不止。

(6)部分乡镇交通、公厕、停车场等基础设施建设落后,网络App等未普及,免费wifi未全覆盖,影响消费者旅游体验。

[议学活动]结合梳理苏州旅游市场问题和第22页、第24页"我国政府经

济职能"知识,说明政府如何对症下药、精准施"治"?

[答案提示]问题(1),针对部分景区建设一哄而上,缺乏全局性、长期性的统一规划,同质化严重,政府要实施重大发展战略和中长期经济社会发展规划,制定全局性、长期性的规划,减少同质化现象。问题(2),一些旅游小微企业生产经营成本依旧高,"大山"在融资难、税负重,政府要实施宏观经济政策,实行科学的宏观调控,运用扩张性财政政策,减少税收、增发国债和实施稳健的货币政策,扩大信贷规模、降低贷款利率等。问题(3),旅游业服务以传统方式为主,产品结构单一、文化内涵挖掘不足,缺乏国际性的超大规模旅游企业,综合竞争力弱,政府要实施产业政策,促进产业结构优化升级,发展战略性新兴产业,优化产品结构,提升产品质量。问题(4),部分景区"脏乱差"现象严重,影响苏州乃至苏南形象,政府要实施区域政策和环境政策,促进区域协同发展,保护环境,节约资源,促进经济可持续发展。问题(5),"低价团""黑导游""黄牛""套票陷阱"等扰乱旅游市场秩序现象屡禁不止,政府要加强市场监管、质量监管、安全监管,规范市场秩序,保障公平竞争,弥补市场缺陷。问题(6),部分乡镇交通、公厕、停车场等基础设施建设落后,网络App等未普及,免费wifi未全覆盖,影响消费者旅游体验,政府要加强和优化公共服务,满足人民日益增长的美好生活需要。

[设计意图]学生通过积累研究性学习素材,结合梳理出来的问题,回归理论文本,从感性认知上升到理性认知,符合学习认知规律和自主建构的过程,也坚持了灌输性和启发性相统一的思政课改革创新要求,说明科学理论的正确"灌输"需要依靠主动内化的途径完成。同时,把新教材中首次出现的"政府的经济职能和作用"内容,通过生活中旅游市场问题进行柔化处理,学生接收理论知识过程也会更主动和轻松。在这一过程中,也锻炼了学生参与实践和解决问题的能力,提升了其市场参与的主人翁意识。而在这一过程中,用关键词区分财政政策和货币政策,用反向提问方式领悟逆周期调节,感受在如今经济复苏大环境下,"经济内循环,国际国内大循环"经济发展基调,体现了当今中国宏观经济政策的调控力度。

环节三:辨析——明市场作用之度

[议学情境]2017年,苏州市人民政府印发《苏州市全域旅游发展配套政策实施细则》。

[议学活动]有人认为,苏州旅游市场发展关键靠政府作用发挥,政府管得

越多越好。请评析这一观点。

[答案提示]苏州旅游市场发展离不开政府的作用。因为市场调节不是万能的,有自发性、盲目性、滞后性的弊端,需要科学的宏观调控来弥补。科学的宏观调控、有效的政府治理,是社会主义市场经济体制优势的内在要求。但政府并不是管得越多越好,要在充分发挥市场资源配置中的决定性作用基础上,更好发挥政府作用,激发各类市场主体活力。政府的作用是"不越位""不缺位""不错位",强调的是一个"好"字,体悟"'两只手'优于'一只手'"的社会主义市场经济体制的优势。

[设计意图]用辨析题形式突破对政府作用"好"的理解,既在新授课上做到讲练结合,训练辨析类题型,又能通过学生对观点中论点的层层解读,回顾市场作用,结合政府作用,感受"两只手"的关系及"'两只手'优于'一只手'"。

环节四:展望——信市场体制之好

[议学情境]视频《长三角旅游一体化协议达成,沪苏浙皖联手打造"世界著名旅游目的地"》

[议学活动]为更好地助推苏州旅游融入"长三角一体化"战略,作为新时代的苏州青年,请你为未来苏州旅游市场发展规划远景。

[设计意图]通过序列化活动促进高阶思维的生成,提升学生知识素养和学科核心素养,旨在培育学生迁移应用能力,把所学、所思、所得运用到新的、具体的、有挑战性的生活化情境,真正有价值地教授、有意义地学习,为提升学生社会参与和实践能力、做合格公民、开创美好未来做准备。

【板书设计】

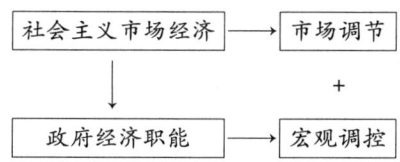

【延伸设计】

(一)思考题

近年来,随着人们旅游需求形式日益多样,苏州民宿极为火爆。有别于城市的旅馆或酒店,民宿依托农村山水景点,融餐饮、休闲、住宿为一体,更体现出独特的质朴风情,吸引大量游客,助推乡村振兴。某校高一(1)班学生开展"从

零打造民宿,助推产业持续"研究性学习活动。研究小组首先制定了一份意向调查表。(有所节选)

1. 选择意向调查

您好,我们现在正在做一项有关"民宿"的调查活动。此次旨在对大众能接受的民宿风格及价位等情况进行调查,明确大众对民宿的消费需求,由此更好地了解民宿发展情况。

3. 您的月收入范围_____

◎3000~5000元

◎5000~8000元

◎8000元以上

9. 您通过_____途径了解民宿信息

◎P2P平台(爱彼迎、小猪短租等)

◎在线旅行社App(携程、去哪儿、途牛等)

◎团购App(大众点评、美团等)

◎微博、微信公众号

◎亲友介绍

◎到达目的地后偶然得知

◎其他

17. 您认为民宿存在的最大问题是_____

◎欠缺配套的基础设施

◎品牌意识弱

◎缺乏创新

◎安全隐患大

◎风格特色性不强

◎行业标准不明,服务水平参差不齐

24. 您认为_____民宿类型将成为主流

◎纯住宿型,满足基本安全住宿需求

◎观景型,位于风景胜地,有良好观景视觉

◎服务型,房主根据客户需求提供个性化服务

◎主题型,以某种特色为主题打造的住宿环境

◎高端型,硬件设施与服务质量上乘,但价格高

◎社交型,与他人共享住宿同时还可进行交友

◎文化型,根据一定文化设计,消费群体针对性强

1.请从上述调查内容中任选2项,从经济学角度阐述调查理由,并尝试补充一项调查内容。

答案提示:3.收入是消费的基础和前提。24.消费心理影响消费行为。9.科学技术影响消费选择。(选2项即可)

补充:您能接受的民宿价格,价格影响消费。

2.前期调研准备

该研究性小组在对消费端进行调研后,着手从供给端思考。从零开始开民宿,需要做哪些前期调研准备工作?

答案提示:①调研当前消费者群体的需求情况和民宿产业未来的市场走向;②明确自身的资金、人员、技术、管理等特点和不足,并着手选址、装修、人员培训等工作;③了解和研究当地政府对民宿管理的相关条例和财税等政策。

3.优化营商环境

民宿产业可持续发展离不开政府的监管和服务,你希望当地政府如何优化营商环境,进而激发市场主体的活力?

答案提示:充分尊重市场经济中市场对资源配置的决定性作用,明确市场准入机制、价格机制、竞争机制、惩戒机制;政府给予民宿发展相应的财税扶持,加大财政投入和税收优惠;政府制定民宿产业扶持政策,促进资源优化配置;制定区域发展政策,助推乡村振兴等。

(二)推荐阅读

1.维托·坦茨:《政府与市场:变革中的政府职能》。

2.李琪等:《政府作用与市场作用》。

"坚持新发展理念"教学设计

叶绕平(江苏省苏州市吴江高级中学)

议题:如何理解发展必须以人民为中心?

【思路框架】

议题线:议题为"如何理解发展必须以人民为中心",由"问题描述—议学辩论—议学决策—议学延伸"构成。

情境线:由"毛乌素治沙英雄的感受—毛乌素治沙过程中两种不同的声音—毛乌素未来发展之网友观点和实际举措"构成,是课堂架构的载体。

活动线:由"商议和展示—辩论和展示—商议和展示"构成,是课堂架构的路径。

任务线:"根据情境梳理本框关于'以人民为中心的发展和新发展理念'知识—应用新发展理念辩论毛乌素治理是面子工程还是民生工程,认同党的重要思想和理念—迁移'以人民为中心的发展和新发展理念'知识书写'创想'提纲",是课堂架构的目标。

教学结构

本课结构化议题式教学,由议题、情境、活动和任务四个要素架构模型(见下图)。

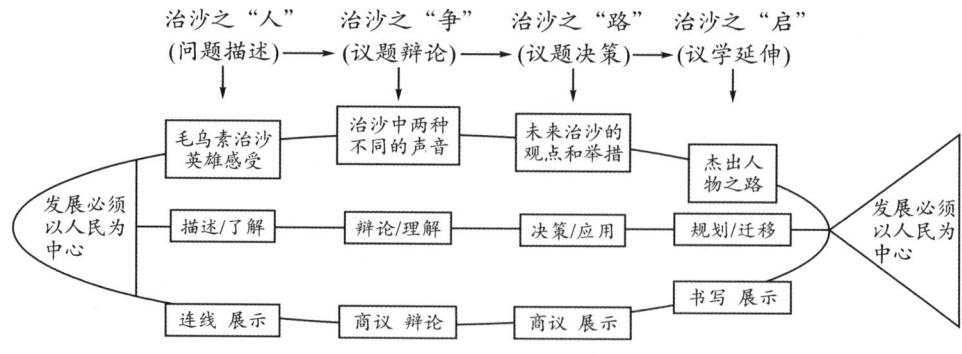

【基础设计】

(一)教材分析

1.本课地位:本课所述的我国的经济发展是新时代经济层面的宏观蓝图,对我国经济发展具有指导性意义;本框内容是对基本经济制度和市场经济体制的深化,是新时代我国经济发展的指挥棒。学习本框内容有利于学生理解和认同以人民为中心的发展和创新、协调、绿色、开放、共享的发展理念,增强关心国家发展、践行新发展理念的热情,推动经济高质量发展。

2.内容分析:"坚持新发展理念"是《经济与社会》第三课"我国的经济发展"第一框内容。主要知识内容是以人民为中心的发展和创新、协调、绿色、开放、共享的发展理念,下设两目:

第一目"以人民为中心的发展思想"。教材通过"经济发展与民生福祉关系"的探究,对"以人民为中心的发展思想"从发展的根本目的、动力和趋向等角度进行科学回答。结合小凡与家人对美好生活的讨论,指出进入新时代,我国要着力解决发展不平衡不充分的问题,以更好地满足人民日益增长的美好生活需要。

第二目"贯彻新发展理念"是对"以人民为中心的发展思想"的具化。教材通过"探究与分享""名词点击""相关链接"等方式,以图文并茂的翔实内容对创新、协调、绿色、开放和共享五个发展理念所解决的发展不同问题、各自地位作用和贯彻落实进行逐一分析。

(二)学情分析

1.学生心智特征分析:本课教学对象是高一新生,结合初中政治教学思维习惯、学生对政治学科的喜欢程度和学生对政治学科走向闭卷考试的压力,说明高一新生需要的政治课堂是活动且开放的。本框题议题式教学和活动的开展可以激发学生学习兴趣,转化学生思维习惯。

2.学生已有经验分析:学习本课内容之前,学生已经学习基本经济制度和市场经济体制,初中阶段对新发展理念有一定了解,对本框以人民为中心的发展和坚持新发展理念具有继续深入学习的可能性。

(三)教学目标

该课教学目标根据核心素养和思想政治学科核心素养培育要求,确定如下:运用议题式教学,让学生理解发展必须坚持以人民为中心和创新、协调、绿色、开放、共享的五大发展理念;在商议、辩论等活动中培养学生自主学习、交流合作的能力。同时,提高学生对党的决策和指导思想的政治认同和社会参与意识。

(四)教学重难点

教学重点:以人民为中心的发展和新发展理念。

教学难点:以人民为中心的发展的科学解读和五大新发展理念的关联性。

(五)教学方法

读书指导法、任务驱动法、讨论(辩论)法、自主学习法、小组合作法。

【**主体设计**】

[课堂导入]

2019年2月,NASA(美国宇航局)发布推特:"中国绿"登上美国NASA官网! 全世界为"中国绿"点赞,中国把世界"绿了"。推特一发出,全世界的网友纷纷发来贺电:

2月12日 回复@NASA@NASAEarth

China is planting a lot of trees to prevent desertification. And those projects are going quite well! Hope we work together to make it a better world.

Angela@Angela16446724 2月16日

回复@NASA@NASAEarth

Doing is better than saying. Congrats China!

环节一:治沙之"人"

[问题1]毛乌素治沙如何体现"以人民为中心"的发展思想?

[情境]32年,她让毛乌素由沙漠变成绿色王国。在"宁可治沙累死,也不愿意被黄沙欺负死"信念下,她32年如一日地造林治沙……在殷玉珍的带动下,周边农牧民掀起造林治沙的热潮,涌现3000亩以上的造林大户240户,全旗森林覆盖率达32.3%,改善人居环境,使人们可以在春天尽情享受踏青的乐趣。

[议学活动]商议、展示。

[议学任务]将毛乌素治沙情境片段与以人民为中心的发展思想相关知识进行连线。

[设计意图]通过知识与情境的线性关联,理解以人民为中心的发展思想,实现生活逻辑与学科逻辑的统一,缓冲对发展思想的直接灌输,让学生带着辩证、比较的思维学习,有利于使学生从对政治思想的服从转向认同。

[答案提示]通过治沙感受和六幅漫画让学生体会,坚持以人民为中心发

思想必须做到：①为了人民，满足美好生活需要，促进人的全面发展；②依靠人民，尊重人民主体地位和人民群众的首创精神，依靠人民创造历史伟业；③人民共享，发展成果惠及全体人民，实现共同富裕。

环节二：治沙之"争"

[问题2]毛乌素治沙是面子工程还是民生工程？

[情境]两种不同的声音。

面子工程：榆林人为面子工程盲目绿化的盛景……如果毛乌素沙漠真的变成草原或森林，那可能是一场严重的生态灾难。

民生工程：我们只想生活环境更好一些罢了……未来，毛乌素沙地整体生态会转向良性发展，至少榆林市区不会再黄沙蔽日，致敬那些奋战在一线的人！青山绿水是每个国人的梦，支持你们将那方天地重换一个面貌！

[议学活动]商议、辩论。

[议学任务]请从绿色、创新、共享角度，在"鱼骨"的三个顶端分别写赞成"面子工程"三个理由的关键词，在"鱼骨"三个底端分别写上"民生工程"三个理由的关键词，并进行组际辩论。

[设计意图]大多数学生对毛乌素治沙工程有一定认识，但并不深刻。通过"独立思考—讨论合作—组际辩论—组际互换辩论"四个环节，使得学习动静相宜、层层深入。尤其是组际互换辩论，使课堂"思辨"氛围凸显。

[答案提示]认为是面子工程的主要理由：①发展必须以人民为中心，这是社会主义的本质特征。毛乌素治沙过程中出现的个人英雄主义和追求地方政绩观无法体现以人民为中心。②必须坚持创新发展，注重发展的动力问题，将创新摆在发展全局的核心位置。创新是发展的基点，新事物必须遵循发展规律、有远大前途，毛乌素治沙工程表面改善人居环境，个人与地方政府深受好评，但对生态规律、地下水系统的遵循有待商榷，是否会造成新的生态问题也有待论证。③以人民为中心的发展思想必须坚持共享发展，解决社会公平正义问题。毛乌素治沙经验能否推广，能否解决沙漠地区发展不平衡不充分问题，如果不行就无法体现共享发展。所以，毛乌素治沙工程是面子工程。

认为是民生工程的主要理由：①以人民为中心的发展思想必须坚持绿色发展，注重人与自然和谐共生，毛乌素治沙是还人民青山绿水的伟大工程。②以人民为中心的发展思想必须坚持共享发展，解决社会公平正义问题。毛乌素治沙工程保障和改善人居环境，使人民在共建共享中享有更多的获得感和幸福感。③发展必须以人民为中心,这是社会主义的本质特征。毛乌素治沙工程立足改善人居环境,前景远大,对区域内人民生活水平提高、缩小与发达地区的区域差距、实现共同富裕具有重要作用。所以,毛乌素治沙工程是民生工程。

环节三:治沙之"路"

[问题3]毛乌素治沙未来发展"创想"。

[情境1]知乎某网友:能变快点么,能不能种点果树啥的,养点土鸡、土鸭。旅游也得有吃有喝。有没有哪个公司愿意在毛乌素沙漠开展P2P餐饮服务,区域经理职位能考虑一下我吗?

土壤混合配方技术将沙地变成可供农作物生长的农业土壤,光伏扬水系统(以太阳能为动力源,即发即用)使毛乌素荒漠变良田;创抓"一带一路"商机,助力沙漠绿色经济,联合国环境规划署在库布奇沙漠成立"一带一路"沙漠绿色经济创新中心,为荒漠化国家和地区生态产业发展搭建交流平台;我国正积极筹建"一带一路"绿色发展国际联盟……

[议学活动]商讨、撰写、展示。

[议学任务]试写一个关于毛乌素未来发展"创想"的提纲。

[设计意图]通过让学生在群策群力中拟订创想提纲,于议题情境中提炼有效信息,让学生在讨论、合作中应用和迁移以人民为中心的发展思想和新发展理念的相关知识。

[答案提示]①创新:在遵循规律的基础上科学治沙、技术治沙;协调:毛乌素处于"一带一路"地图线中的不发达地区,借鉴此发展机遇,逐步推进毛乌素地区的工业化、信息化、城镇化、农业现代化发展,缩小区域差距;绿色:以"一带一路"绿色发展国际联盟为载体,更好推进绿色发展;开放:通过"一带一路"践行内外联动发展,在共商、共建、共享原则基础上共同发展;共享:毛乌素治沙工程保障和改善人居环境,使中国人民甚至是世界人民在共建共享中享有更多的获得感和幸福感,构建人类命运共同体。

②发展必须以人民为中心,在新发展理念指导下保障和改善民生。毛乌素治沙改善人民生活,这是社会主义发展的本质要求。

③五大新发展理念是具有内在联系的集合体。在毛乌素未来治理中,必须使五大新发展理念相互贯通。

[情境2]治沙未来青年选择之路。

[议学活动]撰写、展示。

[议学任务]如果毛乌素真有相关区域招聘经理,你会应聘吗?

"去西部"还是"留东部",你会如何选择?请阐明理由。

[设计意图]对于当代高中生来说,"你将来想成为怎样的人"是人生规划和行动素养问题,彰显思想政治学科特有的育人价值,坚持素养立意,并回归本课议题"发展必须以人民为中心",将素养立意与议题主线有效结合。"去西部"还是"留东部",你会如何选择?这个问题中存在一定的价值冲突,在面临现实选择、国家利益和个人利益关系处理时,可在课堂上向青少年渗透正确的价值导向。

[答案提示]①培养家国情怀,树立远大志向和理想,以自身幸福为起点实现"爱民、强国、报国";②从现在做起,努力学习,拼搏奋斗;③贯彻新发展理念,用创新、开放、竞争的精神成就"去西部"或"留东部"的人生路;等等。

【板书设计】

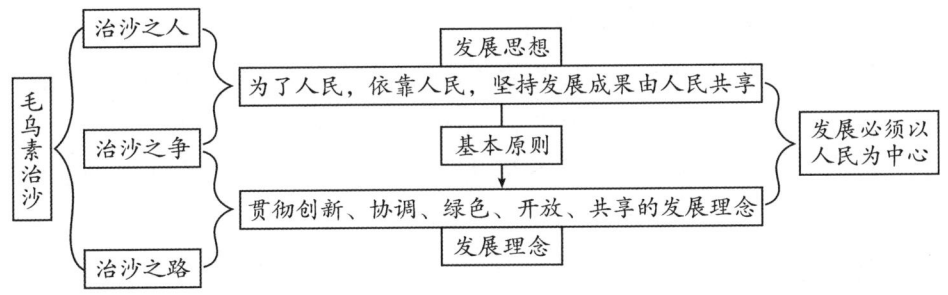

【延伸设计】

(一)思考题

71年来,榆林人民在中国共产党的领导下与恶劣的自然环境顽强斗争。在沙漠腹地,当地人民新辟农田160万亩,连续几年马铃薯平均亩产超过2500公斤,玉米平均亩产超过800公斤,毛乌素沙漠在无声无息中变成"金山银山"。

2020年4月22日,陕西省林业局表示,榆林沙化土地治理率已达93.24%——意味着毛乌素沙漠即将从陕西版图上"消失"。"值得世界所有国家向中国致敬。"毛乌素止沙生绿,被联合国官员盛赞。2020年6月,中央广播电视总台推出《国家勋章和国家荣誉称号获得者系列人物宣传片》。其中,"人民楷模"王有德——科学治沙的探路人,坚守"生命不息,防沙不止"的人生信念,用40多年一线治沙的打拼,在浩瀚的毛乌素沙漠边缘筑起一道坚不可摧的生态屏障,为建设美丽中国做出重大贡献。

阅读材料,回答以下问题:

(1)结合材料,说明毛乌素沙漠治理如何践行新发展理念。

(2)为加快治理步伐,请你为我国沙漠治理的推广设计两条宣传语。

(3)请你为"人民楷模"——王有德撰写一份颁奖词。

要求:①内在逻辑一致;②论据充分;③学科术语使用规范;④字数控制在50字左右。

参考答案:

(1)①践行绿色发展理念,增强可持续发展能力,把生态文明建设放在突出地位,解决好人与自然和谐共生问题。②践行协调发展理念,促进经济社会协调发展,不断增强发展的整体性,提高经济发展的质量和效益。③践行创新发展理念,将创新作为引领发展的第一动力,发挥生态科技在治沙中的作用。④坚持以人民为中心的发展思想,践行共享发展理念,坚持发展依靠人民、发展成果由人民共享,增绿又增收,治沙又治穷。

(2)①尊重自然,因地制宜,科学治沙;②共防草原沙化,共享草原诗画;③治沙为己任,创新敏于行;④治沙行动,全民参与,不让未来枯竭。

(3)示例1:不畏艰苦、自强不息,治沙造林、改天换地,唯实创新、建设家园。

示例2:绿色发展理念的践行者,荒漠变绿洲的奋斗者,当代中国的"新愚公"。

示例3:坚守理想信念,把国家命运与个人前途融为一体,为事业发展注入责任担当,在苦难中历练人生、拥抱梦想。

(二)推荐阅读

1.李维:《新时代的温度:人民是共和国的坚实根基》。

2.金建萍:《坚持以人民为中心的发展思想研究》。

3.任丽梅:《新发展理念》。

4.肖亦农:《毛乌素绿色传奇》。

"我国的个人收入分配"教学设计

丁 巧（浙江省台州市第一中学）

> **议题**：如何从收入分配中体味获得感？

【思路框架】

议题线：以"如何从个人收入分配中品味获得感"为引领，由"议题描述—议题辩论—议题决策—议题追求"四个环节构成，议题贯穿学习过程，在课堂架构中起引领和纽带作用。

情境线：以"坊城新村的村民收入情况"为总情境，由"家庭收入来源情况—某些村民的观点—决战决胜脱贫攻坚座谈会—现场生成走向共同富裕路线图"等具体情境组成。以当地坊城新村为素材贯穿全课，具有时代性和真实性。从简单情境入手，升级为复杂情境和挑战情境，具有一定的层次和梯度，引导学生将抽象学科知识与真实情境相融合，学会运用学科内容解析各种复杂社会问题和生活挑战，是课堂架构的载体。

活动线：由"调查商议—辩论争议—模拟恳谈会、撰写实施意见—商议、绘制、展示路线图"组成，每一环节都以展示呈现议学成果，是课堂架构的路径。

任务线：由"搜集资料、商议家庭收入分类，描述和了解坊城新村的村民收入方式和途径"—辩论"按要素分配是否会导致我国收入差距过大"，认同相关制度和政策—模拟恳谈会，应用"完善个人收入分配、促进社会公平、增强居民获得感的措施"—迁移知识，生成坊城新村走向共富的路线图，由坚定制度自信、培养参与精神等组成，具有一定难度，指向教学目标，活动丰富、形式多样，符合活动型学科课程的特点，能充分调动学生的学习热情和主动性。

【基础设计】

（一）教材分析

1.本课地位：本课时的教学内容是思想政治必修2《经济与社会》第二单元第四课"我国的个人收入分配与社会保障"第一框"我国的个人收入分配"。本框所述"我国的个人收入分配"是"以人民为中心的发展思想"的具化和延伸，起着承上启下的作用。本框内容是第三课"我国的经济发展"在政策层面的具体要求，也是第二单元"经济发展与社会进步"的主要实践路径。学习本框内容有利于学生深入理解习近平新时代中国特色社会主义思想，科学认识我国经济发展与社会建设中的有关问题。同时，本框内容为理解下一框"我国的社会保障"提供运行层面的论据。

2.内容分析：本框主要阐述个人收入的分配方式、个人收入的获取途径、完善收入分配的原因和措施，具体设两目。

第一目"按劳分配为主体　多种分配方式并存"，主要内容是个人收入的分配方式和个人收入的获取途径。通过6段"文字描述"、3个"探究与分享"、3个"相关链接"，阐释我国的个人收入分配制度、居民收入的获取途径和合法方式，介绍了实行这种分配制度对优化资源配置、促进经济发展的作用。在该目"探究与分享"中，结合3个生活情境分别设置某村实行什么样的个人收入分配方式、小吕一家人获取收入的途径有哪些、应该如何致富等问题。这些贴近生活的情境为议题的设置和情境的再创提供了参考方向。

第二目"完善个人收入分配"，主要内容是完善个人收入分配的原因和措施。该目"探究与分享"介绍了我国近期出台的完善个人收入分配的政策、图文展示2012以来我国农村贫困人口规模发生的变化。该目"相关链接"涉及个人所得税、先富带后富、全面小康道路上不能忘记每一个民族和家庭等内容。这为教学设计拟设置的"模拟脱贫攻坚恳谈会""绘制走向共富路线图"环节提供启示。

(二)学情分析

1.学生情智特征：本课授课对象是高一学生，他们已具备一定的政治素养，对个人收入分配方式和获取方式具有一定的认知意向，对完善个人收入分配的措施有一定的认知兴趣。高一学生的思想活动和行为方式呈现多样性、可塑性等特征，对辩论、恳谈会、现场绘图等3个任务充满探究欲望，对"议中学"教学方式抱有期待。

2.学生认知结构：一方面，学生通过之前内容的学习，具备了一定的经济学素养，且之前学习的我国的基本经济制度、现代化经济体系、我国经济建设的新思想新理念、以人民为中心的发展思想等知识为本框学习打好基础；另一方面，从课前调查中获知,学生对个人收入分配的了解主要来自初中教材,不够广泛和深入。课前让学生搜集个人收入分配方式完善的政策、制度及相关信息,提前预习教材内容,开展小组调查活动,以便帮助学生顺利参与课堂议学活动。

(三)教学目标

结合家庭收入实例,厘清和掌握个人收入的方式与途径;通过辩论"按要素分配是否会导致我国收入差距过大化",评析实现共同富裕、促进社会公平正义的收入分配政策,培养学生的思辨能力和科学精神;通过模拟"脱贫攻坚恳谈会"、现场生成坊城新村走向共富路线图,应用、迁移个人收入分配政策、完善措施的知识,帮助学生树立以人民为中心的发展思想、认同我国社会主义分配制度、增强其制度自信,激发学生主人翁意识,培育学生政治参与素养和政治认同素养。

(四)教学重难点

教学重点:完善个人收入分配的措施。

教学难点:对按要素分配机制的理解。

(五)教学方法

对话式教学法、议题式教学法。

【主体设计】

总议题:如何从收入分配中品味获得感?

[导入语]同学们,这堂课我们要学习个人收入分配相关知识,大家是否清楚自己家庭的收入情况,这些收入又是怎么来的呢?(请每个小组的组长上台分享本组成员的家庭收入情况)

环节一:议题描述——初探坊城新村的收入分配

[子议题1]家庭收入是怎么来的,又该如何归类?

[学科概念]个人收入的分配方式、获取途径和收入形式。

[议题情境]由学生分享自家的家庭收入。

[议题任务]自学教材第44页、第49页内容,梳理本框内容框架,完成图1。通过问卷调查了解自己的家庭收入情况,并根据教材第44页、第48页内容,将这些家庭收入按分配方式、获取途径、收入形式填入表1。

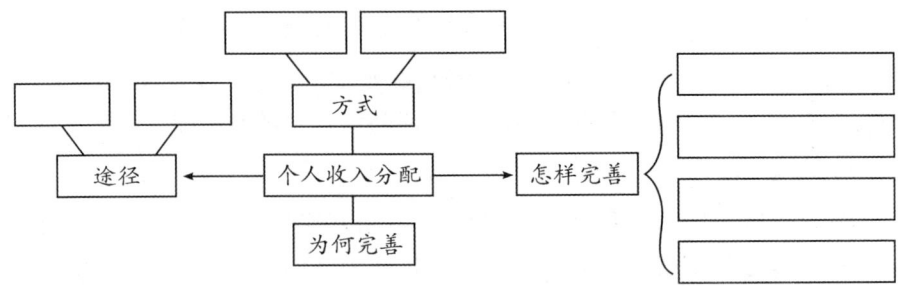

图1 本框内容框架

表1 学生家庭收入情况

家庭成员	收入	分配方式		获取途径		收入形式	
		按劳分配	按要素分配	劳动性	财产性	初次分配	再分配
成员1							
成员2							
……							

[议学活动]搜集资料、商议家庭收入分类、填写并展示图1和表1。

[教师]点评总结并导入新课。

[答案提示]

图1：

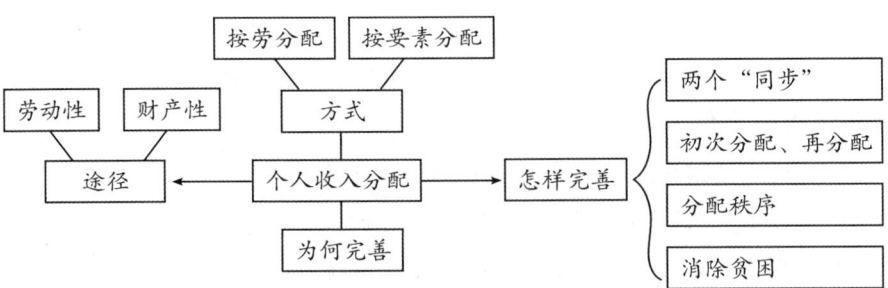

表1：家庭收入构成形式多种多样,如在国有和集体企业工作获得的奖金、工资和津贴,农民通过承包集体土地种植蔬菜、水果、林木等获得的收入,均属于按劳分配和劳动性收入;农民流转土地经营权获得的收入、出租房屋获得的租金、银行存款获得的利息、炒股获得的股息和红利、技术转让费等,均属于按要素分配和财产性收入;私营、外资企业中劳动者的工资属于按要素分配和劳动性收入。

环节二：议题辩论——透视坊城新村的收入分配

[子议题2]按要素分配是否会导致我国收入差距过大？

[学科概念]按要素分配机制。

[议题情境]党的十九大报告指出，拓展居民劳动收入和财产性收入渠道，要完善按要素分配的体制机制。但有部分坊城新村的村民认为，按要素分配会拉大城乡收入差距，导致我国收入差距过大，不利于社会公平。

[议题任务]运用生活经验和相关学科内容，分组对"按要素分配是否会导致我国收入差距过大"进行辩论，在辩论中明晰按要素分配机制的意义，明确我国实行现行分配制度的原因，培养科学精神和公共参与素养。

[议学活动]商议、辩论、展示。

[教师]教师点评并提升完善个人收入分配的意义，明确我国制定分配制度的原因和重要性，解释完善个人收入分配政策的原因。

[答案提示]按要素分配有利于让各种要素的活力竞相迸发，有利于推动资源优化配置、促进经济发展，为村民创造更多财富，增强广大村民的获得感。但也会不可避免地拉大不同生产要素所有者之间的收入差距，甚至导致两极分化，需要政府完善再分配调节机制，规范收入分配秩序，让改革发展成果惠及最广大人民，增强广大人民的获得感。同时，我国为了充分调动劳动者的积极性和创造性，激励劳动者学习科学技术、提高劳动技能，制定了以按劳分配为主体、多种分配方式并存的分配制度，是我国兼顾效率和公平，避免出现收入差距过大的重要政策。

环节三：议题决策——揭秘坊城新村的收入分配

[子议题3]如何完善个人收入分配、促进社会公平、增强人民的获得感？

[学科概念]完善个人收入分配的措施。

[议题情境]中共中央总书记、国家主席、中央军委主席习近平于2020年3月6日在北京出席决战决胜脱贫攻坚座谈会并发表重要讲话。他强调，到2020年，现行标准下的农村贫困人口全部脱贫，是党中央向全国人民做出的郑重承诺，必须如期实现。这是一场硬仗，越到最后越要紧绷这根弦，不能停顿、不能大意、不能放松。各级党委和政府要不忘初心、牢记使命，坚定信心、顽强奋斗，以更大决心、更强力度推进脱贫攻坚，坚决克服新冠肺炎疫情影响，坚决夺取脱贫攻坚战全面胜利，坚决完成这项对中华民族、对人类都具有重大意义的伟业。在此重要讲话的指导下，全国各地纷纷开展了行之有效的、有针对性的"脱贫攻

坚恳谈会"。

[议题任务]结合习近平总书记在决战决胜脱贫攻坚座谈会上的讲话内容，模拟开展"坊城新村脱贫攻坚恳谈会"，模拟领导干部与村民共商乡村振兴方略、共话脱贫攻坚奔小康、建设美丽家园的过程，汇总形成《坊城新村关于推行"民意恳谈会"模式推进乡村脱贫致富的实施意见》等文字材料，在活动中培育学生科学精神和主人翁精神。

[议学活动]通过模拟恳谈会方式商议、讨论、评析完善个人收入分配的措施，并形成相应文字材料。

[教师]教师点评并归纳完善个人收入分配的措施。

[答案提示]和当地龙头企业开展合作，实行"村民合作社+龙头企业+农户"经营模式，发展特色生态农业；村民合作社入股企业，企业按照规定标准分红给村集体；利用村民学校、定期聘请专家对村民进行培训，让农民成为有含金量的职业；实行贫困户兜底，大力开发本村公益性岗位，优先解决本村贫困劳动力人口就业问题，实现"一人上岗，全家脱贫"；政府财政资金重点向困难户倾斜，充分发挥政府投入在扶贫开发中的主体和主导作用，全力支持实施大扶贫战略行动，重点支持农村"三变"改革和农民专业合作社发展，因地制宜进行产业扶贫；着力改善制约贫困地区发展的水、电、路、讯、房寨等基础设施条件；统筹教育精准扶贫、新型农村合作医疗、困难群众基本生活救助等专项资金。

坚持经济增长，在促进居民收入同步增长、劳动生产率提高的同时，实现劳动报酬同步提高。初次分配坚持按劳分配原则，完善按要素分配的体制机制；再分配完善以税收、社会保障、转移支付为主要手段的再分配调节机制。规范收入分配秩序，在"扩大、增低、调高、取非"方面持续发力。精准扶贫，消除贫困等。

环节四：议题追问——展望坊城新村的光明未来

[子议题4]现场绘制"坊城新村走向共富"路线图。

[学科概念]完善个人收入分配，必须消除贫困。

[议题情境]由学生生成"坊城新村走向共富"路线图。

[议题任务]小组商议，现场绘制坊城新村走向共富路线图，组长代表本组展示并解读，在活动中培育学生的政治认同素养和主人翁精神。

[议学活动]商议、绘制、展示"坊城新村走向共富"路线图。

[教师]构建本课概念结构。

[答案提示]我们每个人都要积极提高自身素质和技能,靠诚实劳动和合法经营致富;努力拓宽增收渠道,提高家庭收入水平;发挥人民首创精神,努力实现科技和创新成果转化;积极参加城乡居民基本养老保险和医疗保险,维护自身合法权益。通过多方努力,最终促进坊城新村走向共富。

【板书设计】

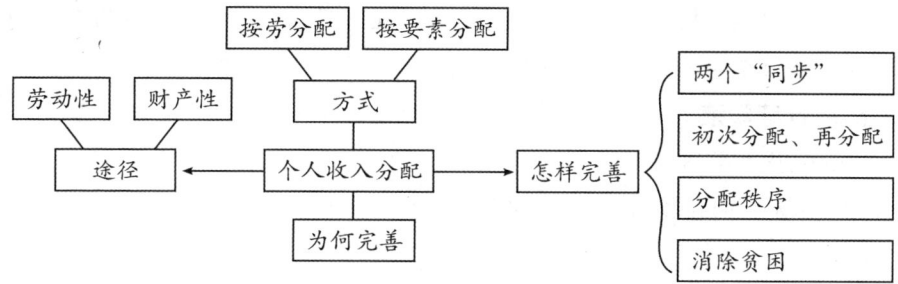

【延伸设计】

(一)思考题

贵州省六盘水市盘关镇贾西村地处乌蒙山区,村里坡耕地占了一半,石漠化面积大。村民们播苞谷、种土豆,产量非常低,贫困发生率曾高达33.8%。专业人员考察后发现,当地山上的野果子——刺梨耐旱、耐瘠,保水保土,适合石漠化山区生长。刺梨因富含维生素C而畅销,并且1年种植,3年结果,能收获三四十年,一亩地年收入近4000元。

盘关镇党委经过调研,决定以贾西村为核心区,联合7个贫困村,组建刺梨农民专业合作总社,引导国有企业参股介入,形成"公司+总社+分社+农户"的合作经营新模式:公司负责深加工、销售,发挥龙头优势;总社统一资金、种苗、技术;分社组织农户种植、管护。改革使农户每年享有耕地保底分红,农民成了产业工人,不仅有务工收入,还按参股比例分配利润。3年来,园区刺梨种植面积迅速扩展,覆盖村户快速扩大,2016年产业带动人均增收3940元,257户685人稳定脱贫。

(1)请运用所学经济生活相关知识,分析盘关镇的合作经营模式如何促进当地贫困户脱贫。

(2)假设你被派到农户家做工作,你会采取什么方式劝说农民改变传统经营方式,参与刺梨专业合作社?(列举两个办法)

参考答案:

(1)①该镇根据当地生产特点和市场需求,调整经营战略,种植适销对路的农产品;②创新了经营模式和管理方式,分工协作,延长产业链,增加产品附加值,提高资源利用率和经济效益;③完善了收入分配关系,农民变产业工人,劳动收入增加;农民按照参股比例分配利润,农户的耕地保底分红,生产要素按贡献获得收入,促进当地贫困户脱贫。

(2)①在当地找几名通过转变经营方式、参加合作社实现脱贫的农民到其他农户家里"现身说法";②请农民到刺梨专业合作社实地参观,详细介绍刺梨专业合作社的经营方式和收入分配方式。

(二)推荐阅读

1.马克思:《哥达纲领批判》。

2.约瑟夫·斯蒂格利茨:《经济学》。

"我国的社会保障"教学设计

朱彬彬(江苏省苏州市吴江高级中学)

议题:如何从再分配中品味获得感?

【思路框架】

任务线:由"描述、理解社会保障形式—辨析、理解社会保障意义—评析、迁移社会保障举措—全面分析政府责任"组成,指向学科核心素养。

情境线:由"家庭收入来源情况—工作岗位两难选择—社会保障现状的社情民意调查报告—某公民的观点"组成,为议学活动提供载体。

议题线:由中心议题统领的"议题描述—议题辩论—议题决策—议题追问"四个环节组成,每个环节由一个子议题引领,使议学贯穿教学始终。

活动线:由"调查商议—辩论争议—调查商议—商议展示"组成,每一环节都以"展示"呈现议学成果。

【基础设计】

(一)教材分析

1.本课地位:"我国的社会保障"是思想政治必修2《经济与社会》第四课"我国的个人收入分配与社会保障"第二框内容。本框是对前一框"我国的个人收入分配"中再分配的进一步阐述,作为再分配重要形式的社会保障是促进社会公平的重要途径,直接影响人们的获得感、幸福感、安全感。

2.本课内容:本框主要介绍我国依法建立起由政府和社会承担主要责任的社会保障"安全网",内容共分两目。

第一目"多种多样的社会保障",主要内容是社会保障的实现形式和意义。通过"探究与分享"中的"人物对话"情境,引发学生思考社会保障的形式、探究社会保障的意义,接着通过"文字描述""相关链接"板块对社会保障的意义及形式具体分析。

第二目"完善社会保障体系",主要阐述完善社会保障体系的举措。通过4段"文字描述"、3个"探究与分享"、2个"相关链接"介绍我国社会保障的现状,以及全面建成覆盖全民、城乡统筹、权责清晰、保障适度、可持续的多层次社会保障体系的目标。

（二）学情分析

1.学生心智特征分析：高一学生具备一定的观察能力和逻辑思维能力，能够在分析经济现象过程中进一步提升能力和素养。对于新的经济领域，学生有一定的探究兴趣，但对理论性较强的内容，需要通过围绕生活议题的议学活动保持学习热情。

2.学生已有经验分析：一方面，学生通过前面的学习已具备一定的经济学素养为本框学习打下基础；另一方面，学生通过搜集资料、走访、调查等方式，对社会保障有初步了解，但整体认知比较零散。

（三）教学目标

结合家庭收入实例，面对社情民意反映情况，通过对我国社会保障的形式、措施和意义的学习，掌握我国社会保障的基本知识；通过调查、辩论、走访和评析等活动，培养学生获取和解读信息、分析和综合的能力；通过学习社会保障制度，增强对我国社会保障制度的认同，引导学生坚持马克思主义世界观和方法论的科学精神，提高学生的政治素养、科学思维。

（四）教学重难点

本课重点是政府完善社会保障的举措；本课难点是对社会保障意义的理解。

（五）教学方法

议题式教学法、情境教学法。

【主体设计】

（一）资料搜集

网络搜集我国当前社会保障的发展现状和当地社会保障的主要举措。

（二）自主梳理

1.进行家庭收入来源小调查，并将不同的收入方式进行分类，小组长负责汇总组内成员不同家庭收入渠道，并做好课堂展示准备（可做PPT）。

2.分小组走访当地财政部分、社会保障部门、居民等，进行当前我国社会保障满意度调查，既可制作调查问卷，又可录制现场问题采访，课堂以视频或图表的方式展示调查结果。

(三) 重点理解

环节一：议题描述——家庭里的获得感

[子议题1]家庭收入可能涉及社会保障的哪些形式？

[情境]学生代表分享本组成员的家庭收入情况属于初次分配还是再分配。

[活动1]学生通过小组商议、展示的方式，将家庭收入中涉及再分配的部分进行分类，并描述社会保障的形式。

[答案预设]家庭收入主要涉及社会保险、社会救助、社会福利、社会优抚等社会保障形式。其中，基本养老保险、医疗保险、失业保险等属于社会保险，领取低保金是社会救助。另外，还有企业年金等。

[设计意图]以学生熟悉的自身家庭收入情况为学习起点，通过商议分类，引导学生明晰初次分配和再分配，并进一步厘清社会保障的形式，减少相关政策与学生生活距离甚远的尴尬，激发探知热情。

环节二：议题辩论——工作中的获得感

[子议题2]要高薪还是要保障？

[情境]某毕业生找工作，面对两个企业进行选择。试用期满后，A企业月薪9000元，社保自理。B企业月薪5000元，单位负责缴纳"五险一金"。（注：根据《中华人民共和国社会保险法》规定，用人单位和职工应当依法缴纳有关保险）

[活动2]学生通过商讨、辩论的方式，运用生活经验和相关学科内容，分组对"要高薪还是要保障"进行辩论，在辩论中明晰社会保障的意义。

[答案预设]"要高薪"的主要理由：收入是消费的前提和基础，高薪能够提高当前消费水平；投资理财有更高回报的可能，能够更好地改善未来生活；对社保未来支付预期和通胀贬值风险的担忧等。

"要保障"的主要理由：社会保障能够增强未来收入预期，增强获得感、幸福感、安全感，引导人们放心消费；通过分摊风险与责任共担，保障在年老、疾病、工伤、失业等情况下依法获得物质帮助；等等。

[设计意图]创设找工作过程中的"两难选择"情境，引导学生在独立思考、观点归类基础上分组辩论，帮助学生在辨识、争议中厘清实施社会保障的意义，涵养政治认同、科学精神、法治意识、公众参与等学科核心素养。

(四) 重点应用

环节三：议题决策·民意中的获得感

[子议题3]评析政府运用再分配手段保障和改善民生的举措。

[情境]分享走访当地(执教者所在地是江苏吴江)财政部门、社会保障部门、居民所搜集到的关于社会保障的社情民意,包括采访视频和问卷调查统计结果等。

[活动3]学生通过商议、展示的方式,分析社会保障的现状,寻找优势。结合社会生活,为进一步完善社会保障体系提出小组建议。

[答案预设]目前,吴江区正实施推进吴江社保体系融入苏州计划,包括吴江社会保障卡在苏州市区同城看病、养老待遇标准稳步提高、社会保险部分政策接轨苏州等,该行动是政府积极推进社保覆盖全民、城乡统筹的举措。然而还存在部分小微企业员工、农民工、非正规就业者等是否真实参保问题,不同区域之间、城乡之间、编制人员之间享受的社会保障差距问题,说明政府需要进一步探索新时代社会保障发展之路。

[设计意图]通过小组合作走访、问卷调查、汇总展示等方式,分析我国社会保障发展现状。一方面,使学生在活动中感受当前社会保障给人们带来的获得感,体会优越性、增强认同感。另一方面,在探寻社会保障完善方向的过程中,培养科学精神和公共参与等学科核心素养。

(五)重点迁移

环节四:议题追问·理性中的获得感

[子议题4]评析"不工作,政府也要管我们生活"的观点。

[情境]党的十九大报告提出,要全面实施全民参保计划。有人认为,我国是社会主义国家,社会保障就应该好,即使不工作政府也要管我们的生活。

[活动4]学生通过小组商议、展示的方式,商讨评析观点,明确社会保障的"权责清晰""适度可持续"。

[答案预设]我国是社会主义国家,应维护好弱势群体利益,建立起覆盖全民、没有漏洞的社会保障体系"安全网"。对"即使不工作,政府也要管我们生活"的观点进行具体分析。一方面,政府既要尽力而为,不断满足人民的社会保障需求,充分发挥社会主义国家的优越性;又要量力而行,坚持社会保障水平与经济社会发展相适应,实现社会保障可持续发展。另一方面,公民应树立"劳动最光荣、劳动最美丽"的观念,通过辛勤劳动、诚实劳动实现美好生活。同时,完善社会保障体系,也须企业自觉遵守相关法律法规,共同承担相应责任。

[设计意图]引导学生在观点商讨评析中明确政府、企业、个人和其他单位在完善社会保障体系中的权利与责任,帮助学生提高价值辨识能力、辩证思维

能力,增强法治意识,树立社会主义核心价值观等。

【板书设计】

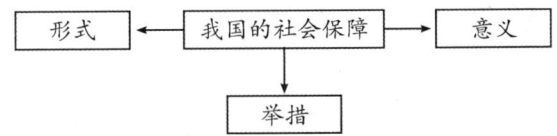

【延伸设计】

(一) 思考题

据有关数据显示,截至2020年末,我国社保卡持卡人数已达到13.35亿人,覆盖95%人口和所有地市。全国基本养老、失业、工伤保险参保人数分别增长至9.99亿人、2.17亿人、2.68亿人。这张全球最大社会保障网还在不断织密,未来将"兜"住和保障每一个人。然而,连续6年社保基金出现缺口。经济发展遇阻是一方面,养老金缺口也在逐渐扩大是另一方面。随着老龄化加重、新生人口减少,领取养老金人数逐年增加,而缴纳社保的人却越来越少。这样下去,人们缴纳的社保费用将逐渐不能覆盖养老金的发放成本。同时,随着人们生活水平的提高,通胀激增、物价飞涨,人们的各项支出也不断增加,养老所需的费用也变得越来越多。

请运用"我国的社会保障"相关知识,为国家解决养老问题出谋划策。

参考答案:①国家既要尽力而为,又要量力而行,要坚持社会保障水平与经济社会发展相适应。②要做到权责清晰,明确政府、企业、个人和其他单位各方的权利与责任。③鼓励个人选择社会保障与商业保险相结合的养老模式。④促进社会经济可持续发展,同时促进社会保障持续发展,全面建成覆盖全民、城乡统筹、权责清晰、保障适度、可持续的多层次社会保障体系。

(二) 推荐阅读

郑功成:《中国社会保障30年》《中国社会保障改革与发展战略:理念、目标与行动方案》。

"始终坚持以人民为中心"教学设计

严 蕾(河南省开封市第七中学)

议题:如何理解中国共产党要始终坚持以人民为中心?

【思路框架】

任务线:本课的任务线是按照"是什么—为什么—怎么做"的思维逻辑进行架构的。以中国共产党的初心和使命的发问为切入点,通过党的重要政策和重大活动明晰党的相关知识—以"在抗疫前线共产党员能不能讨价还价"为辩题理解中国共产党为什么要以人民为中心—以针对开封市委如何全面打赢疫情防控战撰写新闻稿为任务迁移所学知识,完成教学任务。

情境线:由抗疫中央部署—抗疫党员担责—抗疫新闻发布组成,为"议学"提供了学习载体。

问题线:由总议题和下设的"议题描述—议题辩论—议题决策"三个环节组成,每个环节由一个子议题引领,以议题贯穿整个课堂教学始终和掌控教学活动方向,为"议学"提供学习引导。具体表现为:中国共产党是一个什么样的党—中国共产党为什么要以人民为中心—中国共产党如何做到以人民为中心。

活动线:由商议、展示—辩论、展示—撰写、展示组成,形成"议""辩""展"三位融合的格局,为"议学"提供了学习路径。具体表现为:连线中国共产党相关知识—"议题辩论·一线岗位全部换上党员,能不能讨价还价"—代表模拟新闻发布。

【基础设计】

(一)教材分析

1.本课地位:本节课是思想政治必修3《政治与法治》第二课第一框内容。本框题包含"党的性质和宗旨""党的执政理念"两目内容。第一课主要讲述中国共产党的建党历程。从第二课开始讲述中国共产党的先进性。本课承接前一课"历史和人民的选择",继而从党的性质、宗旨、执政理念、指导思想等层面论证"中国共产党的先进性",为后一课"坚持和加强党的全面领导"起到自然过渡和理论证明的作用。

2.内容分析:本课由探究活动目标、探究活动建议和探究活动路径组成。

探究活动目标部分主要阐述内容:掌握党的性质、宗旨及执政理念等知识点,坚定认同中国共产党是有别于其他政党的先进党组织,落实学生政治认同核心素养和迁移知识解决实际问题的能力。

探究活动建议部分主要阐述内容:提供具有子议题性质的三个议题"中国共产党是一个什么样的党""中国共产党为什么要以人民为中心""中国共产党如何做到以人民为中心",并提供相应的教学提示和探究路径。

(二)学情分析

1.学生心智特征分析:本框内容的教学对象为高二学生,教材内容思路清晰,内在结构化特点比较明显,便于学生学习。高二学生的思维水平已发展到一定层级,逻辑抽象思维已经具有一定的假设性和预设性,在教师引导下能够对社会相关事件进行判断和分析。

2.学生的认知结构分析:本课为新教材学习内容,学生尚未接触、阅读和学习过,是一个新领域。但高二学生已学习现有教材《政治生活》中有关中国共产党的相关知识,为本课学习奠定了一定基础。同时,学生寒假期间通过网络、电视等获得大量有关疫情防控的事例,为深入感知和探究本课情境做了积累。但对于中国共产党"为什么要"和"如何要"以人民为中心的深层次理解及抗疫事例背后的理论依据认知尚有提升空间。学生以前没有接触过议题式教学,在抱有一定期待的同时也存在挑战。

(三)教学目标

1.必备知识目标:明确党的性质、宗旨、根本立场、执政理念,理解党始终以人民为中心的表现,运用党始终坚持以人民为中心的相关知识分析、解决现实问题。

2.关键能力目标:培养学生的探究学习能力、合作学习能力。

3.学科素养目标:

(1)通过学习党的基础知识,认同共产党以人民为中心的根本立场,加深对中国共产党以人民为中心和保持先进性的理解。

(2)通过学习本课知识使学生升华对党的先进性的认识,自觉向党组织靠拢,自觉投身改革开放和新时代建设。

4.核心价值目标:树立坚持和支持中国共产党执政的坚定信念。

(四)教学重难点

1.教学重点:中国共产党始终坚持以人民为中心的原因及具体要求。

2.教学难点:贯彻落实党的执政理念的具体要求;中国共产党以人民为中心的具体要求。

(五)教学方法

议题式教学法、情境式教学法、合作探究教学法。

【主体设计】

(一)资料搜集

课前查阅相关资料和观看视频,并结合自己生活实际了解以下问题:

1.上网了解中国共产党及其党员在抗击新冠肺炎疫情中发挥的作用,感悟党的人民立场和党群关系。

2.结合预习导学案预习本课,初步了解教材。

(二)自主梳理

1.中国共产党是一个什么样的党?(是什么)

2.中国共产党为什么要以人民为中心?(为什么)

3.中国共产党如何做到以人民为中心?(怎么做)

(三)重点知识的理解、迁移、应用

【总议题】如何理解中国共产党要始终坚持以人民为中心?

导入:中国共产党人的初心和使命是什么?

环节一:议题描述·以初心视角明中心

[子议题1]中国共产党是一个什么样的党?

[议题情境]习近平总书记强调,各级党委和政府要始终坚持把人民群众生命安全和身体健康放在第一位。一个月内,中央政治局常委会连续三次召开会议,突出强调把人民群众生命安全和身体健康放在第一位。2020年2月3日的会议上,习近平指出,这次疫情发生以来,党中央高度重视,始终把人民群众生命安全和身体健康放在第一位。2020年2月12日的会议上,习近平总书记再次强调,自新冠肺炎疫情发生以来,我们始终坚持把人民群众生命安全和身体健康放在第一位,按照坚定信心、同舟共济、科学防治、精准施策的总要求,全面开展疫情防控工作。疫情防控是一场保卫人民群众生命安全和身体健康的严峻

斗争。把人民的生命安全和身体健康摆在最高位置,是习近平一以贯之的要求。

[活动1]

1.思考:上述材料体现了"坚持以人民为中心"框题中国共产党的哪些知识?

2.请你完成下面的知识连线

党的性质　　　　　　　　　　全心全意为人民服务

党的根本立场　　　　　　　　为人民谋幸福

党的根本宗旨　　　　　　　　人民立场

党的根本使命　　　　　　　　立党为公、执政为民

党的执政理念　　　　　　　　两个先锋队

[设计意图]以"议题描述·知情连线"形式,通过线性关联了解并识记本框题中有关中国共产党的知识,实现经验逻辑与学科逻辑的统一,让学生带着分辨、比较的思维学习,从对政治思想的依从转向政治认同。

[答案提示]

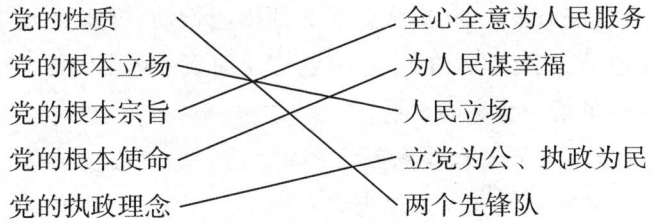

环节二:议题辩论·以初心视角辩中心

[子议题2]党为什么要以人民为中心?

[议题情境]2020年1月29日上午,记者在华山医院采访上海医疗救治专家组组长、华山医院感染科主任张文宏时,他说,华山医院派驻党员医生去武汉增援,是不打招呼的,是直接派驻。同时,张文宏还表示,今天他新做了两个决定,"自己每星期要进行一到两次隔离区查房,主要是消除一线工作人员的恐惧;对新年到现在值班的医生进行换岗,一线岗位全部换上党员,没有讨价还价的余地!"

[活动2]

在"鱼骨"三个顶端分别写赞成的三个理由的关键词,在"鱼骨"的三个底端分别写上反对的三个理由的关键词,选择一方观点开展组内商议,形成支撑观点的论述后开展组际辩论。

[设计意图]以"议题辩论·一线岗位全部换上党员,能不能讨价还价"的

形式,实现课程内容活动化,让学生在辩论中深入理解中国共产党及其党员之所以在人民、国家和民族出现危机和困难时不能"讨价还价",必须以人民的立场为其根本立场、必须以人民为中心的根本原因就在于其先进性和先锋性,在于中国共产党的性质所决定的党的利益观。引导学生深入领悟何为"党的先锋队性质"和何为"党员的先进性",体会中国共产党的先进性是通过党员的先进性具体表现。"在一切困难和危险的时刻挺身而出,英勇斗争,不怕牺牲"是党章中规定的党员义务,每一位党员必须履行。同时,在"危急关头豁得出来"也是《中国共产党党员教育管理条例》对党员的要求。因此,一线岗位全部换上党员,是不能讨价还价的。通过议题辩论让学生在"越辩越明"中开阔思维、追求真理、锤炼口才、提高修养,进而在真学、真懂、真信、真用中提高学生学科核心素养。

[答案提示]共产党员不能"讨价还价"是由党的"先锋队"性质决定。党的性质表明它是一个以人民为中心的党,决定了它的根本宗旨、根本立场、根本使命、执政理念、党员义务、党的利益观、入党誓词也都必须坚持以人民为中心。因此,党中央要求疫情发生时,广大党员必须迅速行动、挺身而出、冲锋在前,把战斗堡垒建在前沿,把党旗插在抗疫一线,守土有责、守土担责、守土尽责,让党旗在防控疫情斗争第一线高高飘扬!

环节三:议题决策·以初心视角践中心

[子议题3]党如何做到以人民为中心?

[议题情境]自2020年2月以来,开封市已陆续复产、复工和复学,且一切井然有序。各级单位都能做到坚持一手抓疫情防控一手抓继续发展。同时,开封市委就"举全市之力全面打赢疫情防控攻坚战"召开新闻发布会。

[活动3]如果你是开封市委新闻发言人,请你为开封市如何"全面打赢疫情防控战"拟定新闻发言稿,代表模拟新闻发布。

[设计意图]以"议题决策·代表模拟新闻发布"形式,引导学生深入探讨"开封市委要如何全面打赢疫情防控攻坚战"和"中国共产党如何做到以人民为中心",为家乡出谋划策,提升学生对中国共产党人不忘初心、牢记使命的认同,在活动型学科课程学习中,由认识世界走向改造世界,在实践创新中应对困难和挑战,提升公共参与等学科核心素养。

[答案提示]牢记党的初心和使命,坚持全心全意为人民服务的根本宗旨,站在最广大人民的根本立场上,做到立党为公、执政为民,坚持为人民做事,坚持向人民学习,坚持党在社会主义初级阶段的基本路线。

【板书设计】

第二课 中国共产党的先进性 ⎰ 2.1 始终坚持以人民为中心
　　　　　　　　　　　　　⎨　党的性质和宗旨　　　　　　　党的执政理念
　　　　　　　　　　　　　⎪　党的性质：两个"先锋队"　　　立党为公，执政为民
　　　　　　　　　　　　　⎪　党的根本立场：人民立场　　　　　　⇩ 要　求
　　　　　　　　　　　　　⎪　党的宗旨：全心全意为人民服务
　　　　　　　　　　　　　⎪　　　　　　　　　　　　　　(1)践行全心全意为人民服务的
　　　　　　　　　　　　　⎪　　　　　　　　　　　　　　　　 根本宗旨
　　　　　　　　　　　　　⎪　　　　　　　　　　　　　　(2)坚持党在社会主义初级阶段
　　　　　　　　　　　　　⎪　　　　　　　　　　　　　　　　 的基本路线
　　　　　　　　　　　　　⎩ 2.2 始终走在时代前列

【延伸设计】

（一）思考题

自党的十八届五中全会首次提出"坚持以人民为中心的发展思想"以来，"以人民为中心"已成为习近平总书记关于精准扶贫、精准脱贫工作重要论述的精髓。贫困地区党委和政府坚持把脱贫攻坚作为"十三五"期间头等大事和第一民生工程来抓，做到人员到位、责任到位、效果到位；加大内生动力培育力度，教育和引导贫困群众通过自己的辛勤劳动脱贫致富，提高贫困群众的自我发展能力；经过8年持续奋斗，近1亿贫困人口实现脱贫，取得令全世界刮目相看的伟大历史性成就。

结合材料，运用以人民为中心的原理，谈谈如何理解中国共产党要以人民为中心高质量打赢脱贫攻坚战这一重要论述？

参考答案：①党中央坚持人民至上、以人为本，把贫困地区群众迈向小康社会、过上好日子作为脱贫攻坚的出发点和落脚点。②党中央团结和带领贫困地区群众，加大内生动力培育力度，充分尊重人民主体地位和人民群众的首创精神，不断从人民群众中汲取智慧和力量，依靠人民群众完成新时代脱贫攻坚的目标任务。③经过8年持续奋斗，近1亿贫困人口实现脱贫，极大增强了人民群众的获得感、幸福感、安全感，彻底改变了贫困地区的面貌，提高了贫困地区人民的生活质量，取得令全世界刮目相看的伟大历史性成就。

（二）推荐阅读

1.罗平汉：《红船精神》。

2.焦守云：《我的父亲焦裕禄》。

"始终走在时代前列的中国共产党"教学设计

叶佳晨（浙江省温州市第十四高级中学）

议题：中国共产党为何能始终走在时代前列？

【思路框架】

任务线：自主收集党史素材，解释中国共产党领导和执政地位确立的原因，认同党的执政地位——描述身边共产党员在抗疫中的先进事迹，以撰写表彰词的方式总结"新时代的布鞋精神"，论证中国共产党的性质和宗旨——走访温州皮鞋企业的党组织，了解改革开放以来在党的领导下温州皮鞋业的发展历程；通过小组合作探究，论证温州皮鞋业的发展和党的领导、人大立法之间的联系，掌握党依法执政的基本方式，感悟党是领导一切的。

情境线：红军长征草鞋、中国共产党党史——共产党人的布鞋精神——温州皮鞋业发展历程、改革开放以来党的部分三中全会简要回顾、我国现行宪法的历次修改。

问题线：中国共产党如何穿着"草鞋"取得执政地位（课堂演讲）——"布鞋精神"寄托了中国共产党怎样的初心（师生对话）——布鞋精神在新时代有何表现（课堂展示）——温州皮鞋业的发展和党的领导有何联系（小组讨论）人大立法和党的领导有何联系（小组讨论）如何全面理解中国共产党依法执政（小组讨论）。

活动线：（可分组进行）收集党史素材，撰写"百家讲坛"发言稿——访谈优秀共产党员，撰写表彰词——走访温州皮鞋企业的党组织，制作展示课件。

课堂思维活动：课堂展示之"百家讲坛"——师生对话——课堂展示之"表彰大会"——课堂展示之"温州皮鞋业发展历程"——小组讨论。

【基础设计】

（一）教材分析

1.本课地位："始终走在时代前列的中国共产党"是《政治与法治》第一单元

的综合探究课,是对第一单元内容的整合与提升。

2.内容分析:本课由探究活动目标、探究活动建议、探究路径参考和结语组成。

探究活动目标部分主要阐述内容:思考党在不同历史时期所面临的问题和挑战,就"党如何保持本色、坚持特色、与时俱进"展开探究,深化对坚持党的领导的政治认同。

探究活动建议部分主要阐述内容:提供了"为什么中国共产党执政是历史和人民的选择""怎样高扬永不褪色的旗帜""如何理解依法执政"三个子议题,并提供了相应的教学提示和探究路径。

结语部分主要阐述:办好中国的事,关键在党,关键在加强党的领导和党的建设。

(二)学情分析

1.心智特征:本课内容的教学对象为高一学生。教材内容思路清晰,但理论性较强、结论性表述较多,需要选用合适的教学方法和情境素材激发学生学习兴趣、触动学生情感体验。

2.认知结构:通过对第一单元三节课的学习,学生了解了中国共产党的性质、宗旨和指导思想,明确了党的执政地位是历史和人民的选择,但对"为什么在不同历史时期始终要坚持中国共产党的领导""中国共产党为何在不同历史时期始终能领导"背后的深层原因缺少明确认识。因此,本课需要将第一单元知识串联起来,通过思考党在不同历史时期面临的挑战和采取的解决方法,认识到不管在什么时期,中国共产党始终走在时代前列。

第一个子议题"为什么中国共产党执政是历史和人民的选择",这部分内容在初中道德与法治和历史课中有所涉及,教学难度较小,重点在于如何让学生从情感上认可中国共产党执政地位的确立。第二个子议题"怎样高扬永不褪色的旗帜",这部分内容在第二课中的呈现较为理论化,学生需要从具体事例、身边故事中验证党的性质、宗旨和指导思想等方面优于其他政党的特质,从中国共产党员身上感受党员的先锋模范作用。第三个子议题"如何理解依法执政",学生生活中对这部分内容接触较少,是本课重难点,应结合党依法执政的具体事例进行突破。

（三）教学目标

1.必备知识目标：解释中国共产党领导和执政地位确立的原因，感受中国共产党的性质和宗旨，感悟中国共产党员的先锋模范作用，掌握党依法执政的基本方式。

2.关键能力目标：结合所学历史、政治知识，能运用唯物辩证法的历史观观察、分析问题；能够通过对身边人、身边事的观察，感悟中国共产党员的先锋模范作用。

3.学科素养目标：自主搜集情境素材，解释中国共产党领导和执政地位确立的原因，提升政治认同和科学精神；总结"新时代布鞋精神"特点，提升法治意识和科学精神。

4.核心价值目标：通过了解"布鞋精神"，明确党的初心；通过走访温州皮鞋企业的党组织，了解改革开放以来在党的领导下温州皮鞋业的发展历程；通过论证温州皮鞋业的发展和党的领导、人大立法之间的联系，感悟党是领导一切的。

（四）教学重难点

教学重点：阐明在不同的历史时期，中国共产党都走在时代前列，都是中国特色社会主义事业的领导核心。

教学难点：阐明依法执政的内涵，明确党领导人民制定法律、在宪法和法律范围内活动的方式。

（五）教学方法

议题式教学法、社会实践教学法。

【主体设计】

（一）社会实践活动

1.利用影视资源，如观看《建党伟业》《建国大业》等影片，也可到图书馆或者使用网络查阅中华人民共和国成立前国内政治局势相关资料，以"中国共产党是如何取得执政地位的"为主题撰写"百家讲坛"发言稿。

2.关注身边人、身边事，访谈优秀中国共产党员，了解他们的先进事迹。

3.走访温州皮鞋企业的党组织，了解改革开放以来在党的领导下温州皮鞋业的发展历程，思考党依法执政的表现。

表1 改革开放以来在党的领导下温州皮鞋业发展状况调查表

时间段	温州皮鞋业发展状况	在该发展阶段,党有何作为 (包括企业、市委、中央等各级党组织)

(二)课堂思维活动

(导入)实物展示旅游纪念品——红军长征所穿的草鞋,提问:"中国共产党如何从草鞋开始,始终走在时代前列",引出本课课题和议题。

环节一:打双草鞋送红军

[子议题1]为什么中国共产党执政是历史和人民的选择?

[议题情境]情境一:1945年国共力量对比数据

	中国共产党	国民党
军队	127万	430万
武器	小米加步枪	飞机、大炮、坦克
国土占有	1/4	3/4
人口拥有	1.3亿	3亿

情境二:红军长征前夕,江西人民连夜赶制二十万双草鞋送给红军。当地盛行以下小诗:"打双草鞋送红军,表我百姓一片心。亲人穿起翻山岭,长征北上打敌人。"

[学生活动]百家讲坛:结合社会实践活动成果,讲述中国共产党如何穿着"草鞋"取得执政地位。

[设计意图]"中国共产党执政是历史和人民的选择"相关内容学习难度较低,学生可以运用所学历史、政治知识并结合社会实践成果加以分析,提升跨学科学习、整合及运用知识的能力。通过"草鞋"体现中国共产党与老百姓的感

情,让学生感受人民从心底拥护中国共产党。

[答案提示]我们可以发现,国民党独裁的野心暴露后,被中国人民抛弃了,半殖民地半封建道路被否定。而在当时,国内民族资产阶级力量较小,缺乏社会基础,不符合国情,资本主义道路走不通。最后,我们选择走中国共产党主张的社会主义道路是历史发展的必然结果。此外,从老百姓"打双草鞋送红军"的情意中我们也可以发现,中国共产党赢得了民心,是人民选择了中国共产党。可见,中国共产党领导和执政地位的确立是历史和人民的选择!

环节二:一双布鞋寄初心

[子议题2]怎样高扬永不褪色的旗帜?

[议题情境]中华人民共和国成立初期我国领导人走访群众时穿布鞋的照片。

情境二:中国共产党人的"布鞋精神"。

过去,皮鞋属于奢侈品,老百姓们大多都穿布鞋。中国共产党员穿上轻便实用、入乡随俗的布鞋,保持淳朴乡风,多与百姓接触,在基层听民意、解民忧,做百姓可亲可敬的干部,能增加党群间的亲近感。

"穿布鞋"渐渐演变成一种"布鞋精神"。它的寓意在于,中国共产党员要多走巷道田埂,随时感知基层大地的气息;多到群众中去,随时了解基层群众的心声;体察民情民意,作为决策之依据;体味民疾民苦,多做排忧解难之事。

[学生活动]

1.思考:"布鞋精神"寄托了中国共产党怎样的初心?

2.以"新时代的布鞋精神"为主题,收集身边中国共产党员抗疫先进事迹,并为他们撰写表彰词。

[设计意图]要高扬永不褪色的旗帜,要求中国共产党不忘初心、牢记使命。为了使学生更加直观地理解中国共产党的初心,该环节在情境选择上围绕"布鞋"这一具体事物,将中国共产党的性质和宗旨具象化,加深学生的情感体验。之后,将"布鞋"这一具体事物上升为"布鞋精神",使之跨越时代,让学生通过寻找"新时代的布鞋精神",发现即便随着时代发展穿布鞋的人少了,但是寄托着中国共产党初心的"布鞋精神"仍然在中国共产党员中代代传承。

[答案提示]

1.中国共产党的性质是中国工人阶级的先锋队、中国人民和中华民族的先锋队,宗旨是全心全意为人民服务。这决定了党的初心是为中国人民谋幸福、为中华民族谋复兴。

2.可以收集身边中国共产党员在疫情期间坚守岗位、为民服务的先进事迹,结合他们的事迹撰写表彰词。

环节三:微观皮鞋悟执政

[子议题3]如何理解依法执政?

[议题情境]

情境一:展示学生课前社会实践成果。

表2 改革开放以来在党的领导下温州皮鞋业发展状况调查表

时间段	温州皮鞋业发展状况	在该发展阶段,党有何作为 (包括企业、市委、中央等各级党组织)

情境二:

表3 改革开放以来党的部分三中全会简要回顾

会议	召开时间	中心议题
十一届三中全会	1978年12月	把全党工作重点转移到社会主义现代化建设上来
十二届三中全会	1984年10月	经济体制改革
十三届三中全会	1988年9月	治理经济环境,整顿经济秩序
十四届三中全会	1993年11月	建立社会主义市场经济体制
十六届三中全会	2003年10月	完善社会主义市场经济体制
十八届三中全会	2013年11月	全面深化改革若干重大问题
十九届三中全会	2018年2月	深化党和国家机构改革

情境三：

表4　我国现行宪法的历次修改

会议	年份	部分修改内容
第七届全国人大	1988年	将"国家允许私营经济在法律规定的范围内存在和发展。私营经济是社会主义公有制经济的补充。国家保护私营经济的合法的权利和利益,对私营经济实行引导、监督和管理"写入宪法。
第八届全国人大	1993年	用"社会主义市场经济"取代"计划经济"。
第九届全国人大	1999年	增加"发展社会主义市场经济"的内容,确立了非公有制经济在社会主义市场经济中的地位。
第十届全国人大	2004年	确定了非公有制经济的合法权利。
第十三届全国人大	2018年	增加"中国共产党领导是中国特色社会主义最本质的特征",增加"贯彻新发展理念"。

[学生活动]小组合作探究

1.结合情境一和情境二,思考温州皮鞋业的发展和党的领导有何联系？

2.结合情境二和情境三,思考人大立法和党的领导有何联系,并对《中华人民共和国宪法修正案》的出台过程进行排序。

①中共中央召开党外人士座谈会征求对《关于修改宪法部分内容的建议》的意见

②中共中央讨论形成《关于修改宪法部分内容的建议》

③全国人大常委会经过讨论形成《中华人民共和国宪法修正案》议案

④中共中央向全国人大提出《关于修改宪法部分内容的建议》

⑤全国人民代表大会审议和表决《中华人民共和国宪法修正案》

3.结合上述过程,思考如何全面理解中国共产党依法执政？

[设计意图]

"依法执政"是本课重难点,学生较难理解,需要重点突破。因此,安排学生进行课前社会实践,结合实践成果开展小组合作探究,能培养学生分析探究问题、合作解决问题的自主学习能力,并能在探究过程中深入思考党依法执政的方式和表现。

[答案提示]

1.(学生社会实践成果示例)

表5 改革开放以来在党的领导下温州皮鞋业发展状况调查表

时间段	温州皮鞋业发展状况	在该发展阶段,党有何作为 (包括企业、市委、中央等各级党组织)
70年代末—80年代初	温州皮鞋企业迅速增加	响应国家改革开放号召纷纷创业,并建立企业党组织
80年代中后期	假冒伪劣产品泛滥,温州皮鞋成劣质产品代名词	党中央领导全国人大修改宪法,将"对私营经济实行引导、监督和管理"写入宪法
90年代	整顿鞋业,质量立市	温州市委牵头,地方人大常委会审议通过全国首个地方性法规《温州市质量立市实施办法》企业党组织带头守法,诚信经营
21世纪初期	中外合作,走向世界	在党的领导下我国加入世贸组织,对外开放达到新水平
……	……	……

通过情境一和情境二的对比分析,可以发现温州皮鞋业的发展和党的领导密不可分,党政军民学,东西南北中,党是领导一切的。

2.通过情境二和情境三的对比分析,可以发现党领导人大立法,并梳理出中国共产党领导立法的大致流程为②①④③⑤,明确党依法执政的基本方式。

3.通过对三个情境的探究,明确在社会主义法治中每个环节都需要坚持党的领导。可见,党的领导是社会主义法治最根本的保证和要求。而对于党自身来说,也要在宪法和法律的范围内活动,带头守法。

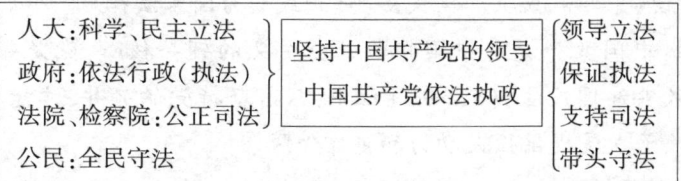

(结语)习近平同志曾说:"'鞋子合不合脚,自己穿了才知道'。一个国家的发展道路合不合适,只有这个国家的人民才最有发言权。"百年来,中国共产党穿着草鞋、布鞋、皮鞋,始终走在时代前列,带领中华民族走出自己的中国特色社会主义道路。新时代,我们有信心、有能力在这条路上越走越远,实现中华民族伟大复兴!

【板书设计】

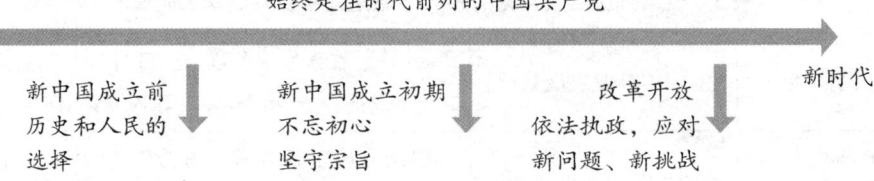

【延伸设计】

(一)思考题

《中华人民共和国民法典》被称为"社会生活的百科全书",是新中国第一部以法典命名的法律,在法律体系中居于基础性地位。

表6 我国推进民法典编纂工作的部分重大事记

2014年11月	党的十八届四中全会明确提出编纂民法典。
2016年6月	十二届全国人大常委会第二十一次会议初次审议了民法总则草案,标志着民法典编纂工作进入立法程序。
2019年12月	《中华人民共和国民法典(草案)》在中国人大网公布并征求社会公众意见。
2020年5月	十三届全国人大三次会议表决通过了《中华人民共和国民法典》,自2021年1月1日起施行。

结合材料,分析民法典的立法过程如何体现中国共产党依法执政?并说明民法典立法过程坚持党的领导的必要性。

参考答案:依法执政是中国共产党执政的基本方式,支持人民代表大会依法履行职能,使党的主张通过法定程序上升为国家意志,是党依法执政的重要体现。《中华人民共和国民法典》的编纂工作首先由中国共产党提出,经过人大的立法程序使《中华人民共和国民法典》正式成为国家法律。

必要性:中国共产党是中国特色社会主义的领导核心,党是领导一切的。在《中华人民共和国民法典》立法过程中,只有坚持党的领导,才能推进全面依法治国,为改革发展提供强大动力和可靠保障。

(二)推荐阅读

1.张珊珍:《党史必修课》。

2.马克思,恩格斯:《共产党宣言》。

"人民代表大会:我国的国家权力机关"教学设计

梁婉雅(华东师范大学教师教育学院)

议题: 五年规划从制定到公布过程如何体现人民民主专政?

【思路框架】

议题线:本课时以"五年规划从制定到公布过程是如何体现人民民主专政的"为总议题,下设4个子议题,制作"十四五"规划名片—"十四五"规划的意见是如何形成的—"十四五"规划纲要制定后如何审议通过—我为上海市"十四五"规划建言献策。

情境线:本课时以当前我国"十四五"规划的制定为总基调,具体从"十四五"规划是什么—规划制定中民意的收集—规划纲要最后通过的流程—地方规划的制定切入。

活动线:制作"十四五"规划名片—辩论两种民主形式—讨论人大和人大常委会—查资料,为上海市'十四五'提建议。

任务线:议题内容与课程知识共同贯穿本课时任务。形成对五年规划的整体感知—梳理人大代表的职权与义务,辨析直接民主与间接民主的优缺点—体会人民代表大会、人大常务委员会对我国民主的保障作用—理解各级人大的关系,体验人大代表的职责与使命,迁移、应用学科知识,培养公共参与和科学精神素养。

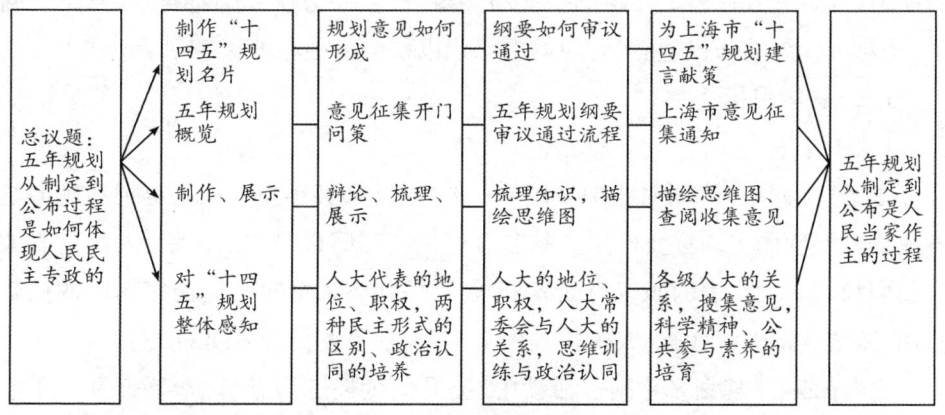

图1 思路脉络图(四条线从上到下分别是议题线、情境线、活动线与任务线)

【基础设计】

（一）教材分析

1.本框地位：本课内容是统编高中思想政治必修3《政治与法治》第二单元"人民当家作主"第五课"我国的根本政治制度"第一框"人民代表大会：我国的国家权力机关"。

其中，第五课内容是对第二单元"人民当家作主"这一主题在根本制度层面上的初步阐释。本课时内容是从民主运行层面对第四课的进一步具体说明，也为下一框讲解人民代表大会制度做好准备。

2.本框内容：本框下设两目，分别是"人民行使国家权力的机关"和"肩负人民重托的人大代表"。其中，第一目讲解人民代表大会的性质、地位、组成、职权、和其他国家机关及人大常务委员会的关系；第二目对人大代表的地位、产生、职权和义务等内容进行具体阐述。

（二）学情分析

1.学生认知结构：本课的教学对象是高一学生。通过必修1、必修2的学习及日常生活经验的积累，他们对我国的政治制度已有初步认识，甚至能够进行简要概括。但是他们对其内在缘由和科学性认识不深，不能联系现实生活中的一些政治现象进行应用，如人大会议等。聚焦本课内容，在初中道德与法治课学习中，尤其在八年级下册和九年级上册学习中，学生已经较为系统地掌握了人大和人大代表的基本知识。

2.学生心智特征：这一时期的学生已经具备一定的公共参与意识和科学辨析能力，开始关心社会上发生的一些新闻事件、重要会议，并渴望参与其中。同时，相对于传统的知识型教学，他们更渴望以议题为中心的探究型活动课程。

（三）教学目标

1.整体目标

了解"十四五"规划对我国发展的重要性，认知五年规划从制定到实施的基本流程并明确民主的重要作用。掌握直接民主与间接民主的区别、人民代表大会的职权及人大代表的职权与义务，理解人民代表大会对人民当家作主的保障作用，系统认知人大代表、人民代表大会、人大常务委员会之间的关系。

在"十四五"规划名片制作活动中，提升学生提炼信息、科学整合及动手能力。在"直接民主与间接民主何者更优"的辩论活动中，提升学生思维辨析能力。在"我为上海市'十四五'规划建言献策"活动中,培养学生搜集信息的能力,激发公共参与的欲望,体会人大代表的职责。

2.核心素养

政治认同:在对五年规划制定的认知中,深入理解我国是人民民主专政的国家,认知人民代表大会在保障人民当家作主中的优越性。

科学精神:在辩论过程中,学会辩证地看待直接民主和间接民主各自的优缺点,对我国的民主实现形式做出自己的思考与判断;在为上海"十四五"规划建言献策活动中,提升收集信息、整合信息、科学分析问题的能力。

公共参与:在对"十四五"规划探究中,培养学生关心时政的习惯,激发社会参与欲望;在知识学习及配套活动开展中提升公共参与能力。

(四)教学重难点

教学重点:理解直接民主与间接民主的区别、人民代表大会的职权、人大代表的权利与义务;梳理人大代表、人民代表大会、人民代表大会常务委员会之间的关系。

教学难点:明确我国民主形式的合理性、人民代表大会的优越性;培养学生的辩证思维能力与公共参与意识,提升公共参与能力。

(五)教学方法

议题式教学法、对话式教学法。

【主体设计】

议题:五年规划从制定到公布过程如何体现人民民主专政?

[导入]同学们,在上节课学习过程中,我们知道了我国是人民当家作主的社会主义国家,人民民主专政是我国的国体。近期召开的中共十九届五中全会即将制定我国第十四个五年规划,这是我国开启全面建设社会主义现代化国家新征程的第一个五年规划,和人民群众的生活息息相关。那么,这么重要且与人民生活密切相关的规划,人民是否参与规划的制定呢?我国五年规划的制定实施如何体现人民民主专政呢?

[导入情境]展示中共十九届五中全会图片。

设计意图:拉近学生与"十四五"规划的心理距离,激发学生对时政的好奇心与公共参与意识。

环节一:

[子议题1]制作"十四五"规划名片。

[议题情境]播放中国新闻社《十九届五中全会,重要在哪?特殊在哪?》视频(00:30-05:30),聆听李君如教授对五年规划制定历史及制定程序的讲解;课前阅读学习成果单中材料一关于五年规划的内容。

[议学活动]商议名片内容,制作名片,展示成果。

[议题任务]形成对五年规划的整体感知,理解我国五年规划制定中党、政、人大的作用。

设计意图:李君如教授对我国五年规划的讲解可以让学生在历史脉络和制定机制上有总体把握,学习成果单中材料一的补充是对此认识的细化。"十四五"规划名片制作,一方面帮助学生梳理我国五年规划的基本知识,解决学生生活困惑;另一方面帮助学生明确人民和人大在五年规划制定中的重要作用。同时,名片制作过程也是学生思维训练过程,能够提升学生信息提取能力、信息整合能力和动手能力。

[成果示例]

"十四五"规划

全称:中华人民共和国国民经济和社会发展第十四个五年规划纲要

基本内容:我国2021—2025年经济、社会的规划

制定时间:2020年

议事程序:中共中央提出建议—国务院组织编制—全国人大审议—全国人民执行规划

重要性:我国全面建成小康社会,实现第一个百年目标后的第一个五年计划

图2 "十四五"规划名片成果示例图

环节二:

[子议题2]"十四五"规划的意见如何形成?

问题链:直接问策于民与咨询代表有何区别—人大代表如何行使职权—问策于民与咨询代表何者更优,还是两者结合。

[议题情境]播放视频《开门问策"十四五" 集思广益绘蓝图》(00:00-01:08)和《"十四五"规划编制工作开展网上意见征求》(00:00-01:50);阅读学习成果单中材料二"十四五"规划开门问策、材料三习近平对人大代表的论述内容。

[议学活动]小组内针对直接民主与间接民主进行辩论、梳理原因、进行展示。

[议学任务]梳理人大代表的权利与义务,辨析直接民主与间接民主的优缺点,理解"十四五"规划编制中采取直接民主与间接民主相结合的原因。

设计意图:初中《道德与法治》教材中对人大代表及人民代表大会对保障我国人民当家作主的作用已有详细阐述。同时,学生课前通过翻阅教材,对本课内容已有自己的理解。在设计上,以"十四五"规划意见形成过程为案例与探究情境,通过小型辩论会让学生自由思考直接民主和间接民主何者更优。一方面,引导学生主动梳理、理解人大代表的产生、地位、权利与义务的知识;另一方面,辩论形式可以引发学生辩证性思考,形成对两种民主形式更科学的认识,理解、认同我国的民主形式。

[成果示例]

一、人大代表的相关内容

产生:人民民主选举

地位:全国人大代表是最高国家权力机关的组成人员

地方各级人大代表是地方各级国家权力机关的组成人员

权利:审议权、表决权、提案权、质询权

义务:模范遵守宪法法律、为人民服务、自觉接受人民的监督

二、辩论中对两种民主方式的认识

(一)直接民主

优点:每个人都可以直接表达自己的意见,激发公众参政热情等。

缺点:效率低下,只适合人民数量较少、人民知识文化素质较高的社会等。

(二)间接民主

优点:通过选举代表,权力仍掌握在人民手中,效率高等。

缺点:人大代表不能代表社会中较小的声音,或没有代表民意,社会上容易出现政治冷漠现象等。

环节三:

[子议题3]"十四五"规划纲要制定后如何审议通过?

问题链:全国人民代表大会如何行使职权—全国人民代表大会常务委员会有什么职权,它与全国人大是什么关系。

[议题情境]展示栗战书在第十三届全国人民代表大会常务委员会第二十一次会议上关于专题调研的讲话,阅读学习成果单材料一中五年规划的制定流程和材料三中习近平对人民代表大会的论述。

[议学活动]讨论、梳理全国人民代表大会和全国人民代表大会常务委员会的职权及其关系。

[议学任务]梳理教材相关知识,尝试构建全国人大与人大常委会的思维导图,体会我国权力机关——人民代表大会对我国民主的保障作用,理解全国人民代表大会常务委员会的重要性与必要性。

设计意图:在制作"十四五"规划名片过程中,学生已知我国的五年规划最终由全国人大审议通过。因此,本议题通过凸显全国人民代表大会常务委员会在五年规划制定、审议过程中的重要作用与学生的原有认知之间的冲突,引起学生对两者关系的好奇心,促进对人大常委会的认识。同时,两者都是我国间接民主的表现形式。"十四五"规划纲要最后的审议通过实质上是对五年规划制定过程中民主重要性的再次体现,是对总议题继子议题2后的再次论证。

[答案提示]
1.全国人民代表大会
地位:我国最高国家权力机关。
权力:最高立法权、决定权、任免权和监督权。
和其他国家机关的关系:国家行政机关、检察机关、审判机关、监察机关都由它产生,受它监督。
2.全国人民代表大会常务委员会
地位:全国人民代表大会的常设机关,最高国家权力机关的组成部分。
与全国人大的关系:由全国人大选举产生,对全国人大负责并报告工作。
权力:立法权、决定权、任免权、监督权,以及全国人大授予的其他职权。
3.思维图在课程结束时统一展示。

环节四:

[子议题4]我为上海市"十四五"规划建言献策。

[问题情境]上海市人大财政经济委员会在沪开展了在沪各级人大代表上海市"十四五"规划征询建议的调查。假如你是人大代表,请通过网络等有效途径反映社会真实情况,代表人民提出建议。

[学习活动]描绘地方各级人大与全国人大的关系,课后查阅资料,形成建议。

[学习任务]理解地方各级人民代表大会与全国人民代表大会的关系;体验人大代表的职责与使命;迁移、应用学科知识,培养公共参与和科学精神素养。

设计意图:从人大代表的角度对上海市"十四五"规划建言献策,其目的有三。(1)上海市"十四五"规划的制定情境选择可以深化学生对我国五年规划的认识;(2)本课议题脉络从全国人民代表大会发展到地方各级人民代表大会,可以帮助学生系统地认识各级人大之间的关系;(3)从人大代表角度进行活动探究,培养学生的科学精神与公共参与素养。

[答案提示]

全国人民代表大会和地方各级人民代表大会都是人民行使国家权力的机关。各级人民代表大会都对人民负责、受人民监督,代表人民统一行使国家权力,决定全国和各级地方的一切重大事务。

[思维导图]

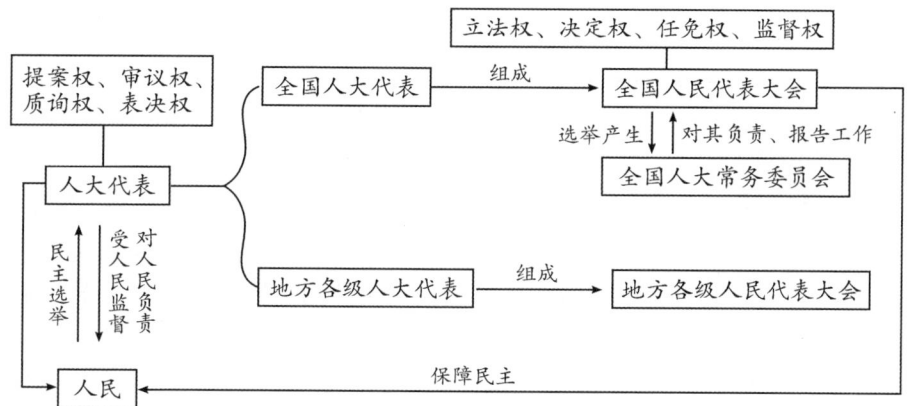

图3　思维导图示例图

【板书设计】

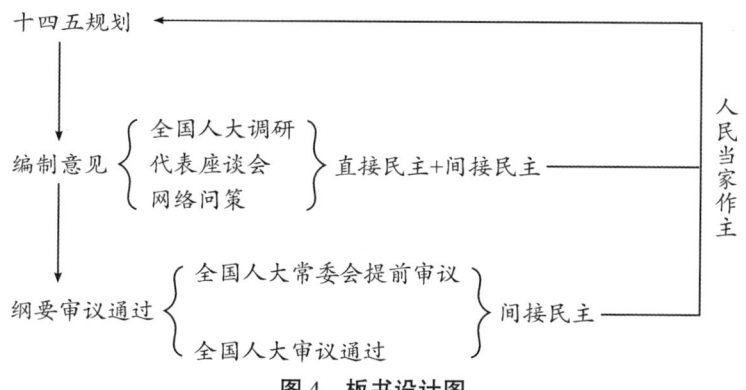

图4　板书设计图

维度	等级
梳理两种民主形式的区别、人大代表的职权与义务、人大的职权的准确性	
绘制思维导图的准确性、合理性、充分性	
在名片制作和搜寻意见过程中,提炼信息、整合信息的合理性和充分性	
在辩论过程中,分析、表述的充分性	
在表述中对人民代表大会的优越性的认识、对我国民主形式的认同	
关心议题中的时政,积极参与课堂探究活动,投身实践	
备注:	
汇总	

图5 学习评价设计图

【延伸设计】

(一) 思考题

1.在《大气污染防治法》执法检查中,全国人大常委会召开人大代表座谈会听取意见,督促政府有关部门就人民群众密切关注的环境问题处理情况作出报告并就存在的问题做出答复。在这次执法检查中   (   )

A.人大代表接受了人民监督

B.人大代表行使了质询权

C.全国人大常委会行使了监督权

D.全国人大常委会行使了执法权

答案:C

(二) 推荐阅读

景跃进,陈明明,肖滨:《当代中国政府与政治》。

"我国的根本政治制度"教学设计

高慧敏(新疆克拉玛依市独山子第二中学)

议题:如何从人大代表履职理解人民代表大会制度的优越性?

【思路框架】

任务线:梳理和了解申纪兰同志作为全国人大代表履职60多年提出的议案,在自主学习中感受人大代表作为人民的代表做出的贡献——共同辨析男女同工同酬提案被写入我国宪法的过程,在讨论与辨析中理解我国人民代表大会制度是如何运行的,彰显制度自信——回顾西沟村的过往,展望西沟村的未来,在小组合作中针对真实情境进行知识迁移,认同人民代表大会制度的优越性,坚定制度自信。

情境线:申纪兰同志提出的各项议案——男女同工同酬被列入宪法的过程——西沟村的发展历史。

问题线:申纪兰同志履职期间提出了哪些具有代表性的议案?(小组课下自主梳理)——为了提出人民满意的议案,申纪兰付诸了哪些行动?申纪兰为什么可以这么做,她发挥了什么作用?(师生对话)——男女同工同酬议案被写入我国宪法的过程是什么?(小组讨论)人民代表大会作为我国权力机关在这个过程中发挥了什么作用?(小组讨论)男女同工同酬被写入宪法并在全国实施的过程如何体现民主集中制的活动原则?(小组讨论)——西沟村的变化发展如何体现我国人民代表大会制度的优越性?(同桌辨析)——在未来中国的发展中,作为青年学生的我们如何接过历史的接力棒助力实现中华民族伟大复兴的中国梦?(项目学习)

活动线:课前小组合作完成搜集整理申纪兰同志履职以来提出的具有代表性的议案,并根据议案内容进行课堂展示——师生对话学习——小组讨论学习——项目化学习。

【基础设计】

(一)教材分析

1.本课地位:"我国的根本政治制度"是《政治与法治》第五课的内容,是我国各项政治制度的基石,也是学生树立制度自信的基石。

2.内容分析:人民代表大会制度是我国的根本政治制度,是我国人民当家作主的制度保障。我国的一切权力属于人民,人民选举人大代表组成人民代表大会,通过人民代表大会制度统一行使国家权力,保障人民当家作主。理解人大代表的职权与义务、人民代表大会的地位与职权,人民代表大会制度的运行及优越性对深化学生的政治认同、强化学生的公共参与能力颇有助益。因此,本课时教学具有重要的理论和实践意义。

本课时是一节高三年级复习课,注重构建理论体系,使学生理解人民代表大会制度保障人民当家作主的作用过程,突出人民代表大会制度的优越性;结合我国典型人大代表履职的历程与现状,说明现阶段人民代表大会制度是适用于中国国情的好制度。

(二)学情分析

1.学生心智特征:作为复习课,高三年级学生对"人民代表大会制度"已有基本知识储备。学生能够厘清我国政体与国体的关系,可构建"人大代表"和"人大"相关知识体系。这一课题为整合课题,学习内容多,知识碎片化,需要整合梳理知识框架,使其与所学知识建立逻辑联系;运用恰当的学科语言表达态度和观点。本课时的政治制度理论性较强,而且较少与学生生活产生实际交集,学生对政治制度理解缺少直观感受,缺乏一定的问题意识。

2.学生认知结构:一方面,学生已经具备小组合作探究能力、信息搜集整理能力、演示说明能力,且能够在议题式教学模式下完成教学任务,已经有相对完整的认知结构,在复习课学习上受原有知识结构的影响;另一方面,学生成长阶段正是我国蓬勃发展时期,学生有自己的直观感受与个人见解。

(三)教学目标

引导学生在课前资料收集、课中共同讨论、课下合作探究中发掘我国人民代表代表大会制度运行的奥秘,培养合作探究能力与辨析能力,培育学生对中国特色社会主义制度的强大自信,认同中国特色社会主义道路、理论、制度与文化。

(四)教学重难点

教学重点:如何看待我国人大代表的作用。

教学难点:正确理解人民代表大会制度优越性。

(五)教学方法

议题式教学法、探究式教学法、项目式学习。

【主体设计】

(一)资料搜集

网络搜集申纪兰同志被选为全国人大代表以来提出的提案。

(二)自主梳理

根据搜集到的提案内容自主梳理、提出缘由,整合提案内容及提案提出后的结果,并制作成PPT。

[导入新课]猜一猜游戏引入:PPT图片展示我国的共和国勋章,请学生猜一猜图片内容。学生猜出图片是我国的共和国勋章后,引出我国获得共和国勋章的9位国家英雄。

教师过渡:这9位获奖者都是在自己耕耘的行业中为我国发展做出卓越贡献。在这9位获得共和国勋章的英雄中有一位平凡但又不平凡的农民,她就是申纪兰同志。

申纪兰同志作为一名平凡的农民,一生都在田间劳作。2020年6月28日,因病于山西省长治市逝世,享年91岁。申纪兰同志作为一名不平凡的共和国勋章获得者,她还是山西省平顺县西沟村党总支副书记,第一届至第十三届全国人大代表。申纪兰被誉为我国人民代表大会制度的"活化石"。作为我国唯一一位连任十三届的全国人大代表,申纪兰说:"当人大代表,就要代表人民,代表人民说话,代表人民办事。"申纪兰是这样说的,也是这样做的。今天就让我们共同追忆申纪兰作为人大代表履职的那些故事,从人大代表的履职探究我国人民代表大会制度的优越性。

环节一:回顾那些年申纪兰提出的提案(问题:我国人大代表如何履职)

(过渡)各位同学在课前小组合作搜集资料的过程中对申纪兰同志有了一定了解。作为唯一一位连任十三届全国人大代表的申纪兰同志,在履职这些年提出了很多优秀提案。接下来,就请每个小组派一名代表为我们展示。

[活动1]每位小组代表有三分钟时间介绍本组选择提案的缘由、依据及提出后的结果,其他同学在聆听展示过程中依据课前分发的评分表为除本组以外的另外两组评分并认真思考两个问题:(1)为了提出人民满意的提案,申纪兰付诸哪些行动?(2)申纪兰为什么可以这么做,她发挥了什么作用?请各位小组

代表明确规则、有序参与、认真思考。学生分享答案后,由教师进行简要梳理。

(小结)教师带领学生梳理人大代表的职权与义务。

(1)人大代表的职权:审议权、表决权、提案权、质询权。

(2)人大代表的义务:与人民群众保持密切联系,听取和反映人民群众的意见和要求,努力为人民服务、对人民负责,并接受人民监督。

(小试牛刀)由学生代表带领同学们一起完成典型例题训练并自主讲解。

[典型例题]我国已成为全球生态文明建设的重要参与者、贡献者、引领者。2018年,某省人大环境与资源保护委员会建立环境资源保护监督系统。通过该系统,人大代表能够在线查阅政府部门对所反映问题的受理、处置和反馈情况,还可查阅国家法律和本省地方性法规。建立环境资源保护监督系统,能够(C)

①强化人大环境监督机构的职能　　②畅通人大代表监督环境问题的渠道
③提高人大代表处置环境问题的能力　　④增强人大代表监督环境问题的时效性

A.①②　　　　B.①③　　　　C.②④　　　　D.③④

(设计意图:①锻炼学生搜集整合材料能力、合作探究能力;②感悟人大代表与人民、人大代表与人大的关系)

环节二:探究男女同工同酬被写入宪法的过程。(问题:我国的人民代表大会制度如何发挥作用)

(过渡)做一名人民满意的人大代表是一门很深的学问。申纪兰同志无疑做到了,她提出的男女同工同酬提案被写入宪法并在全国范围推广。接下来,就让我们共同分析男女同工同酬提案被写入宪法的过程,探究我国的人民代表大会制度如何发挥作用。PPT展示男女同工同酬提案被写入我国宪法的材料。

[活动2]学生根据材料小组讨论以下问题:①男女同工同酬议案被写入我国宪法的过程是什么?②人民代表大会作为我国的权力机关在这个过程中发挥了什么作用?③男女同工同酬被写入宪法并在全国实施过程如何体现民主集中制的活动原则?讨论后采用流程图方式展示分享本组的讨论成果。

(教师小结)引导学生自主归纳人民代表大会、人民代表大会制度相关知识及民主集中制原则。

(小试牛刀)由教师代表带领学生一起完成典型例题训练并归纳总结。

[典型例题]党的十九大报告提出,要坚决打好防范化解重大风险、精准扶贫、污染防治的攻坚战。根据习近平总书记的重要指示,安徽省人大常委会要求出实招、办实事,打好"三大攻坚战"。

安徽省人大落实对预算的审查,规范政府举债融资,防止系统性、区域性财政金融风险发生。派出人大调研组深入大别山等革命老区察实情、听民声、谋良策,将促进大别山等革命老区发展条例、扶贫开发条例等纳入立法计划,制定实施方案,并由政府负责落实各项方案。以开展《中华人民共和国大气污染防治法》和《安徽省大气污染防治条例》执法检查为契机,首次检查省政府相关组成部门,抽查了88个单位和项目。

结合材料,运用人民代表大会相关知识,分析安徽省人大在打好"三大攻坚战"中如何发挥作用。

参考答案:①党的领导是打好"三大攻坚战"的根本政治保证(或党是最高政治领导力量)。安徽省人大坚持党的领导,坚持以习近平新时代中国特色社会主义思想为指导,打好"三大攻坚战"。

②安徽省人大依法行使监督权,人大审议预算,检查相关环保部门职能情况,防控金融财政风险,督促政府履职保护环境。

③安徽省人大依法行使立法权,出台扶贫攻坚相关条例,为扶贫攻坚提供法制保障。

④安徽省人大坚持民主集中制原则,正确处理好人民与政府的关系。审议通过打好"三大攻坚战"的实施方案后,由政府负责落实。

[活动3]请学生根据这道问答题小组合作思考如何将本课所学知识应用于其他情境?根据不同情境梳理归纳辨析以下两个问题。

(1)人大为什么要做某事、怎样做某事?

(2)人大代表为什么要做某事、怎样做某事?

(小结)根据学生的归纳,教师进行二次梳理。人大代表一头连着人民,一头连着国家权力机关,发挥了桥梁和纽带的作用。人民代表大会作为国家权力机关,产生其他国家机关,共同维护人民主体地位(引导学生形成知识体系)。

(设计意图:①通过问题驱动落实知识。从提案提出并写入宪法的过程,使学生进一步了解人大代表来自人民、根植人民,人大代表是党和国家联系人民群众的重要桥梁和纽带,从人民代表大会与人大代表的关系中体验我国的根本政治制度。②问题驱动与辨析驱动结合使学生结合国情认识人民代表大会制度。从议案实施的现实效果中理解人民代表大会制度是适合我国国情的特色政治制度,树立制度自信。在实践中要不断完善人民代表大会制度。③因本课是一节高考复习课,通过例题分析及归纳整合提高学生运用知识的能力。)

环节三:回顾西沟村的过去,展望中国的未来。(问题:人民代表大会制度的优越性如何体现?项目化学习:接过历史的接力棒,成就中国未来)

(过渡)像申纪兰同志这样的人大代表们用自己的生命在祖国大地上书写着人大代表的职责,在国家治理中反映着社情民意,让我国的人民代表大会制度历经六十余年而愈发彰显自己的优越性。

[情境]播放西沟村与独山子近些年建设发展的视频。

[活动]学生结合视频思考西沟村的变化如何体现出我国人民代表大会制度的优越性。作为新时代新青年的我们,身处油城、身处边疆,如何接过历史的接力棒,共同成就祖国的美好未来?

(设计意图:要学会透过现象看本质,通过人大代表履职,进一步丰富知识体系,把零散的知识汇集起来形成整体性认识,深化学生的主人翁意识与制度自信)

【课堂小结】中国特色社会主义制度效果的发挥与人大代表的履职密不可分。通过本节课的学习,我们深入挖掘我国的人民代表大会制度,未来更要坚定走中国特色社会主义发展道路的信念,树立道路自信、理论自信、制度自信、文化自信。

【板书设计】

人大代表 —组成→ 人民代表大会 —基石→ 人民代表大会制度
职权　　　　　　地位　　　　　　　　　地位
义务　　　　　　职权　　　　　　　　　民主集中制
　　　　　　　　　　　　　　　　　　　优越性

【延伸设计】

(一)思考题

请以人大代表履职与人民代表大会制度的优越性为中心议题,撰写一篇600字的小论文。

(二)推荐阅读

本书编写组:《人民当家作主:人民代表大会制度的运行和发展》。

"中国共产党领导的多党合作和政治协商制度"教学设计

李祖宇　　周后华(安徽省广德中学)

议题:协商民主有什么优势?

【思路框架】

情境线:围绕协商民主,由"回眸·建协商民主之制—聚焦·履协商民主之职—点赞·显协商民主之优—展望·担协商民主之责"组成,为议中学提供载体。

活动线:由"商讨展示—商议论证—商议辩论—撰写展示"组成,为议中学开辟路径。

任务线:由"描述多党合作和政治协商制度的创建历程并概述其基本内容—依据上述情境并结合教材58页的'相关链接',商议和讨论人民政协的性质、组成、职能—分组讨论辨析,阐释我国政党制度的优越性—迁移所学知识,积极参与推动协商民主建设"组成。

【基础设计】

(一)教材分析

1.本课地位:本单元围绕"人民当家作主",探究了富有中国特色的政治制度和具有中国优势的民主形式,使人民当家作主落实到制度安排上,显现于国家政治生活和社会生活的丰富实践中。实现人民当家作主,是人民民主专政国家的本质要求。

第六课围绕我国的三项基本政治制度,重在说明这些制度是建设社会主义民主政治的重要组成部分。主要探究中国特色社会主义政党制度、中国人民政治协商会议、我国是统一的多民族国家、符合我国基本国情的民族区域自治、我国的宗教政策与法律、基层群众自治的组织形式、人民群众直接行使民主权利的生动实践。理解我国政党制度的特点和优点,以及明确我国不能实行西方多党制,对认识社会主义制度的优越性、坚定正确的政治方向具有重要意义。

2.本课内容:第一框"中国共产党领导的多党合作和政治协商制度",分为"中国特色社会主义政党制度""中国人民政治协商会议"两目。这是我国的基本政治制度之一,与我国的根本政治制度相适应,是中国特色社会主义民主政治的重要组成部分,是中国特色社会主义政治制度优越性的重要体现。

(二)学情分析

1.学生心智特征分析:本课授课对象为高一年级下学期的学生。据班主任反映,该班学生的分析、归纳能力较强,平时上课比较活跃,应该能积极地参与探究活动。但从刚进入高中的学生年龄段的普遍认知规律看,他们往往对事物缺少全面、系统的认识和评价,需要教师引导。

2.学生认知结构分析:高一上学期学生已经在历史课必修1政治史相关内容中了解一些近代中国革命史的内容,加上受各种影视资料及新闻媒体的影响,学生应当了解到民主党派不管是在革命时期还是建设时期都致力于中华民族的伟大复兴。这对帮助学生进一步理解我国多党合作的制度安排奠定基础。

(三)教学目标

1.必备知识:学生掌握本课核心概念"政党制度"的内涵,理解我国实行政党制度的原因,感悟我国政党制度的优点。学生把握人民政协的性质、职能和要求,辨析人大和政协的关系,懂得政协是我国协商民主的特有优势。

2.关键能力:通过讨论、辨析,提高运用习近平新时代中国特色社会主义思想分析政治现象的能力,分析说明我国政党制度适合我国国情具有不可比拟的优越性。同时,培养学生自主学习、合作探究的能力。

3.核心素养:以议题为切入点,引导学生认同中国共产党领导的多党合作和政治协商制度是适合我国国情的新型政党制度,有其独特优势,从而增强制度自信,培育学生政治认同素养。学生在具体情境中辨析政协和人大、政党的关系,对比我国政党制度与西方政党制度,理解我国政党制度的独特性和必然性,培育学生科学精神素养。引导学生在日常生活中,配合民主党派和人民政协工作,参与协商民主,为国家治理贡献力量,培育公共参与素养。

4.核心价值:在议题讨论中,培养学生尊重不同意见,表达、论证自己观点的能力与素养。在案例分析中,培育学生认同、理解、支持我国政治制度设计的能力,引导学生积极参与公共事件的讨论,体现主人翁精神。在鉴别和比较中认同我国的政治制度。

(四)教学重难点

1.教学重点:我国政党制度的优越性;人民政协的性质、职能。

2.教学难点:我国政党制度的基本内容;协商民主的优势。

(五)教学方法

议题式教学。

【主体设计】

(一) 资料搜集

中国共产党与各民主党派关系发展及人民政治协商制度建立的历史资料；毛泽东、邓小平、习近平等关于建设和发展我国政党制度的重要论述；西方政党制度的代表及特征的典例。

(二) 自主梳理

中国特色社会主义政党制度的含义、基本内容(首要前提和根本保证、方针、政党关系)、优势；中国人民政治协商会议的性质、职能。

(三) 教学过程与意图

[议题]协商民主有什么优势？

[导入]视频：《从中国土壤中生长出来的新型政党制度》

习近平总书记在看望参加全国政协会议的民盟、致公党、无党派人士、侨联界委员时指出，"中国共产党领导的多党合作和政治协商制度作为我国一项基本政治制度，是中国共产党、中国人民和各民主党派、无党派人士的伟大政治创造，是从中国土壤中生长出来的新型政党制度"。

环节一：议题描述　回眸·建协商民主之制

[学科概念]多党合作和政治协商制度的形成。

[议题1]中国特色社会主义政党制度是怎样形成的？基本内容是什么？

[议题情境]

古代不受待见的"党"	中国特色"政党"
1.说文解字中䣊解读为"色黝黑不鲜明"；许慎：不鲜也。 2.古代与党相关的成语多表达贬义，例如：结党营私、君子不党、党豺为虐、党同伐异、群而不党、党邪陷正、阿党相为、以党举官、党坚势盛、狐群狗党、朋党比周、同恶相党等	早在抗日战争时期，中国共产党同各民主党派、无党派人士就在抗日根据地实行"三三制"原则，结成最广泛的抗日民族统一战线。解放战争时期，为反对国民党的独裁统治，中国共产党又同各民主党派、无党派人士结成包括工人阶级、农民阶级、小资产阶级和民族资产阶级的人民民主统一战线。1948年4月30日，中共中央发布"五一口号"，得到香港各民主党派、无党派民主人士的热烈响应，迅速掀起一场主要由各民主党派和无党派民主人士参加，以筹备新政协会议为核心内容，以推翻国民党统治、建立新中国为目的的"新政协运动"，奠定了中国共产党领导的多党合作和政治协商制度的基础。1949年9月21日至30日，中国人民政治协商会议第一届全体会议召开，标志着中国共产党领导的多党合作和政治协商制度正式确立

[议学活动]描述多党合作和政治协商制度的创建历程,并概述其基本内容。

[设计意图]通过所给视频和材料创设情境,使学生能结合自身的历史知识经验,描述多党合作和政治协商制度的创设过程,理解多党合作和政治协商制度在我国的确立有其历史必然性和独特优越性,认可这一制度安排,树立制度自信。同时,结合中国近代革命史的回顾,认识民主党派不管在革命时期还是建设时期都致力于中华民族的伟大复兴。

[答案提示]中国共产党领导的多党合作和政治协商制度是在新民主主义革命时期孕育、在建立中华人民共和国的过程中确立、在社会主义现代化建设时期得到发展。各民主党派现已成为各自所联系的一部分社会主义劳动者、社会主义事业建设者、拥护社会主义的爱国者、拥护祖国统一和致力于中华民族伟大复兴的爱国者的政治联盟。

中国共产党领导的多党合作和政治协商制度的内容。

基本方针	长期共存、互相监督、肝胆相照、荣辱与共
前提保证	中国共产党的领导是多党合作和政治协商的首要前提与根本保证。在政党之间关系上,中国共产党对民主党派的领导是政治领导,主要是政治方向、政治原则和重大方针政策的领导
政治地位	在国家政治生活中,中国共产党是执政党,各民主党派是参政党。各民主党派具有法律赋予的参政权,包括参加国家政权,参与国家大政方针和国家领导人人选的协商,参与国家事务的管理,参与国家方针政策、法律法规的制定和执行,等等
活动准则	各政党包括执政党都必须以宪法为根本的活动准则

环节二:议题论证　聚焦·履协商民主之职

[学科概念]人民政协的职能。

[议题2]有人认为,在我国,民主党是政治花瓶,人民政协也只是一种摆设。

[议题情境]

1.2020年5月22日,国务院总理在第十三届全国人民代表大会第三次会议上作政府工作报告,有这样一段话:"现在,我代表国务院,向大会报告政府工作,请予审议,并请全国政协委员提出意见。"国务院总理作的政府工作报告,在请人大代表"审议"的同时,请政协委员"提出意见"。这是为什么?

2.2020年5月27日,中国人民政治协商会议第十三届全国委员会第三次会议在人民大会堂闭幕。来自34个界别的2100多名政协委员以踊跃的参政热情、求真务实的作风,在协商民主的广阔舞台上画出最大同心圆,凝聚起共识,汇聚起力量。全国政协主席指出:这次会议是在我国新冠肺炎疫情防控阻击战取得重大战略成果、全面建成小康社会进入决战决胜阶段的重要时刻召开的。在会期压缩、节奏加快、任务更重情况下,全体委员坚持高标准、高要求、高效率,认真审议文件、深入协商交流,围绕统筹推进常态化疫情防控和经济社会发展、落实决战决胜目标任务,积极建言资政,广泛凝聚共识,充分体现了专门协商机构在国家治理体系中的重要作用,是一次民主、团结、求实、奋进的大会。

[议学活动]依据上述情境并结合教材58页"相关链接",商议和讨论人民政协的性质、组成、职能。

[设计意图]通过围绕对政协和政协委员的活动的议题情境进行讨论,理解人民政协的性质、主题、职能。提高运用习近平新时代中国特色社会主义思想分析政治现象的能力,培养学生自主学习、合作探究的能力。

[答案提示]中国人民爱国统一战线的组织,是中国共产党领导的多党合作和政治协商的重要机构,是我国政治生活中发扬社会主义民主的重要形式,是国家治理体系的重要组成部分,是具有中国特色的制度安排。它不是国家机关,不直接对国家事务进行决策,不直接处理行政事务。政协上下级为指导关系,不是领导关系。

人民政协围绕团结和民主两大主题,履行政治协商、民主监督和参政议政的职能。①政治协商:对国家大政方针和地方重要举措及经济建设、政治建设、文化建设、社会建设、生态文明建设中的重要问题,在决策之前和决策实施之中进行协商。②民主监督:对国家宪法、法律和法规的实施,重大方针政策、重大改革举措、重要决策部署的贯彻执行情况,涉及人民群众切身利益的实际问题解决落实情况,国家机关及其工作人员的工作等,通过提出意见、批评、建议的方式进行的协商式监督。③参政议政:对政治、经济、文化、社会生活和生态环境等重要问题及人民群众关心的问题开展调查研究,反映社情民意,进行协商讨论,通过调研报告、提案、建议案或其他形式,向中国共产党和国家机关提出意见和建议。

环节三:议题辨析　点赞·显协商民主之优

[学科概念]中国共产党领导的多党合作和政治协商制度的优越性。

[议题3]通过分析中西方政党制度的不同,总结我国政党制度的特点和优越性。结合教材,说明作为"一种新型的政党制度"的"新"体现在哪些方面?

[议题情境]新冠肺炎疫情下中西方政党制度的作用。

西方	中国
1.截至2020年8月10日,美国累计确诊5 199 444人,治愈2 664 701人,死亡165 617人。	1.截至2020年8月10日,中国累计确诊89 270人,治愈82 566人,死亡4693人。
2.美国《时代》杂志刊登文章,题为"美国的新冠危机是民主的失败"。 美国应对疫情的核心人物是美国总统特朗普。而美国防疫的失败,也令作者"追究"起共和党人特朗普2016年的"意外"当选。1999年-2016年,美国选区"不公正地重新划分",让民主党过多地集中在人口密集的城市,人口稀少的乡村和偏远地区则多为共和党,而参议院不论人口多少,一州都是两票,这一结构设计令共和党掌握了巨大优势。而对于民主党主导的众议院,"众议院议员们没能出台什么成功的(疫情应对)政策。"文章称,当下的美国政府是个"少数人有、少数人享、少数人治"的政府,因其受苦的则是美国民众。 3.像中国这样举全国之力,一个省对口支援湖北一个市的方法,这在美国各州自有盘算、各自为政的分权体系之下,是难以实现的。尤其是政党更替,总统与国会、总统与州长分属于不同政党的时候,否定政治相互牵制、相互否定的破坏力更加凸显。共和党人特朗普上任后,解散了前任民主党总统奥巴马时期设立的全球健康安全和生物防御办公室。在抗疫过程中,面对检测试剂不足、财政支援不足、是否复工等问题,特朗普与多位民主党州长经常隔空互怼、相互推诿。	2.新冠肺炎疫情防控阻击战取得重大战略成果,统筹推进疫情防控和经济社会发展工作取得积极成效。这其中也离不开各民主党派和全国政协委员的努力。他们以多种方式投身疫情防控和稳定经济社会运行工作,并提交相关提案,全国政协提案委员会已将这些提案以参阅件形式送承办单位参考,确保提案发挥作用。 如台盟中央:进一步加强县级公立中医医院传染病防治体系建设。 政协委员罗志军:高度关注打赢脱贫攻坚战中农民工返贫问题。 政协委员王松灵:从新型冠状肺炎审视我国临床医学人才培养体系等。 这些优秀提案,都是人民群众普遍关心的问题,并且是在广泛展开调查研究基础上,提出的具有可行性的提案

有人打过一个比方:西方的政党制度就像"拳击赛",一定要把对方打倒;而我们的政党制度则好比"大合唱",大家齐心协力干成一项事业。"大合唱"要有指挥,这个指挥就是中国共产党;"大合唱"要有主旋律,这个主旋律就是建设

中国特色社会主义。

[议学活动]分组讨论辨析,阐释我国政党制度的优越性。

[设计意图]通过情境对比,学生能直观感受并且兴趣浓厚且积极地自主讨论、辨析我国政党制度的优越性。认识到我国的政党制度既不是一党制,又根本区别于西方的多党制,认同中国共产党领导的多党合作和政治协商制度是适合我国国情的新型政党制度,有其独特优势,从而增强制度自信。认同人民政协的作用。

[答案提示]我国政党制度的特点和优越性。

(1)特点。我国政党制度创立了一种新型的政党关系和制度形式,在当今世界独具特色。

①中国共产党同各民主党派既亲密合作又互相监督,而不是互相反对。

②中国共产党依法执政,各民主党派依法参政,而不是轮流执政。

(2)中国共产党领导的多党合作和政治协商制度的优越性。

这一制度与人民代表大会制度相适应,有利于发展社会主义民主,有利于推进中国特色社会主义建设,有利于推进祖国和平统一大业,展现出强大的生命力和显著的优越性。中国共产党领导的多党合作和政治协商制度是新型政党制度。

①它是马克思主义政党理论同中国实际相结合的产物,能够真实、广泛、持久代表和实现最广大人民根本利益、全国各族各界根本利益,有效避免了旧式政党制度代表少数人、少数利益集团的弊端。

②它把各个政党和无党派人士紧密团结起来,为共同目标而奋斗,有效避免了一党缺乏监督或者多党轮流坐庄、恶性竞争的弊端。

③它通过制度化、程序化、规范化的安排集中各种意见和建议,推动决策科学化、民主化,有效避免了旧式政党制度囿于党派利益、阶级利益、区域和集团利益决策施政导致社会撕裂的弊端。

环节四:议题追问　展望·担协商民主之责

[议学活动]分组商议讨论,以小组为单位畅想"假如我是政协委员"。

[设计意图]通过开展活动,提高学生的合作协商意识和公共参与能力,培养学生的责任担当精神,落实立德树人根本任务,深化对多党合作和政治协商制度的理解和认同。

[答案提示]坚定理想信念,学习理论知识,认真调查研究,积极履行职责。

【板书设计】

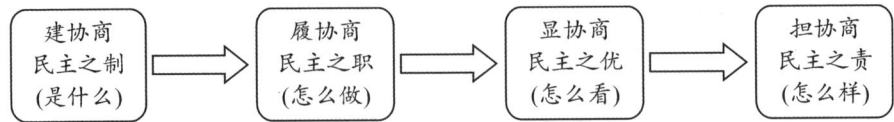

【延伸设计】

(一) 思考题

阅读材料,回答问题。

脱贫攻坚是一场硬仗,2020年是中国脱贫攻坚的决战之年。

2020年3月6日,习近平总书记出席决战决胜脱贫攻坚座谈会并发表重要讲话,他强调:"其作始也简,其将毕也必巨。"脱贫攻坚越到最后,越要加强和改善党的领导。各级党委(党组)一定要履职尽责、不辱使命。到2020年,现行标准下的农村贫困人口全部脱贫,是党中央向全国人民作出的郑重承诺,必须如期实现,没有任何退路和弹性。

自2019年6月以来,受中共中央委托,各民主党派中央对口8个脱贫攻坚任务重的中西部省区,开展脱贫攻坚民主监督工作。各民主党派开展了以"三区三州"深度贫困地区为重点的调研活动,围绕脱真贫和真脱贫、巩固脱贫成果、防止返贫,围绕"解决深度贫困地区脱贫问题"积极建言献策,为举行专家咨询会、专题议政会做准备。

结合材料,说明中国特色社会主义政党制度在打赢脱贫攻坚战过程中彰显了怎样的制度优势?

参考答案:①中国共产党领导的多党合作和政治协商制度是新型的政党制度,能把各个政党和无党派人士紧密团结在一起,为实现脱贫攻坚目标而奋斗。②中国共产党是执政党,中国共产党与各民主党派是通力合作、共同致力于社会主义事业的亲密友党。各民主党派作为参政党,积极参政议政,通过调研活动,力求为打赢深度贫困地区脱贫攻坚战提出科学的、合理的意见和建议。③我国的政党制度能够通过制度化、程序化、规范化的安排集中各种意见和建议,推动脱贫攻坚各项决策科学化、民主化。

(二) 推荐阅读

1.毛泽东:《关于政协的性质和任务》(《毛泽东文集》第6卷)。

2.习近平:《推进协商民主广泛多层制度化发展》(《习近平谈治国理政》第二卷)。

"科学立法"教学设计

施海龙(浙江省温州市第二十二中学)

议题:如何实现科学立法?

【思路框架】

任务线:了解疫情中的法律困境,分析十六字指导方针的变化,在自主学习中体会科学立法的内涵和必要性——描述和对比《中华人民共和国民法典》(简称"《民法典》")相关法条,在分组探究中归纳良法的标准——撰写"我为人大科学立法出谋划策"的社会实践调查报告,在公共参与中理解并运用科学立法的原则要求。

情境线:疫情下的法律困境和党的十八大最新十六字指导方针——《民法典》相关内容解读——"我为人大科学立法出谋划策"的社会实践调查报告。

问题线:分析"疫情下的法律困境"和"有法可依"到"科学立法"的变化,思考科学立法的内涵和必要性(独立思考)——第一组同学思考《民法典》为什么要回应新时期人民的关切。第二组同学谈谈《民法典》对土地承包制度一增一删的原因。第三组同学分享《民法典》艰辛的编纂历程体现了怎样的立法标准。全体总结:何为良法?(先分组讨论后集体总结)——撰写调查报告,总结"推进科学立法的原则要求"(项目学习)。

活动线:独立思考——分组讨论、组际辩论、师生总结——项目化学习。

【基础设计】

(一)教材分析

1.本课地位:"科学立法"是人教版新编高中思想政治必修3《政治与法治》第三单元第九课第一框的教学内容。本框内容是前文"依法治国总目标"的落脚点,又与下文"严格执法""公正司法"和"全民守法"密切联系、相辅相成。

2.内容分析:这一框题下设两目,第一目"科学立法的内涵",介绍科学立法的内涵及科学立法的标准;第二目"推进科学立法",介绍推进科学立法的三大原则要求,引导学生理解和认可科学立法的过程和原则,培养政治认同和法治意识。

(二)学情分析

1.心智特征:本框题的学习主体是高二学生。他们具有强烈的求知欲和逻辑思辨能力。经过之前的学习,学生已经初步掌握"全面依法治国的总目标和体系"。如何全面依法治国符合其逻辑思维顺序,能够激发学生的探索欲望和延展学生的深度学习。另外,高二学生对时事政治兴趣浓厚,适切的情境、议题和活动往往能激发他们的探索欲和表现欲。

2.认知结构:当前,我国法治建设日趋成熟,学生能列举日常生活中的法律法规,具备初步的生活体验和感性认识。但是,学生学习本框题内容也面临困难。本框题内容高度抽象、理论化、部分知识过于专业,如科学立法的程序、立法工作规律、立法技术等新概念容易让学生浮于表面,难以化抽象为具体,进而影响学生的理解和运用能力,是教师答疑解惑的关注点。

(三)教学目标

了解科学立法的内涵和必要性,理解良法的科学标准,掌握科学立法的原则要求。培养学生的合作学习和辩证思考能力。认同中国特色社会主义法律法规,增强法治观念,培养法律意识和总结科学立法的原则要求,树立程序意识,为相关立法工作建言献策,培养法治意识和公共参与素养。认同中国特色社会主义法律内容和程序的科学性。

(四)教学重难点

1.教学重点:良法的标准、科学立法的原则要求。

2.教学难点:概括、总结推进科学立法的三大原则要求。

(五)教学方法

探究式教学法、议题式教学法、项目式学习。

【主体设计】

环节一

[情境设计]

情境一:2020年,新冠肺炎疫情暴发。多地政府及时依法依规做好检疫防疫工作。我国传染病防治法和突发事件应对法在数量上蔚为壮观,但是整体上呈现宏观指导有余、微观规范不足、迭代升级滞后的特点。《中华人民共和国传染病防治法》最近一次修订是在2013年,其实施细则《中华人民共和国传染病防治法实施办法》颁布于1991年。当时的文件并没有也不可能预判和充分考虑新型冠状肺炎疫情所具有的疫源地交通网络辐射性、节庆期人群特殊流动性、新型冠状病毒的易感性等诸多需要应对的复杂因素，从而导致治疫初期防控效果差强人意。

情境二：1978年，十一届三中全会提出"有法可依，有法必依，执法必严，违法必究"；2012年，党的十八大报告指出"科学立法、严格执法、公正司法、全民守法"。

［问题设计］

根据情境一、情境二，分析"疫情下的法律困境"和"有法可依"到"科学立法"的变化，独立思考科学立法的内涵和必要性。

［答案预设］

随着经济发展、社会进步和法治观念普及、深入，越来越多、越来越复杂的社会关系亟须调整，公众对规则的需求日益增加。公众对立法的期盼已经不是有没有法律法规，而是法律法规好不好、管不管用、能不能解决实际问题。因此，科学立法就是要尊重和体现社会发展的规律，不断提高法律的质量。

［设计意图］

通过时政分析和政策解读，帮助学生理解科学立法的原因和内涵；培养学生关注时事的习惯和兴趣，树立公共参与意识。

环节二

［情境设计］

2020年5月28日，十三届全国人大三次会议表决通过《中华人民共和国民法典》，标志着我国从民事单行法时代迈入民法典时代。

情境一：全国人大宪法和法律委员会委员孙宪忠表示：现实生活中，每个人的生老病死、衣食住行都与民法息息相关。遭遇"霸座"怎么治、高空坠物伤人怎么办、冲动离婚怎么挽回……民法典聚焦老百姓所急所需，回应新时期人民关切，通过规范胎儿权利、高空抛物、高利放贷、居住权制度、离婚冷静期等，让各类处于模糊地带的权、利、责有所依归。

情境二：改革开放之初，在农村实行家庭联产承包责任制，将土地所有权和承包经营权分设，所有权归集体，承包经营权归农户，极大地调动了亿万农民积极性，有效解决了温饱问题，推动了农村发展。2014年以来，农村土地上新设"经营权"，改革如火如荼地开展。但是，由于法律规定不够完善，问题不断，纠纷不断。此次，民法典为实现良法善治，删除"耕地使用权不得抵押"的规定，新增如下内容:土地承包经营权人可以自主决定依法采取出租、入股或者其他方式向他人流转土地经营权。

情境三:新中国成立以来,曾先后四次进行民法典的起草工作,但由于各种原因都未能最终完成,于是立法机关采取"改批发为零售""成熟一个通过一个"的工作思路,先后制定婚姻法、继承法、民法通则、收养法、担保法、合同法、物权法、侵权责任法等民事立法,逐步形成比较完备的民事法律规范体系。但这些民事单行法并没有形成有机系统,彼此隐含重大矛盾和缺陷。2020年5月28日,民法典的诞生有效解决了我国民法立法长期以来一直存在的立法散乱问题,从民法基本法角度保障了民法立法资源和谐统一。

[问题设计]

根据情境一、情境二、情境三,分组探究:

针对情境一,第一组同学思考民法典为什么要回应新时期人民的关切?

针对情境二,第二组同学谈谈民法典对土地承包制度一增一删的原因。

针对情境三,第三组同学分享民法典艰辛的编纂历程体现了怎样的立法标准。

全体总结:何为良法?

[答案预设]

情境一回答预设:我国是社会主义国家,其本质是人民当家作主。科学立法应体现社会主义国家性质,保障人民各项权利,如此,才是适合中国的良法。

情境二回答预设:农村生产力发展导致原有土地承包制度已经不适合农村生产力发展需求。删除"耕地使用权不得抵押",新增土地承包经营权,使得土地可以流转,盘活闲置的土地资源,适应国家经济发展的最新需求,是良善之法、管用之法。

情境三回答预设:立法必须遵循法律体系内在逻辑和立法工作规律,遵循立法程序,注重立法技术,努力实现立法过程科学化。早期立法条件不充足,不能固执地追求法典,"改批发为零售""成熟一个通过一个"的工作思路是对立法工作规律的尊重。要明确划分不同法律关系的调整对象和界限,形成符合国家发展目标的法律体系。民事单行法彼此隐含重大矛盾和缺陷是法律关系的对象与界限的模糊,要注重法律体系的内在逻辑和立法技术。

[设计意图]

通过对民法典从理念、内容和程序角度全方位解读,让学生感受民法典以人为本、与时俱进、艰难探索、大胆创新的特性,掌握良法标准,培养学生对良法的政治认同。

环节三

[情境设计]

我校开展"我为人大科学立法出谋划策"社会实践活动,下面是一组同学撰写的调查报告。请与他们共同完成该调查报告。

关于"犬类管理"的立法建议调查报告

一、调查背景

某小区犬只随地大小便;遛狗不牵狗绳;犬吠声大,邻居不堪其扰。针对这一系列问题,居委会积极采取应对措施,提出"禁止养犬",并将此立为社区法律,上报市政府审批,遭到政府和养犬居民的反对。市人大常委会闻讯后,为化解这一矛盾,着手准备科学立法,邀请我校学生共同参与立法工作的前期调查。

二、调查过程

(一)文献查阅

1.我国拥有立法权的国家机关有_____。

2.该市_____可以制定犬类管理的地方性法律、法规。

3.查阅、借鉴其他地区的地方性法律、法规。

(二)访谈

1.访谈对象:养犬的居民、_____、_____。

2.选择访谈方式的意图:_____。

(三)收集的"立法"建言

1.按时上交管理费用的养犬人可免去清除犬只在公共场所的便溺物责任。

2.公安机关要履行办理养犬登记、捕捉无主犬、捕杀狂犬和疑似狂犬的职责。

3.其他。

三、结论及建议

(一)本报告对该社区居委会应对措施的评价是:_____。

(二)本报告对上述收集的"立法"建言的评价是:_____。

(三)鉴于犬类管理涉及多元利益主体,本报告认为确有必要立法,为此提出两条立法建议:_____。

[问题设计]

怎样科学立法,总结"推进科学立法的原则要求"。

[答案预设]

(1) 文献查阅

①我国拥有立法权的国家机关有全国人民代表大会、全国人大常委会、国务院、国务院相关部门及省、自治区、直辖市、设区的市、自治州的人大及其常委会和人民政府。

②该市人大及其常委会、人民政府可以制定犬类管理的地方性法律法规。

(教师借此讲述教材第97页"相关链接"内容)

(2) 访谈

①访谈对象:养犬的居民、非养犬居民、律师。

②选择访谈方式的意图:科学立法要充分发扬民主。必须坚持民主立法,广开言路,集思广益。要健全立法机关和社会公众沟通机制,开展立法协商,充分发挥社会各界在立法协商中的作用,拓宽公民有序参与立法的途径,健全法律法规规章草案公开征求意见和公众意见采纳情况反馈机制,广泛凝聚社会共识。(结论1:民主立法)

结论与建议

(1)本报告对该社区居委会应对措施的评价:

不支持。一方面,"禁止养犬"显得极端武断,违背民主立法。另一方面,居委会自制法律上报市政府审批,违背《中华人民共和国立法法》相关程序规定。科学立法需要做到依法立法,在法治轨道上制定合法有效的规范性文件。在我国,《中华人民共和国宪法》和《中华人民共和国立法法》是国家机关制定和修改法律最基本的法律依据。所有享有立法权的国家机关都应当按照法定职权、依据法定程序开展立法工作。(结论2:依法立法)

(2)本报告对上述收集的"立法"建言的评价:

不同意建言一。科学立法要合理设定权利与义务、权力与责任。应在立法中客观地认识现实生活中的各种利益关系,并加以合理确认和保护,做到权利与义务相统一、相对应。建言一过分强调自身权利而忽视清理便溺物的义务。除非养犬人与小区物业另有有偿清理的相关合同。

支持建言二。立法还要科学合理地配置权力与责任,根据国家治理需求,授予国家机关必要权力,并对其加以制约,明确权力行使不当应承担的法律责任。办理养犬登记、捕捉无主犬、捕杀狂犬和疑似狂犬是公安机关的权力和责任。(结论3:科学立法要合理设定权利与义务、权力与责任)

(3)鉴于犬类管理涉及多元利益主体,本报告认为确有必要立法,为此提出两条立法建议:

及时有效制止犬只干扰、恐吓、伤害他人;禁止携带限养区外饲养的烈性犬、大型犬进入限养区。

[设计意图]

项目式学习契合新教材理念倡导的活动型课程,通过实践活动设计培养公共参与素养;感受推进科学立法的原则要求,树立立法程序意识,增强法治意识。

【板书设计】

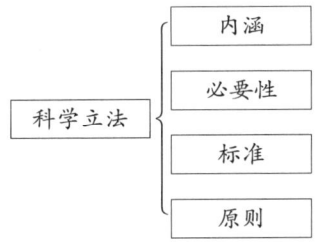

【延伸设计】

(一)思考题

[课后练习](原创)2020年9月,全国人大常委会第十七次会议对生物安全法(草案二次审议稿)进行审议。会后,法制工作委员会在中国人大网公布草案全文,征求社会公众意见,并再次书面征求中央有关部门、单位和地方的意见;多次召开座谈会、专家论证会,听取有关人大代表、中央有关部门、地方政府及有关部门、乡镇(街道)和社区、高等院校、专业机构和相关专家的意见;委托有关高校就生物安全立法开展专题研究;就草案中的主要问题与有关方面反复沟通、共同研究。专家指出,草案经过两次审议修改,已经比较成熟。

结合材料,说明生物安全法(草案)的审议修改对科学立法有何借鉴意义?

参考答案:科学立法要充分发扬民主。必须坚持民主立法,广开言路,集思广益。要健全立法机关和社会公众沟通机制,开展立法协商,充分发挥社会各界在立法协商中的作用,拓宽公民有序参与立法的途径,健全法律法规规章草案公开征求意见和公众意见采纳情况反馈机制,广泛凝聚社会共识。

(二)推荐阅读

1.党的十八届四中全会文件《全面推进依法治国的若干重大问题的决定》。

2.《中华人民共和国立法法》。

"坚持党的领导、人民当家作主、依法治国有机统一"教学设计

黄万强（山东省济南市教育教学研究院）

议题：如何正确理解坚持党的领导、人民当家作主、依法治国有机统一？

【思路框架】

议题线：围绕总议题"如何正确理解坚持党的领导、人民当家作主、依法治国有机统一"设置三个子议题，循序渐进，逐步深入，以商议、辨析、论证等形式，推动议学活动有序进行。

情境线：依托国家工作人员到国家主席进行宪法宣誓、宪法修改等案例，分别设置不同的议学情境，为学生展开议题式教学搭建"脚手架"。

活动线：通过商议、辨析、论证等形式，构建党的领导、人民当家作主、依法治国有机统一的相关观点，培育政治认同、科学精神、法治意识等学科核心素养。

任务线：通过分析情境材料，运用逻辑、辩证等方法加以分析论证，表达、展示所生成的观点，实现知识建构和素养培育，体现"议中学"思想。

【基础设计】

（一）教材分析

党的十九大报告将"坚持党的领导、人民当家作主、依法治国有机统一"作为社会主义民主政治发展的必然要求，科学阐明了党的领导、人民当家作主、依法治国的内在关系，揭示了我国社会主义政治制度的本质属性，科学回答了当代中国发展什么样的民主政治、怎样发展社会主义民主政治等重大问题，是坚定不移走中国特色社会主义政治发展道路的根本遵循。必修3模块以坚持党的领导、人民当家作主、依法治国有机统一为主线，教材最后以综合探究"坚持党的领导、人民当家作主、依法治国有机统一"作为结尾，有利于深化学生对"坚持党的领导、人民当家作主、依法治国有机统一"的认识，增强政治认同。

依法治国是党领导人民治理国家的基本方式，坚持依法治国首先要坚持依宪治国，坚持依法执政首先要坚持依宪执政；建设社会主义法治国家，是推进国

家治理体系和治理能力现代化的必然要求;发展社会主义民主政治,必须坚持党的领导、人民当家作主、依法治国有机统一。

(二)学情分析

高一学生正处于正确的世界观、人生观、价值观形成的关键时期。总体上,他们开始不受情绪和兴趣左右,具有一定观察、认识问题的能力,学生思维由经验型向理论型过渡。但随着思维的独立性、批判性、创造性发展,学生已不满足于教师单纯的知识讲解和教材叙述,他们会主动关注国家大事、社会问题,也很乐意探讨这些问题。但由于心智还不够成熟,看问题也容易片面化、表面化、简单化。

学生在学习中国共产党的领导、人民当家作主、全面依法治国三个单元之后,对中国共产党的性质、宗旨、指导思想、在我国政治生活中的领导地位等有了比较清晰的认识,对中国特色社会主义政治制度的基本内容、鲜明特点和主要优势有了比较深入的了解,懂得全面依法治国的总目标及科学立法、严格执法、公正司法、全民守法的基本要求,为探究"坚持党的领导、人民当家作主、依法治国有机统一"提供了必要的知识基础。学生通过报刊、广播、电视、网络等媒体,初步了解我国进行社会主义民主政治建设必须坚持党的领导、人民当家作主、依法治国有机统一,但缺乏对此问题的深刻认知。

(三)教学目标

1.必备知识目标:通过探究,理解依法治国是党领导人民治理国家的基本方式,坚持依法治国首先要坚持依宪治国,坚持依法执政首先要坚持依宪执政;体会坚持党的领导、人民当家作主、依法治国有机统一。

2.关键能力目标:选择恰当的论据和论证方式,阐明宪法法律至上、法律面前人人平等;辨析法律与自由的关系,阐明法治保障对提高生活品质的作用。

3.学科素养目标:阐述宪法法律至上的道理、法律面前人人平等的意义;阐释行使权利、履行义务的正确方式等。

4.核心价值目标:培养法治使人共享尊严、让社会更和谐、让生活更美好的认知和情感,做社会主义法治的忠实崇尚者、自觉遵守者、坚定捍卫者,提升政治认同和法治意识。

(四)教学重难点

本课教学重点是坚持党的领导、人民当家作主、依法治国有机统一。本课教学难点是"依法治国是党领导人民治理国家的基本方式。坚持依法治国首先要坚持依宪治国,坚持依法执政首先要坚持依宪执政。"

(五)教学方法

议题式教学法、对话式教学法。

【主体设计】

(一)资料搜集

通过网络搜集党的十九届四中全会相关视频、国家主席习近平进行宪法宣誓视频、我国进行宪法修改的相关资料。

(二)自主梳理

梳理坚持党的领导、人民当家作主、依法治国之间的相互关系,把三者之间有机统一的联系绘制成图。

(三)重点理解

[总议题]如何正确理解坚持党的领导、人民当家作主、依法治国有机统一?

[导入](教师播放党的十九届四中全会公报视频片段)

党的十九届四中全会专题研究坚持和完善中国特色社会主义制度、推进国家治理体系和治理能力现代化问题,强调"坚持党的领导、人民当家作主、依法治国有机统一"。如何正确理解"坚持党的领导、人民当家作主、依法治国有机统一"?三者有机统一对坚持和完善中国特色社会主义制度、推进国家治理体系和治理能力现代化有什么重要作用?这些都是我们今天要探究的问题。

环节一:议题商议·观看视频

[学科概念]依法治国是党领导人民治理国家的基本方式。

[子议题1]如何正确认识依法治国是党领导人民治理国家的基本方式?

[议题情境]

镜头一:"我宣誓:忠于中华人民共和国宪法,维护宪法权威,履行法定职责,忠于祖国、忠于人民……"2017年7月3日,国务院在中南海举行宪法宣誓仪式。2016年9月至2017年5月,国务院任命的39个部门的62名负责人依法进行宪法宣誓。

镜头二:2018年3月17日,12名陆海空三军仪仗兵分两列从会场后方正步行进至主席台前伫立,三名礼兵迈着正步护送《中华人民共和国宪法》至宣誓台,全体起立,高唱国歌……习近平举起右手,在第十三届全国人民代表大会第一次会议的第五次全体会议上进行了宪法宣誓,这是我国实行宪法宣誓制度以来第一次在全国人民代表大会上举行宪法宣誓活动。

[议学活动]

(1)从国家工作人员到国家主席进行宪法宣誓彰显的意义。

(2)有人认为,"宪法是闲法,是纸老虎""违法可怕、违宪不可怕",列举事实,批驳这种观点。

小组商议、组际交流。

[设计意图]通过观看视频,学生认识到国家工作人员进行宪法宣誓有利于树立宪法意识、弘扬宪法精神、彰显宪法权威;通过批驳"宪法是闲法,是纸老虎""违法可怕、违宪不可怕"等错误观点,深刻理解维护宪法尊严和权威是维护国家法制统一、尊严、权威的前提,也是维护最广大人民根本利益、确保国家长治久安的重要保障。

[答案提示]依法治国是党领导人民治理国家的基本方略。宪法是国家的根本法,是治国安邦的总章程,具有最高的法律地位、法律权威、法律效力。从国家工作人员到国家主席进行宪法宣誓,表明一切国家工作人员必须树立宪法意识,恪守宪法原则,弘扬宪法精神,履行宪法使命。

维护宪法尊严和权威,是维护国家法制统一、尊严、权威的前提,也是维护最广大人民根本利益、确保国家长治久安的重要保障。现实生活中,有法不依、执法不严、违法不究等违反宪法法律现象时有发生。这充分提醒我们,恪守宪法原则、弘扬宪法精神、履行宪法使命,任何时候都需要不断强调;任何组织或者个人都不得有超越宪法法律的特权,任何时候都需要不断坚持。

(四)重点应用

环节二:议题论证·综合分析

[学科概念]我国社会主义民主政治的特点和优势。

[子议题2]如何正确理解我国社会主义民主政治的特点和优势?

[议题情境]

2017年9月29日,习近平总书记主持召开中央政治局会议,决定启动宪法修改工作,对宪法适时做出必要修改。为此,决定成立宪法修改小组,在中共中央政治局常委会领导下开展工作。

根据党中央对宪法修改的部署,2017年11月13日,党中央发出征求对修改宪法部分内容意见的通知,请各地区、各部门、各方面在精心组织讨论、广泛听取意见基础上提出宪法修改建议。宪法修改小组认真贯彻党的十九大精神和党中央确定的总体要求和原则,深入研究、扎实工作,在充分发扬民主、广泛征求意见基础上,经反复修改形成中央修宪建议草案稿。

中央政治局常委会会议、中央政治局会议分别审议了中央修宪建议草案稿。2017年12月12日,根据党中央决定,中央办公厅发出通知,就中央修宪建议草案稿下发党内一定范围征求意见。

从征求意见情况看,各地区、各部门、各方面坚决拥护党中央关于宪法修改的决策部署,一致认同这次修改宪法的总体要求和原则,完全赞成中央修宪建议草案稿,认为中央修宪建议草案稿总体上已经成熟。

2018年1月18日至19日,中国共产党第十九届中央委员会第二次全体会议审议并通过了《中共中央关于修改宪法部分内容的建议》。1月26日,中共中央向全国人大常委会提出《中国共产党中央委员会关于修改宪法部分内容的建议》。

2018年1月29日至30日,十二届全国人大常委会召开第三十二次会议,讨论了中央修宪建议。参会人员一致表示坚决拥护党中央关于宪法修改工作的决策部署,一致赞同党中央确定的这次宪法修改的总体要求和原则,一致认为中央修宪建议是成熟的。受委员长会议委托,全国人大常委会法制工作委员会以中央修宪建议为基础,拟订《中华人民共和国宪法修正案(草案)》和《全国人民代表大会常务委员会关于提请审议〈中华人民共和国宪法修正案(草案)〉的议案》;经会议审议和表决,决定将宪法修正案(草案)提请十三届全国人大一次会议审议。3月12日,十三届全国人大一次会议第三次全体会议表决通过了宪法修正案,把党的十九大确定的重大理论观点和重大方针政策载入国家根本法。

[议学活动]

(1)在本次修宪过程中,中国共产党是如何坚持依法执政的?

(2)本次修宪过程是如何实现党的领导、人民当家作主、依法治国有机统一的?

小组商议,分析解读。

[设计意图]通过宪法修改整个过程,引导学生认识中国共产党的执政方式、人民群众在这一过程中的作用、法定程序的作用,从而形成党的领导、人民当家作主、依法治国有机统一的观点。

[答案提示]

党中央向全国人大提出修改宪法建议,依照宪法规定的程序进行宪法修改,使党的政策主张通过法定程序转化为国家意志。建设社会主义法治国家,是推进国家治理体系和治理能力现代化的必然要求。坚持依法治国首先要坚持依宪治国,坚持依法执政首先要坚持依宪执政。

在我国,党的领导是中国特色社会主义最本质的特征,是人民当家作主和依法治国的根本保证。党从新时代要求和人民意志出发提出修改宪法的建议,使党的意志经过法定程序上升为国家意志,保证了人民当家作主,确保了依法治国的正确方向。

人民当家作主是社会主义民主政治的本质特征。宪法修改过程坚持人民主体地位,充分发扬了民主,为坚持党的领导和依法治国奠定了坚实基础。

党的领导、人民当家作主、依法治国三者统一于我国社会主义民主政治伟大实践,共同构成坚持和完善中国特色社会主义制度、推进国家治理体系和治理能力现代化的支撑。

(五)重点迁移

环节三:议学延伸·立法建议

[子议题3]公民参与立法的意义与途径。

[议学情境]登录人大网站了解最近的立法事件。

[议学活动]小组商议、交流展示,提出立法建议。

[设计意图]让学生参与立法过程,感悟人民民主的真实性,增强参与政治生活的责任感,学以致用,知行统一。

【板书设计】

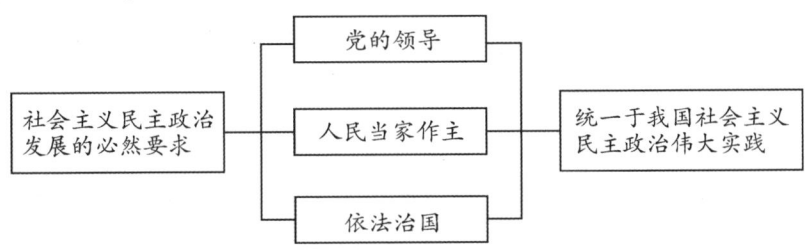

【延伸设计】

(一)思考题

"十四五"规划是我国第十四个五年规划,是中国国民经济计划的重要部分,属长期计划,主要是对国家重大建设项目、生产力分布和国民经济重要比例关系等做出规划,为国民经济发展远景规定目标和方向,是中国特色社会主义发展模式的重要体现,已经成为中国发展的制度优势。"十四五"规划的编制要经过的主要程序:(1)首先由党中央提出并形成党的文件《中共中央关于制定国民经济和社会发展第十四个五年规划和二〇三五年远景目标的建议》。(2)国务院将根据党的建议,具体编制"十四五"发展纲要,全面调研、反复论证,听取各方意见,最后形成具有操作性的纲要草案文件。(3)"十四五"发展规划纲要上报全国人大审议通过,形成正式法律文件,把党的意志上升为国家意志,成为凝聚社会共识的国家意志表达形式。(4)政府履行职责,由各级政府贯彻人大通过的"十四五"规划,分阶段逐步实施。

结合材料,运用政治生活知识,分析说明"十四五"规划编制程序体现了我国哪些政治制度的优势。

参考答案:中国共产党坚持依法执政。党的领导是人民当家作主和依法治国的根本保证。"十四五"规划编制首先要由党讨论并出台规划建议,国务院再根据建议编制草案,并提请全国人大审查,将党的意志上升为国家意志。人民代表大会制度是我国的根本政治制度,全国人民代表大会是我国的最高国家权力机关。"十四五"规划最终由全国人民代表大会审议通过,这是全国人大行使决定权和立法权,为"十四五"规划的实施提供了法律保障。人民民主专政的本质是人民当家作主。在我国,人民利益和国家利益是根本一致的。人民利益和国家利益相统一,保障了中国民主制度的真实性。党的领导、人民当家作主、依法治国是有机统一的。"十四五"规划的制定过程体现了党全面领导、人大依法决定、人民当家作主的有机统一。

(二) 推荐阅读

1. 中共中央宣传部:《习近平新时代中国特色社会主义思想学习纲要》。
2. 中共中央宣传部理论局:《新时代面对面》。

"哲学的基本问题"教学设计

甘丽霞(广东省新兴县第一中学)

议题: 为什么思维和存在的关系问题是哲学的基本问题?

【思路框架】

任务线:根据情境对比,应用"哲学基本问题"相关知识思考思维和存在的关系问题,从而确立什么是哲学的基本问题;认同国家和人民为战"疫"所付出的努力,培育青年的"时代担当意识"。

情境线:由"发现疫情—研究方案—公布方案—更新方案—组织行动"构成,是课堂架构的载体。

问题线:哲学的基本问题是什么—思维和存在的关系问题为什么是哲学的基本问题—唯物主义和唯心主义的基本观点和基本形态分别是什么。

活动线:由"阅读、商议和展示—商议和展示—商议和演讲—书写和展示"构成,是课堂架构的路径。

【基础设计】

(一)教材分析

1.本课地位:第一课"时代精神的精华"是《哲学与文化》的绪论课,在回答"什么是哲学"这一问题基础上,进一步从哲学具体存在形态和发展过程角度介绍哲学,从而使学生对哲学有历史的、感性的认识。

2.内容分析:本框题分为两目。第一目主要解释什么是哲学的基本问题、哲学的基本问题包括哪两个方面的内容;第二目主要说明哲学的基本问题和我们生活的关系,并分析为什么思维和存在的关系问题是哲学的基本问题;第三目主要通过介绍哲学存在与发展的具体形态,让学生了解哲学发展的历史。

(二)学情分析

1.学生心智特征分析:高二学生由于缺乏理性分析和思辨能力,社会实践能力较低,加之哲学本身的概括性和抽象性,要让学生理解哲学基本问题与生活实践的关系比较难,学生更多是以实际论实际,使理论与实际相脱离。再者,针对各种各样的哲学派别,要把握其本质,理解哲学基本问题对哲学本身的影响,更让学生感到难度大。

2.学生认知结构分析:本框题有较强的理论性和概括性,对于初步接触哲学的学生来说,理解起来有一定难度。因此,学生只有了解哲学的基本问题,才能对哲学知识有一个宏观和总体的认识,才能了解不同哲学派别及其观点,从而汲取前人智慧,坚持辩证唯物主义立场,结合古今中外著名思想家的论断进行探究学习。

(三)教学目标

理解哲学的基本问题;在商议、辩论等活动中,培养学生的自主学习、交流合作能力,以及援引经典哲学家的言论,促使学生形成哲学的发散性思维和综合分析归纳能力,提高学生识别不同哲学派别、明辨是非的能力,从而形成对马克思主义哲学的政治认同和公众参与意识。

(四)教学重难点

教学重点:什么是哲学的基本问题、唯物主义与唯心主义各自的主张。

教学难点:为什么思维和存在的关系问题是哲学的基本问题、唯物主义和唯心主义的区别。

(五)教学方法

议题式教学法。

【主体设计】

(一)资料收集

1.通过网络搜集中国新冠肺炎疫情发展情况及疫情防控阻击战的具体措施?

2.网络搜集各行业应对措施作用下人们工作和学习方式发生的变化。

(二)自主梳理

1.梳理哲学的基本问题一是思维和存在何者是本原的问题;二是思维和存在有没有同一性的问题,以及思维能否正确认识存在的问题。思维和存在的关系问题是哲学的基本问题的原因。

2.梳理唯物主义和唯心主义基本观点及基本形态相关知识,并构建、绘制思维导图。

(三)议学过程

环节一:议题描述·疫情之初(问题:2020年之初的中国经历了怎样的大考验?)

观看视频《疫情之初:中国武汉》。

[活动]学生分组商议:从疫情和防控措施两个方面来说,你认为首先必须回答的问题是什么?我们能不能找出一个贯穿其发展始终的基本问题?

[设计意图]通过对比分析,让学生调查了解疫情发展的客观状况是制定措施的依据。要制定科学的防控措施必须了解疫情发展状况,从而理解思维和存在何者是本原的问题是首先要解决的问题。

[答案预设]哲学的基本问题:思维和存在的关系问题,也就是意识和物质的关系问题。

教师补充:恩格斯告诉我们:"全部哲学,特别是近代哲学的重大的基本问题,是思维和存在的关系问题。"

环节二:议题描述·各行业应对措施

[活动]商议我国在疫情蔓延状况下出台了哪些防控措施?学生展示,教师点评(略)。

视频播放:各行各业奋力抗疫。

[问题1]我们的思维能否正确认识疫情状况?我们能否制订有效的诊疗方案?

[设计意图]通过归纳疫情蔓延状况下国家采取的防控措施,让学生理解我们应对疫情的措施及制订正确的诊疗方案是我们能够正确认识疫情的具体体现。

[答案提示]思维和存在具有同一性问题,思维能正确认识存在的问题。

(小结)思维和存在的关系问题是哲学的基本问题的原因。

[情境]疫情之下,医生要对症下药、教师要调整授课方式、商户要调整商品销售模式。由此可见,各行各业在实践中都要解决一个共同的问题。

[问题2]商议疫情之下各行各业人们的工作和学习方式发生了哪些变化?他们要解决的共同问题是什么?

其中,一个学生小组展示,其他学生思考、讨论归纳,教师指导。

[设计意图]通过归纳疫情之下各行各业人们的工作和学习方式发生的变化,让学生理解我们生活和实践活动中遇到的和无法回避的基本问题。即思维和存在的关系问题是哲学的基本问题的原因。

(小结)哲学及其基本问题,从生活实践看,是人们遇到的和无法回避的基本问题;从哲学研究看,是一切哲学都不能回避的、必须回答的问题。

环节三:议题活动·公布方案

[情境]国务院联防联控机制发布会现场。

[问题1]各领域实施不同防控措施的依据是什么?

[活动1]学生商议各领域实施不同防控措施及其依据,找出措施严谨性和有效性的原因是从不同实际情况出发,而不是部门人员坐在办公室里想出的决策方案。

[设计意图]通过归纳各领域实施不同的防控措施及其依据,让学生体验从实际出发制订方案和坐在办公室里想方案的差异,从而理解唯物主义和唯心主义在概念上的区别,并且认同唯物主义的科学性。

环节四:议题描述·最新方案(诊疗方案第七版)

[情境]动态演示图:诊疗方案升级的过程。

[问题2]为什么诊疗方案需要不断地更新?如果不升级、不更新一个方案到底会有什么后果?

[议学活动]商议诊疗方案不同版本的必要性。

[设计意图]通过认识不同诊疗方案的升级过程,让学生体验唯物主义发展的历程,从而认同诊疗方案不断升级是历史唯物主义的科学体现。同时,明晰主观唯心主义和客观唯心主义的区别及其产生的危害。

(小结)唯物主义的三种基本形态和唯心主义的两种基本形态。

环节五:议学延伸·我的行动

[活动]开展"行动起来,为抗击疫情做出应有的贡献"主题微演讲。

要求:观点明确,紧扣主题,理由充分,科学有效。

[设计意图]通过自主微演讲,引导学生认同国家和人民为战"疫"所付出的努力,培育青年学生的时代担当意识。

【板书设计】

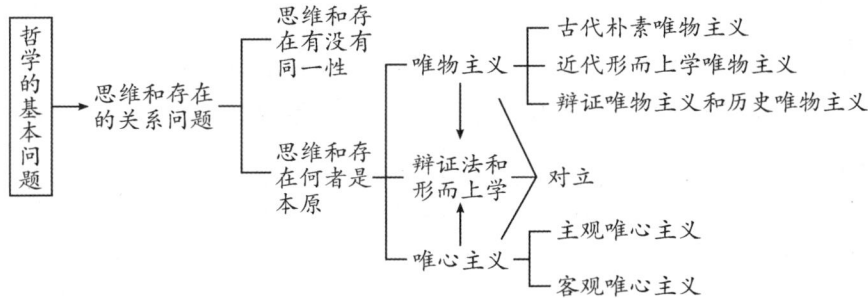

【延伸设计】
(一)思考题
1.思维和存在的关系问题贯穿哲学发展的始终。　　　　　　　　　　(√)
2.思维和存在有没有同一性的问题,是划分唯物主义和唯心主义的唯一标准。　　　　　　　　　　　　　　　　　　　　　　　　　　　　(×)
3.古代朴素唯物主义认为原子是世界的本原。　　　　　　　　　　(×)
4.客观唯心主义把主观精神看作世界的主宰和本原。　　　　　　　(×)
5.世界上永远存在未知之物,但是不存在永远不可知之物。这种观点反映了　　　　　　　　　　　　　　　　　　　　　　　　　　　　　(C)
　A.哲学的基本问题和基本派别　　B.思维和存在何者是本原的问题
　C.思维和存在有没有同一性的问题　　D.哲学史上"两个对子"的问题
6.日本物理学家坂田昌一说:恩格斯和列宁的哲学见解"确实鼓励了我,使我敢于同把基本粒子当作物质的始原的观点相抗衡";毛泽东的著作《矛盾论》和《实践论》"对于科学研究也必然是强有力的武器"。这表明　(D)
①可以把哲学看作"科学之科学"　②具体科学的进步推动哲学的发展
③哲学能为具体科学提供方法论指导　④不能把物质归结为具体的物质形态
　A.①②　　　　　　　　　　　　　B.①④
　C.②③　　　　　　　　　　　　　D.③④
7.对下列观点分类组合正确的是　　　　　　　　　　　　　　　　(A)
①未有此气,已有此理　②存在就是被感知　③世界是一团永恒燃烧的活火　④万事皆备于我　⑤世界是绝对精神的外在表现　⑥形存则神存,形谢则神灭
　A.①⑤;②④;③⑥　　　　　　　B.①⑥;②⑤;③④
　C.①②;③⑤;④⑥　　　　　　　D.①⑤;②③;④⑥

8. 王夫之认为"气者,理之所依",朱熹认为"有是理便有是气,但理是本"。这两种观点　　　　　　　　　　　　　　　　　　　　　(B)

①反映了唯物主义与唯心主义的对立　②反映了辩证法与形而上学的对立　③分歧在于矛盾是否是事物发展的源泉　④根本分歧在于思维和存在何为本原

A.①②　　　　B.①④　　　　C.②③　　　　D.③④

(二)阅读书目

1.马克思:《1844年经济学哲学手稿》。

2.亚里士多德:《尼各马可伦理学》。

3.列宁:《哲学笔记》(1914-1916年),《列宁全集》第55卷。

4.柏拉图:《理想国》。

"人的认识从何而来"教学设计

杨　君（广东省广州市南沙东涌中学）

议题：人的正确思想是从哪里来的？

【思路框架】

任务线：描述和理解人的实践活动和认识活动的含义及其特性——阐明和论证实践是认识的基础——立足实践感受制造大国的"工匠精神"，分享启示，在公共参与中实现知识迁移和情感升华，增强时代青年的自豪感和责任担当意识。

情境线：由"动手造船求真知——向前发展探原因——传承精神我接力"组成，为"议中学"提供载体。

问题线：如何才能制造出纸船（手动实操）——纸船能承受多少枚1角硬币？为什么纸船会下沉（争议及观看实验总结）——集装箱货船为什么会更新换代，向前发展（观看视频及小组讨论）——传承工匠精神，作为时代青年的我们，该如何接力使命（项目学习）。

活动线：课前预习和了解本节课基础知识，课中手动实操制造纸船，小组商议并展示——纸船承重的争议与讨论——先观看视频商议，然后师生对话总结——项目化学习，为"议中学"开辟道路，提供动力。

【基础设计】

（一）教材分析

1. 本课地位：本课属于辩证唯物主义认识论的开篇内容。通过探究人的认识从何而来、实践在认识过程中的地位和作用，旨在阐明马克思主义哲学基本观点即实践观点的重要性，树立"实践第一"观点，并在实践中理解和坚持党的思想路线，与时俱进，追求真理。

2. 内容分析："人的认识从何而来"是必修4《哲学与文化》第二单元"认识社会与价值选择"第四课"探索认识的奥秘"第一框内容，下设两目。第一目，"认识与实践"。教材罗列古代和近代有关"认识与实践"名人名言，通过"阅读与思考"等活动，引导学生感悟认识的含义、认识的两个阶段及其关系；实践的含义、特点及实践的三种基本形式。第二目,"实践是认识的基础"。教材通过"西红柿的食用之谜""名人名言""哥白尼学说"等素材,阐述实践是认识的来源、实践是认识发展的动力、实践是检验认识真理性的唯一标准及实践是认识的目的,从而总结论证实践是认识的基础,明确马克思主义哲学首要的、基本的观点是实践的观点。

(二)学情分析

1.学生情智特征:本课的教学对象是高二选考政治的学生。他们对政治学习兴趣浓厚、具备一定自主学习能力和分析问题能力,但是由于该阶段学生的抽象思维能力、逻辑思维能力及社会实践能力有限,所以对本课认识的含义、阶段及实践的含义和特点等理论性较强的知识理解不深入,从而为授课带来困难。

2.学生认知结构:本课内容学习之前,学生通过实际生活的感悟,对实践是认识的来源、实践是检验认识真理性的唯一标准等内容具备一定的认知体验,但是较为朴素、浅显,且并未上升为哲学理论。因此,教学过程中应该注重设计、利用好贴近学生思想和经验的素材,创设情境,由浅入深、由表及里地引导学生完成学科任务、培育学科核心素养。

(三)教学目标

通过动手操作、讨论、展示等活动形式了解实践的特性和作用,知道认识的含义、阶段,理解实践是认识的基础;立足头脑风暴、现实案例解析,树立实践第一的思想观念,提高辩证思维能力及理论和实践相结合的能力;运用辩证唯物主义实践观分析问题,培养科学精神,认同中国特色社会主义道路,积极投身实践,培养责任担当意识;传承大国工匠的精神和品质,坚持学以致用,激发学生积极投身中国特色社会主义现代化建设的使命感和政治认同感。

(四)教学重难点

教学重点:实践的特点。

教学难点:实践是认识的基础。

(五)教学方法

议题式教学法,探索发现法,趣味练习法,合作探究法。

【主体设计】

课前搜集资料,通过互联网搜集并掌握折叠纸船的不同方法,了解 LNG 船及沪东中华造船有限公司的相关信息;课前自主梳理,预习并梳理实践的含义、实践的特点及认识的含义和阶段、实践是认识的基础及其四个表现。

［预热］伴随背景音乐，播放广州市南沙区东涌镇水乡文化图片。（见图1）

图1 广州市南沙区东涌镇水乡文化

［导入］同学们，看完照片，你觉得东涌美不美？东涌镇作为全国宜居小镇，依托水乡文化载体，其水上婚礼、水上绿道还有疍家文化独具特色，让人流连忘返。但是大家有没有发现，这些水乡文化展示需要的交通工具是什么？

学生：船。

［过渡］对，很好。所以，今天我们就基于"造船"的实践路径，围绕三个环节"动手折船求真知""向前发展探原因""传承精神我接力"探究议题——人的正确思想是从哪里来的？同学们准备好了吗？下面，进入第一个环节。

［设计意图］以广州市南沙区东涌镇水乡文化作为载体，基于本土文化的亲切感，让学生能够快速进入课堂学习状态；然后，依托当地水乡文化的主要交通工具，自然引出本节课的情境主题——船。情境创设真实且立体，便于学生带着轻松愉悦的心情开展学习。

环节一：动手折船求真知

［情境］纸船的制造、展示。

［活动1］动手·手动折叠纸船——2分钟

（1）活动内容：利用手中的A4纸，折出具有特色的船只并设计船名，前三名同学加3分。

（2）活动时间：限时2分钟。

［设计意图］通过活动1，能够让学生在亲自实践的基础上，深刻理解实践的含义与特点，为随后探究实践是认识的基础做铺垫。

[过渡]好的,同学们,我看大家各具特色的船只基本都折叠好了,那么我们先把船只放在一边,正所谓学习既要动手,又要动脑。接下来,通过回味刚才手动折叠纸船的经历,结合教材第49-50页思考如下问题,随后请小组代表回答。

[活动2]动脑·小组商议展示(2分钟)

(1)折叠纸船的活动是否属于实践活动?为什么?

(2)如何理解实践的直接现实性?

(3)结合折纸船的活动,说明实践的特点。

[设计意图]通过活动2,引导学生将自身的实践经历运用学科语言凝练、概括和升华成实践的含义,再借助师生对话追问的方式推动教学进程。例如,借助我们使用A4纸折叠的目标是什么、秦始皇时期能不能使用A4纸折叠纸船等问题突破实践的特点,使整个教学过程生成自然,推动学科任务完成;这本身也是从实践到认识的一种表现,有助于培养学生提取信息、总结概括的能力,也有助于培养学生的团队合作意识、增强学生的公共参与能力。

[答案预设]

(1)制造纸船属于实践活动,而实践是人们改造客观世界的物质性活动。制造纸船的主体是我们,客观对象是纸张。这是我们按照一定的折叠纸船的步骤,从而产生物质性结果的纸船,故属于实践活动。

(2)实践将人们头脑中有关造纸船的想法通过加工变成现实作品,让人们的主观认识见之于客观存在,因而实践具有直接现实性。

(3)实践具有客观物质性、主观能动性和社会历史性等特点。

[过渡]各位同学总结回答得非常好。刚才通过我们齐心协力,解决了实践相关知识。接下来,让我们一睹大家作品的风采吧。

[活动3]动嘴·分享展示作品

(1)请三名同学介绍自己的作品。

(2)其他同学思考:该同学对其作品外部形象描述的"这类认识"与教材中实践的含义与特点的"概括性认识"有什么异同点?

[设计意图]从"动手"到"动脑"再到"动嘴",引导学生介绍自我小组的作品。三个活动都以制作纸船为载体,具有情境的一体性和立体性。然后,基于小组代表对船外在形状、颜色或者船号的直观描述而产生的认识,对比教材中实践的含义与特点的概括性认识,在寻找异同点过程中引导其理解认识的含义、阶段,并感悟两个阶段之间的关系,整体教学过渡自然,学科任务习得结构

化,有助于培养学生的逻辑思维能力和科学精神。

［答案预设］

相同点:无论是学生对自身作品外部形象描述的"这类认识"还是实践的含义与特点的"概括性认识",都是我们立足实践对纸船能动的反映。

不同点:两者的不同在于我们对纸船的外形、材料、船号等认识,是属于在实践基础上由感觉器官(如眼睛、耳朵)感受到关于事物的现象、事物外部联系、事物各个方面的认识,是感性认识,包括感觉、知觉和表象三种形式。

在活动1中,我们借助材料、纸船等感性认识,通过抽象思维概括升华后,形成有关实践的含义和特点,这是有关事物的本质、全体、内部联系和事物自身规律的认识,即理性认识,包括概念、判断和推理三种形式。所以,理性认识是认识的高级阶段。理性认识依赖于感性认识,感性认识有待于上升为理性认识,两者相互渗透、相互包含,具有辩证统一关系。

［过渡］刚才,我们已经目睹了大家作品的风采,那么接下来我随机抽取一艘纸船,我们猜猜这艘船能够承受多少枚面值一角的硬币?

环节二:向前发展探原因

［情境］纸船的承重争议·实验验证

［活动4］头脑风暴——争议与讨论

(1)拿出一艘纸船放入水中,然后检测其能够承受多少枚硬币?

(2)纸船为什么会沉,背后隐含什么物理定律?你如何获得这一定律?

［设计意图］承接上一环节,继续围绕"船"的情境主题。为了突破本节课教学难点,首先引发学生关于纸船承重力的争议,然后通过实验验证纸船的承重力,有助于学生深度理解并阐述实践是检验真理的唯一标准,培养学生的科学精神。随后,分析纸船沉没的原因,有助于学生厘清认识的来源与认识的途径,从而解决学科任务的疑难点,培养学生的思辨能力和创造性思维。

［答案预设］

(1)同一艘纸船,不同的同学对其承重力会产生不同的预测性认识,那么谁的认识是正确的?只有实践才是检验认识真理性的唯一标准。

追问1:为什么实践能够检验认识的真理性?因为实践具有直接现实性特点,能够将头脑中观念的存在变成现实的存在,从而产生物质性结果。然后,人们就把指导自己实践的认识与实践所产生的结果加以对照,从而检验认识是否正确地反映了客观事物。

追问 2：为什么实践是唯一标准？没有其他标准了吗？要检验一种认识是否正确地反映客观事物，如果不超出认识范围，人们就无法判定其是否与客观事物相符合，也就是人的认识本身不能充当标准。而客观事物自身也不能回答认识是否正确地反映了它，只有通过实践将主观和客观联系起来加以比较和对照才能检验。所以，实践是检验认识真理性的唯一标准。

(2) 纸船之所以沉没下去，因为它的重力超过浮力，背后体现了阿基米德定律。这个物理学定律是我们在初三物理教材上所获得的间接经验。阿基米德如何获得这个知识？是基于自身在浴缸洗澡及后来的实验观察得出来的，即通过实践产生的直接经验。所以，我们获得认识的途径有两个，即直接经验和间接经验。但是，无论直接经验还是间接经验，来源都是实践，所以实践是认识的唯一来源。

[过渡]同学们，正如你们刚才所见，纸船的承载力很低，但是船作为我国重要的交通运输工具，其承载力的增加一直被世人所关注。2017年，中远集团研造的发展号集装箱货船能承载13000个集装箱，被称为世界上最大的货船。仅仅时隔两年，有一家造船公司研发出承载力更高的集装箱船，并且它的动力非常环保，它是谁呢？下面，我们一起欣赏一段视频并思考。

[视频]全球首艘23000箱液化天然气(LNG)动力集装箱船在上海下水。

[情境]集装箱最早是由美国研发，我国起步较晚，但是发展较快。仅上海港就开辟了29条国际集装箱班轮航线，中海环球号和中远货轮远远不能满足更大的货物承载需求，于是由中船集团沪东中华造船公司建造，全球首个以液化天然气为主要动力、环保性能最优的能够承载23000箱的超大型集装箱船诞生。为了确保既动力十足，又绿色环保，该船采用一颗独一无二的"绿色心脏"——18600立方米的MKⅢ薄膜式燃料舱。在此之前，全球超大型集装箱船的建造一直被国外造船企业所垄断。这次，我国建造的23000箱液化天然气动力集装箱船下水，标志着我国高端海洋装备制造实现从"跟跑"到"领跑"的重大飞跃。

[活动5]集思广益——商议并展示

(1) 为什么我国的集装箱货船要不断向前发展？说明什么？

(2) 哪家企业实现了核心技术的突破？你认为这些技术未来有什么用？

[设计意图]首先，以我国集装箱货船发展历程为情境，通过视频这一直观方式，激发学生探知原因的热情，并通过设置开放性问题，引导学生在思维碰撞

过程中深刻体会"从实践到认识、从认识到实践"的循环是一种波浪式前进或螺旋式上升的过程,从而主动构建知识、理解实践是认识的动力和目的。其次,通过对两个问题的对比探讨,助力学生区分动力与目的。一个侧重基于实践需要及技术突破后而促进认识进步,即实践是认识的动力;另一个侧重认识的结果,认识要再回归实践改造世界,即实践是认识的目的,立足对比教学,加深学生印象,提高学生对材料的理解和应用能力。最后,通过对沪东中华有限公司冲出国外技术封锁、实现核心技术的突破、成功研制MKIII薄膜式燃料舱等信息的展示,彰显我国作为船舶大国的技术研发能力和实力,增强学生的民族自信心和民族自豪感。

[答案预设]

(1)基于船舶航行发展过程中产生的更大的承载力、更环保的动能需求,以及突破技术封锁的迫切需求,推动我国中船集团沪东中华有限公司生产出承载力更大——23000箱并以液化天然气LNG为主要动力的超大集装箱货船。其核心技术的突破标志着我国高端海洋装备制造实现从"跟跑"到"领跑"的重大飞跃,从而体现实践是认识的动力。

(2)通过对沪东中华有限公司成功研发MKIII薄膜式燃料舱的技术成果的应用预测,如可以引来更多的订单、有利于企业赚钱、提升我国的国际地位、开发国际市场、引进来与走出去相结合等,引导学生总结认识来源于实践,最终还是要回到实践,即实践是认识的目的。

环节三:传承精神我接力

[视频]央视视频:《唱给你听——"匠心"》节选。

[情境]LNG动力船代表全球造船工业的最高水准,技术难度堪比航母制造,全球只有四个国家可以自主研发,中国就是其中之一。歌手陶慧敏深入沪东中华造船有限公司,接触上海电焊届的"焊神们"——张翼飞师傅及其徒弟,展示LNG船制造过程中的点滴故事,彰显大国工匠数十年如一日的坚守与钻研、智慧和专注,生动诠释了工匠精神的内涵。

[活动6]情感升华——迁移及分享

视频中"焊神们"的哪些精神品质令你印象深刻?作为时代青年,我们该如何传承大国工匠精神,勇担使命?小组讨论、分享;教师点评。

[设计意图]通过分享"焊神们"令人印象深刻的品质,一方面使学生树立正确认识,发挥认识对实践的反作用功效。另一方面,引导时代青年在接力传

承大国工匠精神过程中,落实学以致用,将精神力量通过实践转化为物质力量,从而以更加饱满的热情和姿态为建设中国特色社会主义而奋斗,实现政治认同,实现立德树人根本任务。

[答案预设]"焊神们"的专注、责任、严谨、坚守、创新等大国工匠精神。

【板书设计】

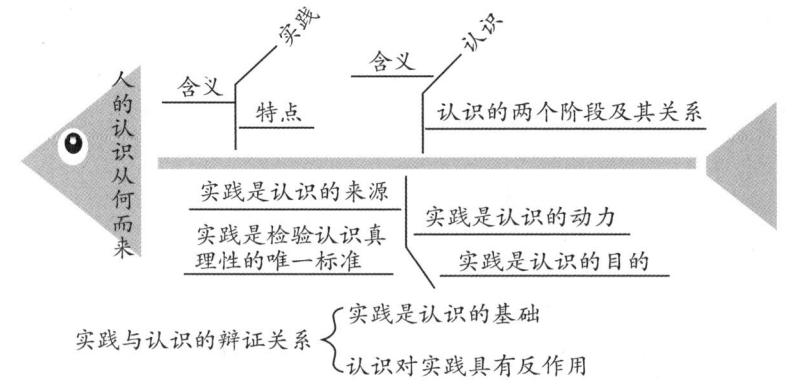

【延伸设计】

(一) 思考题

2020年7月31日10时48分,习近平宣布:"北斗三号全球卫星导航系统正式开通!"这标志着北斗迈进全球服务新时代。

为了维护国家安全,在将来的科技大潮中抢占制高点,20世纪90年代,中国开始探索适合国情的卫星导航系统发展道路。北斗人多年潜心卫星导航领域的研究,夜以继日进行科研攻关,通过无数次外场测试试验,面对一个个问题不断提出想法,再验证,再推翻,一点点向前推进,终于在北斗这一国家重大战略任务攻关中取得实实在在的系列成果。如今,北斗系统的国际化已实现新突破,北斗芯片、模块等基础产品销量突破7000万片。预计2035年,我国将建成更加泛在、智能、融合的综合定位导航授时体系。随着5G商用时代的到来,北斗还将与新一代通信、区块链、人工智能等新技术加速融合,由此产生新模式、新业态、新经济。

结合材料,运用实践与认识的相关知识,说明中国北斗系统研发活动带给我们的启示。

参考答案:①实践具有主观能动性,实践是在意识指导下的有目的的活动。实施"北斗系统研发活动"是为了维护国家安全,抢占科技制高点,启示我们想问题做事情要有计划性和目的性。②实践是认识的基础,实践是认识的来源、发展动力、检验标准和目的。北斗团队通过深入调研,不断调整、验证基数路线方案,逐步解决核心技术问题,启示我们要坚持实践第一的观点,立足实践,逐步探索解决问题的方法。③认识对实践具有反作用,正确的认识能够推动实践的发展。北斗系统的成功研发不仅可以为全球导航服务,还有助于带动经济的发展,启示我们要重视理论的作用,重视科学技术的力量。

(二) 推荐阅读

1.马克思:《关于费尔巴哈的提纲》。

2.毛泽东:《实践论》。

"世界是普遍联系的"教学设计

谭立婷(湖北省宜昌市夷陵中学)

议题:如何理解辩证法的联系观?

【思路框架】

任务线:由"描述/理解—辨析/应用—决策/迁移"组成,明晰"议中学"过程。

情境线:由"探寻城市微光—透视城市微光—助力城市微光"组成,为"议中学"提供载体。

问题线:由主议题和"议题描述—议题辨析—议学延伸"三个环节组成,为"议中学"确定方向。

活动线:由"商议和展示—商议和辩论—商议撰写和演讲"组成,为"议中学"开辟路径。

【基础设计】

(一)教材分析

1.本框地位:本框属于高中思想政治人教版(新课标)必修4《哲学与文化》第三课第一框内容,上承世界的物质本质,下启辩证法的质量互变规律、对立统一规律、否定之否定规律,是辩证法的起点,具有承上启下的作用。

2.内容分析:联系的观点是辩证法的总特征之一。本框内容按照从世界观到方法论的逻辑顺序,依次阐述世界是普遍联系的,要求我们用联系的观点看问题。本框共有两目:第一目"联系是普遍性、客观性、多样性",主要介绍联系是普遍的、客观的,以及事物的联系是多种多样的。第二目"用联系的观点看问题",包括正确认识和处理整体与部分的辩证关系,掌握系统优化的方法。

(二)学情分析

1.学生心智特征分析:高二学生对社会热点问题充满兴趣,抽象逻辑思维进入成熟期,具有充分的假设性和内省性;辩证逻辑思维迅速发展;自我意识高度发展;价值观开始建立;批判思维能力得到提升,具备一定的透过现象看本质的能力,但是分析复杂事物时,仍存在不全面、不透彻的问题。

2.学生认知结构分析:(1)学生拥有一定的学习本课的知识基础。

就思政学科而言,通过学习《中国特色社会主义》,学生明白人类历史是发展的,各种社会现象之间存在复杂的联系;通过学习《经济与社会》,学生了解经济领域各个市场主体存在种种联系;通过学习《政治与法治》,学生对政治生活领域的各种联系有了比较系统的把握;通过学习《哲学与文化》第一、二课,学生对辩证法与形而上学关系有了初步认知。

在其他学科方面,通过对物理、化学等自然学科的学习,学生了解了宏观世界与微观世界的联系;通过对生物知识的学习,学生在一定程度上了解了人体自身的联系;等等。

(2)学生生活在普遍联系的现实世界中,对生活中的诸多联系已经有比较现实的、直观的体验。

(三)教学目标

通过辨识和理解一般情境—复杂情境—具有挑战性的复杂情境,让学生建构联系的特征、用联系的观点看问题等必备知识;通过辩论、撰写研究性学习报告等活动,培养学生理解、应用、迁移等关键能力;通过复盘研究性学习全过程,培养学生立足整体、统筹全局的科学精神,以及积极投身社会实践的公共参与等学科素养;通过全面呈现疫情背景下保民生的重大举措——地摊经济,实现课内学习与课外实践有机结合,厚植家国情怀。

(四)教学重难点

教学重点:联系的客观性和多样性、整体与部分的辩证关系、系统优化的方法。

教学难点:联系的客观性和多样性,系统优化的原则。

(五)教学方法

议题式教学。

【主体设计】
教学过程

> **城市微光**
>
> 　　2020年两会上,人大代表建议,在进一步规范城市管理的同时,因地制宜,释放地摊经济的最大活力。李克强总理也指出:"一味追求整洁,不让开小店,是懒政。政府必须要提高规划、管理的能力,决不能光图省事。保留地摊经济,给底层人们一点温暖!"响应国家号召,宜昌市政府出台规定,自5月31日至7月31日,每天18时至次日凌晨6时及节假日全天,城区夷陵广场商圈、解放路商业步行街商圈、CBD商圈、万达广场商圈、中南路商圈、国贸新天地商圈、水悦城商圈、桥边镇集镇商圈、猇亭商业三街商圈等9处重点商圈准许出店经营,并制订了一系列相关临时性政策,有序推动地摊经济发展。
>
> 　　针对此现象,夷陵中学1801班师生组成研究性学习小组,对宜昌市城区地摊经济的现状及问题进行调查研究,并提出相应建议。本节课,将用"世界是普遍联系的"相关知识对此次研究性学习进行复盘。

【设计意图】①展示中央和地方政府政策背景,让学生从宏观顶层设计层面对地摊经济有初步感知,增强对国家民生政策的认同感。②引出研究性学习,增强学生好奇心,提升本节课的吸引力。

环节一:梳理联系观主干知识

补充空格

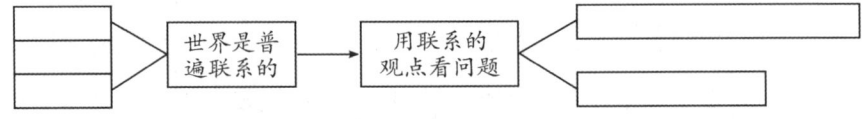

[设计意图]让学生对本节课的必备知识有大致把握。

环节二:议题描述·探寻城市微光

[议题情境]

> 　　地摊经济涉及多方主体,对其影响各不相同,褒贬不一。为了解宜昌城区地摊经济的发展现状,研究性学习小组的师生准备深入城区八大商业区,进行实地访谈。在出发前的碰头会上,教师组织大家讨论此次访谈的对象和访谈问题,形成最终的访谈提纲。

[议学活动]假如你们是研究性学习小组成员,你们准备采访哪些对象?为什么?

[答案提示]世界是普遍联系的,任何事物都与周围的其他事物存在联系。地摊经济就是一个普遍联系的有机整体,其发展对摊贩、消费者、环卫工人、城

管部门、门店经营者等都产生了积极影响和消极影响。

[设计意图]让学生结合已有生活体验,打开思维,列举访谈对象,明白地摊经济不仅与摊贩有关,还涉及社会多个主体,初步理解联系的普遍性,明白要从全面整体出发看待社会现象,从而掌握科学的思维方法。

环节三:议题辨析·透视城市微光

[议题情境]

> 小组通过现场访谈城管、摊贩、消费者、门店经营者、环卫工人等市场主体,发现人们对地摊经济的评价褒贬不一。
>
> 一、正面评价
>
> 摊贩:增加就业、收入。
>
> 消费者:方便了生活,丰富了选择。
>
> 城管:促进城市管理理念和制度机制的创新。
>
> 环卫工人:摊主大多有素质,能够管理好自己的"领地",会在经营时间结束后自觉主动收摊,认为自己被尊重。
>
> 门店经营者:有品牌支撑的门店因此收获更多客源,带来正面影响。
>
> 二、负面评价
>
> 摊贩与消费者:围绕商品质量和价格等问题发生矛盾。
>
> 摊贩与摊贩:存在商品同质化、低价竞争等问题。
>
> 城管与摊贩:疫情之下,摊贩数量迅速增加,管理难度加大。
>
> 门店经营者与摊贩:离地摊较近且无品牌支撑的门店经营者认为带来负面影响,分散客源。
>
> 环卫工人与行人:消费者随地丢弃垃圾的现象严重,增加工作量。

[议学活动]面对评价褒贬不一的地摊经济现状,地摊经济该不该被"唱衰"?请结合联系的知识进行辨析。

[答案提示]联系具有客观性,不以人的意志为转移,我们要从事物固有的联系中把握事物,切忌主观随意性。地摊经济具有促进就业、方便人民生活的作用,体现了联系的普遍性。不能被忽略地摊经济发展中存在的客观问题,忽略则违背了联系的客观性。事物的联系是多种多样的,把握联系的多样性,对我们正确认识事物具有重要意义。看待地摊经济时,不能只看到矛盾交织的一面,更要看到地摊经济带来的积极社会效应。对于某一具体主体而言,既要分析其自身条件,又要分析其面对的外部条件;既要看到不利条件,又要看到有利

条件;等等。只有这样,才能够全面把握地摊经济及其对每一市场主体带来的影响。总之,一切以时间、地点、条件为转移。地摊经济的健康发展关系社会各个主体,唯有立足整体、统筹全局、优化要素,才能最终实现经济社会效益最大化。

[设计意图]通过课前实地走访,研究性小组发现人们对地摊经济的评价十分复杂。一方面,地摊经济是国家立足人民群众根本利益,保民生、促就业的重大举措。另一方面,地摊经济的发展并不是完美无缺的,其存在很多问题。面对这一具有冲突性的社会现实,不管课外实践还是课内复盘学习,学生都面临巨大冲击,处于两难境地。设置这一辨析活动,引导学生进行思辨性探索,全面、深刻比较地摊经济的利弊得失,引导学生克服简单思维,提高辩证思维能力,把握事物存在和发展的条件。据此,学生不仅能掌握正确的思维方法,还能更加科学、理智地看待地摊经济中涌现的各种问题,支持国家政策的同时发挥公民政治参与的积极作用。

环节四:议学延伸·助力城市微光

[议题情境]

> 此次研究性学习中,小组成员筚路蓝缕,深入体验地摊经济的酸甜苦辣,探寻城市微光。地摊经济,不仅表现为一个个 GDP 数值,还实实在在地传递出城市中的一缕缕烟火气,是实实在在的民生。发展好地摊经济,对打赢抗疫攻坚战、打好经济复苏战、打好脱贫攻坚的收官之战,具有重要的现实意义。
>
> 研究性学习小组完成调查研究以后,拟以"宜昌中心城区地摊经济发展的现状及建议"为题写一份研究性学习报告,报告分为以下三个部分:
> 一、宜昌中心城区地摊经济发展的现状。
> 二、宜昌中心城区地摊经济发展的问题。
> 三、关于宜昌中心城区地摊经济发展的建议。

[议学活动]假如你是该小组成员,请结合本次研究性学习获得的信息,运用整体与部分的辩证关系原理或系统优化的方法,完成研究性学习结题报告的第三部分。

[答案提示]树立全局观念,掌握系统优化的方法,用综合思维方式认识事物。地摊经济有序发展事关国计民生大局。我们要从整体入手,将政府部门、摊贩、环卫工人、消费者、门店经营者联系起来,统筹考虑,优化组合,从而实现整体功能最大化。同时,要深入分析每个市场主体的利弊得失,重视他们的利益诉求,激发他们的积极性、主动性和创造性,助力地摊经济有序发展。

[设计意图]研究性学习报告的项目设计保持教学设计的完整性,同时对本课进行升华:第一,学生用系统优化方法分析地摊经济发展的建议,落实学科知识。第二,学生撰写研究性学习报告,提升学科能力。第三,不管是研究学习还是知识学习,目的就是让学生用联系的观点看问题,关注自我与自然、他人、社会的紧密联系;树立立足整体的思维方法,顾全大局,树立家国情怀;重视部分的作用,不断完善自我,为社会发展添砖加瓦。

【板书设计】

【延伸设计】

(一)思考题

模拟《世界青年与社会发展论坛》微演讲

2020年初的新冠肺炎疫情袭击全球,一场考验全球的公共卫生危机愈演愈烈,截至2020年10月26日,全球现存确诊一千多万人,累计确诊四千多万人,累计死亡一百多万人。这场危机不仅威胁人们的生命安全,还引发全球经济震荡、国际政治矛盾、地区军事冲突、世界格局变化等。没有一个国家能置身事外,也没有一个国家能独立应对。解决所有问题的道路只有一条,即构建人类命运共同体!

"世界青年与社会发展论坛"邀请你作为中国青年代表参会,发表以"雪崩之下,没有一片雪花会幸免于难"为主题的中文微演讲。请完成一篇演讲稿。

要求:结合材料及联系观的内容;不少于300字。

(二)推荐阅读

1.恩格斯:《自然辩证法》。

2.恩格斯:《路德维希·费尔巴哈和德国古典哲学的终结》。

3.马克思:《关于费尔巴哈的提纲》。

4.列宁:《论战斗的唯物主义》。

5.毛泽东:《矛盾论》。

"在实践中追求和发展真理"教学设计

高书立(河南省登封市教学研究室)

议题: 为什么要在实践中追求和发展真理?

【思路框架】

任务线:自主学习,梳理"在实践中追求和发展真理"相关知识,形成结构化知识图谱;讨论历史周期率的问答,以及跳出告诉我们真理有哪些特征,理解真理的客观性、具体性和有条件性;辩论这些"民主"之策能否跳出历史周期率,理解和应用认识的反复性和无限性;项目学习,就发扬民主、跳出历史周期率给建党100周年以后的中国共产党人写建议书,迁移本框的方法论要求,情感升华,在实践中认识、发现、检验和发展真理。

情境线:由主题情境和"简单情境—复杂情境—挑战性复杂情境"三个情境链组成。本节课的主题情境是历史周期率,由历史周期率的问答、历史周期率的辩论、写建议书三个情境链组成。其中,历史周期率的问答是简单情境,历史周期率的辩论是复杂情境,写建议书是挑战性复杂情境。

问题线:由总问题和"简单问题—复杂问题—挑战性复杂问题"三个分问题组成。总问题"为什么要在实践中追求和发展真理"下设"如何理解真理的客观性、具体性和有条件性""为什么说追求真理是一个过程""如何追求和发展真理"三个问题。

活动线:由"梳理知识—议题讨论—议题辩论—撰写展示"组成。具体为梳理"在实践中追求和发展真理"相关知识,讨论历史周期率的问答和跳出告诉我们哪些真理的特征?辩论这些"民主"之策能否跳出历史周期率?就发扬民主、跳出历史周期率给建党100周年以后的中国共产党人写建议书。

本课框架模型如下图所示:

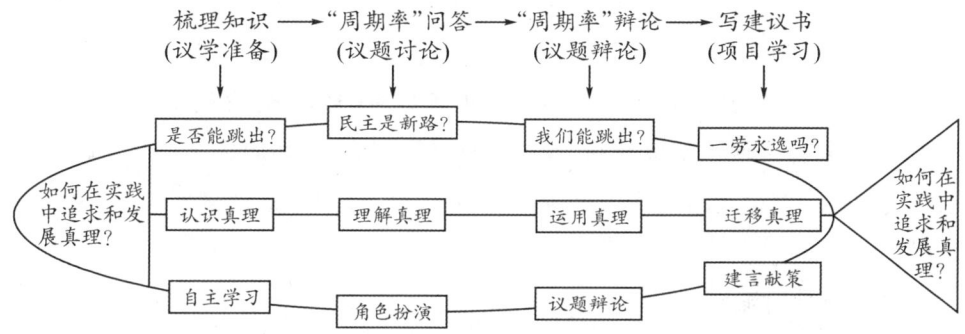

【基础设计】

(一) 教材分析

1.本课地位:本课为《哲学与文化》第四课第二框,教学内容是如何在实践中追求和发展真理,是第一框"人的认识从何而来"的逻辑延伸,两框共同探索了认识的奥秘,建立在第一单元探究世界的本质这一基础之上,是第二单元正确认识和把握人生、实现人生价值和理想的前提,承前启后,对寻觅社会历史的真谛,进而正确理解和坚持党的思想路线、与时俱进、追求真理,具有重要意义。

2.内容分析:第一目"真理是客观的"。本目逻辑结构:真理的含义—真理的基本属性是客观性。本目的重点是让学生知道真理只有一个、真理面前人人平等。

第二目"真理是具体的有条件的"。本目逻辑结构:真理是有条件的—真理是具体的—真理和谬误相比较而存在、相斗争而发展。本目重点是让学生懂得真理和谬误相伴而行,人不怕犯错误,怕的是不能正确对待错误。

第三目"追求真理是一个过程"。本目逻辑结构:认识具有反复性—认识具有无限性—在实践中认识和发现真理,在实践中检验和发展真理。本目旨在让学生懂得,实践是不断向前推进的,人的认识也在不断向前发展,人对事物的真理性认识也是不断发展和完善的。

(二) 学情分析

1.学生心智特征分析:高二学生已经具备一定的抽象思维能力和逻辑思维能力,初步掌握对比、归纳等分析方法,能对议题进行综合分析。但对离生活比较远的理论性较强的内容理解不够。比如,要让学生理解真理的具体性。区分真理的条件性和具体性难度较大，需要与实际生活相结合，化抽象为具体，在具体情境中生成知识。

2.学生已有知识经验分析：本课是第四课最后一框，学生在了解人的认识从何而来后，对探索认识的奥秘有了一定的理论基础。对如何进一步在实践中追求和发展真理有很大帮助。但是，本节课的理论性较强、知识量偏大，学生学习本课有一定难度。

(三)教学目标

通过梳理、讨论、辩论、建议等多种活动形式让学生理解真理的客观性、具体性和有条件性，理解和应用认识的反复性和无限性，迁移本框的方法论要求，在实践中认识、发现、检验和发展真理。提高思辨、合作和行动能力，树立在实践中不断认识、丰富和发展真理的思想，认同中国共产党的领导，认清社会发展的阶段性特征，有序参与公共事务，勇于承担社会责任。

(四)教学重难点

教学重点：追求真理是一个过程。

教学难点：真理是具体的。

(五)教学方法

议题式教学法。

【主体设计】

资料收集：课前，阅读历史周期率有关材料，了解党史。

[导入]播放黄炎培在延安期间与毛泽东关于历史周期率对话的视频。

[设计意图]从视频中黄炎培提出的"总之，没有能跳出'周期率'"入手，让学生思考没有能跳出这"周期率"是不是真理，激发学生的探究热情，通过情境与知识的关联，导入本节课学习，实现生活逻辑与学科逻辑的统一。

环节一：自主学习——梳理知识

[学科概念]在实践中追求和发展真理。

[活动任务1]学生自主研究性学习、梳理"在实践中追求和发展真理"相关知识，完成下表，形成结构化知识图谱。

新版高中思想政治教材

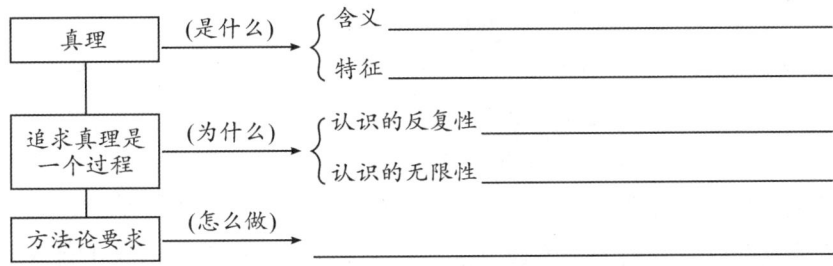

[活动任务2]学生陈述"在实践中追求和发展真理"相关知识,教师评价。

[设计意图]教师提供半成品式的结构图,引导学生填写部分内容,研究学习真理的内涵特征和追求途径,形成知识结构图谱,为下面的讨论和辩论热身。同时,落实该课的知识点。通过梳理必备知识,为关键能力提升、学科素养培育、核心价值培养打下坚实基础。

[答案提示]真理相关知识包括是什么、为什么、怎么办。真理是什么包括真理的含义和特征,为什么说追求真理是一个过程包括认识的反复性和无限性。怎么做包括在实践中认识和发展真理、检验和发展真理。

环节二:历史周期率的问答——理解真理的特征

[子议题1]如何理解真理的客观性、具体性和有条件性?

[学业任务]理解真理的客观性、具体性和有条件性。

[议题情境]历史周期率之问、中国共产党跳出历史周期率的做法。

角色扮演毛泽东、邓小平、习近平践行民主跳出历史"周期率"

1945年7月初,黄炎培访问延安时说:"我生六十多年,耳闻的不说,所亲眼看到的,真所谓'其兴也勃焉''其亡也忽焉',一人、一家、一团体、一地方乃至一国,不少单位都没有能跳出这'周期率'的支配力。""一部历史,'政怠宦成'的也有,'人亡政息'的也有,'求荣取辱'的也有,总之没有能跳出这'周期率'"。

毛泽东听了黄炎培这番话后,回答说:"我们已经找到新路,我们能跳出这周期率。这条新路,就是民主。只有让人民来监督政府,政府才不敢松懈。只有人人起来负责,才不会人亡政息。"

邓小平强调:"为了保障人民民主,必须加强法制,必须使民主制度化、法律化,使这种制度和法律不因领导人的改变而改变,不因领导人的看法和注意力的改变而改变。"

习近平强调:"我们要以更大的力度、更实的措施发展社会主义民主,坚持党的领导、人民当家作主、依法治国有机统一。"

[活动任务3]讨论:历史周期率的问答和跳出告诉我们哪些真理的特征?

[设计意图]黄炎培说没有能跳出这"周期率",毛泽东说,我们已经找到新路,我们能跳出这"周期率"。对同一确定对象产生两种不同的认识,但是同一条件下人们对同一对象的真理性认识只能有一个。到底谁说得对?教师不宜以自己的权威或者分数的诱惑让学生认同某一方观点,而是把学生带入"能不能跳出历史周期率"讨论,学生在两难选择过程中润物细无声地理解了真理是客观的,真理面前人人平等。

通过毛泽东说的新路是民主理解真理是有条件的。

通过角色扮演毛泽东,让学生理解站起来时代的"人民监督政府"式的民主。通过角色扮演邓小平,让学生理解富起来时代的"民主加法治"式的民主。通过角色扮演习近平,让学生理解强起来新时代的"党的领导、人民当家作主和依法治国有机统一"式的民主。通过三个角色扮演的对比,让学生理解,任何民主都是针对特定过程,都是主观与客观、理论与实践具体的历史的统一,从而理解真理是具体的。

[答案提示]由于毛泽东和黄炎培的立场、观点和方法不同,知识结构、认识能力和认识水平也不同,对同一确定的对象跳出"周期率"产生两种截然不同的认识。但是,其中只能有一种正确的认识,即真理只有一个,真理是客观的。

毛泽东听了黄炎培这番话后,回答说:"我们已经找到新路,这条新路,就是民主。"这里的民主是针对特定的过程所说的,是主观与客观、理论与实践具体的历史的统一。如果我们不顾过程的推移,不随着站起来、富起来、强起来的变化而丰富、发展和完善民主,只是照搬过去的民主或者超越历史条件,把适用于一定条件的民主不切实际地运用于另一条件之中,民主就不会成为跳出历史周期率的新路。

环节三:历史周期率的辩论——探索认识的特征

[子议题2]为什么说追求真理是一个过程?

[学业任务]理解和应用认识的反复性和无限性。

[议题情境]毛泽东提出"民主"之策—邓小平提出"民主制度化、法律化"—江泽民提出"三个代表"重要思想—胡锦涛提出"以人为本"—习近平提出"以人民为中心,从严治党,完善监督"。

[活动任务4]辩论:这些"民主"之策能否跳出历史周期率?

[设计意图]以"能否跳出历史周期率"为辩题,引导学生辩证看待历史周期率的跳出,领会跳出历史周期率的过程并不是一帆风顺的,从而理解认识具有反复性。使学生深深地认识到开拓民主新路,打破历史周期率,不可能一劳永逸。不仅今天我们还不能说已经完全跳出这"周期率",就是在今后相当长的时期内,也不要说这个话。任务尚未完成,全党仍须努力!进而让学生理解认识具有无限性。同时,培养学生用全面的、发展的观点看问题的能力,培养学生关注社会、热爱生活、不断追求、不断创新的精神品质。

　　[答案提示]中国共产党跳出历史周期率的过程并不是一帆风顺的,这是因为,中国共产党人的认识受各种条件的限制。从认识主体来说,每一代共产党人的立场、观点、方法、知识水平、思维能力、生理素质等制约对民主的认识;从认识客体来说,民主是复杂的、发展变化的,其本质的暴露和展现需要一个过程。受各种主客观条件的制约,人们对民主的正确认识往往要经过从实践到认识、从认识到实践的多次反复才能完成。

　　中国共产党人对民主的认识是无限发展的,跳出历史周期率的过程是一个永无止境的过程。这是因为认识的主体和对象都是无限发展的。从主体的无限性看,中国共产党跳出历史周期率的社会实践是不断发展的;从认识对象的无限性看,历史周期率的广度是无限的,每一历史时期"周期率"的深度是无限的。

　　认识运动的反复性和无限性,并不表明认识是一种圆圈式的循环运动,相反,从毛泽东提出"民主"之策到邓小平提出"民主制度化、法律化",江泽民提出"三个代表"重要思想,胡锦涛提出"以人为本",习近平提出"以人民为中心,从严治党,完善监督",是波浪式前进的过程,是对民主螺旋式上升的认识过程,是一脉相承的过程。因此,与时俱进,开拓创新,在实践中认识和发展民主、在实践中检验和发展民主,是我们不懈的追求和永恒的使命。

　　环节四:发扬民主——在实践中追求和发展真理

　　[子议题3]如何追求和发展真理?

　　[学业任务]迁移本框的方法论要求:在实践中认识、发现、检验和发展真理。

　　[议题情境]2021年,中国共产党成立100周年。在一百年波澜壮阔的历史进程中,中国共产党发扬民主,团结和带领中国人民,历经艰难曲折的探索,夺取革命、建设、改革、开放一个又一个伟大胜利,创造了人类社会发展史上惊

天动地的奇迹。历史已经证明,中国共产党发扬民主,100年来跳出了历史周期率。

[活动任务5]项目:红船劈波进,巨轮踏浪行。请你就发扬民主,跳出历史周期率给建党100周年以后的中国共产党人写一封建议书。

[设计意图]以项目形式写建议书,引导学生立足中国共产党的民主新路实践,在认同中国共产党领导的基础上,将所学知识与中国共产党长远发展相联系,使理论观点与现实问题有机结合,帮助学生树立在实践中不断认识、丰富和发展真理的思想,认清社会发展规律和阶段性特征,有序参与公共事务,勇于承担社会责任。

[答案提示]与时俱进,开拓创新,在实践中认识和发现真理,在实践中检验和发展真理,是我们不懈的追求和永恒的使命。

【板书设计】

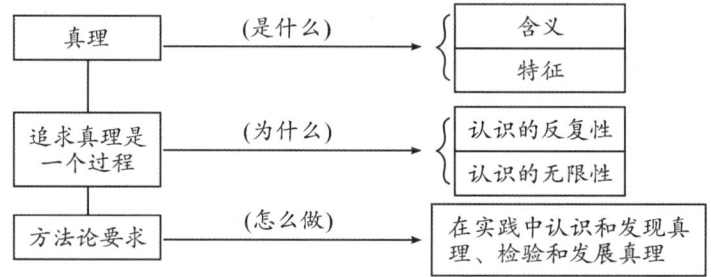

【延伸设计】

(一)思考题

中央对经济发展从"又快又好""又好又快""持续健康发展"到"国内大循环为主体、国内国际双循环相互促进"的变化,体现了认识发展的什么道理?

(二)推荐阅读

1.刘作翔:《"周期率"是一种历史现象,而不是一个历史规律》。

2.习近平:《习近平谈治国理政》。

"价值判断与价值选择"教学设计

侯新怡(陕西师范大学大中小学思政课一体化研究与建设中心)

议题:铜川照金何以由昔日煤城变为绿色小镇?

【思路框架】

任务线:课前分小组进行铜川照金镇调查,搜集不同时期照金镇镇容镇貌、村民收入、环境状况的资料信息—小组讨论不同身份、角色的人民是否希望关闭矿山—梳理铜川照金镇"两山理论"转化经历的阶段。

情境线:铜川照金镇今昔状况—绿色GDP与民生GDP概念展示—煤矿关闭之路上不同群体的心态变化。

问题线:牺牲经济利益关停高污染矿山是否值得—从追求民生GDP到追求绿色GDP,照金镇村民的思想观念为何会发生变化—照金镇村民之前纯粹追求民生GDP增长的行为是否是错误的—在铜川照金镇"两山理论"转化的三个发展阶段中,人民的价值判断与价值选择分别是什么?我们应该如何正确处理个人利益与他人利益、集体利益的关系。

活动线:小组展示铜川照金镇今昔状况—模拟村民大会,学生角色扮演—民生GDP与绿色GDP概念辨析—总结小镇转型之路。

【基础设计】

(一)教材分析

1.本课地位:本课是必修4《哲学与文化》第二单元第六课第二框的内容,这部分知识是上一节课"价值与价值观"的延续,同时又为下一框题教学内容"价值的创造和实现"做铺垫。

2.内容分析:本课内容分为两目。第一目主要介绍价值判断与价值选择的含义、产生及社会历史性特点;第二目主要介绍影响价值判断与价值选择的因素、做出正确的价值判断与价值选择的依据及正确处理个人与他人、集体的关系等。本课教学通过引导学生将正确的价值观念运用在实际生活中,为学生的人生道路提供正确向导。

（二）学情分析

1.心智特征：高二学生普遍思维活跃，乐于实践探究，并且已经具备一定的分析、归纳能力。因此，教师在教学中要立足学生生活实际，选取和学生生活贴近的议题。引导学生自主学习，实现议中教、议中学。

2.认知结构：高二学生正处于世界观、人生观、价值观形成的关键时期。但由于认知水平有限及身心发展不成熟，学生在面对认知冲突时难以做出正确的价值判断。本课教学有助于帮助学生树立正确的价值观。

（三）教学目标

面对铜川照金镇的支柱产业——煤矿产业的发展困境，借助"模拟村民大会"情境，使学生了解价值判断与价值选择的社会历史性，认同人民利益是最高价值标准。牢固树立"绿水青山就是金山银山"价值理念，自觉践行习近平生态文明思想与习近平新时代中国特色社会主义思想，增强学生的政治认同。

通过呈现铜川照金镇"小镇之美""村民之忧"的价值冲突，使学生能够多角度对其进行价值评价，提高学生面对问题做出正确价值判断的能力。引导学生理性分析不同主体的利益诉求，从而培育学生的科学精神。

通过模拟村民大会活动，激发学生参与政治生活的热情和信心，提高学生参与社会生活的本领和能力，培育学生公共参与素养，将学生培养成为有担当的新时代公民。

（四）教学重难点

教学重点：理解价值判断与价值选择的社会历史性；掌握"两个自觉"是做出正确的价值判断与价值选择的标准。

教学难点：青年学生应该如何做出正确的价值判断与价值选择。

（五）教学方法

议题式教学、探究分析法。

【主体设计】

（一）资料搜集与准备

课前，分小组进行铜川照金镇调查，在互联网上搜集不同时期照金镇镇容镇貌、村民收入、环境状况的资料信息。

（二）自主梳理

1.价值判断与价值选择的内涵。

2.价值判断与价值选择的特征。

3.做出正确价值判断与价值选择的要求。

(三)重点理解与应用

情境导入:呈现《桃花源记》片段。

《桃花源记》中有一段美文:"复行数十步,豁然开朗。屋舍俨然,有良田美池桑竹之属。阡陌交通,鸡犬相闻。其中往来种作,男女衣着,悉如外人。黄发垂髫,并怡然自乐。"

诗句中描写的桃花源的美景令人心驰神往。而如今,曾让无数古人魂牵梦绕、津津乐道的桃花源成为现实——美丽的铜川照金镇。

[总议题]铜川照金何以由昔日煤城变为绿色小镇?

活动一:小组展示铜川照金镇今昔状况。

课前分小组进行铜川照金镇调查,在互联网上搜集不同时期照金镇镇容镇貌、村民收入、环境状况的资料信息,在课堂上各组代表依次展示发言。

时间	镇容镇貌	村民收入	环境状况
关矿前			
关矿后			
如今			

教师引导:将铜川照金镇今日与过往进行对比,现在的铜川照金镇就如同诗篇中的"桃花源"般山清水秀、绿意盎然。并且依托当地革命资源,铜川照金镇建立了红色旅游区。15年前,因煤而兴的照金镇四处遍布矿场,空中飞沙走石、乌云漫天,环境极其恶劣。照金镇从矿山镇变成旅游镇的转变之路实属不易,这种变化究竟是如何产生的呢?经历了怎样的过程?

活动二:模拟村民大会。

[子议题1]村民之忧——关停矿山值不值?

[议题情境]11年前,铜川照金镇村民的争执与矛盾:

从1970年开始,依托当地丰富的煤矿资源,照金镇的村民开始从事煤矿开采工作,从事煤矿交易生意。煤矿的高收益使照金镇一度成为铜川的富裕镇。2009年,镇里环境污染严重,矿山伤亡事故频发。对此,村干部和部分村民提议立即关停矿山,却遭到其他村民的反对。村民就"关停矿山值不值"的问题产生争执。村干部要说服以矿山为生的铜川照金镇村民,并不容易。

[议题任务]

第一阶段:全班分为五个小组——四个村民小组和一个村干部组。其中,两个村民小组持正方态度,即关停矿山值得;另外两个村民小组持反对态度,即关停矿山不值。两个小组先进行3分钟的讨论,之后依次进行小组展示,阐释理由,并完成黑板上的表格。

观点立场	阐释理由
值	
不值	

第二阶段:村干部组中的每一个村干部成员对应联系一个村民小组,开动脑筋,群策群力规劝村民关停矿山,限时3分钟。

教师引导:在这场是否关闭矿山的辩论中,有村民认为,关停矿山可以保护环境,有利于小镇的长远发展,因此关闭矿山值;也有村民认为,关停矿山会影响村民收入及当地经济效益,因此关停矿山不值。关停矿山值与不值,都是村民做出的价值判断。价值判断,是人们对事物能否满足主体的需要及满足程度做出判断。

第三阶段:

[议题情境]最后,在村干部晓之以理、动之以情地劝说下,以及展示小镇转型旅游小镇规划后,绝大多数村民表示理解和支持,全村人民最终决定关闭矿山。

教师引导:全村人民最终决定关闭矿山是一种价值选择。价值选择是在价值判断基础上进一步做出的选择。

学生通过扮演不同角色进行讨论,我们可以得出以下结论:

(1)由于人们的社会地位、立场、需要不同,价值判断与价值选择往往因人而异。

(2)人民群众的利益总是由各方面具体利益构成,要兼顾各方利益,但决策必须首先考虑并满足绝大多数人的利益要求。

[设计意图]议题设计充分体现学生主体的教学理念,让学生通过角色扮演村民及村干部,亲自参与问题解决,培养学生联系所学知识解决现实生活问题的能力,同时培育学生的公共参与学科核心素养,提高学生参与社会生活的本领和能力。

[子议题2]产业转型——村民思想为何变？

[议题情境]引入"绿色GDP"概念，展示绿色GDP与民生GDP概念对比图。（见图1）

图1　绿色GDP与民生GDP对比图

绿色GDP，即从GDP中扣除由于环境污染、自然资源退化、管理不善等因素引起的经济损失成本。这个指标实质上代表了经济增长的净正效应。

铜川照金镇在最初大力发展煤矿产业时期，纯粹追求民生GDP发展。但是在决定产业转型之后，在绿色GDP发展理念的指导下，照金镇开始大力发展旅游业。

教师提问：从追求民生GDP到追求绿色GDP，从依靠煤矿产业到大力发展旅游业，思考在不同历史时期，照金镇村民的思想观念为什么会发生变化？

学生讨论，发言。

教师归纳总结：在不同时代，人们对经济和生态的关系有不同的认识和处理。价值观念不是凭空产生的，而是社会实践的产物；价值观念不是一成不变的，而是与时俱进的。

正确的价值判断与价值选择要自觉遵循社会发展的客观规律，坚持真理，走历史发展的必由之路。

同样，遵循社会发展规律的价值判断与价值选择会因时间、地点和条件的变化而不同，正确的价值判断与价值选择具有社会历史性特征。

教师提问：事实证明，践行绿色GDP理念是正确的。在扣除修复环境污染的成本之后,照金镇的经济收入实际上比以前更高了。师问:照金镇村民之前不顾破坏生态环境,大力发展煤矿产业,纯粹追求民生 GDP 增长的行为是否是错误的?

学生讨论,发言。

教师归纳总结,升华议题:正如习近平总书记所说的:"不能用今天的时代条件、发展水平、认识水平去衡量和要求前人,不能苛求前人干出只有后人才能干出的业绩来。"正确认识价值判断与价值选择的社会历史性特征,有助于防止简单片面和墨守成规。

[设计意图]学生根据自身生活体验对社会问题进行思辨,在价值冲突中识别观点,在探究活动中提炼观点,生成价值判断与价值选择具有社会历史性的相关知识。

[子议题3]绿色小镇——"钱""景"能否相统一?

[议题情境]煤矿关闭之路上不同群体的心态变化。

在煤矿产业还是铜川照金镇的支柱产业时,镇长作为煤矿入股股东,享受每年的煤矿分红,并且出于发展本镇经济的目的,镇长不愿关闭煤矿。但对于大多数村民而言,煤矿产业的高污染已经严重影响他们的生活,尤其对居住在煤矿附近的村民来说,生活幸福感大幅降低,因此村民也因煤矿是否应该关闭而产生争执。最后,在考虑大多数人利益诉求之后,全村人民决定关闭煤矿,齐心协力发展绿色旅游。

(四)重点迁移

活动三:总结小镇转型之路。

请学生分组讨论铜川照金镇"两山理论"转化经历的阶段,结合上述情境呈现的信息完成如下表格:

铜川照金镇"两山理论"转化阶段

	价值判断	价值选择	人民中可能存在的矛盾双方
对立论			
兼顾论			
双赢论			

之后,教师带领学生共同完善此表格:

铜川照金镇"两山理论"转化阶段

	价值判断	价值选择	人民中可能存在的矛盾双方
对立论	绿水青山不是金山银山,用绿水青山去换金山银山	以牺牲环境为代价开垦矿山,获得经济收益	镇长与村民的矛盾
兼顾论	既要金山银山,又要保住绿水青山	发展经济和保护环境相协调	村民与村民的矛盾
双赢论	绿水青山本身就是金山银山	完成高污染支柱产业的转型,积极发展旅游业	无矛盾,全村人民齐心协力发展绿色旅游

教师继续总结、归纳：

我们从以上材料中可以看出：关停煤矿关系当地经济发展、环保问题、群众利益。我们在处理经济发展和环境保护矛盾时,最重要的是首先考虑并满足绝大多数人的利益要求。绝大多数人的利益是最紧要和最具决定性的因素。我们要正确处理个人利益与他人利益、集体利益的关系。

教师接着从铜川照金镇"两山理论"转化不同阶段的三组人民矛盾入手,引出知识点：

镇长与村民出现矛盾（镇长希望得到煤矿分红,村民希望得到良好生活环境）——当个人利益同人民群众利益发生冲突时,要自觉站在人民群众的立场上进行选择。

村民之间出现矛盾（住在煤矿附近的村民希望关停煤矿,而居住地距煤矿较远的村民则希望得到煤矿收益,不希望煤矿关停）——当个人利益与他人利益发生冲突时,要善于从不同角度思考利益,理解和尊重他人的正当选择。

全村人民齐心协力发展绿色旅游——当个人利益与社会、集体和他人利益没有冲突时,要把个人、集体、社会三者统一作为自己的选择标准。

[设计意图]通过梳理、总结铜川照金镇"两山理论"转化经历的三个阶段,培育学生的归纳总结能力。同时,通过分析铜川照金镇"两山理论"转化的不同阶段的三组人民矛盾,让学生认识如何正确处理个人利益与他人利益、集体利益的关系。

【板书设计】

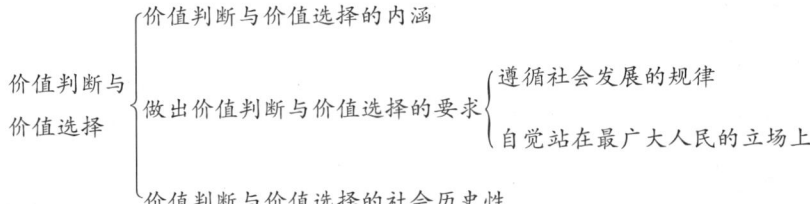

【延伸设计】

(一) 思考题

材料:2020年初,一场突如其来的新冠肺炎疫情打乱了人们的生活节奏,中国共产党以巨大的政治勇气做出疫情防控须停工停学的决策。可是,当我们在家中安全静候疫情平息时,无数医务工作者、基层工作人员和志愿者却逆行在最危险的抗疫前线。其中,有时隔17年,再次为国出征的84岁中国工程院院士钟南山;有身患渐冻症,仍坚守岗位连续奋战30余天的武汉金银潭医院院长张定宇;有因劳累过度突发疾病,牺牲在新冠肺炎疫情防控一线的公安民警何建华。疫情下无数逆行者舍小家、顾大家,为我们的安全保驾护航。他们用爱与勇气诠释了人间温情,让人为之动容。

问题:疫情下的逆行者做出怎样的价值判断与价值选择?他们的行为给我们什么启示?

参考答案:

逆行者做出的价值判断:人民利益至上,始终把人民群众生命安全放在第一位。

逆行者做出的价值选择:忽略个人安危,奋战在抗疫一线。

启示:价值观是人生的重要向导。疫情期间,当人们都迫不及待地想要逃离疫情重灾区时,无数逆行者身系人民安危,冒着生命危险坚守在抗疫最前线,他们树立了正确的价值判断,并在此基础上做出正确的价值选择。我们在实际生活中要做出正确的价值判断与价值选择,必须坚持真理,遵循社会发展的客观规律,走历史的必由之路;自觉站在最广大人民的立场上,把人民群众的利益作为最高的价值标准。

(二) 推荐阅读

1. 孟德斯鸠:《论法的精神》。

2. 习近平:《习近平谈治国理政》。

旧版高中思想政治教材

"企业的经营"教学设计

郑观柳(广东省阳江市第三中学)

议题：如何成立公司、经营公司？

【思路框架】

任务线：学业任务：合作与探究、讨论与归纳、比较与选择、辨析与评价；素养任务：了解、应用、迁移。

通过展示学生收集的图片，让学生了解自己身边的著名企业和公司，从而掌握企业的含义、地位和类型。

通过自主学习与小组合作探究、讨论和归纳，从公司的含义、公司的类型及公司的组织机构三个角度了解如何成立公司，有重点、有层次地掌握"公司的含义""公司的不同类型"。在学生探究基础上，教师再加以引导和提炼，归纳公司制的优点。

通过比较，选择阳江知名企业，论述阳江十八子集团的发展过程。通过分析企业经营成功的典例，鼓励学生学习成功企业的经验，在尝试自主创业过程中，思考与探究公司经营成功的主要因素，并在探究过程中形成锐意进取、诚实守信的价值观。

分析市场信息，引导学生感受市场的激烈竞争，认识到优胜劣汰是市场竞争的必然结果，帮助学生理性对待公司发展中出现的企业兼并和企业破产现象，从而使学生树立风险意识、竞争意识。

情境线：学生身边阳江本土的企业；模拟创办公司；分析阳江本土企业十八子集团成功的经验；面对激烈的市场竞争，企业命运将会如何。

问题线：企业的含义、地位和类型(图片展示)；公司的含义、公司的类型及公司的组织机构；企业成功经营的因素，兼并与破产(活动探究，归纳总结)。

活动线：课前小组成员利用课余时间走访和收集一些阳江知名企业的有关信息，主要负责收集成立公司、经营公司方面的资料，然后课堂展示——成立公司，创业起步——学习榜样，努力经营——畅想未来，理性对待。

【基础设计】

(一)教材分析

本课是人教版《经济生活》第五课第一框,主要讲述内容包括企业的含义、类型及影响企业经营成功的因素。本课考试类型以材料题为主,常考点为影响企业经营成功的因素。本课内容较为简单,且较容易与学生实际生活相结合,帮助学生深入理解本课知识。

(二)学情分析

1.心智特征:本课内容教学对象为高一学生,教材思路清晰,内在结构化特征明显,便于学生学习,与学生生活关联性较大。如何将学生身边材料与本节课知识联系是教师这节课研究的重点。

2.认知结构:企业是市场的微观主体,信息时代下的企业频繁出现在学生的日常生活中,本课内容理论化程度并不高,高一学生在将自身日常生活与本课知识相结合理解的情况下,能够避免出现知识性困惑。

(三)教学目标

识记并理解影响企业经营成功的主要因素,掌握企业兼并、联合、破产的意义,比较不同公司类型特点的分析能力。初步掌握创办、经营公司,就业与自主创业的基本技能。正确看待公司兼并、破产的辩证思维能力,增强诚实守信、科学管理的理念,增强进取心和正当竞争的意识,树立合法经营的法治观念。

(四)教学重难点

教学重点:公司经营成功的主要因素。

教学难点:企业兼并、联合、破产的含义和意义。

(五)教学方法

议题式教学法、讨论教学、归纳教学、自主探究与合作探究相结合、讲授法。

【主体设计】

课前准备:通过走访和网上查找资料,让学生搜集阳江本土著名企业的有关信息,主要负责收集成立公司、经营公司方面资料,尤其收集一些企业经营成功的典例;通过展示学生收集的图片,让学生了解自己身边的著名企业和公司,从而掌握企业的含义、地位和类型;把本班学生分为三组,每组组长负责记录讨论情况;小组成员利用课余时间走访和收集阳江知名企业有关信息,如成立公司、经营公司方面资料,尤其是一些企业经营成功的典例,活动中必须具有合作意识、效率意识与竞争意识。每小组探讨后抢答发言,发言小组可得一分,最后得分最多的小组被评为优秀创业小组,获得学分管理课堂表现部分加分。

环节一:成立公司,创业起步

[探究目的]第一目教材知识繁杂,探究时就要求学生理清教材思路,设计第一步活动,学会自主学习、共同探究,从公司的含义、公司的类型及公司的组织机构三个角度了解如何成立公司,有重点、有层次地掌握"公司的含义""公司的不同类型"。在学生探究基础上,教师再加以引导和提炼,归纳公司制的优点,从而落实第一目的学习目标。

小组成员可根据各自资金、技术、实物等情况成立或加盟不同类型的公司。

1.我们准备成立的公司名称:_____。

2.我们公司取得法律资格的途径:_____。

3.从公司类型看,我们公司属于:_____(有限责任公司或股份有限公司),它的主要特征:_____。

4.我们的主要生产、经营项目:_____。

5.我们公司的组织结构:_____。

[活动小结]学生自主探究,教师归纳总结。

1.公司的含义:依法设立的,全部资本由股东共同出资,以营利为目的的企业法人。

教师:公司的定义包含四个重要部分——成立公司的条件、公司的资本来源、公司经营的目的和公司的性质。

知识拓展:法人是人吗?

学生回答,教师点评。(参考第37页名词点击)

2.成立要求:成立公司,必须按照法律法规和有关政策规定,办理一定登记手续,取得法律认可。

3.公司形式:我国法定的公司形式有有限责任公司和股份有限公司两种。(多媒体展示)有限责任公司和股份有限公司的比较图。

4.公司的组织机构:(多媒体同步展示)(参考教材第42页——组织机构图表)

5.公司制的优点:师生共同分析归纳——

独立法人地位、有限责任制度、科学管理结构……

环节二:学习榜样,努力经营

[探究目的]展示学生收集的阳江知名企业阳江十八子集团的发展过程,分

析企业经营成功的典例,鼓励学生学习成功企业的经验,尝试自主创业的过程中,思考与探究影响公司经营成功的主要因素,并在探究过程中形成锐意进取、诚实守信的价值观。对这一部分内容的处理应充分鼓励学生思维的开放性,不能把学生思维仅仅局限在教材概括的三个因素上。

1.我们公司确定的学习榜样:_____。

2.我们公司准备从以下方面抓经营、促成功:_____。

[活动小结]影响公司经营成功的因素。

制定正确的战略 ——公司经营航标。

依靠技术进步、科学管理等手段,形成自己的竞争优势 ——根本方法。

诚信,树立良好的信誉与企业形象——重要因素。

其他:提高产品质量,创设自己的品牌,提高劳动者素质、建立现代企业制度、所有权和经营权分离,转变经济发展方式,等等

环节三:畅想未来,理性对待

[探究目的]引导学生感受市场的激烈竞争,认识优胜劣汰是市场竞争的必然结果,帮助学生理性对待公司发展中出现的企业兼并和企业破产现象,从而使学生树立风险意识、竞争意识。

1.按上述方案经营管理,我们公司发展前景将_____。

如果此时某股东提出建议:兼并某个相关行业的劣势企业,身为董事长的你会有何决策?

2.市场的自然法则:适者生存,不适者淘汰。激烈的市场竞争致使现实往往残酷。假如你的企业(公司)连续亏损,甚至扭亏无望,你能否接受企业被兼并或者企业破产?为什么?经过合议,我们的观点:_____。

3.企业兼并与破产

兼并含义:指两家公司合并为一家公司的经济现象,其中的收购方吸收被收购方的全部资产和负债,承担其业务,而被收购方则不再存在,常常成为收购方的一个子公司。(概括地说,就是以优并劣。)

兼并意义:扩大规模,增强实力;以优带劣,劣势转化为优势;提高企业和整个社会资源的利用效率,促进国家经济发展。人们常常把这一积极效果比喻为1+1>2。

企业联合(强强联合):大企业之间的联合。

破产含义:指对长期亏损、资不抵债又扭亏无望的企业,按法定程序实施破

产结算的经济现象。

破产意义:第一,有利于强化企业风险意识,促使企业在破产压力下改善经营管理,提高企业竞争力。第二,有利于社会资源合理配置和产业结构合理调整。

思考:兼并、联合和破产有何异同?

温馨提示:

1.兼并指的是"吞并",是指优势企业吞并劣势企业;联合指的是"合营"或"合并"。

2.企业兼并有利于把劣势转化为优势,并非优势互补。

[活动总结]我们的生活离不开企业,国家经济腾飞、民族振兴也离不开企业又好又快发展。只要我们牢记公司成功经营的秘诀,在座的每位同学都有可能成为成功的企业家。老师祝福你们!

【板书设计】

公司的经营

1.企业的含义及作用

2.公司 { 含义 / 形式:有限责任公司和股份有限公司 / 组织机构

3.企业的经营与发展 { 影响企业经营成功的主要因素 / 企业的兼并、联合、破产及其意义

【延伸设计】

(一)思考题

1.实现国民经济持续健康发展,必须继续实行鼓励兼并、规范破产和减员增效等方针。实行鼓励兼并、规范破产方针的目的是　　　　　　(A)

①优化资源配置　②增强企业竞争力　③避免企业优胜劣汰　④调整和优化产业结构

　A.①②④　　　　B.②③④　　　　C.①②③　　　　D.①③④

2.某人与几位朋友合伙创办了一家有限责任公司。下列不符合设立有限责任公司规范的是　　　　　　　　　　　　　　　　　　　　　　(B)

　A.公司按出资比例行使表决权　　　B.公司资本划分为等额股份

　C.公司财务不必向社会公开　　　　D.股份转让须征得其他股东同意

3.中国是制造大国,但不是创造大国。据统计,国内拥有自主知识产权与核心技术的企业仅占 0.03% 左右,有 99% 的企业没有申请专利,有 60% 的企业没有自己的商标。这启示我国企业要　　　　　　　　　　　　　　　(C)

①增强自主创新能力　②构建核心技术的研发与激励机制　③强化知识产权意识　④加大资产重组的力度,扩大经营规模

A.①②④　　　　B.①③④　　　　C.①②③　　　　D.①②③④

4.课后体验践行:继续走访周边的企业,利用所学知识分析影响企业成败的因素。

(二)推荐阅读

1.王关义等:《现代企业管理》。

2.道格拉斯·麦格雷戈:《企业的人性面》。

"民主决策:作出最佳选择"教学设计

周树发(华中师范大学龙岗附属中学)

议题:我们怎样当家作主?

【思路框架】

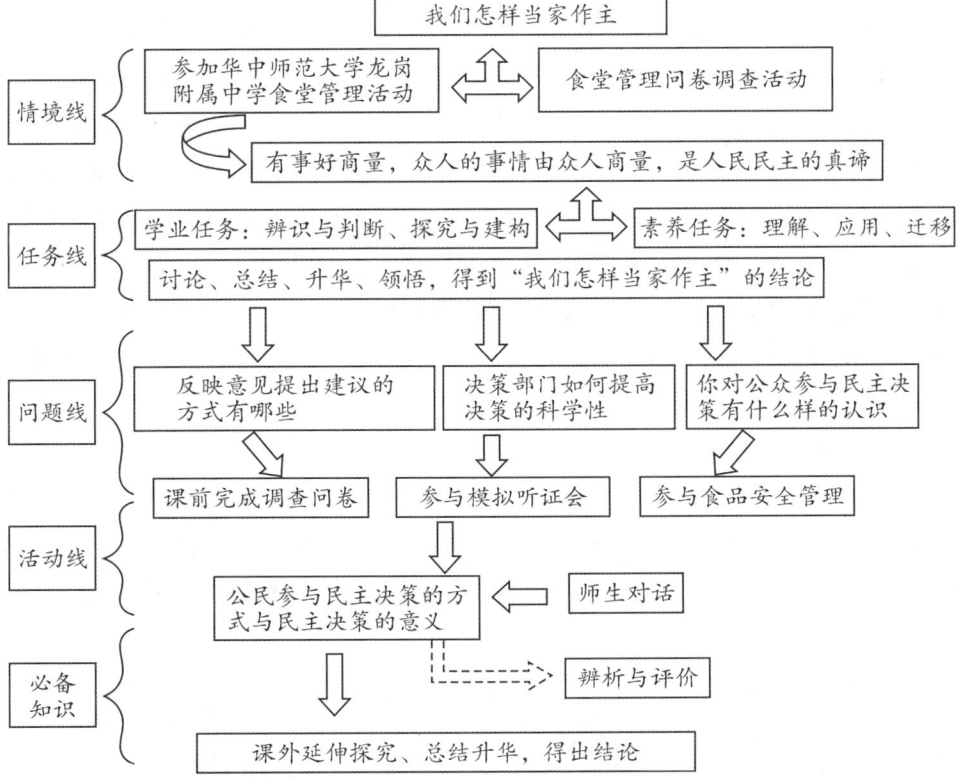

【基础设计】

(一) 教材分析

本课是人教版高中思想政治必修2《政治生活》第一单元第二课第二框"民主决策:作出最佳选择"内容,在第一课"生活在人民当家作主的国家"学习中,学生已经了解政治权利与义务是公民参与政治生活的基础,掌握公民参与政治生活要把握的基本原则,懂得中学生应该怎样参与政治生活。在此基础上,第二课从学生生活入手,让学生了解有序参与民主选举、民主决策、民主协商、民主监督的途径和方式,感悟公民有序政治参与的意义。

信息是决策的基础,民意是正确决策的重要信息资源。没有调查就没有发言权,更没有决策权。本课内容以华中师范大学龙岗附属中学成立膳食委员会、开展膳食监管活动为契机,让学生在参与、监督膳食委员会决策过程中掌握公民参与民主决策的方式、感悟民主决策的重要意义、自觉提高有序参与的能力。

(二)学情分析

深圳有着很好的创新和民主氛围,在这种环境下成长起来的高中生有着很强的公共参与意识,且能在公共参与过程中发表创意想法,这为本课学习提供了很好的素养支撑。同时,学生通过学习公民权利和义务,具备了一定的法治意识和辩证思维,能够很好地获取和解读信息,透过现象把握本质。但学生对有序参与的途径和方式的认识还不太系统,对公共政策的制定和有关争议问题发表的见解还不够深刻,不能完整地掌握协商民主的真谛。同时,也不能很好地调动和运用知识论证和探究问题,掌握关键能力。这就需要教师为学生真实参与创设"舞台",通过典型情境和真实活动,引导学生在参与活动过程中培育思想政治学科核心素养。

(三)教学目标

通过学习掌握人民参与公共政策制定的形式和意义,通过参与社会实践活动提升政治参与能力,通过辨析活动,理解中国特色社会主义制度是适合我国国情的好制度,坚定共产主义信念,增强道路自信、理论自信、制度自信、文化自信。

(四)教学重难点

教学重点:公民参与民主决策的方式和意义。

教学难点:能否结合生活实际说明政府与公民的良性互动关系。

(五)教学方法

案例教学法,通过创设具体教育情境,引导学生描述教学情境。教师并不是直接给出答案,而是通过案例让学生讨论和思考,提高学生解决问题的能力;教练式教学法,教师将传统教师角色转换为教练式教师角色,将德育从课堂延伸至生活,以实际生活情境潜移默化地感染学生,实现道德内化于心、外化于行;现场教学法,学生直接走进生活,参与民主管理,有效缩短理论课堂与实践应用的距离,提高教学的时效性、针对性和实用性。

【主体设计】

本课题以"我们怎样当家作主"为议题,通过"有序参与华中师范大学龙岗附属中学食堂管理"主题活动,创设情境,设计四个序列化探究活动。探究活动一:学生在课前发放调查问卷,形成相应的问卷调查报告。探究活动二:通过介绍与分析学校食堂"膳食委员会工作纪要",让学生了解食堂管理过程和参与食堂管理的途径。探究活动三:通过模拟听证会活动,提高学生参与公共事务的热情和信心,促进学生对公共决策的理解,提高公共参与学科核心素养与能力。探究活动四:共享决策成果,通过走进后厨等活动,使食品安全问题深入学生内心,使学生充分支持膳食委员会的工作。

课程背景:食品安全一直都是学校管理的重中之重,为了更好地让学生吃得健康、吃得放心、吃得开心,更好地调动师生参与食堂监管的热情、推动食堂管理科学化、民主化,华中师范大学龙岗附属中学通过民主决议,成立以学生代表、家长代表、教师代表、行政领导为主体的膳食委员会,按照 A 级食堂标准建设与管理,并于 2018 年荣获"深圳市 A 级食堂"称号。

课前准备:

1.华中师范大学龙岗附属中学膳食委员会的工作记录。

2.公众号相关推文、图片等收集整理。

3.向学生、家长、教师发布"我最喜欢的食堂美食""我最关心的食堂问题"等相关问题调查问卷,并对问卷进行集中整理、总结归纳。

环节一:没有调查就没有发言权

[情境创设]为了更好地服务学生,我校食堂成立以学生代表、家长代表、教师代表、行政领导为主体的膳食委员会。膳食委员会在校学生会和家委会帮助下,对全校师生进行问卷调查,主要涉及全校学生、家长、教师最关心的"膳食"问题。

[学生活动]

1.问卷调查,全校学生在学生会指导下参与调查,反馈建议。

2.搜集整理调查结果,并进行研究分析。

3.调查小组进行结果展示、交流分享(见图1-图4)。

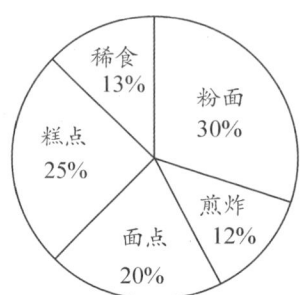
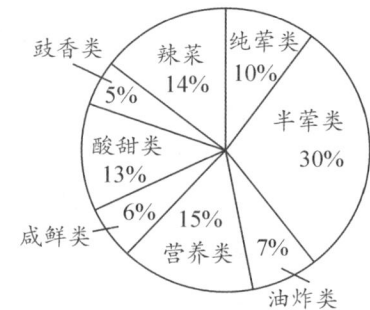

图1 学生对早餐食品的喜好　　　　图2 学生对正餐食品的喜好

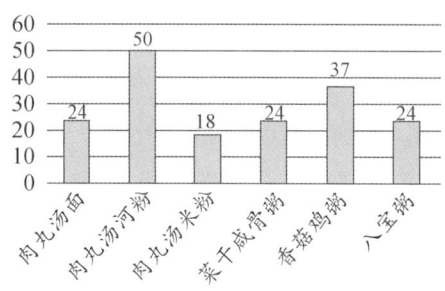
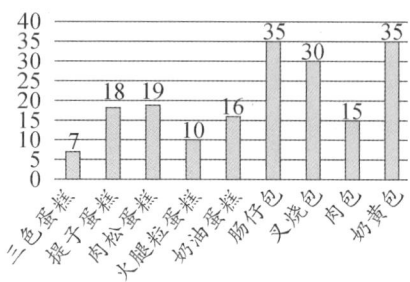

图3 学生对早餐粥粉类食品的喜好　　图4 学生对早餐糕点类食品的喜好

4.调查小组分享同学最喜爱的食物TOP榜前三名(见图5)。

图5 华中师范大学龙岗附属中学同学最喜爱的食物TOP榜前三名

(1)水煮肉片:我敢说在华中师范大学龙岗附属中学,没有人能够抵挡食堂的水煮肉片。跟其他地方做得最不一样之处就是:汤汁一点也不油腻,但是口感极好！浇在饭上充分搅匀,塞入椒麻软糯的白菜和豆芽,配上鲜嫩的猪肉,恐怕谁吃了都要拍手叫好,直呼"人间极品"！

(2)番茄炒蛋:强！实在是太强了！华中师范大学龙岗附属中学在食堂饭菜分量上从不含糊。抱着健康减肥的心态来食堂,甚至只要一点点饭以表决心,没想到会是这样的结果……每次必点的番茄炒蛋真的让人欲罢不能。虽然没有精致装饰,但鸡蛋的分量和酸甜的味道,像极了妈妈炒菜的味道。

(3)辣子鸡:好家伙！我承认低估了辣子鸡。初见它时,卖相平平,但是饱满的鸡腿肉极力引诱我下手,结果一发不可收拾。真香！辣而不猛、酥香味浓。鸡肉的鲜嫩配合花生的香脆……难怪每次大家都说跑着来才是对它最起码的尊重。

[教师活动]教师进行提问,与学生互动。

问题1:学生、家长、教师反映意见、提出建议的方式有哪些?

问题2:学生、家长、教师反映的意见对膳食委员会的工作有什么意义?

[情境分析]本次课程活动包含课内和课外两部分,既延伸了课堂内容,又调动了学生的参与积极性。通过调查研究活动,能使学生真正体会公共决策与我有关,激发学生参与意识。在参与过程中,学生对"精英决策"和"民主决策"两种不同的决策方式进行辨析。

[知识衔接]公民参与民主决策的方式:社情民意反映制度。

环节二:对待"膳食"我们是认真的

[情境创设]为了更好地让学生吃得健康、吃得放心、吃得开心,本校食堂聘有厨师、面点师、高级食品安全管理员,还有营养师团队,他们全部持有《广东省餐饮服务从业人员健康证明》。另外,学校会定期聘请食品安全专家到校培训。学校领导也会在"值日校长午餐会"(见图6)"走进后厨"活动中与食堂厨师、家长代表、学生分别进行座谈,讨论解决学校食堂膳食问题的举措,以及对膳食委员会的工作条例进行论证。

图6 华中师范大学龙岗附属中学"校长午餐会"

[学生活动]

1.通过学校"劳动光荣"(见图7)活动走进食堂,开展劳动教育,体味劳动最美丽、劳动最光荣。

2.小组交流劳动感悟,分享心得体会。

3.通过食堂门口的意见箱和"校长午餐会"反映意见和建议,参与学校食堂建设。

图7 华中师范大学龙岗附属中学"劳动光荣"活动

[教师活动]

1.教师对"劳动光荣"活动进行总结,引导学生树立正确的劳动观,培养学生劳动意识、提高学生劳动技能。

2.教师引导学生对收集到的意见和建议进行可行性论证,并思考以下问题。

(1)你认为哪些事项需要加以重点讨论,还需要听取哪些人的意见?

(2)决策机构如何提高决策的科学性,减少决策失误?

(3)我们表达意见的渠道有哪些,表达意见时要综合考虑哪些因素?

[情境分析]决策机关通过举行论证会、座谈会等方式,组织部门领导听取学生、家长、教师的意见,对学校食堂膳食委员会工作条例进行论证,有利于反映民意、集中民智,提高决策的科学性。

[知识衔接]公民参与民主决策的方式:专家咨询制度。

环节三:我们要参与,我们会参与

[情境创设]食品监管涉及多方主体,学生"众口难调"。学校前期收集到的意见和建议较多,为更好地服务学生,学校拟就食堂收费、食品种类、营养搭配、监督管理条例等问题召开一次听证会。

[学生活动]学生按照下列步骤(见图8)举办一次模拟听证会,进行前期预演。

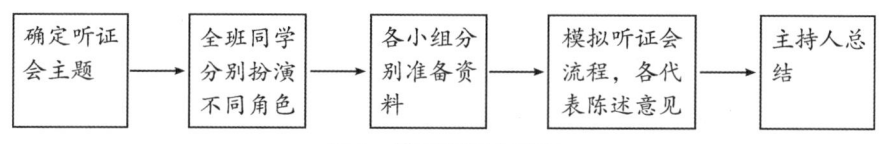

图 8　模拟听证会流程

[教师活动]参与模拟听证会全过程,在参与过程中对听证会的注意事项及要求等进行解释、分析、引导,并记录听证会过程。问题导引如下:

1.听证会前,你会向学校提出哪些建议?

2.听证会的主持人、申请人、参加者分别应该是谁?申请人和主持人要做哪些工作?参加者应遵守什么原则?

3.为了使听证会获得预期效果,还需要注意哪些事项?

4.了解这些情况后,请设计一份听证会的流程方案。

[情境分析]对于中学生来说,参与政治生活贵在实践,通过参与本次听证会活动,可以提高学生参与公共事务的热情和信心,促进学生对公共决策的理解,提高参与政治生活的素养,增强参与政治生活的能力。在听证会上,学生充分表达,能够发现拟订方案中存在问题,并加以修正、完善。

[知识衔接]公民参与民主决策的方式:社会听证制度。

环节四:共享决策成果

[情境创设]华中师范大学龙岗附属中学食堂始终把食品安全作为校园安全的重点和重大民生工程,全面筑牢学校食品安全防线,确保师生饮食安全,建设让人放心的安全食堂。学校随处可见安全提示,拥有完整的三重监管体系。同时,食堂各功能间设有标识牌,分区明显,整洁卫生。

1.外聘监督:学校从政府公开招标产生的食材供应商中精选食材,使用非转基因食用油、知名品牌食品原材料及调味料,还引进第三方监管公司专业化、系统化的食安力量,聘请第三方公司进行监督质检,加强了学校的食品安全工作,确保了校园的食品安全。

2.内订明规:食堂内部操作通过监视屏幕接受监督,师生可以全面了解学校食堂管理工作及食品制作过程,从而吃得放心。

3.可溯可查:食堂对每日菜品、水果、牛奶等全部留样检测。

[学生活动]

1.学生代表参观、了解学校食堂的运行与管理全过程,与管理人员交流、反馈学生意见,并对其中可改进的方面进行探讨。

2.学生代表在课堂上以图文形式汇报参观过程,为同学们答疑解惑。

[教师活动]教师对学生行为进行引导,并促使学生理论联系实际,学会用思想政治学科知识看待社会现象,解决实际问题,提高学以致用的能力。引导提问如下:

1.食堂对管理运行过程进行全程公开的依据是什么?公示的注意事项有哪些?

2.公示后还可以再提意见吗?再提意见的途径和原则是什么?

3.请为膳食委员会以后的管理和监督设计一个长远方案。

4.通过本次主题实践活动,你对公众参与民主决策有什么样的认识?

[情境分析]学校通过形式多样的活动,使食品安全问题深入人心,从而引导学生充分知情膳食委员会工作,这是学生参与管理的前提和基础,提高公共决策的透明度,培养学生遵纪守法的行为习惯,提高学生辨别政治是非的能力,增强走中国特色社会主义道路的自觉性。

[知识衔接]公民参与民主决策的方式:重大事项社会公示制度,公民参与民主决策的意义。

【板书设计】

民主决策的途径	方式	依据	意义
①社情民意反映制度	电话、信函、传真、电子邮件等	信息是决策的基础,民意是决策的重要信息资源。拓宽民意反映渠道是决策机关科学决策的前提	有利于体现社情民意;体现决策的民主性
②专家咨询制度	论证会、座谈会等	专家有专业技术、信息优势	有利于提高决策的科学性
③重大事项社会公示制度	张贴或利用媒体公示	公民对涉及公共利益的决策享有<u>知情权,这是公民参与民主决策的前提和基础</u>	有利于提高决策的透明度和公众的参与度
④社会听证制度	听证会	公民充分发表意见,提出建议,可帮助决策机关发现问题并以修正、完善	有利于决策利民

间接方式:通过民主选举,选出代表人民意志的人进入决策机关,参与、审

议、监督、制定决策,使各项决策能够反映最广大人民群众根本利益。

【延伸设计】

(一) 思考题

1.你能调查一下本地政府如何进行民主决策吗?举例说明。

2.在我国,人民当家作主的权益得到充分保障体现在哪些方面?

3.公民与政府应如何实现良性互动?

(二) 推荐阅读

1.深圳市市场和质量监管委关于《深圳市食品安全违法行为记分管理办法(征求意见稿)》的听证会。

2.深圳人大代表电视问政会——聚焦生活垃圾管理。

"坚持国家利益至上"教学设计

赖娴媜(广东省梅州市蕉岭中学)

> **议题**:苟利国家、不求富贵。

【思路框架】

任务线:搜集和整理国际交往剪影,在自主学习中描述国际关系的内涵、形式—比较美国、英国、德国对待华为5G的态度,在思考及交流中理解国际关系的决定因素是国家利益—针对华为5G美方对英进行施压及新的限制措施,在辨析中明确主权国家有维护国家利益权利,但不可为所欲为—展示中方立场,在讨论中坚定坚持国家利益至上的原因—苟利国家、不求富贵,在公共参中实现情感升华,落实维护国家利益的举措。

情境线:企业竞争或大国博弈—美国为打压华为对英国持续施压,拖慢英国5G建设—中方不会坐视不理—华为及国内企业态度。

问题线:什么是国际关系(自主学习)—对于华为5G建设,西方国家分别有几种态度,为什么会有不同的态度(师生对话)—美国对英国的施压及对华为的新限制措施能否得到国际社会的认可(组队辨析)—作为中国政府,我们不能坐视不理的理由是什么?任正非言论对你有何启发?在维护国家利益上我们应该如何做(小组讨论)—从国内企业家、华为企业员工、普通公民中选择一个角色谈谈华为5G事件对你的启发,思考事件过后自己会怎么做并写下你的规划图(项目学习)。

活动线:搜集素材—课堂展示—生生交流—师生对话—组队辨析—讨论交流—项目学习。

【基础设计】

(一)教材分析

1.本课地位:"坚持国家利益至上"是人教版高中思想政治必修2《政治生活》第四单元第八课第二框的内容,它既是第八课第一框"国际社会的主要成员:主权国家和国际组织"内容的延伸,又为第九课"维护世界和平　促进共同发展"学习打下基础,在教材中起着承上启下的作用。

2.内容分析:该框题讲述了三个方面内容:一是国际交往剪影,二是决定国际关系的因素,三是坚定地维护我国的利益。课标要求:评述国家之间合作、竞争与冲突的实例,印证国家利益是决定国际关系的主要因素,说明我国在国际关系中必须维护自己的国家利益。

(二)学情分析

1.认识结构:经过线上学习及线下教学,学生对前三单元知识有一定积累,对我国政治生活相关常识有初步理解;学生在疫情防控期间有一定生活体验,具备一定的信息收集和筛选能力,对当今国际热点问题有一定见解,对问题有一定的探究能力。

2.心智特征:因疫情影响,线上及线下学习的转换给学生带来困惑和焦虑,而期待已久的返校复学给学生带来喜悦。同时,学生内心深处的爱国情怀在这个特殊时期明显被强化,但爱国情怎么转换成爱国志进而落实到爱国行,让学生体验作为公民个人以自我行动坚持国家利益至上是义不容辞的责任,更是担当。

(三)教学目标

了解国际关系的含义、内容和形式;识记维护我国国家利益的原因并理解国家利益是国际关系的决定性因素;培养学生分析问题能力和辩证思维能力;坚定地维护我国的国家利益,内化政治认同感,在维护本国利益的同时,尊重他国合理关切,培养科学精神;培养学生的爱国主义情怀。

(四)教学重难点

教学重点:为什么要坚持国家利益至上。

教学难点:维护自身国家利益该怎么做。

(五)教学方法

活动探究式教学法、议题式教学法、分析归纳式教学法。

【主体设计】

(一)课前资料搜集

1.学生方面:通过网络或报刊搜集国际组织间、国家间、国际组织与国家间三个类型国际交往的素材;到学校智慧图书馆借阅《任正非传》,并通过网络资讯了解华为5G在美国受打压事件的相关报道。

2.教师方面:搜集并整理西方主要国家(美国、英国、德国)对华为5G是否限制的立场的报道及我国外交部的回应,并通过学习强国 App 挑选与本课有关的视频《5G,未来已来》及《面对面——任正非:时下的华为》。

(二)教学过程

(导入)同学们,我们上节课学习了国际社会的哪些成员,大家能说说吗?那么,这些成员在国际社会进行哪些交往活动?

环节一:议题描述——国际关系是什么

[活动 1]请学生分享他们搜集国家交往的素材(按导学案要求不同类型),然后由学生解释国际关系的含义,并梳理国际关系的内容及形式。

设计意图:通过自主学习方式,让学生从上述个性事例中寻找事物的共性,归纳国际关系的主要内容(丰富多样)及基本形式(竞争、合作、冲突),提升学生的分析和概括能力。

学生小结:国际关系是指国家之间、国际组织之间及国家与国际组织之间的关系。其中,最主要的是国家与国家之间的关系。国际关系的内容有政治关系、经济关系、文化关系、军事关系等。国际关系的形式是多样,竞争、合作和冲突是其基本形式。

环节二:议题论证——国际关系的决定因素:国家利益

[情境 1]视频:《5G,未来已来》

(过渡)大家看完视频,觉得 5G 时代到来好吗? 为什么? 是不是其他国家也像你们这样期待 5G 的到来?

[情境 2]企业竞争或大国博弈?

美国态度:我国打算采取坚决抵制的态度,由华为公司在我国进行 5G 建设技术会对国家信息安全造成巨大威胁。我国怀疑用户数据会被中国政府获取,他们会利用这些信息进行间谍活动。中国正寻求通过电信巨头华为输出"数字专制"。

英国态度:华为是一个很棒的公司,但是我国经美国提醒,确实认为国家安全无小事,而作为五眼同盟的成员国,我国按理也应当在信息安全方面与盟友共进退。当然,我们还没有做最后决定,我想我国还需要仔细斟酌。

德国态度:我们历来与中国有着和谐友好的贸易关系,这一次关于 5G 建设的问题,我国同样经过谨慎考虑。针对信息安全问题,我国网络安全机构联合其他国家相关机构开展了一项调查,调查结果并未显示华为会用其设备秘密窃取数据。我国希望能与华为展开 5G 建设合作。

中国态度：我们希望美方能够说到做到，停止对华为等中国企业无理打压和制裁，以公平、公正、非歧视方式对待中国企业，多做有利于促进中美经贸合作、健康、稳定的事，而不是相反。美方有清单，中方也有清单，请大家少安勿躁，该来的都会来，并且很快会来。

[活动2]学生在阅读上述材料后思考并回答以下问题：

1.对于华为5G建设，西方国家分别有几种态度，为什么会有不同的态度？

2.我们国家态度是什么，这么做的理论依据是什么？

（设计意图：以华为5G受到美国制裁背景事件切入，情境素材选取对待华为5G不同国家支持、中立、反对的三种声音，让学生思考为何各国态度不一致？说明国家利益是国际关系的决定性因素，培养学生透过现象看本质的能力）

学生思考回答，教师点评略。

师生归纳小结：国家利益是国际关系的决定性因素，国家间的共同利益是国家合作的基础，而利益对立则是引起国家冲突的根源。国际关系的实质是一种利益关系。维护国家利益是主权国家对外活动的出发点和落脚点。

[情境3]美国为打压华为对英国持续施压，拖慢英国5G建设。

英国媒体披露，英国首相鲍里斯·约翰逊遭遇美国总统特朗普的持续施压，后者要求英国全面拒绝华为参与5G建设。在保守党阵营内，也有一部分政客主动配合美国的舆论造势。英国政府极有可能在近期推翻之前的决策，为迎合美国而舍弃相当大比例的中国投资。同时，美国制裁升级，美国政府多部门官员拟对华为采取新限制措施。根据新规，使用美国芯片制造设备的外国公司必须先获得美国许可才能向华为供应某些芯片。

[活动3]学生以小组为形式，讨论辨析下面辩题：

美国对英国的施压及对华为的新限制措施能不能得到国际社会的认可？

学生小组合作讨论，教师适当指导。

（设计意图：学生在辨析中树立是非曲直判断标准，明白作为主权国家在维护自身国家利益时不能为所欲为）

师生归纳小结：主权国家维护国家利益的要求：任何国家都不应以维护本国国家利益为理由，侵犯别国的主权和安全，干涉别国内政。干涉别国内政的行为是非正义的、错误的，应当受到谴责和反对。

环节三：议题决策——坚持国家利益至上

[情境1]中方不会坐视不理

针对美国打压华为5G事件,外交部发言人华春莹在例行记者会上表示,对于美方的这种科技霸凌主义,中国政府的立场是一贯的,我们坚决反对美国动用国家力量,以莫须有的罪名无端地打压特定的中国企业。那么,对于美方的这种科技霸凌主义,中国政府绝不会坐视不理。

[情境2]视频:《面对面——任正非:时下的华为》片段。

[活动4]学生思考并讨论以下问题:

1.作为中国政府,我们不能坐视不理的理由是什么?(坚定维护我国国家利益的原因)

2.任正非言论对你有何启发?在维护国家利益方面我们应该如何做?

学生积极讨论,自由发言。(学生回答可能较多是从国家层面考虑)

(设计意图:问1:学生能快速反应,国家不会坐视不理是维护我国的国家利益。维护国家利益的根本原因是我国是人民当家作主的社会主义国家,国家利益与人民的根本利益一致。维护我国的国家利益就是维护广大人民的根本利益,是完全正当的、正义的。同时,引导学生找出理论依据。问2:让学生从任正非对5G受制裁的个人理智客观的态度谈启发,使学生明白在维护本国国家利益的同时,也要尊重别国正当的国家利益。让学生树立维护本国利益和维护各国人民共同利益相统一的理念,培养世界眼光)

师生归纳小结:

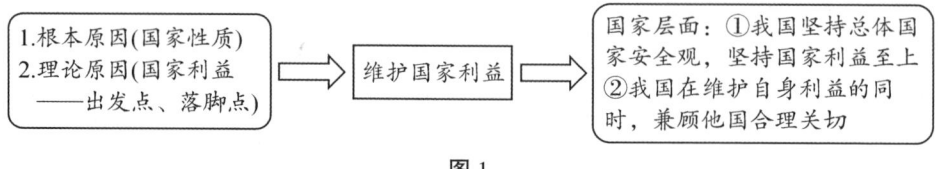

图1

环节四:议题追问——苟利国家　不求富贵

[情境]苟利国家,不求富贵。

中国企业巨头联合华为风雨同舟、共渡难关:面对华为事件,现在全国都在支持华为!普通民众纷纷表示支持华为的呼声越来越大,众多国内大佬也没有袖手旁观。李嘉诚出面联合英国三大通讯巨头与华为签署175亿元5G订单,马云未来会投资2000亿元支持国产芯片研制,王健林举办5G创意大赛为华为吸引人才,董明珠更是称"华为第一,格力只做第二"。

华为只为理想而奋斗,不为金钱而奋斗。任正非表示:"华为不轻易允许资本进来,因为资本贪婪的本性会破坏我们的理想的实现。我们只为理想而奋斗,不为金钱而奋斗。"他表示,华为人牺牲了个人、家庭,是为了一个站在世界高点上的理想。为了这个理想,跟美国也迟早会有冲突,但最终还是要一起为人类社会作贡献。

[活动5]结合所学知识及切身体会,从国内企业家、华为员工、普通公民中选择一个角色谈谈华为5G事件对你的启发,说明事件过后自己会怎么做,并写下你的规划图?(留时间让学生选择和思考,没有标准答案)

学生选择、思考、构思并展示。

(设计意图:通过设置情境角色,激发学生思考,让学生从习以为常的既定事实分析和评价转变为对自己未来未知领域的思考设计,引导学生正确认识个人与国家的关系,并懂得从自我做起,去维护国家利益,培养学生政治认同、公共参与等学科核心素养)

[答案预设]

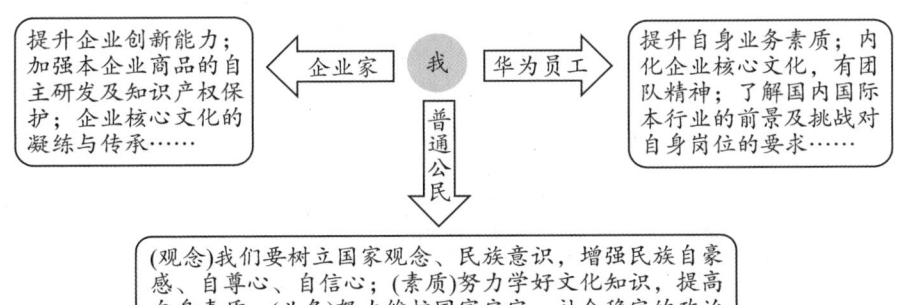

图2

【板书设计】

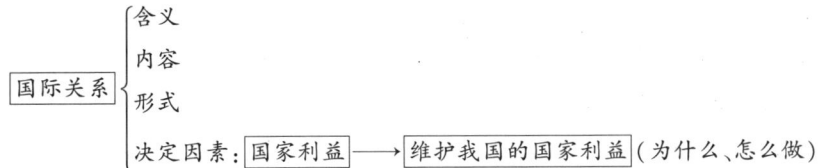

【延伸设计】

(一)思考题

材料:2020年,一场新冠肺炎疫情向全人类汹涌袭来。在第73届世界卫生大会视频会议上,习近平主席发表致辞,站在构建人类卫生健康共同体的高度,深刻阐述"国际社会的团结与合作是我们抗击疫情的最强大武器"积极主张。"团结合作"的中国主张在全球引发广泛共鸣,对提振全球抗疫信心、推进国际抗疫合作具有重要的现实意义。当然,抗击新冠肺炎疫情,离不开每个人的参与。在党中央国务院的坚强领导下,在钟南山、陈薇等广大科技、医务工作者的努力下,在广大人民的积极配合下,我国终将打赢这一场全民参与的阻击战。

(1)结合材料,运用国家利益相关知识,分析"团结合作"的中国主张在全球引发广泛共鸣的原因。

(2)从公民角度谈谈如何积极配合党和国家打赢这一场全民参与的阻击战?请你给出两条具体建议。

参考答案:

(1)国家利益是国际关系的决定因素,维护国家利益是国家对外活动的出发点和落脚点,国家间的共同利益是国家合作的基础。抗击疫情符合世界各国的共同利益,"团结合作"的中国主张有利于提振全球抗疫信心、推进国际抗疫合作,保障全人类卫生健康。

(2)认真学习疾病防护的科学知识,做好自我安全防护;增强社会责任感,配合社区、村庄实施安全防护措施;提高法治意识,不传谣、不信谣,理性看待疫情信息。

(二)推荐阅读

1.亨利·基辛格:《论中国》。

2.阎学通:《中国国家利益分析》。

3.马大正:《国家利益高于一切——新疆稳定问题的观察与思考》。

"有序与无序的政治参与"教学设计

卢秀明(北京大学附属中学石景山学校)

议题: 我们怎样当家作主?

【思路框架】

任务线:了解社会事务与公民生活息息相关—理解公民有序参与政治生活的内容和要求—迁移知识、落实素养,培养公民法治意识和参政能力。

情境线:垃圾围城的严重危害—"宝山综合处理厂"设厂问题—破解垃圾围城之困。

问题线:宝山综合处理厂项目与我们无关吗—你准备通过哪些途径表达诉求—为什么杭州中泰居民从有序参与到后来"变了味儿"—"居民的强烈反对VS垃圾处理的困境",我们该怎么办?

活动线:导入—议题辩论—议题讨论—议题决策。

【基础设计】

(一)教材分析

1.本课地位:人教版高中思想政治教材《政治生活》主要围绕社会主义民主政治建设展开。第一单元以国家性质为主要内容,对全书具有统领作用,而在其后设置的综合探究是对整个单元知识的升华和综合运用。本单元综合探究首先概括和延伸前面所学知识,并引出有序与无序政治参与的区别,从而为探究活动奠定理论基础。

2.内容分析:通过几则材料让学生自主探究,发现和感悟有序与无序政治参与的结果,最后设置生活情境,要求学生制订班长选举规则,让其通过践行体验提高有序政治参与的能力,感悟有序政治参与的意义,最终树立正确的政治观。

(二)学情分析

我校高一年级共2个班,40名学生。这些学生在初中已学习一定的政治基础知识,有4位学生家长在政府、部队机关任职。三分之二学生家庭居住地位于八宝山、八角、古城、杏石口、射击场一带,处在宝山综合处理厂的缓冲区域内,能够理解教师创设的资源情境。日常课堂中,学生对社会生活、方针政策及政治理论的感受和理解有自己的独特之处。同时,他们具备一定的表达能力、分析能力、比较能力及搜集信息能力。另外,他们现阶段身处校园,很少有机会参与政治生活,因而在教学中教师应创设贴近政治生活实际的教学情境,使学生通过探究自主获取政治常识。

(三)教学目标

通过思考垃圾围城的严重危害,理解社会事务与公民生活息息相关,进而树立积极参与政治生活的观念;通过参与"宝山综合处理厂设厂问题"讨论,提升对有序参与政治生活方式和要求的认识,进而树立政治认同和法治意识;通过"共同破解垃圾围城之困",增强公共参与和承担社会责任的自觉性。

(四)教学重难点

教学重点:理解公民有序参与政治生活的方式。

教学难点:增强法治意识,提高公共参与能力。

(五)教学方法

议题式教学法。

【主体设计】

导入:出示《海淀区宝山综合处理厂社会稳定风险分析公示》

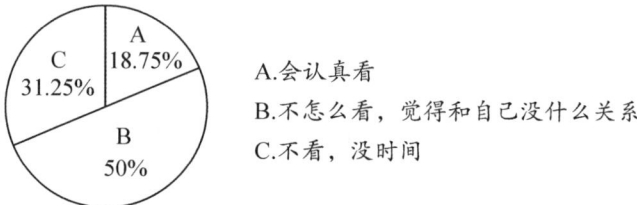

呈现问题:小区门口出现类似文件时,你会留心看一下吗?

学情问卷显示,81%的学生不会留心观看,认为和自己无关。真的无关吗?如果密切相关,我们应如何参与?

设计意图:烘托气氛,通过生活情境吸引学生。表明主题,引导学生积极参与政治生活。

环节一:培养观念,关心社会事务

分析垃圾处理不当对人们生活的影响。

出示图示——社会事务与我们的生活息息相关,必须关注。

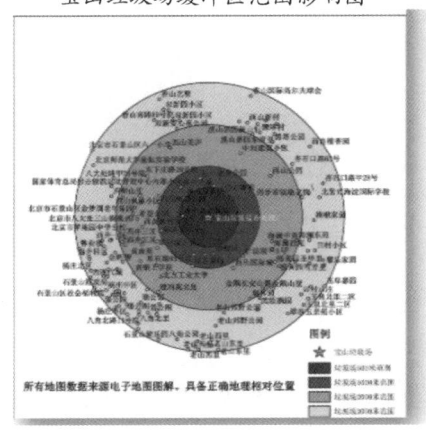

宝山垃圾场缓冲区范围影响图

宝山综合处理厂项目建设,你所持意见是什么?
A.支持　　B.反对

宝山综合处理厂项目建设,你所持态度是什么?组织投票并分析数据。

归纳:无论是支持还是反对,都表明我们正在进行政治参与,展现出参与国家发展的责任担当。

设计意图:通过情境引导学生树立参与意识、关心社会事务、聚焦核心素养。

环节二:有序参与,依法维护权益

出示政治参与的含义与意义。

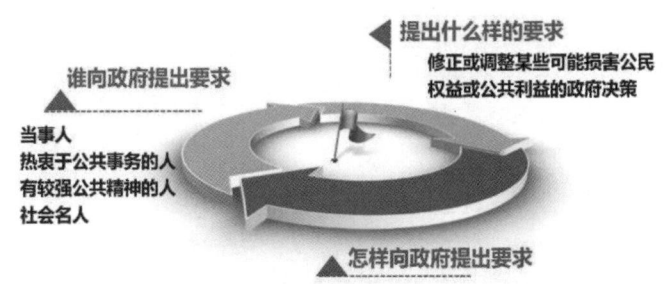

提问:你准备通过哪些途径表达诉求呢?(学生发言)

探究1.出示缓冲区居民反对宝山综合处理厂的具体做法。

组织小组合作,概括缓冲区居民政治参与方式。

归纳:居民通过民主管理、民主决策、民主监督的方式进行政治参与。行使公民的知情权、参与权、表达权和监督权。

探究2.出示材料"杭州中泰5·10打砸事件"。

合作探究2
浙江余杭中泰垃圾焚烧场打砸事件

浙江余杭区中泰街道的居民在项目前期广泛参与。

2014年5月7日,有村民目睹施工车进入工地。"有机器过来了""垃圾焚烧发电厂秘密开工"信息在村民中流传。

10日,浙江余杭中泰及附近地区人员规模性聚集,封堵02省道和杭徽高速公路,一度造成交通中断,一些人员甚至趁机打砸、损坏车辆。围殴执法民警和无辜群众。

有人说,这样的参与"变味儿"。

提问:中泰居民从有序参与后来"变了味儿",分析其原因。

组织小组讨论。

归纳:衡量政治参与有序与无序的准绳是法律与规则。公民有序政治参与,才能准确表达自己的意愿、切实维护自己的合法权益、不断改善公共管理、创建文明祥和社区。

探究3.出示缓冲区居民反对宝山综合处理厂的一份详细申诉书《强烈反对海淀区宝山垃圾综合处理项目》。

提问:能用一个词语对上述申诉书内容表达做出评价吗?

归纳:只有具有一定政治素养和参与能力,才能真正做到理性参与社会生活,切实维护合法权益。

设计意图:通过创设生活情境,引导学生意识公民应当积极参与民主政治,承担公共责任,维护公共利益,同时提高参与能力。聚焦公共参与学科核心素养。通过冲突情境增强学生法治意识,帮助学生形成"有事找法、遇事靠法"意识,做社会主义法治的忠实崇尚者,聚焦法治意识。

环节三:共担责任,建设无废城市

出示政府停建邻避设施的资料

小组讨论,面对居民的强烈反对和垃圾处理的困境,我们该怎么办?

提问:当公民强烈表达意愿时,政府停建项目,你的感受是什么?
是否公民反对的项目,政府都要无限期叫停?组织投票并分析数据。

提问:"居民的强烈反对 VS 垃圾处理的困境",我们该怎么办?

组织小组交流,学生分享。

归纳:多措并举,寻求最佳平衡点。

通过小组活动提高学生对话协商、沟通合作、表达诉求和解决问题的能力,以及担当社会责任的能力。

拓展提升:无废城市,未来可期。

未来的城市发展:改善生态环境,给力高质量发展;创新驱动战略,推动无废城市,共建美丽中国。

无废城市　未来可期

改善生环境,给力高质量发展
创新驱动战略,推动无废城市,共建美丽中国

【板书设计】

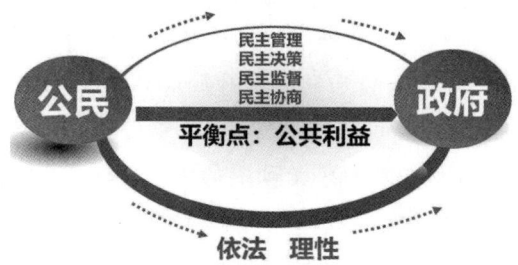

【延伸设计】

(一)思考题

结合今天所学知识,选取你所关注的政治生活问题,模仿《意见书》写一份建议或意见提纲。

(二)推荐阅读

1.陈邓海:《当代中国公民参政研究》。

2.赵刚印:《现代化进程中的公民政治参与》。

"国家行政机关"教学设计

马耀军(宁夏回族自治区吴忠市吴忠高级中学)

议题:建设什么样的服务型政府?

【思路框架】

任务线:通过查找、调查面对新冠肺炎疫情我国各级政府采取的措施,用身边的抗疫故事,在自主学习中探寻"公仆"本色—梳理政府的基本职能,分析并使之对应政府在疫情防控方面的措施,理解转变政府职能,建设人民满意的服务型政府—感受便民利民的服务型政府。

情境线:播放宁夏抗疫先进人物视频《致敬英雄 不负时代》—疫情防控期间,我国政府在政治、经济、文化、公共服务、生态文明方面的措施—疫情期间,西方国家的防疫措施及效果—我国政府与公民在疫情防控期间的关系。

问题线:好政府是什么样的—我国政府疫情防控措施体现了哪些政府职能(小组讨论)—"管得越少越是好政府"还是"管得越多越是好政府"(组队辩论)—疫情防控期间,从哪些方面感受政府的管理和服务(举例论证)。

活动线:课前,学生搜集、整理疫情防控期间我国各级政府采取的措施,以及身边抗疫故事,进行课堂展示—自学梳理政府基本职能及其具体要求,课堂展示绘制的结构图或知识树(学生绘图)—学生分组归纳政府五项基本职能的主要内容,列举并对应政府在疫情防控方面的措施—学生组队展开辩论,正方主张"管得越少越是好政府",反方主张"管得越多越是好政府"(正反双方在鱼刺上各写六个关键词)—学生完成防疫事件与政府相关部门连线—学生在案例中感受疫情防控期间政府的管理和服务。

【基础设计】

(一)教材分析

1.本课地位:《政治生活》第三课第一框"政府:国家行政机关"。在我们的生活中,政府起着非常重要的作用。政府根据法律管理社会公共事务,维护社会公共利益,履行管理和服务职能。学生了解政府职能,才能相信政府、支持政府。

2.内容分析:本框主要内容为政府的职能和作用,共设三目。

第一目"'公仆'的本色"是本框的情境导入。学生通过阅读材料,思考教材提出问题,了解政府的职能,明确政府履行职能的意义,从而学会处理与政府的关系。

第二目"政府的职能"是本框的情境分析,也是本框重点。教材点明我国政府是国家权力机关的执行机关,为具体讲解政府职能及第三目"便民利民的政府"提供理论基础。教材重点阐述政府的基本职能,并指出政府不是全能的,要转变政府职能。

第三目"便民利民的政府"是本框的情境回归,说明政府管理与服务的作用,指出处理好与政府的关系是公民意识和政治素质的体现。

(二)学情分析

1.学生心智特征分析:高一学生思想活跃、参与性强、渴望成功,具备初步的抽象概括能力、口头表达能力、社会交往能力、观察分析问题的能力。具备这些能力,有利于在本课学习中进行议题式教学活动和探究,而活动开展和探究又促使学生这些能力得以提高,并有利于增强学生自主学习、合作学习、探究学习的能力。

2.学生认知结构分析:学生对政府相关知识既熟悉又陌生,熟悉的是对政府职能有大概印象,对政府的具体职能、内部结构、分工管理比较陌生。通过布置预习题、查询资料、分组讨论、组队辩论,激发学生的学习热情。

(三)教学目标

1.必备知识目标:引导学生在具体案例中明确我国政府的性质,通过情境素材辨别和理解政府的主要职能和作用,懂得有限政府内涵,正确认识政府和人民的关系。

2.关键能力目标:通过学生自主学习、合作学习和探究学习,提高学生协作等社会交往能力,在具体情境中培养学生归纳与分析的逻辑思维能力;在案例分析中培养学生知识迁移能力;正确评价身边政府部门的作为;反思政府的决策过程并总结如何提高政府治理能力。

3.学科素养目标:辨别政府职能,区别政府与其他国家机关,培养学生科学精神。正确处理政府和人民的关系,依法监督政府行为,树立法治精神;通过政府面对疫情挑战的果断决策,认同政府是为人民服务的政府,树立政治认同;在具体案例情境下理解、支持政府决策,积极履行公民义务,培养公民公共参与精神。

4.核心价值目标:在具体案例情境中,通过议题牵引实现学生对"我国政府是为人民服务的政府"高度认同感,形成政府和人民的新型关系。以我国疫情防控为背景,通过具有挑战性的、真实的活动,培养学生科学的思维品质和综合素质。

(四)教学重难点

教学重点:我国政府的基本职能。

教学难点:评价我国政府的作用。

(五)教学方法

1.议题式教学方法。

2.任务驱动教学法。

【主体设计】

(一)资料搜集

1.学生通过网络、报纸、电视等媒体查找和搜集中西方疫情防控措施及效果。

2.学生通过走访搜集、整理身边抗疫故事。

3.全班分为五组,通过各类媒体搜集、整理对应政府五项职能的疫情防控措施。

(二)自主梳理

学生通过自学梳理政府基本职能及其具体要求,并以结构图进行展示。

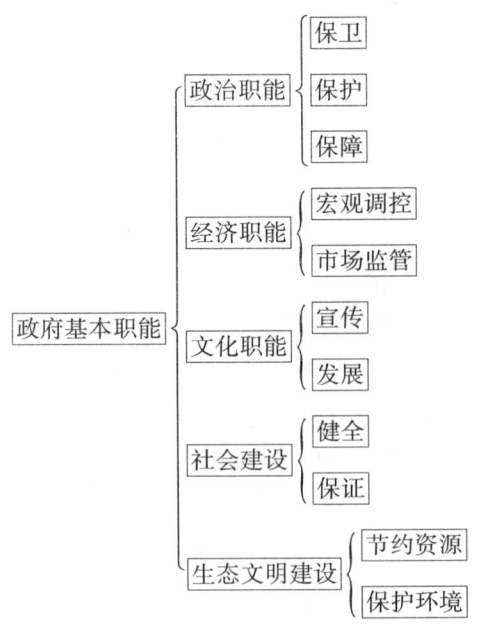

图1 政府基本职能结构图

(三)重点理解

环节一:在自主学习中探寻"公仆"的本色。(问题:好政府是什么样的)

[情境]播放宁夏抗疫先进人物视频《致敬英雄 不负时代》。

[设计意图]通过播放郑西卫等宁夏抗疫先进个人事迹,展示他们勇于担当、奋勇向前的精神,真正把党的组织优势、干部优势、人才优势转化为战疫优势,凸显公仆本色。

[活动1]展示疫情防控期间我国各级政府采取的措施,以及身边的抗疫故事。

学生展示各类素材、案例。

教师归纳:面对疫情,我国采取"网格化"抗疫策略。各级政府及其工作人员广泛动员起来,团结一心听从号召,不图报酬,不图名利,在国家和人民需要的时候,舍小家顾大家,志愿到社区参加疫情排查防控工作,筑起抗击疫情的铜墙铁壁,涌现出许多感人事迹,真是患难之际凸显"公仆"本色。

[设计意图]通过介绍我国疫情防控政策,展示各级政府及其工作人员在疫情中的作为。让学生明白,我们身边有许多政府工作人员以自身行动践行为人民服务的宗旨,我国的政府是为人民服务的政府。从而引出第二目学习内容。

(小结)思考回答:好政府是什么样的?

[答案预设]从国家性质和政府性质看,生活在人民当家作主的国家,能成为人民利益的执行者和捍卫者就是好政府。从政府职能看,能高效履行政府各种职能的政府就是好政府。从政府宗旨看,能全心全意为人民服务、贯彻对人民负责原则的政府就是好政府。从政府运行看,能依法行政,自觉接受人民监督的政府就是好政府。

(四)重点应用

环节二:梳理政府的基本职能——建设人民满意的服务型政府(问题:我国政府疫情防控措施体现了哪些政府职能)

[活动2]展示政府基本职能及其具体要求结构图。

学生上台展示自己绘制的结构图或知识树,教师点评归纳。

[设计意图]学生在自己理解的基础上构建我国政府的基本职能知识框架,丰富了学生的学习方法、提高了学生的自主性和计划性、激发了学生的学习兴趣、拓展了学生的思维能力、提高了学生的分析与归纳能力。

[情境]疫情防控期间,政府在政治、经济、文化、公共服务、生态文明等方面

的措施。

[活动3]学生分组讨论:我国政府疫情防控措施体现了哪些政府职能?

组织学生分组归纳政府五项主要职能的主要内容,并列举对应政府在疫情防控方面的措施。

第一组,列举政府履行保障人民民主和维护国家长治久安职能及对应措施。

第二组,列举政府组织经济建设职能及对应措施。

第三组,列举政府组织文化建设职能及对应措施。

第四组,列举政府加强社会建设职能及对应措施。

第五组,列举政府推进生态文明建设职能及对应措施。

学生合作学习并进行成果展示。

[设计意图]学生通过分析提炼材料信息,归纳对点链接政府的主要职能。结合政府在疫情期间的作为,从政治、经济、文化、公共服务、生态文明等方面认识我国政府的主要职能,感受政府对人民负责的本色,增强教学的科学性和说服力,引导学生理解政府职能会交叉重叠,是一个复杂而又统一的动态系统。

[答案预设]

1.保障人民民主和维护国家长治久安职能:坚决打击和查处违规交易野生动物,以及以暴力威胁方式阻碍疫情防控工作、编造传播虚假恐怖信息、哄抬物价、生产伪劣防疫产品等违法行为。

2.组织经济建设职能:我国政府实施各项支持企业复工复产举措;加大对哄抬物价、制假售假行为的打击力度;落实收费公路暂免通行费、实施企业缓缴住房公积金等政策,切实降低企业生产经营成本;鼓励地方政府出台相关财政和金融扶持政策,支持企业复工复产;综合运用失业保险基金结余加大援企稳岗、促进更多员工返岗就业等。

3.组织文化建设职能:及时发布有关疫情防控信息,主动回应社会关切,同时加强信息公开和信息公开载体建设,发挥各种公开方式的协同联动作用;制定具体监督细则,并运用现代信息技术,通过电子监督平台等途径强化对疫情防控工作的监督。加强宣传教育和法律服务,用法律法规引导民众积极支持、参与和配合疫情防控。

4.社会建设职能:加强活禽交易市场分类管理;压实"菜篮子"市长负责制,做好城市生活物资和防护用品保供工作;从测温、消毒、人员流动、道路运输等方面做好疫情防控管理；组织符合条件的商贸企业复工营业，发挥便利店、社区菜店等中小商贸企业的优势，满足居民对生活必需品的需求。

5.推进生态文明建设职能：建立健全野生动物管理与保护的制度体系，全面禁止非法野生动物交易，构建国家生物安全法律法规体系、制度保障体系；对废弃口罩、废弃防护物品等医疗废弃物进行科学分类，并进行无害化处理。

[情境]学生列举疫情期间西方国家的防疫措施及效果。

[辩题]"管得越少越是好政府"还是"管得越多越是好政府"？

[活动4]学生组队展开辩论，正方主张"管得越少越是好政府"，反方主张"管得越多越是好政府"。

（正反双方在图2鱼骨上各写六个关键词）

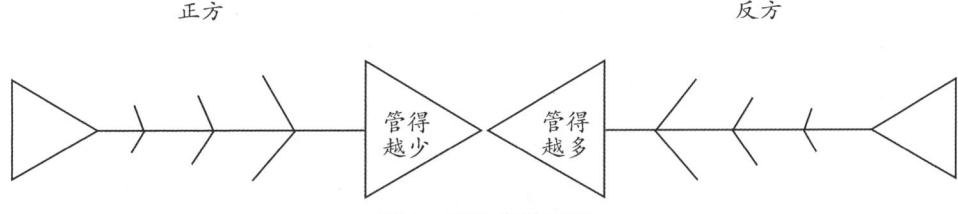

图2　好政府辩题图

学生分组展开辩论，正方列举政府管了一些不该管的事的事例，说明这会造成政府"越位、缺位、错位"的现象，主张"管得越少越是好政府"。反方列举此次疫情防控中，西方一些政府的不作为造成疫情恶化蔓延的事例，主张"管得越多越是好政府"。

（设计意图：通过比较疫情防控中西方政府的措施，从思辨角度，使学生了解政府职能和作用的重要性，同时理解政府管理有限，进一步说明政府该管哪些、不该管哪些，从而帮助学生学会用辩证观点观察问题，体会我们的生活离不开政府）

[答案预设]

政府是一个有限政府，而非全能政府。政府不应承担社会生活中所有的职能，要切实履行自己的职能，有效发挥政府作用。只有把该管的事情真正管好，才能最广泛、最充分地调动一切积极因素，更好地为人民服务。

[小结]

教师总结提升：深化机构改革和行政体制改革，转变政府职能，深化简政放权，创新监管方式，增强政府公信力和执行力，建设人民满意的服务型政府。

(五)重点迁移

环节三:感受便民利民的服务型政府(问题:疫情防控期间,你从哪些方面感受到政府的管理和服务?)

[情境]疫情防控期间,政府与公民的关系。

[活动5]学生完成防疫事件与政府相关部门连线。

[设计意图]学生通过连线和交流讨论,了解遇到问题时知道向政府相关部门寻求帮助,评议政府履行职能的表现,引导学生相信我们的政府、支持我们的政府。

学生交流讨论完成知识连线

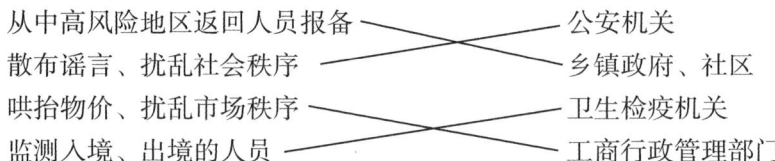

[活动6]问题:疫情防控期间,你能感觉到政府的存在吗?能举例说明吗?

(设计意图:引导学生逐步深化和扩展知识,使学生在把握政府职能相关知识的同时,接受"我国政府是便民利民的政府"情感信念教育)

[答案预设]学生举例,教师归纳总结。

在我国,各级政府掌握着大量公共资源,在疫情防控中承担主要责任,服务是政府的基本职能,服务型政府是以人为本的政府,政府决策都应该体现人民的要求,时刻把人民群众利益放在首位。服务型政府是透明政府,在疫情防控期间,我国政府做到了公开透明,保障了公民的知情权,实现了政府与民心、民意、民情的联动,获得了人民群众对政府的信任和信心。

(总结)这节课主要在探究合作中了解我国政府的性质和职能,感受政府的管理和服务,认可我国政府是便民利民的政府,是为人民服务的政府。

【板书设计】

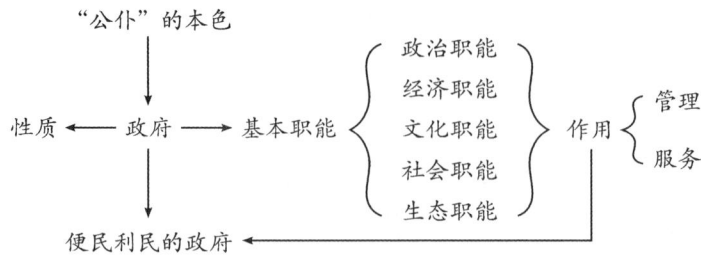

【延伸设计】

(一) 思考题

[课后练习]随着我国民主政治建设的发展,人民群众对政府服务人民的要求越来越高。为适应人民群众这一要求,"转变政府职能,建设服务型政府"成为我国政府的重要任务。为此,某市市政府率先进行"大部制"改革,精简机构,依法定岗定责,提高服务效率;着力推进企业自主创新,转变发展方式,创新教育人才培养模式;在广泛征求人大代表和群众意见基础上,推出交通优化、便民就医等十项惠民措施;加强对行政执法人员的培训,优化行政审批和行政服务,力求高效便民。

结合材料,分析在建设服务型政府过程中该市政府所履行的职能。

参考答案:①精简机构,定岗定责,提高服务效率,体现了政府履行加强社会建设的职能。②政府推动自主创新,创新教育人才培养模式,体现了履行组织社会主义经济建设和文化建设的职能。

(二) 推荐阅读

1.全国普法办:《公民宪法知识读本》。

2.中共中央宣传部:《习近平新时代中国特色社会主义思想三十讲》。

"政府的权力:依法行使"教学设计

郭 红(陕西省延安市实验中学)

议题:政府应该如何行使权力?

【思路框架】

任务线:理解依法行政的含义——分析依法行政的必要性和意义——探究政府如何依法行使权力——学以致用。假设自己是延安市政府领导,将如何解决所属范围内的问题。

情境线:播放微视频《云南大理"扣留"重庆口罩》——大理市违法扣押征用防疫口罩相关责任人被问责——"防控疫情中履职不力被问责追责"的典型案例——关于"封城"和"复学"——延安市旧城改造。

问题线:什么是依法行政?——说说政府为什么要依法行政?(即依法行政的必要性和意义)——讨论分析依法行政的具体要求是什么?——讨论武汉封城、各地分批开学的原因,分析政府应该如何决策?——假设你是延安市政府领导,面对延安旧城区改造,你要(应该)怎么做?

活动线:课前搜集防控疫情中履职不力被问责追责的典型案例;走访和调查延安旧城改造项目——思考交流——师生对话——合作探究——项目化学习。

【基础设计】

(一) 教材分析

1.本框地位:"政府的权力:依法行使"是新课标人教版高中思想政治必修2《政治生活》第二单元第四课第一框的内容。在此之前,学生已经学习公民有关知识,而公民与政府有着千丝万缕的联系。所以,本框题内容既与第一单元存在内在逻辑关系,又为下一框题"权力的行使:需要监督"学习做铺垫。因此,本框题在整本书中起着承上启下的重要作用。

2.本框内容:"政府的权力:依法行使"下设三目:第一目"公共权力 切莫滥用",通过情境导入,提出问题,引出其他两目内容;第二目"政府依法行政",主要讲述政府依法行政的含义、依法行政必要性和意义及依法行政的具体要求;第三目"审慎行使权利　科学民主决策"从政府坚持科学决策、民主决策、依法决策角度讲述政府应该如何提高依法行政的水平。

(二)学情分析

1.学生心智分析:本课内容的教学对象是高一学生,教材内容思路清晰,内在结构逻辑性强,便于学生自主学习和理解;但本课内容主要讲述政府行使权力,理论性较强,所涉及社会现象错综复杂。因此,如何通过典型案例分析,激发学生学习和参与课堂的兴趣,使学生在面对复杂的社会现象时能够做出正确判断和分析是本节课的教学重点。

2.学生认知结构分析:在知识储备上,学生已经学习政府的职能、政府的责任等相关知识,具备一定的知识储备量;在日常生活中,学生通过网络、电视、报纸等渠道,对政府权力运行有一些了解;在能力上,高中学生思想活跃,已具备相应的学习能力和思维方法,具有较好的自主学习、合作探究能力,但面对错综复杂的社会现象做出正确的判断和分析的能力还有待提高,需要教师适时启发、引导和点拨。

(三)教学目标

1.必备知识:了解政府依法行政的含义,理解依法行政的必要性、意义,懂得依法行政的具体要求;了解政府权力行使环节,理解政府科学决策、民主决策、依法决策的表现及其关系,感悟政府的权力行使的界限和规则。

2.关键能力:从具体案例中归纳和总结依法行政含义、原因和要求,培养学生的综合逻辑思维能力;在议题讨论中培养学生的合作学习、分析探究能力;在议题讨论中能够正确辨析政府行为,区分政府决策方式,反思和评价服务型政府的建设情况。

3.学科素养:通过联系国体、政府性质、政府工作宗旨等知识,明确政府依法行政的必要性,培养学生科学精神;通过案例分析,增强学生对建设法治政府和人民的政府的认同感,培养学生政治认同;教学内容本身包含学生应具备的法治意识;通过本框学习,提高学生参与民主监督的积极性和能力。

4.核心价值:以议题切入,实现学生对政府依法行政的认同和支持。以具体情境和议题,培养学生的科学思维品质,引导学生积极参与政治生活,从国家主人翁高度为建设法治政府提出意见和建议。

(四)教学重难点

教学重点:依法行政。

教学难点:政府如何做到依法行政;如何提高依法行政的水平。

(五)教学方法

议题式教学法、合作探究法、项目式学习法。

【主体设计】

资料搜集:通过网络、电视等途径搜集防控疫情中履职不力被问责追责的典型案例;走访和调查延安市旧城改造项目。

自主梳理:自主学习并梳理本课知识结构,了解本课所要学习的具体内容和基础知识。

环节一:议题描述

[子议题1]什么是依法行政?

[情境1]播放微视频《云南大理"扣留"重庆口罩》。视频内容简介:2020年初,新冠肺炎疫情暴发,大理市因疫情防控物资极度紧缺,购买的防疫物资一时无法到位,无法满足疫情防控需要。为解燃眉之急,2020年2月,大理市卫健局发出《应急处置征用通知书》,为切实加强疫情防控工作,从云南省瑞丽市发往重庆市的9件口罩被"依法实施紧急征用",随即引发广泛关注。

[活动1]观看视频,思考大理市"扣留"重庆口罩的理由是否正当?为什么?

学生思考并交流自己的看法,教师点评引导。

[答案]不正当。政府及其工作人员的权力由法律授予,行使权力必须依据宪法和法律规定,即政府要做到依法行政。

强调:依法行政的主体是政府及其工作人员;依据是宪法和法律;行政是指行使行政权力。

[设计意图]通过讨论社会广泛关注的热点事件,从中感悟政府行使权力要符合宪法和法律的规定。一方面,理解教材基本知识;另一方面,认识不管是个人还是国家机关的行为都要符合法律的规定,引导学生树立法治观念。

环节二:议题论证

[子议题2]依法行政的原因。

[情境2]大理市"扣押"重庆口罩相关责任人被问责:2020年2月24日,云南省纪委监委通报,大理市违法扣押征用口罩问题属实,情节恶劣,性质严重,严重干扰全国防疫工作大局……决定对5个单位、8名责任人进行问责处理。其中,大理市市长杜淑敢、副市长娄增辉被撤职,大理市市场监管局局长袁爱忠受记过

处分。

[活动2]假设案例中的责任人没有被问责,会出现什么后果？思考分析政府为什么要依法行政？(即依法行政的必要性和意义)

学生思考、分析、展示,教师点评略。

[归纳]如果相关责任人没有被问责,人民的合法权益就得不到保障;政府管理混乱;滥用政府权力,以权谋私、权钱交易;人民群众对政府失去信任;法律尊严被肆意践踏……(答案不具有唯一性,言之有理皆可)

依法行政的必要性:政府依法行政是贯彻依法治国方略、提高行政管理水平的基本要求,体现了对人民负责的原则。

依法行政的意义:政府依法行政,有利于保障人民群众的权利和自由;有利于加强廉政建设,保证政府及其工作人员不变质,维护政府的权威;有利于防止行政权力的缺失和滥用,提高行政管理水平;有利于带动全社会尊重法律、遵守法律、维护法律,推进社会主义民主法治建设。

[设计意图]通过案例全面分析政府的行为可能带来的影响,从而引导学生增强对建设法治政府的认同感,树立法治观念,科学理解政府依法行政的意义。

环节三:议题决策

[子议题3]探究政府如何依法行使权力。

[情境3]展示防控疫情中履职不力被问责追责的典型案例。

[活动3]学生列举搜集的典型案例,并讨论分析如何做到依法行政(即依法行政的具体要求)。

学生根据课前搜集的案例进行展示。

教师点评引导,并选取案例中的典型事件引导学生分析依法行政的具体要求。

[答案]依法行政的具体要求:政府要坚持法定职责必须为,法无授权不可为,勇于负责,敢于担当,坚决杜绝不作为、乱作为,坚决克服懒政、怠政,坚决惩处失职、渎职。

[设计意图]通过搜集案例培养学生关注社会、自主学习的能力;通过课堂讨论和分析,引导学生树立符合时代要求的法治意识,体会并理解政府依法行政的具体要求。

[情境4]李兰娟院士、钟南山院士抵达武汉,了解到病毒出现人传人的情况后,立即组织专家组讨论,建议将武汉封闭并上报国务院。1月23日,武汉宣

布封城,阻断病毒扩散,"封闭一座城,挽救一国人"。

面对封城,有人说:"封城越早越好,封得越多越好,时间越长越好。"

疫情期间,学校何时开学的问题引发网民热议。大部分家长希望推迟开学,他们认为疫情还没过去,开学后若有人感染新冠病毒,可能传染几百甚至几千人,并且学生的防控意识和能力远不及成年人……随着新冠肺炎疫情防控形势持续向好,2020年3月9日,青海省最早实施分批开学,陕西省自2020年3月31日也开始分批陆续开学……

[活动4]讨论武汉封城、各地分批开学的原因,分析政府应该如何决策。

学生分组讨论、分析,教师引导点评。

[答案]武汉封城是在专家科学分析新冠病毒会人传人后,为防止向全国甚至全世界蔓延,向上级部门申报,得到批准后实行的。各地也是在科学防控新冠肺炎疫情的基础上,结合广大民众的意愿和要求,按照法定程序向上级政府申请批准后,根据不同地方的防控情况和学校的防控条件决定分批次开学。

政府权力的行使包括决策、执行、监督等环节。其中,决策是首要环节,是行政行为的起点。政府必须审慎行使权力,坚持科学决策、民主决策、依法决策。

(强调分析)科学决策:不断完善决策信息和智力支持系统,提高决策的科学性。民主决策:增强决策的透明度和提高公众的参与度,使决策能够更好地反映民意、集中民智。依法决策:确保决策制度科学、程序正当、过程公开、责任明确。

此外,为减少决策失误,我国政府正在建立健全决策问责和纠错制度,凡是损害群众利益的做法都要防止和纠正。

[设计意图]通过案例分析和小组讨论,理解政府要实事求是、求真务实,做到科学决策、民主决策、依法决策,从而实现学生对法治政府和人民的政府的认同,积极参与政治生活,积极为政府的决策提出意见和建议。

环节四:议题延伸

[子议题4]探究如何用所学知识解决社会生活中的问题。

[情境5]近年来,革命圣地延安全面实施旧城改造项目,围绕"凸显圣地氛围、展示古城风貌、彰显文化特色、优化人居环境"的总体要求,全力将延安建成符合全国人民愿景的延安。

[活动5]假设你是延安市政府领导,面对延安旧城区的改造,你要(应该)

怎么做？

学生根据所学知识和对延安市的调查了解，分小组合作探究、交流，教师点评。

[预设答案]

1.组织专家团队对改造项目进行规划，哪些建筑需要拆除，哪些建筑可以在原有基础上进行改造，请专家对建筑的使用安全性、承载重量等进行科学检测。

2.走访和调研，了解市民对旧城改造的看法和意见；开通热线电话、电子邮件、微信留言等平台，保证群众充分参与，为旧城改造出谋划策。

3.坚持群众路线，使旧城改造中具体项目既符合发展规律和总体规划，又符合最大多数人的利益。如为老旧小区更换管道、安装室外电梯等。

4.旧城改造各项目的决策要严格按照宪法和法律的规定实施，要严格按照正当程序进行。

5.项目分工明确，责任落实到人。

6.在旧城改造中融入和保留延安传统文化，保持并传承延安特色文化。

7.完善相关的制度和要求，对旧城改造工作加强监督，防止损害延安城市持续发展和人民利益的事情发生。

【板书设计】

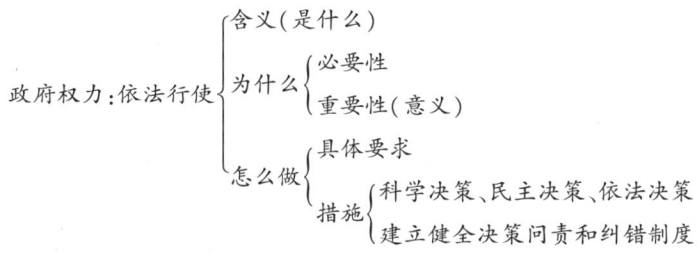

【延伸设计】

(一)思考题

材料：临近春节，很多外出务工人员纷纷准备返乡过年，然而新冠肺炎疫情又出现多地散发和蔓延的势头，能否安心回家过春节成为人们关注的话题。国家在总结前一阶段经验教训的基础上，依法制定春运期间的疫情防控政策。有些地方对外来人员和返乡人员疏于管理导致当地疫情防控难度加大，人民群众的安全和健康风险增加；有些地方为了加强疫情防控，在返乡人员健康监测和核酸检测等方面"层层加码"；还有"一刀切"禁止返乡的情况……引发全社会普遍关注,也引起一些受影响群众的不满。

2021年1月31日,国务院联防联控机制召开发布会表示,对北京市以外省份,防止层层加码要做到"六个不":不得随意禁止外地群众返乡过年;不对返乡人员实施集中隔离、居家隔离措施;不对低风险地区跨省流动到城市的非重点人群进行核酸检测;不对省域内低风险地区返乡的非重点人群查验核酸检测证明;不对省域内返乡人员进行居家健康监测;不得随意延长居家健康监测期限。

结合材料,运用政治生活知识,谈谈政府应该怎么做才能书写好防控新冠疫情这张试卷?

参考答案:①政府要真正为人民着想,坚持为人民服务的宗旨和对人民负责的原则,情为民所系,权为民所用,切实维护人民群众的健康和安全。②政府要坚持依法行政,做到法定职责必须为,法无授权不可为,勇于负责,敢于担当,坚决杜绝不作为、乱作为,坚决克服懒政、怠政,坚决惩处失职、渎职。面对疫情防控,要有责任和担当。③政府要审慎用权,要坚持科学决策、民主决策、依法决策,面对疫情防控和春节返乡,要依据国家制定的春运期间疫情防控政策,科学分析,因地施策,防止决策失误。④自觉接受监督。坚持从群众中来到群众中去,听取群众的意见和建议,接受群众的监督。⑤转变政府职能,建设服务型政府,转变工作态度,提高工作能力,积极进行正确的舆论引导和防控工作的统筹安排,提高政府为人民服务的能力和水平。

(其他答案,言之有理也可)

(二) 推荐阅读

习近平:《习近平谈治国理政》。

"把握思维的奥妙"一轮复习教学设计

罗惠兰(广东省广州市花都区狮岭中学)

议题:"一带一路"为何备受关注?

【思路框架】

任务线:时政播报第二届"一带一路"国际合作高峰论坛,提升学生从大数据时代获取信息,解读"一带一路"时政信息的能力—对"一带一路"为何备受国内外关注的两个议题进行分享交流,培养学生课前收集信息、整理信息的能力,提升学生语言表达、逻辑分析能力—对"一带一路"质疑声音的回应,培养学生论证和探究问题的能力—对"一带一路"的未来畅想,培养学生公共参与能力,"一带一路"的实施需要我们每个人的智慧参与,"一带一路"成果将由世界共享。

情境线:第二届"一带一路"国际合作高峰论坛—"一带一路"的前世与今生—"一带一路"的未来。

问题线:"一带一路"构想为何会引起国内高度关注和强烈共鸣?(小组展示、学生补充)—"一带一路"构想为何会得到相关国家、地区乃至全世界的广泛回应?(小组展示、学生补充)—你如何看待质疑"一带一路"的声音?请结合本节课的知识进行深度分析。(小组讨论、师生对话)→面对国际社会的质疑,你会如何回应?(师生对话)

活动线:课堂展示第二届"一带一路"国际合作高峰论坛时政播报—小组展示议题1、议题2探究成果—学生补充—小组讨论、师生对话。

【基础设计】

(一)教材分析

1.本课地位:哲学第五课"把握思维的奥妙"有两框内容。第一框"意识的本质",具体内容包括意识的起源、意识产生的生理基础、意识的内容,即强调意识是怎么来的,从中我们可以得知先有物质、后有意识,物质决定意识。第二框"意识的作用",即强调意识对人们的认识和行动的指导作用,人类在发挥意识的指导作用、发挥主观能动性的时候,需以尊重客观规律为前提。因此,本框的落脚点是意识主观能动性与尊重客观规律相统一。

2.内容分析:本课知识包括物质决定意识,一切从实际出发,实事求是;意识对物质具有能动的反作用,做到尊重客观规律与发展主观能动性相统一。

(二)学情分析

1.心智特征:一轮复习指向高考,现阶段学生的学习热情比较高涨,哲学来源于生活,但又高于生活。结合"一带一路"时政背景,对相关话题进行议论,是学生感兴趣的学习方式,也是与高考接轨的教学模式,符合新高考的要求。针对该班纸笔测试情况较好但语言表达较薄弱的情况,尽可能给该班学生提供表达机会,提升其语言表达能力,使说和写两种能力共同发展。

2.认知特征:学生在高二下学期学过相关内容,对哲学相关基础知识仍有印象,同时该班学生基础知识比较扎实,本轮复习侧重相关重点知识落实及能力培养。

(三)教学目标

1.必备知识目标:运用物质与意识的辩证关系,一切从实际出发、实事求是的方法论。解析客观规律是可以认识和掌握的事例,印证人们在尊重客观规律的基础上,能够发挥主观能动性,自觉把握客观规律。

2.关键能力目标:提升学生获取和解读"一带一路"时政信息能力;培养学生收集信息、整理信息的能力,提升学生语言表达和逻辑分析能力;畅想"一带一路"的未来,培养学生公共参与能力。

3.学科素养目标:通过对"一带一路"质疑声音的回应,使学生对客观规律性和主观能动性的辩证关系有进一步认识,坚持一切从实际出发,实事求是;密切关注国家"一带一路"大政方针,培养学生的社会责任感和使命感。

4.核心价值目标:通过回应"一带一路"的质疑声音,使学生逐步确立辩证唯物主义的意识观;提升学生的政治认同感,认识"一带一路"构想对我国乃至世界的重大意义;培养学生的理性精神,理性回应国际社会不同声音,对我国中国特色社会主义道路、制度充满自信。

(四)教学重难点

教学重点:物质与意识的辩证关系,一切从实际出发、实事求是的方法论。依据:这是近五年全国卷高频考点,多以时政材料形式出现,选择题和主观题均有涉及,主观题多从小视角切入。本节课从对"一带一路"为何备受国内外关注的两个议题突破重点。

教学难点:学生通过对"一带一路"质疑声音的回应,在生活实际中正确认识物质与意识的辩证关系,自觉坚持一切从实际出发,实事求是。

(五)教学方法

议题式教学法、对话式教学法、体验式教学法、任务要素教学法。

【主体设计】

准备:资料搜集和自主梳理。

1.资料搜集:通过网络搜集"一带一路"时政资料、查阅《生活与哲学》教材、《三维设计》教参资料。

2.自主梳理

整体梳理:学生自主梳理"把握思维的奥妙"相关知识,并绘制框架图,把握整课的知识结构,明确高考考查形式、方向。

分点梳理:课前完成学案中的知识填空,对知识进行微观把握。

环节一:提出议题——把握思维的奥秘,"一带一路"为何备受关注?(5分钟)

教师活动:课前指导学生进行时政播报,确定主题:第二届"一带一路"国际合作高峰论坛,播报时间为5分钟,需制作课件,要求图文并茂,播报时语言流畅。课中播报完毕后,针对参与该战略的国家越来越多这一情形,引导学生思考背后的原因?进而引出本节课的议题。

学生活动:学生上台进行时政播报,从论坛的背景、主题、意义角度进行分享。

设计意图:通过对第二届"一带一路"国际合作高峰论坛的时政播报,提升学生获取信息、解读信息能力;培养学生的公共参与能力,增强学生的社会责任感和使命感。

环节二:论证议题——"一带一路"的前世与今生

【"一带一路"的前世】

丝绸之路起始于中国,是两汉时期中国人开创的以洛阳、长安为起点,连接亚洲、非洲和欧洲的陆上商业贸易路线。从运输方式上分为陆上丝绸之路和海上丝绸之路。丝绸之路是一条东方与西方之间在经济、政治、文化方面进行交流的主要通道。它最初的作用是运输中国古代出产的丝绸、瓷器等商品。

【"一带一路"的今生】

习近平总书记在2013年9月和10月先后提出建设"新丝绸之路经济带"

和"21世纪海上丝绸之路"的构想,这一构想引起国内和相关国家、地区乃至全世界的高度关注和强烈共鸣。之所以产生如此巨大的效果,就在于这一宏伟构想有着极其深远的意义,蕴藏着无限的机遇。

【子议题1】"一带一路"倡议为何会引起国内外的高度关注和强烈共鸣?(10分钟)——国内视野。

教师活动:

(1)重点引导学生归纳总结目前我国面临的困境。例如:①产能过剩。②沿海经济发达,内地滞后。③中国的能源获取路径狭窄。④工业和基础设施集中于沿海等。我国为解决这些问题,提出"一带一路"倡议,引导学生分析这一倡议对中国发展的意义。

(2)知识链接:重点引导"意识是怎么来的",如中国面临的困境属于物质范畴,倡议构想属于意识范畴,我国基于这种背景提出"一带一路"倡议,归纳出"物质决定意识,一切从实际出发"原理。

学生活动:课前查阅提出"一带一路"国内背景相关资料,列举具体事例,学生分工合作。课堂集思广益,小组代表分享、小组间互相补充。(小组分享)

设计意图:

(1)学生通过归纳"一带一路"倡议提出背景,重点区分物质和意识的概念,归纳"物质决定意识""一切从实际出发,实事求是"原理。

(2)学生通过对议题进行分享交流,培养收集信息、整理信息的能力,提升语言表达、逻辑分析能力。

【子议题2】"一带一路"倡议为何会得到相关国家、地区乃至全世界的广泛回应?(5分钟)——国际视野。

教师活动:

(1)重点引导学生归纳总结"一带一路"倡议对国际社会的意义。例如:①顺应世界多极化、经济全球化。②符合国际社会的根本利益:发掘区域内市场的潜力(中国经济增长,消费潜在能力强),促进投资和消费,创造需求和就业;建立和加强沿线各国互联互通伙伴关系。

(2)重点引导学生进行知识链接:意识的能动作用。具体表现为:①意识能够能动地认识世界,具有目的性、自觉选择性和主动创造性特点;②意识能够能动地改造世界。参与国正是从经济全球化的大背景和自身的根本利益出发,积极参与"一带一路"建设。

学生活动：课前收集"一带一路"倡议提出的国际背景相关资料，列举具体的国际案例，探究相关国家或地区加入"一带一路"的意义。小组代表分享3个国际案例并进行知识链接，其余小组补充。

设计意图：通过对"一带一路"使用倡议对国际社会发展意义的归纳，引出意识的作用（能动认识世界、能动改造世界），培养学生获取和解读信息、调用知识的能力，培养学生的国际视野，提升学生的公共参与能力，使学生学会用全球化的思维看待今日的经济发展，深知任何一个国家都不可能闭门造车，"一带一路"倡议符合国际形势，符合参与国的根本利益。

【子议题3】你如何看待对"一带一路"倡议的质疑？请结合本节课知识进行深度分析。（10分钟）

教师活动：引导学生从言论性质、言论产生的原因、我们正确的做法三个维度进行分析。

答案提纲：

（1）言论性质：诋毁、歪曲事实，违背了一切从实际出发、实事求是的方法论原则。事实证明，"一带一路"倡议顺应时代潮流，符合发展规律，符合各国人民利益，具有广阔前景。

（2）原因："一带一路"倡议是新事物，不完善、不熟悉。

（3）做法：坚信"一带一路"倡议的正确性，尊重客观规律（经济发展规律、国内外形势等）+发挥主观能动性（普及认知、完善战略）。

学生活动：学生结合自身对该言论的理解、对事实的掌握，围绕"是、为、怎"三个维度，利用教材知识进行分析。

设计意图：

（1）学生尝试回应对"一带一路"的质疑，用事实证明质疑不符合客观事实。同时，我们需要不断完善这一新构想，从而使学生对客观规律性和主观能动性的辩证关系有进一步认识，增强贯彻和执行党的一切从实际出发、实事求是思想路线的自觉性。

（2）通过回应质疑声音培养学生思辨能力，提升学生描述和阐释、论证和探究能力，增强对国家的认同感。

【子议题4】面对国际社会的质疑，你会如何回应？（5分钟）

教师活动：引导学生正视国际舆论，不回避国际质疑声音；引导学生用数据、事实说话，证明"一带一路"倡议会惠及参与国家，促进世界发展；引导学生明确"一带一路"倡议在不断用事实驳斥国际社会的歪曲和消除部分国家的不解中逐步发展,我们应该用矛盾的观点看问题。

答案预设:

(1)认识和评价一个新生事物,应当用事实来说话。例如:"一带一路"倡议提出六年来,务实合作已结出丰硕成果,一大批互联互通合作项目落地生根,因为参与"一带一路",有的国家拥有了第一座跨海大桥和第一条高速铁路,有的国家拥有了自己的出海通道,有的国家建立起自主产业体系;联合国、世界银行等国际机构积极支持共建"一带一路";"一带一路"给各国民众带来实实在在的好处。

(2)共建"一带一路"是一个发展的过程,不可能一蹴而就,不可避免会有一些发展中的困难。我们欢迎各方提出建设性意见,这是共商共建共享原则的应有之义。中国举办高峰论坛,就是希望广开言路,集思广益。

(3)中国倡议世界共享,而"一带一路"倡议在不断用事实驳斥西方国家的歪曲和消除部分国家的不解中逐步发展。

学生活动:站在国家层面,独立思考,回应质疑声音。

设计意图:学生发言回应对"一带一路"的质疑声音,逐步确立辩证唯物主义的意识观,提升政治认同,认同"一带一路"倡议对我国乃至世界的重大意义;培养学生的理性精神,理性回应国际社会上的不同声音,对中国的道路、制度要充满自信。

环节三:升华议题——"一带一路"的未来

"一带一路"朋友圈,点赞多,潜力大。请你用一句生动的话表达你对"一带一路"建设的美好期盼。(3分钟)

教师活动:指导学生作答,注意问题的关键词:一带一路、期盼;语言要生动,字数在20字以内。

参考答案例1:"一带一路"联通世界,沿途国家合作共赢。

参考答案例2:愿"一带一路"快车给世界人民带去美好的祝福。

学生活动:为"一带一路"点赞,学生独立思考、畅所欲言。

环节四:议题小结

结束语:"长风破浪会有时,直挂云帆济沧海。""一带一路"建设是我们这个时代伟大的创举、伟大的实践、伟大的事业,必然会面临各种风险和挑战。"一带一路"建设必将克服重重艰险,迎来更加光明的前景,造福中国、造福世界、造福人民!

设计意图:坚定"一带一路"倡议,相信"一带一路"能够不断造福参与国家,结出更多硕果,共同畅想"一带一路"的未来。

【板书设计】

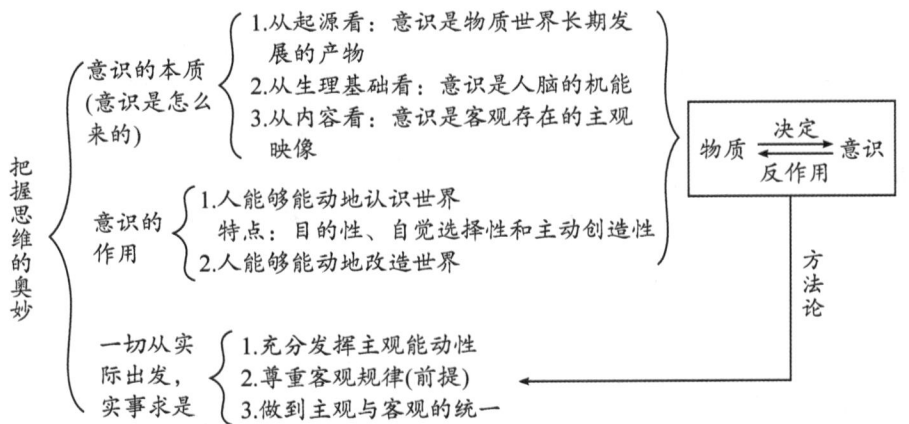

议题1:"一带一路"倡议为何会引起国内外的高度关注和强烈共鸣?

中国面临的困境(概括)	具体事例	路径	目的(概括)	知识链接
产能过剩	钢铁、水泥等产能过剩	实施"一带一路"构想	消化过剩产能、优化产业结构	中国面临的困境属于物质范畴,战略构想属于意识范畴,基于这样的国内背景,我国提出"一带一路"倡议,归纳出"物质决定意识,一切从实际出发"原理
沿海经济发达,内地滞后	东部沿海地区发达;西部地区,地广人稀,工业少		对外开放、区域结构转型	
中国的能源获取路径狭窄	能源通过沿海海路进入中国,渠道较单一		增加有效陆路资源进入通道	
工业和基础设施集中于沿海	沿海直接暴露于外部威胁面前,在战时极为脆弱		强化国家安全	
区域经济的贸易主导权	美国试图绕开中国推进TTIP(跨大西洋贸易与投资伙伴协议)		应对霸权主义和强权政治、区域经济的贸易主导权	

议题2:"一带一路"倡议为何会得到相关国家、地区乃至全世界的广泛回应?

相关国家、地区面临的困境	路径	具体战略	目的(概括)	"一带一路"国际意义	知识链接
蒙古国经济结构失衡	实施『一带一路』构想	蒙古国"草原之路"战略	带动内蒙古自治区和蒙古国贸易往来,与中国经济贸易优势互补	1.顺应世界多极化、经济全球化趋势 2.符合国际社会的根本利益:发掘区域内市场的潜力(中国经济增长,消费潜能能力强),促进投资和消费,创造就业机会;建立和加强沿线各国互联互通伙伴关系	从意识的作用层面出发:"一带一路"倡议给各国带来了实质性的效益,体现了意识对物质具有能动的反作用,人能够能动地认识世界,能动地改造世界
越南中小企业在国内外的竞争力薄弱		越南"两廊一圈"战略	扩大两国及其他国家的贸易投资,开阔市场		
北澳地区人口稀少,基础设施落后,资金不足		澳洲"北部大开发"	成为"一带一路"的资源输出地区,推动经济发展		
哈萨克斯坦周边国家政局动荡,国内政局不稳		哈萨克斯坦"光明大道"	推动中哈两国关系友好发展,在能源合作和石油、天然气贸易投资上推动中哈能源发展		

【延伸设计】

(一)思考题

在扶贫工作中,要把扶贫与扶德、扶志、扶智、扶能相结合,全面、系统地做好各方面工作,特别要变"输血"为"造血",努力为全村留下一个好机制、好班子,推动全体村民自力更生、艰苦奋斗、拼搏创业,着力在巩固提高、富裕美丽上下功夫。只有这样,才能长远地、稳定地、彻底地脱贫。否则,返贫率会很高。

从"意识能动作用"角度,说明为什么只有把扶贫与扶德、扶志、扶智、扶能相结合,才能长远地、稳定地、彻底地脱贫。

参考答案:①人能够能动地认识世界,意识活动具有目的性、自觉选择性和主动创造性。只有扶德、扶志、扶智、扶能,才能让贫困人口真正脱贫目标,积极主动探索脱贫方法。②人能够能动地改造世界。正确的意识促进客观事物的发展,我们要重视意识的作用,树立正确的意识。提高贫困人口的德、志、智、能水平,才能提高他们的素质和技能,才能长远地、稳定地、彻底地脱贫。③意识对人体生理活动具有调节和控制作用。高昂的精神使人奋进,要帮助贫困人口树立远大志向,发扬自力更生、艰苦奋斗的精神,拒绝"等靠要",才能"激发脱贫内生动力"。

(二)推荐阅读

1.《"一带一路"年度报告:行者智见(2017)》。

2.《"一带一路"年度报告:从愿景到行动(2016)》。

3.曹卫东:《外国人眼中的"一带一路"》。

"意识的作用"教学设计

赵松涛(河南省洛阳市第十四中学)

议题:为什么意识是"地球上最美的花朵"?

【思路框架】

任务线:意识的目的性——分析意识自觉选择性和主动创造性→展示意识能动地改造世界——树立"一切从实际出发,实事求是"的科学精神。

情境线:超级大桥建设目的——建设难题——建设实施——建后启示。

问题线:辨析建桥是否值得?——分析如何选址设计——如何把图纸变为现实——桥到底行不行。

活动线:商议和辨析→商议和探究→商议和收集展示→商议和反思。

【基础设计】

(一)教材分析

1.本课地位:"意识的作用"为人教版高中思想政治必修4《生活与哲学》(人民教育出版社)第二单元第五课第二课时的内容。学生已经学习了第四课"探究世界的本质"和第五课第一框"意识的本质",掌握了"世界是物质的""物质决定意识",通过本课的学习将提高学生辩证思维能力。

2.内容分析:本框共设三目。人能够能动地认识世界,人能够能动地改造世界,一切从实际出发、实事求是。

第一目:人能够能动地认识世界,主要介绍意识活动具有目的性、意识活动具有自觉选择性和主动创造性,分析意识对物质的能动反映。

第二目:人能够能动地改造世界,主要介绍意识对改造世界具有指导作用,强调意识对物质具有能动的反作用。

第三目:一切从实际出发、实事求是,从思辨层面上升到学科素养层面。

(二)学情分析

1.心智特征:本框教学对象是高二学生,他们有一定的辩证思维能力和综合分析能力,对用哲学知识分析国内外时事十分感兴趣,能够对复杂生活情境做出分析和判断,为本节课学习打下良好的基础。

2.认知结构:对于物质和意识的关系,本教材第四课和第五课第一框已经做了介绍,但学生缺乏理性思考,片面认为物质和意识完全对立,忽视意识的作用。本框学习对提高学生的辩证思维能力、合作学习能力,培养科学精神具有重要意义。

(三)教学目标

1.必备知识目标:掌握意识的作用,重视精神的力量,真正处理好主观能动性与客观规律性的关系,理解一切从实际出发、实事求是的理论依据及要求。

2.关键能力目标:培养学生辩证思维能力和分析解决问题能力。

3.学科素养目标:树立一切从实际出发、实事求是的科学态度。

4.核心价值目标:坚定理想信念,培育政治认同、科学精神、奋斗精神、公共参与素养。

(四)教学重难点

1.教学重点:理解意识的能动性。

2.教学难点:如何践行一切从实际出发,实事求是,树立奋斗精神。

(五)教学方法

议题式教学法、合作探究法。

【主体设计】

(一)资料搜集

(1)课前任务:学生分小组查阅、收集、整理超级大桥的建设目的、建设难题、建设实施、建后启示资料,通过自主学习、合作探究,梳理教材主干知识,完成汇报课件。

(2)教师向学生推荐以下学习平台和学习资料:

网络平台:"学习强国"学习平台、港珠澳大桥公众号。

视频:《强国课堂》之超级大桥是如何建成的、纪录电影《港珠澳大桥》。

书籍:《中国桥——港珠澳大桥圆梦之路》。

[设计意图]借助港珠澳大桥情境,以学生为主体,结合时事应用迁移教材知识,提升学生政治认同、科学精神、公共参与等学科核心素养。

(二)自主梳理

1.理解意识活动的特点。

2.掌握意识能动作用的表现。

3.掌握一切从实际出发、实事求是的含义和要求。

(三)课堂教学

[议题]为什么意识是"地球上最美的花朵"?

[导入]播放视频《超级大桥是如何建成的》,港珠澳大桥岛隧工程项目总工程师林鸣围绕"海上没有任何阻拦,为什么港珠澳大桥要设计成弯的""港珠澳大桥为什么要建隧道和人工岛,一桥到底不行吗"等问题介绍建桥目的、建桥难题、建桥实施和建桥启示。

环节一:港珠澳大桥——建设目的

[子议题1]辨析:中国建造一座花费上千亿的超级大桥,值得吗?

[情境]圆梦桥、同心桥:伶仃洋上"作画",大海深处"穿针"。港珠澳大桥从设计到建成前后历时14年,全长55公里,总投资超过1000亿元,集桥、岛、隧于一体。汇众智、聚众力,数以万计的建设者百折不挠、不懈奋斗,用心血和汗水浇筑横跨三地的"海上长城",创造了沉管隧道最长、最大跨径、最大埋深、最大体量的世界纪录,涵盖了当今世界岛隧桥多项尖端科技,是当今世界最具挑战性的工程之一。

港珠澳大桥东接香港,西接珠海和澳门,陆路连接极大缩短了三地之间的距离,但投资巨大、挑战性大。

[活动]组内商议,辨析展示。

(答案提示)

组1:意识活动具有目的性。人们在反映客观世界时,总是抱有一定的目的和动机,在实施行动之前会制订相关计划。这与动物纯粹无目的的本能的活动有着本质区别。"一桥连三地,天堑变通途。"它的建设能缩短粤港澳三地的距离,对提升珠江三角洲综合竞争力、保持港澳的长期繁荣稳定、推进粤港澳大湾区建设具有重要意义。

组2:"这是一座圆梦桥、同心桥、自信桥、复兴桥。"港珠澳大桥对中国大湾区经济社会发展具有划时代的意义,对于国家珠三角一体化战略的布局和实现具有重大价值。

[设计意图]通过对"港珠澳大桥值不值得建造"的辨析,使抽象问题具体化,让学生理解意识活动具有目的性,便于理解学科知识,培养学生政治认同素养。

环节二:港珠澳大桥——建设难题

[子议题2]港珠澳大桥如何选址,如何设计?(建设过程中的困难是怎么破解的?在保护白海豚与人类的经济效益面前,建设者做出了怎样的选择?)

[情境]智慧之花:海上没有任何阻拦,为什么港珠澳大桥要设计成弯的?为什么要建隧道和人工岛,一桥到底不行吗?如何让位于海泥环境中的钢管桩120年不损坏?为对抗敏感的海洋环境、海流、水阻、地形、海水侵蚀、台风、生态等多方问题,港珠澳大桥设计团队面临极大的挑战。中华白海豚是国家一级保护动物,在保护白海豚与人类的经济效益面前,建设者又做出了什么样的选择?

设计团队提出了一个极富创造力的方案:建造东西两个人工岛,修建一段海底隧道,将隧道与大桥连接起来。港珠澳大桥从方案设计、技术研究到施工建设,建设者始终重视自主创新,最终让超级工程实现了工艺和环保的完美结合。

[活动]组内商议、分析建设过程中的困难及解决方案。

(答案提示)

组1:意识的自觉选择性倒逼建设者优化大桥设计方案。在保护白海豚与人类的经济效益面前,我们选择保护白海豚,确保白海豚"不搬家",多花了3.4亿元,体现了意识的自觉选择性。人与自然是命运共同体,生态兴则文明兴,万物和谐是人类的智慧。大桥工程凸显建设团队的环保情怀和责任担当。

组2:意识活动具有自觉选择性和主动创造性。为综合考虑空中航空、海上通航、敏感的海洋环境及确保白海豚"不搬家",建设者发挥主动创造性优化设计方案,做出了"岛隧桥""海底沉管"等充满想象力的自觉选择性和主动创造性创举,实现人与自然和谐相处。

[设计意图]通过探讨"港珠澳大桥如何选址、如何设计",学生在搜集资料和商议过程中了解超级大桥外部环境的复杂性,建设者意识活动对客观世界的反映是主动的、有选择的。不仅要反映事物外部现象,还要把握事物的本质和规律,帮助学生理解人能够能动地认识世界,提高学生综合分析能力,体会建设者的创新意识,培养学生科学精神。

环节三:港珠澳大桥——建设实施

[子议题3]如何把图纸变为实体?

[情境]中国智造:天上有飞机,海上有轮船,夹在中间的港珠澳大桥如何既不影响邻近香港国际机场航线的120米飞行安全,又能满足伶仃洋航道30万

吨轮船通航,还要确保白海豚"不搬家"？如何把设计团队提出的一个个极富创造力的方案变成现实？

"超级工程"背后有"超级创新"。建设者克服土质、天气等各种难题,新材料、新工艺、新设备、新技术层出不穷,填补了多个领域的空白。实现抗风能力16级、抗震能力8级、使用寿命120年,港珠澳大桥施工团队创新研发了31项工法、31套海洋装备、13项软件、454项专利,目前伶仃洋主航道通航等级10万吨级,远期可通行30万吨油轮。

[活动]组内商议、收集展示创新成果。

（答案提示）

组1：人能够在意识指导下能动地改造世界。岛隧工程是大桥的控制性工程。面对国外咨询公司1.5亿欧元的天价咨询费,建设者毅然决定走自主创新之路,解决了一系列世界难题,建成我国第一条外海沉管隧道,也是世界唯一的深埋沉管隧道。

组2：港珠澳大桥像"搭积木"一样拼装出来。工厂按照图纸把桥墩、桥面、钢箱梁、钢管桩等生产出来,等到伶仃洋风平浪静时再组装起来,首次实现"大型化、工厂化、标准化、装配化"建设理念,通过实践把意识中的东西变为现实,创造出没有人的参与永远也不可能出现的东西。

组3：意识对人体生理活动具有调节和控制作用。工匠精神促使建设者勇于创新、实干争先。

[设计意图]通过"港珠澳大桥如何由图纸变成实体"成果展示,新材料、新工艺、新设备、新技术层出不穷,填补了多个领域的空白,让学生感受建设者的奋斗实干精神,理解人们在意识的指导下能动地改造世界,通过实践把意识中的东西变成现实的东西,创造出没有人的参与永远不可能出现的东西。

港珠澳大桥建设过程中所创造的众多科技成果将极大地推动我国社会主义现代化建设,进而坚定学生为人类服务的信心,培育公共参与素养。

环节四：港珠澳大桥——建设启示

[子议题4]珠港澳大桥为什么要建成弯的,一桥到底不行吗？

[情境]一桥到底行不行？

大桥建设不仅要考虑海上通航、空中航空,还要考虑海流的影响、水阻问题、地形问题、海水侵蚀问题、台风问题、生态问题等。

白海豚的保护：大桥必须错开白海豚的生活区。

灾害天气问题：珠江口雷暴、海啸、台风等对大桥的冲击,对行车安全有较高要求。

复杂海况问题：S形曲线设计对海水起到引导作用,从而减少冲击力对桥梁的破坏和侵蚀,避免影响大桥结构和使用寿命。

人的视觉疲劳和精神懈怠问题等。

[活动]组内商议、提升素养。

(答案提示)

组1：必须坚持一切从实际出发,实事求是。我们做事情要尊重物质运动的规律性,从客观实际出发,找到事物本身固有的规律。从结构力学规律、生态规律、人的生理规律看,港珠澳大桥有弯度明显更稳定,符合万物和谐深远的哲理。

组2：台风入侵东南沿海,刚刚建成不久的港珠澳大桥承受住了大自然的考验,既凸显了自然的威力和无情,又揭示必须坚持一切从实际出发,实事求是,顺应自然、利用自然和改造自然的道理。

组3：一切从实际出发,实事求是,要求我们充分发挥主观能动性,不断解放思想,与时俱进,以求真务实的精神探索事物的本质和规律。"填海造岛""岛隧桥""海底沉管"等充满想象力的创举,实际上是在尊重海床规律、海底构造的基础上改造自然的结果。

组4：一切从实际出发,实事求是,要求我们将充分发挥主观能动性和尊重客观规律结合起来,把高度的革命热情同严谨的科学态度结合起来。人在自然面前保持一种谦虚、谨慎、敬畏、尊重和包容的态度,人与自然从协商对话到共同前行。

[设计意图]通过对港珠澳大桥建成后的"反思",让学生亲历大桥看似舍近求远的走向设计,实则尊重海洋洋流的自然规律,在顺势而为、顺时而发中水到渠成,诠释当代新型发展观,有利于学生内化和升华知识,培养科学精神、奋斗精神和实干精神,坚定为中国特色社会主义现代化建设服务的理想信念,落实学科核心素养。

[课堂小结]

天人合一,道法自然。通过本框的学习,学生对意识的作用有了更深刻的理解,港珠澳大桥天、地、人协调发展的理念是"地球上最美的花朵",坚持一切从实际出发,实事求是,携手共建万物和谐的美丽世界是人类的智慧。

【板书设计】

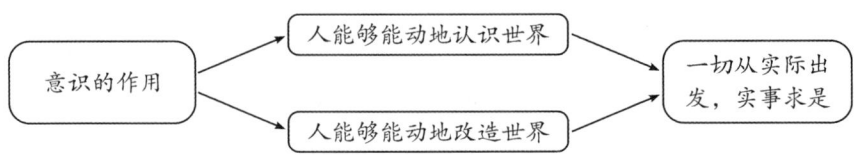

【延伸设计】

(一) 思考题

"十四五"时期(2021年—2025年)是我国全面建成小康社会、实现第一个百年奋斗目标之后,乘势而上开启全面建设社会主义现代化国家新征程、向第二个百年奋斗目标进军的第一个五年。站在历史关键节点上,编制好"十四五"规划,就"十四五"时期经济社会发展做出系统谋划和战略部署,是今后五年乃至更长时期我国经济社会发展的行动指南,为国家未来发展擘画宏伟蓝图。"十四五"规划直面错综复杂国际环境,准确把握我国社会主要矛盾变化带来的新特征、新要求,为我国发展行稳致远指明科学路径。

蓝图已绘就,奋斗正当时。我们要坚持以习近平新时代中国特色社会主义思想为指导,把人民对美好生活的向往作为奋斗目标,准确识变、科学应变、主动求变,激励人们同心同德、埋头苦干、奋勇前行,努力将"十四五"规划和2035年远景目标变为发展现实。

结合材料,运用"意识的作用"知识,谈谈你对"十四五"规划的认识。

参考答案:①人能够能动地认识世界,意识活动具有目的性和计划性。"十四五"规划为未来五年国民经济发展制定了远景目标和方向。②意识活动具有自觉选择性和主动创造性。"十四五"规划在总结我国全面建成小康社会、实现第一个百年奋斗目标的经验的基础上,深刻认识我国未来的发展规律,更准确地为未来五年的发展指明思路和方向。③人能够能动地改造世界,意识对改造客观世界具有指导作用,正确的意识能推动事物的发展。"十四五"规划能够更好地指导人们的实践活动,有利于顺利开启全面建设社会主义现代化国家新征程、向第二个百年奋斗目标进军。意识对人体生理活动具有调节和控制作用,高昂的精神激励人们同心同德、埋头苦干、奋勇前行。④一切从实际出发,实事求是,要求我们把发挥主观能动性和尊重客观规律相结合。"十四五"规划直面错综复杂国际环境,准确把握我国社会主要矛盾变化带来的新特征、新要求,准确识变、科学应变、主动求变,努力将"十四五"规划和2035年远景目标变为发展现实。

(二) 推荐阅读

1. 人民日报评论部:《习近平用典》。

2. 中共中央宣传部、中央广播电视总台:《平语近人》。

3. 冯友兰:《中国哲学简史》。

4. 罗素:《西方哲学史》。

"唯物辩证法的实质与核心"教学设计

陈 婧（四川师范大学）

议题： 矛盾的同一性和斗争性存在什么关系？

【思路框架】

任务线： 结合华为与美国竞争的案例，在讨论和辨析中理解与领悟矛盾的对立统一规律——梳理和总结矛盾的对立统一规律的知识点，从整体上把握所学知识，加深印象——探索应用矛盾的对立统一规律，在结合人类命运共同体理念中实现知识迁移，用科学的矛盾观看待现实中的现象。

情境线： 美国对华为的芯片进行制裁——美国通过芯片制裁阻碍华为发展，自己也受到"反噬"——党的十九届五中全会中提出关于人类命运共同体的理念。

问题线： 矛盾的概念和属性是什么？（师生对话）矛盾的同一性和斗争性的含义是什么？（小组讨论）矛盾的同一性和斗争性的关系是什么？（组队辩论）——矛盾的对立统一规律包含什么知识点？（师生对话）——在人类命运共同体的基础上，如何看待竞争？（微项目）

活动线： 课前自主学习梳理矛盾的对立统一辩证关系原理，然后课堂总结——师生对话——小组讨论→先对话后辩论——项目化学习。

【基础设计】

(一) 教材分析

1. **本课地位：** "事物发展的源泉和动力"是人教版高中思想政治必修4《哲学与文化》第一单元"探索世界与把握规律"第三课第三节第一框题。它为理解矛盾问题的精髓奠定理论基础，是联系观和发展观规律的延续，也是补充把握世界规律的重要理论知识。

2. **内容分析：** 本课由原理、探究活动建议、辅助文、结语组成。

（1）原理部分主要阐述内容：了解矛盾的概念和基本属性，矛盾的同一性和斗争性的含义，理解矛盾的同一性和斗争性的关系和意义。理解推动事物发展的源泉和动力是矛盾的对立统一,形成科学的世界观,运用矛盾对立统一的观点科学看待事物的两面性。

(2)探究活动建议部分主要阐述内容:提供具有子议题性质的三个议题"如何理解自然界中的矛盾""如何看待对立的双方既相互依存,在一定条件下也可以相互转化""如何理解生活中的对立统一哲学道理",并提供相应的教学提示和思考路径。

(3)辅助文部分主要阐述内容:通过拓展"名言""相关链接"引导学生思考哲学上所说的"斗争性"与日常生活所说的"斗争"既有联系又有区别;帮助学生理解生活中充满着矛盾的两面性,将实际案例与矛盾的对立统一的观点相结合,丰富矛盾对立统一规律的知识理解内容,开拓思维。

(4)结语部分主要阐述:在分析的基础上得出矛盾同一性和斗争性的特点、矛盾同一性和斗争性的关系、矛盾双方的对立统一是事物发展的源泉和动力。

(二)学情分析

1.心智特征:本课内容的教学对象为高二学生,他们具有一定的逻辑思考能力,教材内容理论性较强,辅助文内容较少,学生具备基本的归纳总结能力,但对内容的理解和运用较为不足,激发学生的学习兴趣、锻炼学生的归纳总结和运用能力是教师需要研究的重点。

2.认知结构:作为新时代的高二学生,一方面,他们已经对中国的建立和发展、中国的经济生活和政治生活等知识有了基本的学习和积累,对整个社会的发展状态有直观感受。另一方面,通过前两课内容的学习,学生对哲学有了初步了解,对矛盾问题的理解停留在生活中的一些现象上,包括具体事例、热点问题,但较少能把理论与现实相结合,形成科学的矛盾观。

(三)教学目标

1.必备知识目标:了解矛盾的同一性和斗争性的概念、关系和意义,理解推动事物发展的源泉和动力是矛盾双方的对立统一规律运动。

2.关键能力目标:培养学生的合作学习能力和运用科学的世界观正确看待规律、应对社会问题的能力。

3.学科素养目标:认同矛盾的对立统一规律的科学真理性,并用对立统一的观点看待社会发展存在的问题。培养具有把握社会规律能力的,有理想、有本领、有担当的青少年。

4.核心价值目标:树立正确的得失观和竞争观,坚定走中国特色社会主义道路,坚持中国共产党的领导,具有主人翁意识,认识在社会中要拥有良性的竞争意识和奋斗精神。

(四)教学重难点
1.教学重点:矛盾的同一性和斗争性的辩证关系。
2.教学难点:如何运用矛盾的对立统一观念分析问题。

(五)教学方法
议题式教学法、对话式教学法、合作探究法、情境教学法、项目式学习法。

【主体设计】
(一)课前作业
1.阅读教材,基本掌握矛盾的同一性和斗争性的辩证关系知识。在网络上搜集矛盾的同一性和斗争性的具体事例资料,进一步结合具体事例,从个人角度思考矛盾的对立统一规律。搜索华为与美国竞争有关时事新闻,了解事件发展演变过程,运用矛盾的对立统一规律知识对华为与美国的竞争关系进行分析。

2.课前预习,学生自主学习梳理矛盾的对立统一辩证关系原理。梳理矛盾的概念和属性、矛盾的同一性和斗争性的含义和特点、矛盾的同一性和斗争性的关系。运用矛盾的对立统一规律对华为与美国事件的发展演变进行思考。

(二)教学活动过程

环节一:分析案例——领悟矛盾的对立统一规律(问题:矛盾的同一性和斗争性存在什么样的关系?)

(过渡)生活中处处充满着智慧和哲学,只是我们还没有去深入地挖掘其背后蕴含和反映怎样的哲学内容。"难易相成""有无相生",生活中存在很多对立的词语。那么,对立的两个事物是否能够相互转化,让我们带着这个疑问,一起进入今天的学习。现实生活中,华为与美国在芯片与5G领域的竞争,令大家印象深刻。一方面,激发了国人的爱国热情,国家对核心技术的大力扶持,华为努力实现芯片和软件的自主化,人们用行动支持华为。另一方面,美国在5G领域建设方面不断努力。让我们一起看看华为与美国竞争的发展轨迹,探寻矛盾的对立统一规律。

[活动1]展示新闻,学生从个人角度思考矛盾的概念和属性。

"9月中旬以来,因美国正式发布的新规生效,华为在海内外的智能手机零部件供应商三星、索尼(SONY)等都失去了对华为供货的资格。据悉,SEMI曾发出警告,由于海外客户减少购买来自美国巨头生产的芯片设备和软件,美国芯片行业已经为此承受了近1700亿美元(约合11358亿元人民币)的经济损失。截至10月30日当周,美国已对索尼、豪威科技、三星、台积电、英特尔、AMD这几家供应商'放行',允许这些巨头对华为继续供应部分产品。"美国政府在5月15日发布最新的禁令,该禁令于9月15日生效。但时隔两个月不到,美国开始渐渐地同意一些企业继续供货给华为,为什么美国会选择从禁令到部分允许?

学生结合新闻和教材知识,梳理总结矛盾的概念和属性。教师点评略。

[设计意图]通过梳理矛盾概念和属性,使学生对矛盾的概念和属性有初步的认识和理解,为后面知识点学习起到铺垫的作用。

[小结]思考回答:矛盾的概念和属性是什么?该新闻如何体现这个知识点?

[答案预设]世界上的一切事物都包含着既相互对立又相互统一的两个方面。矛盾概念反映事物内部的对立和统一关系。矛盾的对立属性是斗争性,矛盾的统一属性是同一性。美国与华为在5G建设上是对立的双方,具有斗争性,为了打压华为,美国不允许第三方向华为提供高端芯片,想影响华为公司的正常运转。同时,美国承受近1700亿美元经济损失。在经济建设上,华为与美国又是统一的,具有同一性,美国禁止向华为销售芯片,在使华为遭受影响的同时,也使自身蒙受经济损失。

[活动2]结合新闻,学生合作探讨思考矛盾的同一性和斗争性的含义。

2019年5月份,美国正式将华为加入"黑名单",幸好"备胎"海思芯片力挽狂澜,化解了华为的芯片危机。没有达到目的的美国并未善罢甘休,在2020年5月份又加大对华为的芯片制裁。9月15日,芯片禁令正式生效后,华为可能再无芯片可用。当然,美国针对中国企业的芯片限制,不仅让华为走投无路,美国的芯片产业也正在被"反噬"。据英国金融时报报道引述消息人士透露,美国商务部近日在简报会上表示,只要能证明芯片不会用于华为的5G业务,美国将允许更多的芯片公司向华为供货。

[情境]美国与华为竞争激烈,美国对华为的芯片进行制裁。美国商务部近日在简报会上表示,只要能证明芯片不会用于华为的5G业务,美国将允许更多的芯片公司向华为供货。

[辩题1]美国芯片制裁和华为手机的矛盾主要体现在哪些方面,反映矛盾

的什么属性？哲学上的"斗争性"与日常的"斗争"是否一致？

阅读教材，学生思考，小组合作，自由辩论。教师指导。

[设计意图]通过辩论，使学生对矛盾斗争性的含义有具体认知。

[答案预设]矛盾的斗争性是指矛盾双方相互排斥、相互对立的属性。它体现着对立双方相互分离的倾向和趋势。5G建设是美国与华为手机对立的重要原因，是矛盾斗争性的体现。哲学上所说的"斗争性"与日常生活中所说的"斗争"，既有联系又有区别。日常生活中所说的"斗争"是斗争性的一种具体形式，哲学上所说的"斗争性"包括一切差异和对立，并结合生活中的事例对斗争和斗争性做出举证。

[情境]美国需要华为购买芯片从而收获巨大利益，华为需要美国芯片对手机进行运行和升级。美国通过芯片制裁抑制华为发展，使自己也受到"反噬"。

[辩题2]美国与华为的矛盾的同一性体现在哪里？

学生思考，小组合作，自由辩论。教师指导。

[设计意图]通过辩论，使学生对矛盾的同一性的含义有更清晰的认识。

[答案预设]矛盾的同一性是矛盾双方相互吸引、相互联结的属性和趋势，有两个方面的含义。

1.矛盾双方相互依赖，一方的存在以另一方的存在为前提，双方处于一个统一体中。一方面，美国的芯片对华为手机的运行发展起着重要作用。另一方面，华为购买美国芯片给美国带来巨大收益。因此，两者相互依赖，处于一个统一体中。

2.矛盾双方相互贯通，即相互渗透、相互包含，在一定条件下可以相互转化。美国实施芯片制裁，迫使华为手机使用海思芯片和鸿蒙系统。华为使用海思芯片和鸿蒙系统，使美国放宽芯片供货。美国对华为实施芯片制裁，促使中国意识到掌握高端技术的重要性，从而增强自主创新，这在一定意义上成为推动中国高端技术的发展的契机。

[活动3]结合新闻，讨论矛盾的同一性和斗争性的辩证关系。

学生结合新闻和教材梳理总结矛盾的同一性和斗争性的辩证关系。教师点评略。

[设计意图]通过梳理矛盾的同一性和斗争性的关系，引导学生带着理论思考现实问题。

[小结]思考回答：矛盾的同一性和斗争性的关系。

[答案预设]矛盾的同一性是相对的,矛盾的斗争性是绝对的。矛盾的同一性不能脱离斗争性而存在,矛盾的斗争性也不能脱离同一性而存在。

[辩题3]中美贸易战是否长期存在,如果没有5G建设的矛盾,中美之间的矛盾是否仍然存在?结合矛盾的同一性与斗争性的关系内容进行思考。

学生思考,小组合作,自由辩论。教师指导。

[设计意图]通过辩论,使学生理解和掌握矛盾的对立统一规律。

[答案预设]一方面,5G建设是美国与华为竞争的主要原因,这个斗争性长期存在。如果美国与华为不存在5G建设竞争,这个矛盾也就不存在,体现矛盾的同一性不能脱离斗争性而存在。另一方面,美国与华为在5G建设领域竞争,美国想通过不出售芯片对华为进行打压,自身反而遭受经济损失,体现矛盾的斗争性不能脱离同一性而存在。矛盾双方的对立统一推动事物运动、变化和发展,中美在5G建设领域的矛盾,不断推动中国华为提升在芯片和系统领域的自主研发能力。

环节二:归纳知识——把握矛盾的对立统一规律(问题:矛盾的同一性和斗争性存在什么样的关系?)

[活动4]展示矛盾的对立统一规律知识点归纳图。

学生上台展示所画归纳图,教师点评略。

[设计意图]通过画图归纳的方式,使学生对前面所学知识点有整体把握,起到加深印象的作用。

[小结]思考回答:矛盾的对立统一规律包含哪些知识点?

[答案预设]1.矛盾的概念:世界上的一切事物包含着既相互对立又相互统一的两个方面。矛盾概念反映事物内部的对立和统一关系。

2.矛盾的属性:矛盾的对立属性是斗争性,矛盾的统一属性是同一性。

3.矛盾的同一性是矛盾双方相互吸引、相互联结的属性和趋势。它有两个方面的含义:一是矛盾双方相互依赖,一方的存在以另一方的存在为前提,双方处于一个统一体中。二是矛盾双方相互贯通,即相互渗透、相互包含,在一定条件下可以相互转化。

4.矛盾的斗争性:是指矛盾双方相互排斥、相互对立的属性,它体现着对立双方相互分离的倾向和趋势。

5.矛盾的同一性是相对的,矛盾的斗争性是绝对的。矛盾的同一性不能脱离斗争性而存在,矛盾的斗争性也不能脱离同一性而存在。

环节三:探索应用——运用矛盾的对立统一规律(微项目:结合竞争绘制思考图)

(过渡)中美贸易战的矛盾长期存在,美国与华为在5G建设领域的矛盾促使中国芯片和系统领域改革,不断增强自身实力。美国和华为在竞争中取得各自进步,在经济领域的合作并没有就此停止。2012年11月,党的十八大明确提出要倡导人类命运共同体理念,用矛盾的对立统一的观念看待这个理念。世界各国生活在同一个地球上,所有国家的人们要携起手来,共同发展经济、保护环境。各个国家既相互独立,又可以相互合作,在竞争中谋求合作和发展。

[视频]微视频——构建人类命运共同体。

[情境]党的十九届五中全会明确提出:"要高举和平、发展、合作、共赢旗帜,积极营造良好外部环境,推动构建新型国际关系和人类命运共同体。"

[活动5]党的十九届五中全会提出构建新型国际关系和人类命运共同体。世界各个国家在经济上努力既实现合作共赢,又寻求自我突破;政治上既坚持团结合作,又坚持独立自主;文化上既保护本民族文化,又包容其他民族文化等等。世界充满许许多多的矛盾,作为青年学生的你们如何看待竞争呢?请从国家与国家的竞争、各行各业经济上的竞争、"我"与他人的竞争中任选一个方面,绘制思考图。

【板书设计】

矛盾的对立统一规律

【原理】①唯物辩证法认为,世界上的一切事物都包含着对立统一的两个方面。矛盾即对立统一。②矛盾的同一性是矛盾双方相互吸引、相互联结的属性和趋势,矛盾双方相互依赖,相互贯通,在一定条件下可以相互转化;矛盾的斗争性是矛盾双方相互排斥、相互对立的属性。③矛盾的同一性是相对的,斗争性是绝对的;矛盾的同一性不能脱离斗争性而存在,斗争性也不能脱离同一性而存在,斗争性寓于同一性之中;矛盾双方既对立又统一,由此推动事物的运动、变化和发展。

【方法论】①我们必须用一分为二的观点看问题,坚持两点论、两分法,既要在对立中把握统一,又要在统一中把握对立。②积极创造条件,促使矛盾向有利的方向转化。

【延伸设计】

(一)思考题

材料:人制造了机器人,机器人的使用又会对人的就业产生影响。一方面,会使一些技术要求不高的岗位减少。另一方面,会增加研发、销售和服务等就业岗位,这种变化对劳动者素质提出了更高要求。

结合材料,运用矛盾基本属性的知识,说明机器人与人的关系。

参考答案:①矛盾即对立又统一,斗争性和同一性是矛盾的两个基本属性。②矛盾的斗争性是指矛盾双方相互排斥、相互对立的属性。机器人与人存在对立的一面,使用机器人会造成一些工作岗位减少,一些人失业。③矛盾的同一性是指矛盾双方的相互依赖、相互贯通。机器人与人存在统一的一面,机器人是由人制造和使用的,机器人的使用创造了新的就业岗位,反过来要求人提高自身素质,管好用好机器人。④矛盾双方既对立又统一,由此推动事物的运动、变化和发展。机器人与人的对立统一关系必将推动机器人和人不断发展。

(二) 推荐阅读

1.习近平:《习近平谈治国理政》。

2.习近平:《之江新语》。

"矛盾是事物发展的源泉和动力"教学设计

邢成双（河北省定州市第二中学）

议题：定州城前世、今生与未来中的矛盾。

【思路框架】

议题线：以"定州城前世、今生与未来中的矛盾"为总议题展开教学，在课堂构架中起引领和纽带作用。

情境线：播放视频《定州塔》，展示有关定州塔的热词——展示中山古国城市规划图和定州新城规划图，以及播放视频《定州新城规划图》——在党的十九届五中全会精神指引下，结合定州实际，谈谈怎样绘制美丽定州规划图。

活动线：看视频《定州塔》并分析有关定州塔的热词——分组讨论中山古国城市规划图和定州新城规划图——分组讨论并展示新旧城对比——为定州生态之城助力（展示）。

任务线：根据情境整理"矛盾的定义及其基本属性"知识；分角色组织课堂活动，让学生感悟矛盾的普遍性和特殊性，并进行归纳和整理；在新城和旧城的对比中深化理解矛盾的斗争性和同一性，掌握矛盾普遍性和特殊性的辩证关系；在党的十九届五中全会精神指引下，结合定州实际，提高学生运用知识的能力和水平。

【基础设计】

（一）教学分析

1. 本课地位：在第二单元"探索世界与追求真理"基础上，进一步追问世界是怎样的，世界以怎样的状态存在和发展。在认识世界是联系和发展的基础上，进一步培养学生用矛盾观点分析和解决问题的能力。矛盾是唯物辩证法的根本观点，是事物联系的根本内容，是事物发展的根本动力。

2. 内容分析：第一目矛盾的同一性和斗争性。先讲矛盾定义，然后讲同一性和斗争性的内涵，最后讲同一性和斗争性的关系。第二目"矛盾的普遍性和特殊性"。首先讲矛盾的普遍性,其次讲矛盾的特殊性,最后讲矛盾的普遍性和特殊性关系原理及方法论。

(二)学情分析

1.学生心理和认知特征:学生处于青少年到成年的过渡期,感知觉、记忆力、逻辑抽象思维能力在不断增强,开始用批判的、辩证的思维看待周围的人和事。本框内容逻辑性较强,一定程度上符合高中生认知特点。在讲解过程中要注意生活化、案例化,进行情境化设计和结构化处理。

2.学生认知经验和实践水平:学生的认知能力和水平在横向上推移、纵向上深化,认知体系有一定程度的构建;社会实践能力和水平在提高,认知经验有一定程度的积累。

(三)教学目标

通过视频和文字材料相结合,进一步明晰矛盾双方对立统一的关系,并能正确处理矛盾双方以及矛盾的对立性和统一性的关系,让学生真正认识矛盾是事物发展的源泉和动力,培养学生的科学精神。

通过两张城市规划图,从横向和纵向即四维时空关系进行比较,让学生感悟矛盾的普遍性和特殊性及其辩证关系,培养学生科学精神和公共参与意识。

通过定州生态文明建设路线图,让学生理解矛盾的普遍性和特殊性的关系,培养学生的政治认同和科学精神。

(四)教学重难点

准确把握矛盾的概念及其基本属性。

矛盾的普遍性和特殊性及辩证关系。

(五)教学方法

自主学习与教师讲授相结合;小组合作探究;任务驱动为引领。

【主体设计】

导入:大家好,今天我们的遇见,就像冷遇见暖,就有了雨;春遇见了冬,就有了岁月;天遇见地,就有了永恒;人遇见了人,就有了生命一样,我们在此遇见,就有了课堂——让我们一起走进"矛盾是事物发展的源泉和动力"这一课。定州是我们生活的地方,它的一草一木、一砖一瓦,我们再熟悉不过。今天,让我们在课堂上追寻定州的足迹、感受奋进的定州、展望定州美好的明天。

环节一：寻梦——定州塔及古建筑群

[学科内容]矛盾的同一性和斗争性。

[子议题1]如何为定州塔代言？

[情境创设]说起定州城，就会想到标志性建筑定州塔。定州塔被誉为"中华第一塔"。千百年来，定州塔巍峨耸立，默默地注视着定州的岁月变迁，它既是定州城和定州人民的定海神针，又是定州人不变的骄傲。同学们，让我们穿越时光，近距离了解定州塔。

1.视频《定州古塔》。

2.关于定州塔的热词。

同时，学生通过互联网、报刊、媒体等搜集关于定州塔的热词。

[设计意图]矛盾的对立性和统一性的知识点难懂且枯燥，设计生活化的情境不仅有利于学生接受与理解，还有利于教师引导学生总结与概括，培养学生的高阶思维。坚持源于生活为第一原则，播放《定州古塔》视频，以视频为媒介，使课堂可视、可感。同时，搜集关于定州塔的热词，使学生的感觉、观念和认知更加集中和突出。在对比中体会矛盾的对立性和统一性，不仅有利于增强学生的知识获得感，而且有利于提高学生分析材料和运用知识的能力。

[议学活动]在观看微视频和搜集定州塔热词的基础上，结合学生的生活体验和实践经验积累，分组讨论并展示定州塔的特点。

[操作建议]

1.先播放视频，再展示关于定州塔的热词，过渡要自然，同时为下一步教学做好铺垫。

2.学生分组讨论后(1分钟)，以小组为单位发言，假如为定州塔代言要如何做，简明扼要，其他小组补充。

[注意事项]

1.时间分配要合理，要控制学生讨论和发言的时间。

2.知识点较难，以教师点拨和引导为主。

[答案提示]

历史——现存	最高——最低	美誉——恶评	古人——今人
传说——史实	最好——最坏	真经——伪经	建塔——挖地
无策——良策	塔基——塔顶	新塔——旧塔	塔体——内部
勇敢——懦弱	八个角、四个辟门、盲窗		

[概括总结]

1.对立性即斗争性,是矛盾双方相互排斥、相互对立的属性,是绝对的;统一性即同一性,是矛盾双方相互吸引、相互联结的属性和趋势,是相对的。矛盾双方相互依赖、相互贯通(相互渗透、相互包含,在一定条件下可以相互转化)。

2.对立性和统一性不能分开。矛盾的同一性不能脱离斗争性而存在,矛盾双方的同一是对立中的同一,是包含差别的同一;矛盾的斗争性也不能脱离同一性而存在,斗争性寓于同一性之中,并为同一性所制约。

矛盾双方的同一是对立中的同一,斗争性寓于同一性之中,并为同一性所制约,要求我们在对立中把握统一,在统一中坚持对立。

3.矛盾即对立统一推动事物的运动、变化和发展,矛盾是事物发展的源泉和动力。

环节二:追梦——定州新城

[学科内容]矛盾的普遍性和特殊性。

[子议题2]两张定州城市规划图。

[情境创设]中山古国城市规划图、定州新城规划图(视频)。

图1 中山古国城市规划图

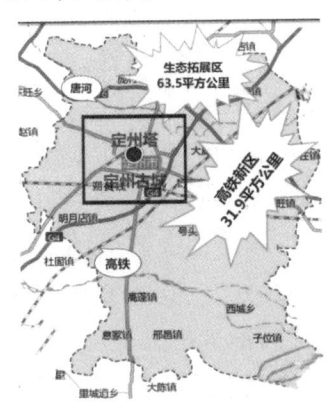

图2 定州新城规划图

[设计意图]展示两张城市规划图,提高学生的阅读和分析能力,提高学生认知的整体性和系统性。设置横向和纵向两个维度,培养学生的时空观念,渗透家国情怀。

[议学活动]

1.讨论和展示两张城市规划图体现的横向联系,并探究背后的原因及应持有的态度。

2.讨论和展示两张城市规划图之间的纵向关联,并探究背后的原因及应持有的态度。

[操作建议]

1.以小组为单位,学生在教师的引导下理解并掌握所涉及的知识点。

2.学生讨论,先说规划图的横向联系,再说规划图之间的纵向关联。

[注意事项]

1.学生在讨论和展示的过程中,教师要注意引导。

2.在学生讨论和展示的基础上,教师要及时概括和总结。

[答案提示]

1.矛盾的普遍性:事事有矛盾、时时有矛盾。

2.矛盾的特殊性:不同事物有不同的矛盾,这些不同的矛盾构成了一事物区别于他事物的特殊本质;同一事物在发展的不同过程和阶段上有不同的矛盾;同一事物中的不同矛盾、同一矛盾的两个不同方面也各有其特点。

3.承认矛盾的普遍性是坚持唯物辩证法的前提。

4.矛盾的普遍性,要求我们要承认矛盾、分析矛盾,勇于揭露矛盾,积极寻求正确的方法解决矛盾。

5.矛盾的特殊性,要求我们具体问题具体分析。

环节三:圆梦——定州未来生态之城

[学科内容]矛盾的普遍性和特殊性的辩证关系及方法论。

[子议题3]是要"金山银山",还是要"绿水青山"?

[情境创设]定州生态文明建设路线图。

2007年,党的十七大报告提出建设生态文明;2012年,党的十八大明确提出大力推进生态文明建设,努力建设美丽中国,实现中华民族永续发展;2014年,定州市城乡规划管理局按照市委、市政府统一安排部署,规划建设唐河湿地公园;2020年10月26日,党的十九届五中全会提出推动绿色发展,促进人与自然和谐共生。坚持"绿水青山就是金山银山"的理念,加快推动绿色低碳发展,持续改善环境质量,提升生态系统质量和稳定性,全面提高资源利用效率。

图3 唐河湿地公园规划图

[设计意图]新时代是生态文明落地的关键时期,创建生态文明新城是新时代定州人的责任和担当,体现学生的勇敢精神和科学精神。在提高学生对知识的理解和运用的同时,培养学生的家国情怀。

[议学活动]

设问1:定州生态文明建设路线图体现了哪些哲学原理?

设问2:如何理解"既要金山银山,又要绿水青山。宁要绿水青山,不要金山银山,而且绿水青山就是金山银山"?

设问3:定州生态文明建设,除唐河湿地公园外,还有定州市小清河生态湿地等。唐河湿地公园的规划方案,可以用到其他湿地(生态文明)建设中吗?

设问4:建设唐河湿地公园需要科学的方法,未来定州城肯定比我们想象中的还要好。作为新时代的高中生,我们应如何勇立潮头、不负青春?

[操作建议]

1.既简单明了又重点突出地讲解定州生态路线图。

2.学生围绕设问回答,原则上一组学生回答,另外一组学生补充即可。

[注意事项]

1.定州生态路线图讲解要简明,给学生想象预留时间。

2.答案设置弹性化,体现学生的创新精神。

[答案提示]

设问1:定州生态文明建设路线图体现了哪些哲学原理?

矛盾的普遍性与特殊性相互联结,普遍性寓于特殊性之中,并通过特殊性表现出来,特殊性也离不开普遍性。

设问2:如何理解"既要金山银山,又要绿水金山。宁要绿水青山,不要金山银山,而且绿水青山就是金山银山。"

矛盾具有特殊性,要抓住主要矛盾,具体问题具体分析;矛盾的普遍性和特殊性可以相互转化,普遍性与特殊性辩证关系原理要求我们坚持普遍性与特殊性、共性与个性的具体的历史的统一。

设问3:定州生态文明建设,除唐河湿地公园外,还有定州市小清河生态湿地等。唐河湿地公园的规划方案,可以用到其他湿地(生态文明)建设中吗?

在普遍性指导下,研究特殊性,做到具体问题具体分析;普遍性与特殊性辩证关系原理要求我们坚持普遍性与特殊性、共性与个性的具体的历史的统一。

设问4:建设唐河湿地公园需要科学的方法,未来定州城肯定比我们想象当中的还要好。作为新时代的高中生,我们应如何勇立潮头、不负青春呢?

矛盾的普遍性要求我们承认矛盾、分析矛盾,勇于揭露矛盾,积极寻求正确的方法解决矛盾;矛盾的特殊性要求我们具体问题具体分析;普遍性与特殊性辩证关系原理要求我们坚持普遍性与特殊性、共性与个性的具体的历史的统一。

【板书设计】

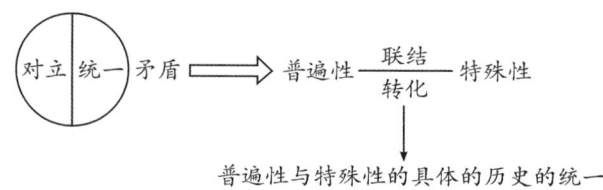

【延伸设计】

(一) 思考题

2019年是文旅元年,文旅火了,文创旅游产品也火了。越来越多的文化旅游景点加大对文创旅游产品研发投入的占比。文创旅游产品,一方面增强了消费者的文化体验感,让游客把文化故事带回家,促进文化传播,起到宣传作用。另一方面增加收入,有力促进了文化景区的保护和发展。两者形成良性循环。

近些年,很多文创旅游产品脱颖而出。例如,北京故宫文创旅游产品紧跟时代步伐,故宫御猫玩偶、嬷嬷针线盒等产品让人眼前一亮,圈粉无数;甘肃敦煌的九色鹿鼠标垫、安徽的马头墙照片夹等文创产品既有文化特色又具有实用价值,深受游客欢迎;陕西西安将历史故事与实景演出相结合,采用高科技舞美灯光,打造的中国首部大型实景历史舞剧《长恨歌》,让观看者梦回唐朝,无比震撼。

然而,与这些匠心独具的产品相比,文创旅游产品两极分化严重。比如,很多文化旅游景区的旅游购物街泛滥、文创旅游产品过度商业化,设计千篇一律、缺乏文化内涵;有的蕴含深厚文化的文创旅游产品只能叫作高冷的"艺术品",不实用、价格不贴近普通大众。文创旅游产品发展有待进一步落实高质量发展理念。

发展文创旅游产品需要文化与商业的有机结合。结合材料,运用矛盾基本属性的知识对此加以说明。

参考答案:①矛盾就是对立统一。斗争性和同一性是矛盾的两个基本属性。文创旅游产品兼具文化性和商业性,二者既对立又统一。②斗争性是指矛盾双方相互排斥、相互对立的属性。文创旅游产品的文化性强调其要有艺术性和文化影响力,而商业性则强调其盈利性和市场影响力,两者相互排斥。③同一性是指矛盾双方相互依赖、相互贯通,甚至在一定条件下可以相互转化。优秀的文创旅游产品可以拓宽市场,增加收入;成功的文创旅游产品通过创收,为文化的保护和传播提供物质基础。④我们要在对立统一中把握文创旅游产品的文化性和商业性,这样,才会有长远发展。

(二)推荐阅读

1. 列宁:《哲学笔记》。
2. 马克思,恩格斯:《马克思恩格斯选集2》。
3. 毛泽东:《矛盾论》《实践论》。
4. 习近平:《习近平谈治国理政》。

"传统文化的继承"教学设计

蔡郭秦(广东省汕尾市教师发展中心)

议题:如何让传统文化焕发时代的光芒?

【思路框架】

任务线:学业任务+素养任务。

依托广东省汕尾市(原海陆丰地区)丰富的传统古村落资源和红色革命资源,激发学生学习兴趣,引领学生学习传统文化,理解传统文化的内涵,特别是对文化的双重性理解,将相关认知内化为自觉传承中华优秀传统文化、自觉弘扬中华民族精神,在自主实践和学习中确立文化自信的根基。

梳理和了解中华文化发展的时代特点,比较不同地区文化特别是岭南文化中广府文化、客家文化和潮汕文化的特点,在讨论和辨析中理解中华文化源远流长、博大精深,树立文化自觉、文化自信、文化认同,培育政治认同素养。

把握时代发展潮流,探寻公共参与的文化路径,在学习实践中实现知识迁移,坚定中华文化自信力量,推动乡土文化创新发展。

情境线:事例或场景。

情境1:播放《篱笆墙的影子》歌曲视频,学生集体朗读余光中的《乡愁》,让学生触景生情感受乡愁。

情境2:多媒体展示海丰县附城镇新山村图文资料,汕尾市新农村建设新成就,当前广东省委赋予汕尾建设沿海经济带靓丽明珠的时代任务。

情境3:由于种种原因,敢为人先、勤劳勇敢的海陆丰人民在改革开放这场"革命"中逐渐落后于省内其他地区,特别是珠三角地区,传统古村落发展中遇到诸多困难和瓶颈。

问题线:问题1+问题2+问题N。

问题1:汕尾市传统古村落蕴含哪些中华优秀传统文化?(师生对话)

问题2:上述提到的这些传统村落,有的有近千年历史,为什么它们虽历经沧桑却仍保留至今,历久弥新,焕发出勃勃生机?(小组讨论)

问题3：石寨村崇文重孝的文化传统为什么可以历久弥新焕发出新的光芒，使这座古老的村落成为有亲有爱、有敬有孝的文化之"家"？（小组讨论）

问题4：如何让延绵千年的石寨村传承优良传统，让这座古老的村落历久弥新焕发出新的光芒，走出一条新的发展之路？（组队辩论）

问题5：请从国家、政府、社会、个人等角度为振兴传统古村落，传承优秀文化建言献策。（项目学习）

活动线：活动1+活动2+活动N。

活动1：品鉴传统古村落的和谐之美。各小组课前对所选定的传统古村落进行调查研究，教师指导学生制作传统村落文化名片和宣传视频。

教师根据各自小组的观点有序指导学生分小组再次讨论，并总结提炼出主要观点。

活动2：探讨传统古村落发展之路。学生观看《篱笆墙的影子》歌曲视频，集体朗读余光中的《乡愁》，触景生情感受乡愁，然后分小组展示课前准备的传统古村落文化名片和宣传小视频，分组讨论并选代表发言后，教师梳理归纳。

活动3：红色文化让传统古村落绽放时代光芒，学生分小组整合之前搜集的资料，充分发表各自的观点，从多角度、多层面提出传统古村落保护与发展，传承好古村落优秀传统文化的具体措施，教师总结提炼。

活动4：项目化学习，教师小结并归纳。在实施振兴传统古村落战略时，结合汕尾市实际（海陆丰红色革命文化资源丰富），打造红色乡村旅游品牌，实现绿色、蓝色、红色统筹发展，走科学可持续发展道路等，学生分小组撰写调查报告并讨论。

【基础设计】

（一）教材分析

1.本课地位：如何在多元化的世界文化海洋中不断发展自我、保持文化的独特性，如何尊重和培育自己的传统文化，为今后发展创新传统文化做好文化铺垫，夯实文化基础，具有承前启后的作用。通过本框题学习，培养学生分辨先进传统文化与落后传统文化的能力，帮助学生树立正确的文化价值观，增强民族文化自觉、文化自信和文化认同、政治认同。

2.内容分析：本框题是必修3《文化生活》第二单元"文化传承与创新"的内容，从文化的传播、文化的发展和文化的创新三个方面展开分析。一是从地域角度介绍文化的区域特色与文化传播（第三课"文化的多样性与文化传播"）。

二是从时间逻辑顺序介绍传统文化的继承和发展(第四课"文化的继承性与文化发展")。三是从文化创新角度,结合第一和第二方面教学内容,着重介绍文化传播与继承的最终目的是实现文化不断创新(第五课"文化创新")。本框题主要介绍第二方面的内容,重点学习传统文化的含义、特点、作用和对待传统文化的正确态度。

(二)学情分析

教学对象为高二年级学生,从生活经验和知识储备上看,在日常生活中接触和了解了许多传统文化内容,能够根据已有生活体验自主分析现实生活中的一些文化现象。通过《文化生活》第一单元的学习,掌握文化的含义特点、文化的作用等相关知识,为学习本课做相应的知识铺垫,也为今后进一步深入学习夯实理论基础;从培养公共参与能力看,高二学生已具有一定的理论知识储备,思辨和实践能力较强,为辩证地看待和传承传统文化奠定坚实的学科基础。

从学习兴趣看,汕尾市毗邻港澳台地区,海外侨胞众多,外来文化的影响比较强烈,不少学生盲目崇尚、追捧外来文化,对中华传统文化特别是地区传统特色文化(海陆丰文化)关注度不高。因此,教师需要多从学生熟知的传统文化出发,引导学生在日常生活学习中观察、思考,发现并感受身边优秀传统文化的魅力,从而不断激发学生学习文化知识的热情。由于这一年龄段的学生缺乏社会文化知识和生活经验,看问题难免存在片面性,一线教师应深入浅出地创设情境与问题,激发学生思考与探究的热情,调动学生学习的积极性,在课堂教学过程中引导学生全面地寻找问题、分析问题,最终解决问题。

(三)教学目标

《普通高中思想政治课程标准(2017年版2020年修订)》提出要辩证地看待传统文化,领会对中华优秀传统文化进行创造性转化、创新性发展的重要意义,弘扬民族精神。

1.通过制作海陆丰地区(汕尾市)传统古村落文化名片活动,加深学生对本土文化的认知,不断增强中学生的文化自豪感、文化认同感,坚定文化自信,培育政治认同。

2.就"经济社会文化不断发展,新型城市化不断加快,传统古村落的未来,路在何方"议题展开思考,在正反双方辩论过程中,让学生既看到传统古村落的机遇与挑战,又要审时度势,顺应新时代新要求,科学有效地保护和开发利用,进而培养学生运用科学思维、辩证思维看待一切问题的能力,逐步形成科学的世界观和方法论,形成科学严谨的治学精神。

3.在如何借助红色文化让传统古村落绽放时代光芒的讨论中,积极引导学生认识红色文化是推动传统古村落发展的重要资源,实现发展与保护的有机统一。保护发展传统村落,首先要进行顶层设计,建立相应的配套制度,强化学生的法治信仰和规则意识,增强学生的法治意识。

4.在为保护传统古村落建言献策活动中,激发学生的家国情怀、责任意识,提升学生公共参与素养,积极引导学生以主人翁的态度自觉主动传承本土特色优秀传统文化。

(四)教学重难点

传统文化的特点和意义,如何正确对待传统文化。

(五)教学方法

多媒体展示法、讨论法、合作探究法、启发法。

【主体设计】

环节一:课前准备活动

[教师活动]

1.讲解什么是传统古村落。(传统古村落包含物质形态和非物质形态文化遗产,指具有较高的历史、文化、艺术、社会、经济价值的村落)

2.提供汕尾市入选中国传统村落名录和入选省级红色文化村的村落名单,协助各小组确定社会实践调查研究的方向(如村落的地理位置、历史信息和文化景观,当地对传统古村落的保护情况等),通过视频、图片、文字和表格等形式展示调查成果。

3.教师提供议题,有序指导学生分小组开展讨论。

[学生活动]

1.深入了解什么是传统古村落?

2.分小组对自己所选定的传统古村落进行调查研究,在老师或相关人员协助下制作传统村落文化名片和小视频。

3.深入了解议题,根据各自小组成员的观点收集资料,分小组讨论,提炼主要观点。

[设计意图]学生通过实地调查、查阅文献或网络资料等方式获取相关研究资料,为课堂教学活动顺利开展做准备。同时,在这一过程中培育学生学科核

心素养,形成调查研究的科学思维方式和公共参与的行为习惯。

环节二:品鉴传统古村落的和谐之美

(一)教师活动

1.播放《篱笆墙的影子》歌曲视频。

2.展示材料:传统古村落承载着中华民族的历史记忆,是人民群众生产生活中集体智慧的结晶、文化艺术历史呈现,具有地域特色,是维系中华文明的根脉,寄托着中华各族儿女的乡愁,是中国传统文化的重要标志。通过实地走访、真实记录等方式,对陆丰市金厢镇下埔村(周恩来渡海处)、大安镇石寨村古寨、陆河县河口镇北中村和新田激石溪、陆河县水唇镇螺洞村、海丰县附城镇新山村、海丰县联安镇坡平村等传统古村落进行调查研究,展现浓郁的岭南文化和粤东文化特色。请以传统古村落代言人的身份,通过村落文化名片和宣传小视频等形式进行推介宣传,全班学生分为6个小组。

(二)学生活动

1.观看《篱笆墙的影子》歌曲视频,集体朗读余光中的《乡愁》,让学生触景生情,感受乡愁。

2.分小组展示课前准备的传统古村落文化名片和宣传小视频。

3.与相关村委建立联络机制,争取当地村民和村委的支持、配合。

[设计意图]通过制作传统村落文化名片和小视频活动,激发学生学习历史文化的兴趣,加深学生对本地优秀传统文化的了解,增强学生的文化自豪感、认同感,树立学生的文化自觉、文化自信、文化认同,培育政治认同素养。

环节三:探讨传统古村落发展之路

(一)教师活动

1.小结:大家的展示非常精彩,这些各具风情的传统古村落蕴藏着历史悠久的中华传统文化。

提出子议题1:汕尾市的传统古村落中有哪些地方体现了我国的优秀传统文化?

2.教师归纳总结传统文化的表现形式:传统习俗、传统建筑、传统文艺、传统思想,特别是传统古建筑,是中华传统文化的重要标志。

3.展示材料并提出子议题2:

上述提到的这些传统村落,有些已经有近千年历史,为什么它们虽历经沧桑但仍焕发出勃勃生机呢?

[文字材料一]

汕尾市陆丰县大安镇石寨村有1300多年历史,是广东省文学艺术界联合会、民间文艺家协会认定的"首批广东省古村落"之一。石寨又名石城,开建于唐代,原为石、陈、谢、黄等姓氏人聚居之处,现只有黄姓人居住。石寨村黄氏族人有崇文重孝的传统,该村至解放初,居民不足千人,却设有16处书塾,书香四溢,读书蔚然成风。

在崇文重孝的传统影响下,黄氏族人讲信修睦、敦亲睦邻、崇文重孝,使这座古老的村落成为和谐友爱的文化之"家"。

[图片材料一]

陆丰市大安镇石寨古村落鸟瞰图(图片资料来自网络)

子议题2:石寨村崇文重孝的文化传统为什么可以延绵千年并历久弥新?

[图片材料二]

陆丰市大安镇石寨古村落寨墙一角图(图片资料来自网络)

4.教师根据各小组学生回答情况适当点评,补充完善并归纳传统文化的两个主要特点:相对稳定性和鲜明民族性。

5.展示材料并提出子议题3。

教师通过多媒体展示当前汕尾市新农村建设新成就,特别是海丰县附城镇新山村图文资料。当前,汕尾的时代任务就是建设沿海经济带。

子议题3:如何让延绵千年的石寨村传承好传统,走出一条新的发展之路?

6.教师根据各小组学生回答情况进行适当点评,使学生明确传统古村落要顺应社会生活变迁,尊重社会经济发展客观规律,不断满足人民日益增长的美好生活的需求,才能不断焕发出生机和活力,焕发出新时代的光芒。

(二)学生活动

1.根据教材知识、名片和视频材料,概括、讨论并回答子议题1。(略)

2.根据教材知识、名片和视频内容,概括、讨论并回答子议题2。(略)

A组:相对稳定性

B组:与时俱进

C组:鲜明民族性

…………

3.根据教材知识、名片和视频材料,概括、讨论并回答子议题3。(略)

学生按照之前分的小组展开讨论后,指派一位小组成员上台发言,充分阐述各自小组的观点。

[设计意图]引导学生形成对汕尾(海陆丰)传统文化直观形象的感性认识,从中归纳提炼出基本理论知识,再上升到逻辑思维的理性认识。既有利于落实课程知识目标,又有利于培养学生自主学习能力和提高学生学科核心素养。

环节四:红色文化让传统古村落绽放时代光芒

(一)教师活动

1.教师通过多媒体展示活动材料,提出子议题4。

由于种种原因,敢为人先、勤劳勇敢的海陆丰人民在改革开放过程中逐渐落后于省内其他市县,特别是与珠三角地区差距较大,传统古村落在发展中遇到诸多困难。在全球经济一体化、社会信息化飞速发展的今天,我们该如何帮助具有红色基因的传统古村落摆脱发展困境?

子议题4:请从国家、政府、社会、个人等多个角度思考,如何传承传统古村落优秀文化?

2.教师小结并归纳。在振兴传统古村落时,结合汕尾市实际(海陆丰红色革命文化资源丰富),要做到"取其精华、去其糟粕、继承传统、推陈出新"。

(二)学生活动

1.各小组学生整合之前搜集的资料,充分发表观点,多角度、多层面提出保护与发展并举的措施。

A 组:取其精华

B 组:去其糟粕

C 组:继承传统

D 组:推陈出新

E 组:批判继承

F 组:古为今用

[教师总结]充分利用当地丰富的红色资源,打造红色乡村旅游品牌,实现绿色、蓝色、红色统筹发展,科学可持续发展。

[设计意图]通过活动培养学生辩证分析能力,树立看待传统文化价值的正确态度,引导学生形成辩证的文化继承观;引导学生从不同角度为传统古村落发展建言献策,明确不同主体职责和权限,增强社会责任感和主人翁精神;保护与发展两手抓,增强学生的法治意识。

【板书设计】

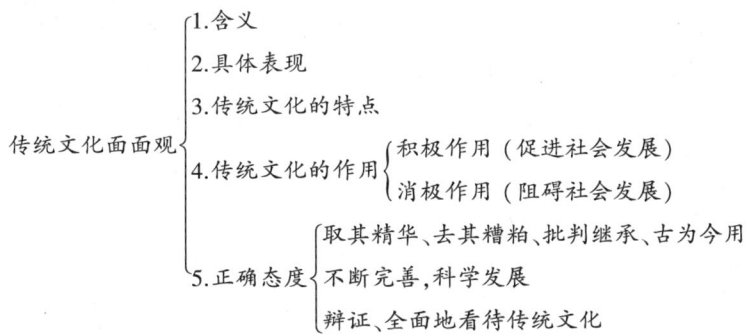

【延伸设计】

(一)思考题

根据课前分工,收集本地区古村落图文信息,结合本节课学习收获,分小组完成一篇2000字左右的传统古村落发展状况调查报告,并制作一个图文并茂的微信美篇。

(二)推荐阅读

1.习近平:《习近平谈治国理政》。

2.柏拉图:《理想国》。

3.慧能:《中华上下五千年》。

4.奥斯特洛夫斯基:《钢铁是怎样炼成的》。

"弘扬中华民族精神"教学设计

娄鹏飞（河南省开封市基础教育教研室）

议题：为什么要弘扬民族精神？

【思路框架】

议题线：由总议题和下设的"议题商议、议题辩论、议题决策"三个环节组成，每个环节由一个子议题引领，议题贯穿课堂教学始终和掌控着教学活动的方向，为"议学"提供学习引导。

情境线：由薪火相传—抗疫弘扬—青春践行组成，为"议学"提供了学习载体。

活动线：由商议、展示—辩论、展示—撰写、展示组成，形成"议""辩""展"三位融合的格局，为"议学"提供学习路径。

任务线：本课通过分析情境材料，引导学生运用历史分析法全面辩证地解析和论证，商议、展示小组合作探究生成的观点和主张，顺利实现"议中学"的教学目标。

【基础设计】

（一）教材分析

1.本课地位：本课为人教版高中思想政治必修3《文化生活》第三单元第七课第二框内容，是对第一框"永恒的中华民族精神"的深化拓展，主要讲述民族精神在不同历史时期的表现，弘扬中华民族精神的必要性和做民族精神的传播者、弘扬者和建设者等问题。通过本课的学习，学生将明确中华民族精神的时代发展性及弘扬中华民族精神的重要意义，培育政治认同、科学精神、公共参与素养。

2.本课内容：本课分三目，第一目"薪火相传，越燃越旺"从中国共产党领导全国各族人民在新民主主义革命和社会主义革命、建设和改革两个维度分析中华民族精神在不同历史时期的表现。第二目"高擎中华民族的精神火炬"，从当今世界文化相互激荡的时代背景、民族发展、国家发展及社会发展四个不同视角,引导学生正确认识弘扬中华民族精神的意义。第三目"书写中华民族精神的新篇章"以毛泽东离开西柏坡时提出进京"赶考"和习近平瞻仰上海中共一大会址及浙江嘉兴南湖红船时讲述党的初心这两个镜头为情境,引导学生理解在实现中华民族伟大复兴中国梦的征程中,必须大力弘扬和培育民族精神,人人都应是民族精神的传播者、弘扬者和建设者。

(二)学情分析

1.学生心智特征:本框内容的教学对象为高二学生,他们有一定的历史和文学知识储备,也有一定的逻辑思维能力,在教师的引导下能够透过史实资料分析文化发展的规律。

2.学生认知结构:通过上一框的学习,学生已经掌握了中华民族精神的具体内涵和中华民族精神的巨大作用,初步确立了正确的民族观和价值观,这为本节课的顺利学习奠定基础,但对民族精神的深层次理解有所欠缺,尤其是对民族和国家的重要性,还需要进一步引导提升。

(三)教学目标

让学生明确中华民族精神在不同历史时期的表现,理解弘扬中华民族精神的重要意义,运用弘扬民族精神的相关知识分析、解决现实问题。在商议、辩论、决策等活动中,培养学生自主学习、合作交流和深入探究的能力,引导学生掌握由表及里的逻辑分析方法和全面看问题的哲学分析方法,增强对中华民族精神的深度认知和培育政治认同、科学精神、公共参与素养。通过对民族精神价值的理解,增强对中华民族精神的认同,树立正确的民族精神价值取向,增强弘扬、传承中华民族精神的责任感。

(四)教学重难点

1.教学重点:弘扬民族精神的必要性。

2.教学难点:抗疫精神与中华民族精神的关系。

(五)教学方法

议题式教学法、情境式教学法、合作探究教学法。

【主体设计】

(一)资料搜集与准备

1.上网了解抗疫精神的内涵,学习习近平在全国抗击新冠肺炎疫情表彰大会上发表的重要讲话。

2.收集中国人民团结抗疫的相关素材。

3.依据导学案预习本课,对教材进行初步了解。

(二)自主梳理

1.(是什么)民族精神,薪火相传。

2.(为什么)民族精神,抗疫弘扬。

3.(怎么做)民族精神,青春践行。

(三)重点理解与应用

情境导入:播放全国抗击新冠肺炎疫情表彰大会部分视频,展示习近平总书记讲话摘要,"伟大抗疫精神,是中国精神的生动诠释,丰富了民族精神和时代精神的内涵""我们要在全社会大力弘扬伟大抗疫精神,使之转化为全面建设社会主义现代化国家、实现中华民族伟大复兴的强大力量"。

问题:1.为什么说抗疫精神丰富了民族精神?其与民族精神的关系是什么?

2.为什么要在全社会大力弘扬伟大的抗疫精神?

[总议题]为什么要弘扬民族精神?

环节一:议题商议(民族精神,薪火相传)

[子议题1]中华民族精神是什么?

[议题情境]民族精神作为民族文化的结晶,其形成和发展的过程是长期历史积淀的过程,也是随着时代不断变化和丰富的过程。不同的时代,我们的民族面临着不同的任务,形成不同的精神支撑,民族精神的表现也各具特色。

[议题任务]

1.小组合作制作"新中国成立前"和"新中国成立后"两段历史时期的"民族精神"手账,并交流、展示。

2.小组交流、商议、展示。(活动1)

(1)新中国成立前和成立后的中华民族精神的特点有什么不同?相同点是什么?

(2)为什么说抗疫精神是对中华民族精神的丰富与发展?

[设计意图]首先,以"议题商议、手账制作"形式,组内商议列出不同历史时期中国共产党人对中华民族精神丰富与发展的成果。其次,通过对比和类比找到不同历史时期民族精神的不同点和相同点,由感知自然提升到本目所要求掌握的知识,即中华民族精神的特点及中华民族精神的动态发展。最后,引出抗疫精神的内涵,引导学生对比和类比抗疫精神与中华民族精神,在对民族精神时代性的认知基础上,体会抗疫精神与中华民族精神之间是共性与个性的关

系,抗疫精神是新时代的民族精神。层层递进,流畅地实现由感性到理性、由经验到理论的统一,培养学生的辩证思维品质,提升学生的政治认同素养。

环节二:议题辩论(民族精神,抗疫弘扬)

[子议题2]后疫情时代,弘扬抗议精神的必要性。

[议题情境]展示图2和图3。

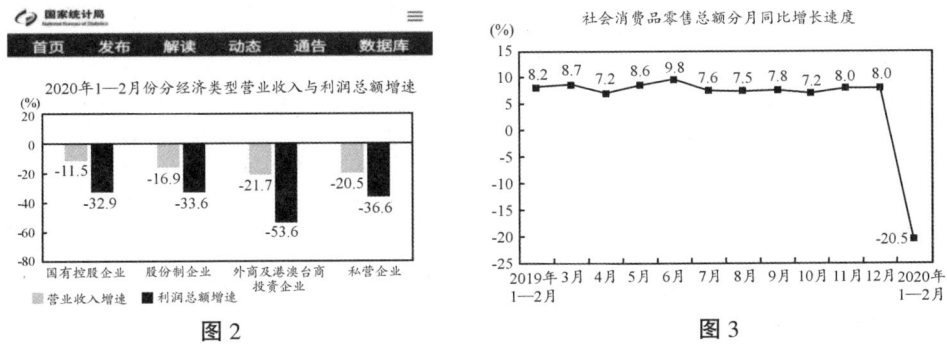

图2　　　　　　　　　　图3

新冠肺炎疫情给中国经济发展造成巨大损失。因此,有人认为,当前我国所有工作都要以经济建设为中心,一切活动必须围绕经济建设展开。尤其在这个特殊时期,弘扬抗疫精神是可有可无的事。你赞同这一观点吗?

[议题任务]在"鱼骨"的三个顶端分别写上赞成的三个理由的关键词,在"鱼骨"的三个底端分别写上反对的三个理由的关键词,选择一方观点开展组内商议,形成支撑观点的论述后开展组际辩论。(活动2)

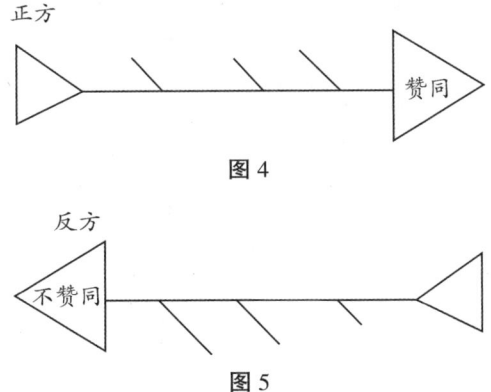

图4

图5

[设计意图]以"在这个特殊的时期,弘扬抗疫精神是可有可无还是必不可少"为辩题开展辩论,实现课程内容活动化,学生深入理解在全社会大力弘扬抗疫精神的意义,引导学生深入理解弘扬民族精神的意义。既可以让学生联系前

面所讲的文化的力量,又可以通过辩论引导学生从世界、民族、国家、社会四个维度理解弘扬民族精神的原因,学生在"越辩越明"中开阔思维、追求真理、锻炼口才、提高修养,进而在真学、真懂、真信、真用中提高政治认同和科学精神素养。

(四)重点迁移

环节三:议题决策(民族精神,青春践行)

[子议题3]时代青年要如何弘扬民族精神?

[议题情境]习近平总书记曾说:"一代人有一代人的长征,一代人有一代人的责任与担当。"每一位青年学子都要不负青春、不负韶华、不负时代,勇于守住中华民族生生不息的根脉,让中华民族精神在奋斗中绽放,让中华民族精神永续相传。

[议题任务]请以"扬民族之魂,青春践行"为主题,举行一次班会。(活动3)

[设计意图]通过议题决策引导学生深入理解民族精神的弘扬不仅是语言上的承诺,更应该在日常生活中落实。让学生明白每一位青年学子都应该高举旗帜跟党走,人人都应该成为民族精神的传播者、弘扬者,续写民族精神的新篇章是每一位学生的责任与担当。在活动型学科课程学习中,由认识世界走向改造世界,提升公共参与等学科核心素养。

【板书设计】

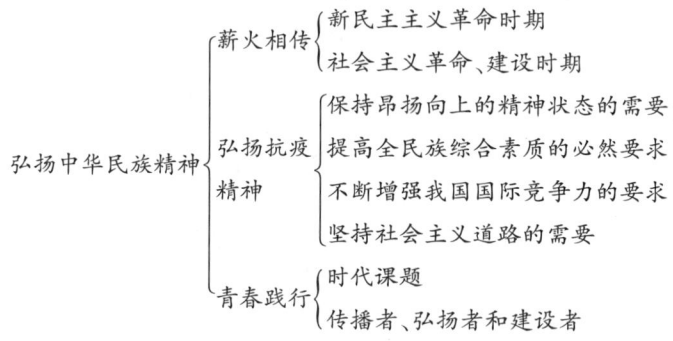

【延伸设计】

(一)思考题

材料:"在这场同严重疫情的殊死较量中,中国人民和中华民族以敢于斗争、敢于胜利的大无畏气概,铸就了生命至上、举国同心、舍生忘死、尊重科学、命运与共的伟大抗疫精神。"在全国抗击新冠肺炎疫情表彰大会上,习近平总书记精辟概括并深入阐释了伟大抗疫精神。中国人民和中华民族铸就的伟大抗疫精神同中华民族长期形成的特质禀赋和文化基因一脉相承,是爱国主义、集体主义、社会主义精神的传承和发展,是中国精神的生动诠释,丰富了民族精神和时代精神的内涵,筑起中华民族伟大复兴征程上新的精神丰碑,成为中华民族宝贵的精神财富。抗疫精神不但是坚决打赢疫情防控人民战争、总体战、阻击战的强大精神支撑,而且是全面建设社会主义现代化国家、实现中华民族伟大复兴的强大力量。

结合材料,运用《文化生活》知识分析新时代大力弘扬伟大抗疫精神的时代意义。

参考答案:①有利于弘扬以爱国主义为核心的民族精神。抗疫斗争实践锻造形成的伟大抗疫精神是中国精神的生动诠释,是爱国主义、集体主义、社会主义精神的传承和发展,丰富了民族精神和时代精神的内涵。②有利于推动中华优秀传统文化创造性转化、创新性发展,发展社会主义先进文化,更好构筑中国精神、中国价值、中国力量。③有利于坚定文化自信,增强民族凝聚力和向心力。新时代弘扬伟大抗疫精神,能够加强团结、增强自信,汇聚成战胜各种困难的磅礴力量。④有利于中国人民和中华民族坚决打赢疫情防控战争,全面建设社会主义现代化国家,实现中华民族伟大复兴。

(二)推荐阅读

1.习近平总书记在全国抗击新冠肺炎疫情表彰大会上的讲话。

2.《新时代爱国主义教育实施纲要》。

"文化创新的途径"教学设计

严旻佳　边洪伟（江苏省锡山高级中学）

议题：无锡地铁文化怎样创新？

【思路框架】

任务线：阅读无锡地铁吉祥物"福宝"相关资料，在自主学习中探寻文化创新的根本途径—梳理中国地铁文化发展历程，在讨论和辨析中领会对中华优秀传统文化的批判性继承—解读国外地铁文化创新案例，在感悟世界文化多样性中了解文化交流互鉴的途径和意义—设计无锡地铁文化创意秀，在交流、合作和参与中实现知识迁移，坚定文化自信。

情境线：无锡地铁吉祥物"福宝"设计思路—中国地铁文化发展史—国外地铁文化创新案例。

问题线：寻找"福宝"这一创意的源泉和动力（自主学习）—"文化创新，要对传统文化进行批判"你如何看待这个观点？（谈论辨析）—谈谈对待外来文化的正确态度（小组讨论）—以小组为单位分别以"无锡味""中国风""国际范"为主题，完成无锡地铁文化建设创新方案设计（合作探究）。

活动线：学生课前就无锡地铁文化建设进行整理和汇总，并进行汇报展示—小组讨论—师生对话—探究辨析—合作学习。

【基础设计】

（一）教材分析

1.本课地位："文化创新的途径"是人教版高中思想政治教材必修3《文化生活》第五课第二框内容。

2.内容分析：本课由"继承传统，推陈出新""面向世界，博采众长""坚持正确方向，克服错误倾向"三目组成。

第一目主要阐述内容：明确社会实践是文化创新的源泉和动力；辩证地看待传统文化，领会对中华优秀传统文化进行创造性转化、创新性发展的重要意义。

第二目主要阐述:在感悟世界文化多样性中了解文化交流互鉴的途径和意义。

第三目主要阐述:在正确认识和处理当代文化与传统文化、民族文化与外来文化关系基础上,反对"守旧主义""封闭主义""民族虚无主义""历史虚无主义"四种错误倾向。

(二)学情分析

1.心智特征:本课内容的教学对象为高一学生,教材内容思路清晰,内在结构化特点比较明显,比较贴近学生现实生活,便于学生学习。

2.认知结构:高一学生已经具备一定的综合探究与合作学习能力,对社会时事有自己的见解。通过之前的学习,高一学生已经对文化的传播、文化创新的作用等知识有一定积累。

(三)教学目标

了解文化创新的根本途径和重要途径,培养学生的合作探究能力和科学精神,增强民族文化认同感,树立中国特色社会主义文化自信。

(四)教学重难点

教学重点:文化创新的根本途径和重要途径。

教学难点:树立中国特色社会主义文化自信。

(五)教学方法

议题式教学合作探究。

【主体设计】

(一)资料搜集

搜集中国各地地铁文化,通过网络检索、实地走访等方式了解无锡地铁文化相关资料。

(二)自主梳理

整合各地地铁文化图文资料,梳理无锡当地地铁文化发展相关内容并找出与文化创新途径相关部分,整理成文本资料。

(三)环节设计

1.课前准备

(1)分组

全班学生按照每组9人的标准分成6个小组,每2个小组围绕一个子议题进行自主学习与合作探究,各组组长做好组织讨论、记录工作,并代表本组总结发言。

(2)热点时评

两位学生整理无锡地铁相关资料,制作汇报课件并就无锡地铁文化建设进行课前展示。

(设计意图:通过课前查阅整理资料、小组讨论、课堂成果展示等活动提高学生自主学习能力,锻炼其综合分析能力、语言表达能力等,使学习在师生互动、开放民主的氛围中进行,真正发挥学生的主体作用)

2.导入新课

教师:同学们,如今城市里的地铁已经不只是一种交通工具,也是城市文化的重要体现。通过刚才两位同学的介绍我们不难发现,对比其他城市,无锡地铁虽然有一些新颖的设计,但是文化元素并不明显,如何打造专属无锡独特的地铁文化值得我们关注。大家有没有留意到,无锡地铁官网设有"建议提案办理情况"专栏,可供大家为无锡地铁建设出谋划策。今天这节课,我们就以"无锡地铁文化怎样创新"为议题,设计一份无锡地铁文化建设创新方案,并在此过程中进一步探讨文化创新的途径。

(设计意图:本节课以"无锡地铁文化怎样创新"为总议题,并设计"'无锡味'如何体现""'中国风'如何融入""'国际范'如何彰显""无锡地铁文化如何创新"四个子议题。学生根据平板推送的相关材料,围绕子议题进行课堂讨论,完成一份无锡地铁文化创新方案设计任务。选取地铁文化作为话题,一方面,源于学生生活,便于学生参与。另一方面,为无锡地铁文化设计创新方案具有重要的实践价值,在现实情境中活动和讨论不但能培养学生概括分析、合作学习能力,而且能增强学生的情感体验和对学生的价值引领。)

子议题1:"无锡味"如何体现?

材料一:无锡地铁吉祥物"福宝"以惠山泥人"阿福"为原型,结合无锡地铁车辆独有的W造型和代表无锡地域特征的水文化元素,既反映无锡江南文化特征,又彰显无锡地铁理念。福宝的主要配色由红色和白色组成,红色采用无锡地铁的企业色,体现地铁的速度与服务的热情,白色体现地铁的环保和无锡的清雅。福宝的脸部由富有科技感的LED面罩组成,具有感知乘客情感的功能,为乘客提供更加舒适、人性化的服务;福宝的发髻有强大的感应功能,具有敏锐的安全感知功能,能够迅速发现和处理地铁运营过程中的突发情况。

学习任务:根据所学知识,结合材料寻找"福宝"这一创意的源泉和动力。

(负责子议题一的小组学生回答问题)

学生A:"福宝"的设计处处体现无锡的地方文化特色。

学生B:从材料中可以看出,"福宝"的创意不是凭空而来的,而是来源于人们的实际生活和现实需求。

教师总结:我们上一节课学习了社会实践是文化创新的源泉和动力。无锡地铁吉祥物"福宝"这一创意本身就是一种文化创新,刚刚两位同学也提到,"福宝"这一创意的源泉和动力是无锡人民改造自然和社会的实践,也是适应发展新情况、回答新问题的无锡答案。这对我们进行文化创新有什么启示呢?

学生:我们不能脱离实际生活,要在社会实践的基础上进行文化创新。

教师:总体来说,我们要立足社会实践,这既是文化创造的基本要求,又是文化创新的根本途径。

(设计意图:寻找"福宝"创意的源泉和动力,帮助学生重温上一课的相关内容,温故而知新,得出立足社会实践是文化创新的根本途径。此外,选取无锡本土文化资源进行开发利用,培养学生对家乡文化的认同感)

子议题2:"中国风"如何融入?

材料二:2018年1月23日,中国首列春节民俗主题的文创地铁专列现身无锡地铁1号线,结合传统民俗文化中的灶神、门神、财神元素,向市民传递了浓浓的春节气息!

中华传统文化既有糟粕又有精华。中华优秀传统文化是中华传统文化的精华,体现在文学、艺术、哲学、科学技术等诸多方面。

时代精神是每一个时代特有的普遍精神实质,是一种超脱个人的共同的集体意识。时代精神具有时代的、历史的特点,它随着时代推移不断变化发展,推陈出新。

学习任务:有人认为"文化创新,要对传统文化进行批判",你如何看待这一观点?

(负责子议题二的小组学生回答问题)

学生A:传统文化能够展现我国的历史,一些经典的文学、艺术作品极大地丰富了我国的民族文化,很多国际时装秀上都出现了中国传统元素,可见中国风深受国内外人士喜爱,我觉得应该保留传统文化,而不是对其批判。

学生B:我认为要有选择性地继承和发展优秀的传统文化,皮影戏、京剧等非物质文化遗产就值得保护和传承。传统文化中也存在一些封建迷信的成分,要对这部分内容进行批判和改良。

教师总结：中华传统文化源远流长、博大精深，其中既有糟粕，又有精华。对于传统文化，我们不能全盘接受，而是要批判地继承，这也是文化创新的根基。那么，是不是继承了传统文化就能实现文化创新呢？

学生回答：在继承传统文化的基础上进行创新，融入时代精神。

教师：固守传统文化而不求创新的"守旧主义"和从根本上否定传统文化作用的"历史虚无主义"这两种错误倾向都是不可取的。文化创新既要对传统文化"取其精华、去其糟粕"，又要体现时代精神，做到"推陈出新、革故鼎新"。由此，我们得出一条文化创新的基本途径——继承传统、推陈出新。

（设计意图：借助具体情境设置辨析式问题，让学生评析观点。一方面，在探究中启迪学生思维，培养学生思辨能力，更好地理解文化创新的基本途径——继承传统，推陈出新。另一方面，通过情境和问题引领学生感受中华优秀传统文化的魅力，正确认识和对待传统文化，坚定文化自信）

子议题3："国际范"如何彰显？

材料三：莫斯科地铁第三换乘环线西南段项目，在以俄罗斯生物学家米丘林命名的地铁站里，夺目的红色立柱、梅花、云纹、团寿、八仙纹等大量中国传统图案被使用在地铁内部装饰中。米丘林车站呈现的"中国范"，为当地增添了一处地下盛景。

对于外国文化，排外主义的方针是错误的，应当尽量吸收进步的外国文化，为发展中国新文化的借鉴；盲目搬用的方针也是错误的，应当以中国人民的实际需要为基础，批判地吸收外国文化。

我们的现代化建设，必须从中国的实际出发。无论是革命还是建设，都要注意学习和借鉴外国经验。但是，照抄照搬别国经验、别国模式，从来不能得到成功。

我们应该秉持平等和尊重，摒弃傲慢和偏见，加深对自身文明和其他文明差异性的认知，推动不同文明交流对话、和谐共生。

学习任务：结合上述材料，谈谈对待外来文化的正确态度。

（负责子议题三的小组学生回答问题）

学生：从材料中可以看出其他国家的地铁文化融入中国风元素，对于外国文化，我们不能一味排斥，可以借鉴优秀的文化成果。

教师总结：文化具有多样性，不同的国家和民族有着不同的文化。进行文化创新时,我们不仅可以继承发展中华优秀传统文化,还可以吸收借鉴世界各国的优秀文化成果,促进不同民族文化交流、借鉴与融合。由此,我们可以得出文化创新的基本途径之二——面向世界、博采众长。

教师:我们在吸收和借鉴其他国家文化的过程中,有没有需要特别注意的地方?

学生 A:现在有很多外来文化在冲击我们的传统文化,我们不能过分依赖外来文化,而失去了本国的文化特色。

学生 B:就像材料中说的那样,我们要从中国实际出发,不照搬照抄别国文化,我们只能参考借鉴其他国家的文化,还应着眼于发展本国的优秀文化。

教师总结:在学习和借鉴其他民族优秀文化成果时,一方面,要立足中国国情,坚持"以我为主,为我所用"原则,推动中华民族文化发展。另一方面,我们也要把握好民族文化和外来文化的关系,既要反对拒绝任何外来文化的"封闭主义",又要反对一味推崇外来文化的"民族虚无主义"。

(设计意图:通过情境材料的呈现,让学生自主思考并合作探究得出文化创新的另一条基本途径——面向世界、博采众长。同时,结合子议题二引导学生准确理解和区分四种错误倾向,培养其对民族文化的自豪感、认同感及对外来文化的正确态度)

子议题4:无锡地铁文化如何创新?

学习任务:以小组为单位,以"无锡味""中国风""国际范"为主题完成"无锡地铁文化建设创新方案设计",并通过平板推送到电子屏幕进行创意展示。(见图1)

主题	
设计理念	
可行性分析	
设计效果(文字、绘图等方式呈现)	

图1

学生A：我们小组的方案主题是"无锡味"，无锡是一个文化底蕴非常厚重的城市，可以设计一些反映地方文化特色的东西，如绘有小笼包、太湖三白、惠山泥人的地铁卡、钥匙扣等，还可以将地铁内的座椅设计成阳山水蜜桃形状。

学生B：我们小组设计无锡话播报站台名，在地铁内部张贴一些无锡特色文化的简单介绍，如二泉映月，扫码后还可以听上一段悠扬的二胡曲。

学生C：我们小组的方案主题是"中国风"，将地铁口设计成中国特色建筑样式，如故宫、长城等，同时在列车门贴上富有中国特色的窗花、中国结。

学生D：我们小组的方案主题是"国际范"，可以在地铁站台设置文化长廊，展现其他国家的地铁文化；还可以在特定时间布置外国文化主题专列。

教师总结：各组的方案都颇具创意，纵览古今，我们不难发现，文化只有不断创新，才能充满生机和活力。中国特色社会主义新时代，我们要继续立足当代中国国情，不忘本来、吸收外来、面向未来，着眼人民群众不断增长的精神文化需要，发展面向大众、面向世界、面向未来的社会主义优秀文化，在创新性发展中，不断铸就中华文化新辉煌。

（设计意图：呼应本课议题"无锡地铁文化怎样创新"，设计无锡地铁文化建设创新方案的学习任务是对本课议题的课堂回答。关注真实情境下问题解决能力的同时，巩固课堂所学内容，以表现性评价的方式展示学生学习效果，开拓学生思维，提升沟通、合作、创新能力）

【板书设计】

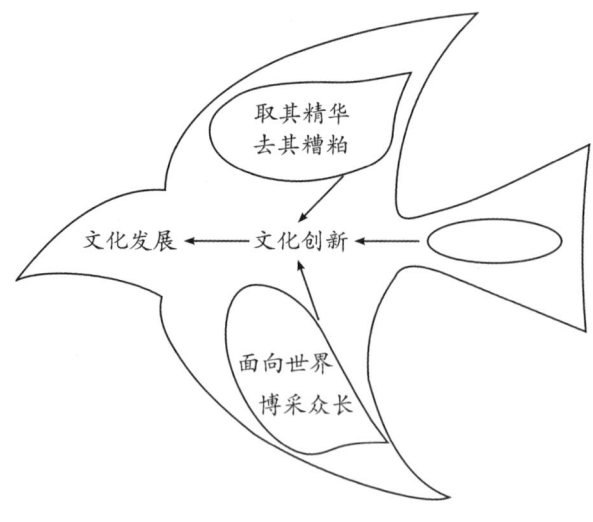

【延伸设计】

(一) 思考题

2020年1月23日,湖北省总结全省诊治新型冠状病毒感染的肺炎经验,提出遵循可操作性强、中西医并重的原则,制定《新型冠状病毒感染的肺炎诊疗方案(试行第一版)》。除了西医治疗,还提供中医治疗方案。专家认为依照新冠肺炎的临床特征属于中医疫病的范畴,其核心病机为"湿、毒、淤、闭",病位在肺、脾,可伤络入血。同时,向社会提供两个中医预防方案。随着疫情防控工作的深入开展,更多的中医疗法被运用在临床上。蜂针疗法就是将蜂针液的药理作用与针灸学原理相结合的一种疗法,在治疗新冠肺炎时见效快、取材方便,治疗速度也快,显示出独特的效能。

结合材料,运用文化创新相关知识谈谈在新冠肺炎治疗过程中如何处理好中西医疗法之间的关系?

参考答案:①根本途径是立足治疗新冠肺炎的实践,处理好中西医疗法的关系,中西医并重。②在新冠肺炎治疗过程中,需要继承传统、推陈出新,既提供中医治疗方案,又要面向世界,博采众长,运用西医治疗。③既要反对"守旧主义"和"封闭主义",又要反对"民族虚无主义"和"历史虚无主义"。④着眼于人民群众的生命健康,根据病情选择诊疗方案,或中西医结合治疗。

(二) 推荐阅读

人民日报评论部:《习近平用典》。

"创新是引领发展的第一动力"教学设计

刘喜如（福建省武平县第一中学）

议题：化危为机：新冠肺炎疫情如何倒逼创新？

【思路框架】

任务线：了解新冠肺炎疫情防控有关知识，理解疫情如何倒逼我国科技创新、制度创新，推动人类思维和文化发展——在小组主题辩论中掌握创新有关知识，理解创新涵盖的领域和主要内容用其相互关系，创新如何成为引领发展的第一动力——在公共参与中实现知识迁移，运用所学哲学知识，联系我国创新创造实际，激发创新热情、增强创新意识，树立"创造伟大"的崇高思想。

情境线："新冠肺炎疫情来了，AI技术如何借力发展"（网络短视频）—《修建中国卫生领域的公共基础设施》·黄奇帆访谈录（网络短视频）—新冠肺炎疫情过后的反思：人类能战胜病毒吗？（教师制作的短视频）

问题线：新冠肺炎疫情如何倒逼科技创新？——如何倒逼制度创新？——如何倒逼思维方式变革和文化发展？

活动线：小组分工上网检索资料：我国抗疫过程中AI技术如何借力发展？——小组分工采访有关部门：我国疫情防控中暴露出哪些薄弱环节？——小组分工开展课堂辩论：病毒与人类哪方会获胜？

【基础设计】

（一）教材分析

1.本课地位：本课是必修4《生活与哲学》第十课"创新意识与社会进步"第二框内容，是第三单元"唯物辩证法"的落脚点。第一框"树立创新意识是唯物辩证法的要求"主要阐述创新的哲学基础。辩证法的革命批判精神要求树立创新意识。本框主要分析创新对社会进步和发展的巨大推动作用，侧重创新与社会进步的关系，从实践层面上说明创新是唯物辩证法的根本要求。实践永无止境，创新永无止境。

2.内容分析：本课围绕"创新是引领发展的第一动力"阐述三个方面内容：

创新推动社会生产力的发展,创新推动生产关系和社会制度的变革,创新推动人类思维方式和文化的发展。其中,第一目"创新推动社会生产力的发展"设计一个"探究活动",旨在让学生理解科技创新有利于社会生产力发展;第二目"创新推动生产关系和社会制度的变革"设计一个"探究活动",旨在让学生认识理论创新能够带来制度创新和变革;第三目"创新推动人类思维和文化的发展"设计两个"探究活动",旨在让学生明白实践创新不仅推动人类思维方式变革,还推动人类文化发展。

(二)学情分析

1.心智特征:高二学生心智发育基本成熟,学习上"最近发展区"进入高中年龄阶段,总体上已经习惯自主合作探究学习方式,透过现象揭示事物本质的深度认知能力基本形成。

2.认知结构:学生在初中阶段已初步学习关于"创新"相关知识,在电影、电视、课外读物等大众媒体中也有接触,具有一定的知识储备,但这些知识储备可能更多地停留在记忆层面,比较零散,没有形成完备的知识体系和系统逻辑。另外,该班级为"历史政治生物"组合的班级,学生的社会活动、文字组织、语言表达能力比较强。

(三)教学目标

1.必备知识目标:列举实例,运用相关原理说明创新推动社会生产力发展,创新推动生产关系和社会制度变革,创新推动人类思维和文化发展。

2.关键能力目标:在自主与合作探究中树立革命批判精神,形成批判性思维和善于研究新情况、敢于提出新问题、大胆寻找新思路的能力。

3.学科素养目标:以我国的抗疫斗争为情境,通过"议中学""议中研""议中做"等活动认同我国的政治制度优势;理性分析疫情对我国造成的影响,培养辩证思维和科学精神;正确理解依法抗疫,增强法治意识;深情回顾抗疫历程,提升公共参与意识和社会责任意识。

4.核心价值目标:牢固树立创新意识和"创造伟大"的崇高思想。

(四)教学重难点

实践基础上的理论创新是社会发展和变革的先导。

(五)教学方法

议题式教学法、对话式教学法、项目式学习。

【主体设计】

环节一:教师课前设计《导学案》

1.引导学生自主阅读教材并思考:创新主要包括哪些领域？不同领域的创新之间构成怎样的关系？创新又如何成为发展第一动力？

2.完成《导学案》中的基础练习,落实本框题基础知识,把握本框题知识结构。

3.带着问题开展小组活动,通过小组采访调查、上网检索资料等途径获得答案。由各组长负责分工,归纳分析采访调查的内容、上网检索的资料。

(1)上网检索资料:AI技术在我国抗疫过程中如何借力发展？

(2)采访有关部门:我国疫情防控中暴露出哪些薄弱环节？

(3)准备课堂辩论:病毒与人类,哪方会获得胜？正反双方明确观点,推荐辩手,组织支持观点的材料与证据,明确辩论的程序与规则,讨论辩论方法与技巧。

环节二:课堂教学过程

1.播放抗疫视频,导入新课

新冠肺炎在全球肆虐,给我们国家和民族带来不可估量的损失,亲人离世,英雄陨落,武汉心碎,全民泪目。痛定思痛之后更应该科学、理性地看待疫情对我国经济社会的短期冲击和长期影响,危中见机,化危为机,利用疫情倒逼机制,把新冠肺炎疫情带来的危机转化为推动我国科技创新、制度创新和文化创新的重大契机,促进我国经济社会高质量发展。

2.组织课堂教学,学生围绕议题展开学习

学生在课前预习的基础上,归纳答案。(1)创新主要包括四个维度:理论创新、制度创新、科技创新、文化创新。(2)"四个创新"之间的关系:理论创新是先导,制度创新是保障,科技创新是动力,文化创新是智力支持。(3)创新成为发展第一动力主要表现在:创新推动社会生产力的发展,推动生产关系和社会制度的变革,推动人类思维和文化发展。

那么,疫情倒逼我们如何创新？由此开启议题式教学。

子议题1:疫情如何倒逼科技创新？

学习任务:小组合作查找资料,了解AI技术为人类健康保驾护航,改进现代诊疗设备;AI技术在更多领域的应用,促进现代医学技术进步;AI技术对高技术人员的需求,提高了医疗技术人员素质;AI技术在更广范围的应用,开辟了更广阔的医疗应用范围。联系教材知识科技创新能够推动社会生产力发展。

视频情境:疫情来了,AI技术如何借力发展?

要点节选:AI技术在序列分析、结构预测、免疫学研究和药物研发等诸多领域具有应用前景……针对NCP病毒的AI诊断技术,阿里达摩院研发了AI算法,可将原来数小时的疑似病例基因分析缩短至半小时,并能精准检测出病毒变异情况……与临床实验筛选不同,AI技术可以在更广范围内进行高通量药物筛选……

学生活动:根据课前查找的资料,结合上述情境材料,从哲学角度讨论:AI技术在我国战"疫"中如何借力发展?

第一小组:结合教材知识,调动已学知识,阐释社会生产力包含哪些构成要素。(生产工具、劳动者、劳动对象)

第二小组:结合所查资料和视频情境,阐释展示AI技术如何改进诊疗设备。(生产工具)

第三小组:结合所查资料和视频情境,阐释展示AI技术如何提高医疗技术人员素质。(劳动者)

第四小组:结合所查资料和视频情境,阐释展示AI技术如何开辟更广泛的医疗应用领域。(劳动对象)

教师总结:科技创新是动力。生产力是人类社会发展的最终决定力量,科学技术是第一生产力,对社会生产力发展和经济发展起着决定性作用。我们要学会危中见机、化危为机,利用疫情倒逼机制推动科技创新,特别是AI技术创新、生物制药和医疗健康等相关领域的科技创新,促进我国高新技术产业高质量发展。

子议题2:疫情如何倒逼制度创新?

学习任务:开展社会实践活动,深入部门采访调查、了解我国公共卫生应急管理的真实情况,思考今后如何进一步加强薄弱环节、补齐短板,从而认识到疫情倒逼我国制度创新。联系教材知识得出结论:制度创新有利于推动生产关系发展和社会制度变革。

视频情境:《修建中国卫生领域的公共基础设施》·黄奇帆访谈录。(黄奇帆,中国国际经济交流中心副理事长)

要点节选:从2003年"非典"到2020年"新冠肺炎疫情",中国公共卫生体系的短板始终没有完全补上,整个公共卫生系统在人员、技术、设备等方面都远远落后……疫情之后，国家要加大对公共卫生服务设施的投资。政府应该把原有投向基础设施的资金转移一部分到公共卫生等公共设施领域，提高公共卫生领域的供给质量……未来，我国要强化公共卫生法治保障，全面加强和完善公共卫生领域相关法律法规建设，认真评估传染病防治法、野生动物保护法等法律法规的修改完善程度……着力完善重大疫情防控救治体系、医疗保险和救助制度。全面提升应急管理能力，增强应急救援的协同性、整体性、专业性……

学生活动：根据采访调查的资料和上述访谈录的视频材料，从哲学角度讨论我国应该如何破解上述难题，加快哪些领域的创新步伐？

第一小组：根据采访县卫健委获得的资料，阐释、展示、交流"我国如何进一步健全国家公共卫生应急管理体系"。

第二小组：根据采访县疾控中心获得的资料，阐释、展示、交流"我国如何进一步加强国家公共卫生基础设施建设"。

第三小组：根据采访县司法局获得的资料，阐释、展示、交流"我国如何进一步加强国家公共卫生领域法治建设"。

第四小组：根据采访县医院总院获得的资料，阐释、展示、交流"我国如何进一步健全国家防控救治体系、医疗保险和救助制度"。

教师总结：此次疫情大暴发，充分暴露我国公共卫生应急管理体系不健全、公共卫生基础设施存在明显短板、公共卫生领域法治建设薄弱等问题。今后，我们要化危为机，利用疫情倒逼机制进一步加快制度创新，将公共卫生领域的短板尽快补上，做到未雨绸缪，防患于未然。此次疫情大暴发，告诉我们一个深刻道理：制度创新是保障。理论、科技、文化都受到制度的制约，与此相对应，理论创新、科技创新、文化创新必然受到制度创新的制约。因此，唯有制度创新，才能为其他创新提供良好的制度保障。

子议题3：疫情如何倒逼人类思维和文化发展？

学习任务：通过开展课堂辩论，增强学生对人类战胜疫情的信心，形成正确的价值引领，使学生对疫情之后人们学习、工作、生活和思维方式变化有比较感性的认识，并进一步上升到理性认识。同时，通过深情回顾抗疫历程，唤醒学生对文明健康生活方式的注意，认同我国政治制度优势，培育家国情怀，从而更好地理解疫情如何倒逼文化创新。联系教材知识，得出结论：文化创新有利于推动人类思维和文化发展。

［视频情境］疫情过后的反思：人类能战胜病毒吗？

有人认为,人类历史上遭遇过一次又一次疫情,但伟大的人类没有被消灭,人类对病毒的认识越来越深刻,抗疫经验越来越丰富。今天,伟大的中国人民在来势凶猛的新冠肺炎疫情面前又一次取得胜利。我们有理由自信,疫情倒逼我们改变学习、工作、生活和思维方式,生活得更健康,从而推动文化发展,促进人类文明进步。

有人认为,地球上存在 30 多万种病毒,危机四伏,人类历史上发生的每一次疫情都对人类造成灾难性打击。今天,新冠肺炎疫情肆虐全球,而人类却还未研制出百分之百有效抑制病毒的药物,正如某学者所说"一个小小的病毒就可以搅得人类昏天黑地,足见人类力量之弱小",而且人类最不善于吸取历史教训,诚如黑格尔所说"人类最大的教训就是从来不会吸取教训"。所以,疫情带给人类的只有悲观和恐慌,疫情阻碍人类文明进步,不能推动人类思维和文化发展。

［学生活动］根据课前小组准备,结合教师制作的短视频,开展课堂辩论,从哲学角度讨论疫情如何推动人类思维和文化发展。

辩题:病毒与人类,哪方会获胜?（多媒体显示）

正方:病毒不敌人类;反方:人类不敌病毒（多媒体显示）。

主持人:正方（1、2 组）VS 反方（3、4 组）。

步骤:(1)双方陈述观点各 2 分钟。(2)自由辩论 3 分钟。(3)双方总结陈词各 1 分钟;教师点评 2 分钟。

［教师总结］疫情面前,我们要增强自信。疫情倒逼文化创新,创新促进人们学习、工作、生活方式发生巨大变化,每一个人都要适应创新带来的新变化。同时,人们的卫生健康意识、生态保护意识、家国情怀等增强了。文化创新是智力支持,文化创新的着力点在于为人类经济发展和社会进步提供精神动力和智力支持。

3.播放抗疫视频,总结升华

没有一个冬天不可以逾越,没有一个春天不会来临!灾难带给我们巨大伤害,但灾难又激发我们国家和民族强大的凝聚力和向心力,我们最终会战胜疫情,还社会和谐安宁。我们要在痛中反思,在痛中警醒,在痛中寻找方向,化危为机,加快科技、制度、文化创新的步伐,勇敢前行,人类未来一定会更加美好!

环节三:直面疫情,体验创新

假如你所在社区或者村庄发现一例新型冠状病毒肺炎感染者,请你组织本班同学以小组为单位围绕共同抗疫主题展开讨论,并设计一个抗疫方案,在班级展示方案成果。可从普通市民(村民)、辖区干部、主管部门、当地政府等角度设计,体现创新性和时代感。

【板书设计】

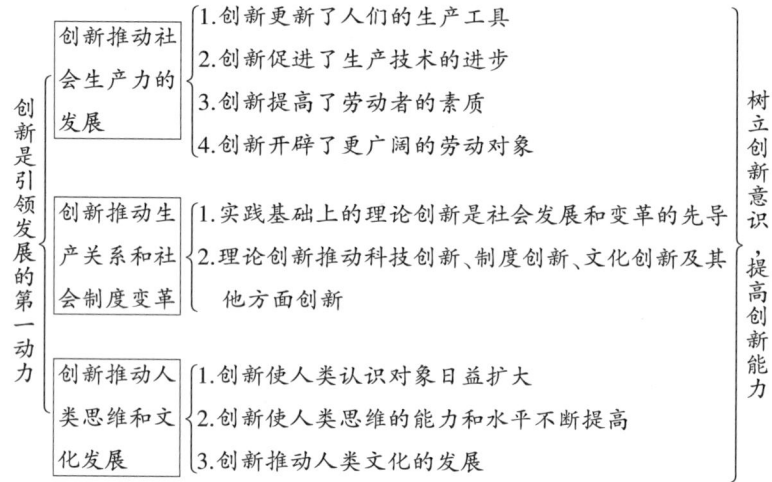

【延伸设计】

一、思考题

材料一:2020年10月1日至8日,央视新闻新媒体推出大型主题报道《坐着高铁看中国》,全景式展示"十三五"规划成就和中国之美。从白山黑水到彩云之南,从大漠戈壁到江南水乡,无数银龙穿云破雾,贴地飞行,奏响新时代伟大复兴的壮丽乐章,展现流动中国的美丽画卷。中国高铁从无到有,从追赶到引领,从"四纵四横"到"八纵八横",发展势头之迅猛令人惊叹不已。截至2020年7月底,中国高铁运营里程达到36万公里,稳居世界第一。我国高铁自主创新技术的发展,不仅推动了国内高铁网的建设,还不断走向世界,大大地推动了我国社会生产力发展。

材料二:坐着高铁看中国,不仅能领略流动中国的创新之盛,还能体验流动中国的绿色之美、文化之美。在成贵高铁上,文旅宣传员刘永仙身着隆重的民族服饰,向旅客展示各种漆器物件。她介绍:"这是来自大方的漆器,明朝时期可是贡品。我们的工艺品已经有六百多年历史了,成贵高铁开通之后,为我们出去宣传'大方漆器'提供了很大帮助,不仅使我们走出去更加方便,还能让全国各地的人来大方欣赏这里的民族、民间文化技艺。"高铁网的建成不仅拉近了中国各地区之间的距离,还拉近了中国与"一带一路"国家之间的距离,加快了中国人民共同富裕的步伐,也给中外文化交流增添了助推力。

(1)阅读材料一,运用"创新是引领发展的第一动力"知识,说明我国高铁技术创新发展如何推动我国社会生产力发展。

(2)请针对我国高铁技术创新发展提出两条合理化建议,并说明方法论依据。

参考答案:(1)①科学技术是先进生产力的集中体现和主要标志。高铁技术的创新更新了人们的生产工具,促进了新产业、新技术融合,推动了社会生产力的发展。②劳动者是生产力中最具决定性的力量。高铁技术的创新提升了劳动者的素质,开辟了更加广阔的劳动对象、更新了交通设备、提升了我国基础设施的整体水平、促进了社会生产力的发展。

(2)①坚持创新驱动发展战略。依据:坚持用发展的观点看问题(坚持创新精神,树立创新意识)。②吸收借鉴先进技术,增强自主创新能力。依据:坚持内外因相结合的观点(坚持尊重客观规律和发挥主观能动性相结合的观点)。

二、推荐阅读

1.王明哲:《创新:让世界爱上中国造》。

2.王明哲:《不忘初心:铸造匠心,驱动创新》。

3.彼得·蒂尔,布莱克·马斯特斯:《从0到1:开启商业与未来的秘密》。

4.戴维·伯恩斯坦:《如何改变世界:社会企业家与新思想的威力》。

专题

"中国抗疫彰显制度自信的光芒"教学设计

黄 强(福建省闽清县第一中学)

议题:中国在抗击新冠肺炎疫情中体现了哪些制度自信的光芒?

【思路框架】

任务线:梳理发展社会主义民主政治的特点和优势,在主体和制度两个方面构建知识体系,在自主学习中探寻制度优势的奥秘——比较中国和美国抗疫的发展历程,在讨论和辨析中理解中国特色社会主义的制度优势,彰显制度自信的底气——探究抗疫中中国共产党的责任担当,以及中国对世界的贡献,在公共参与中实现知识迁移,坚定中国特色社会主义道路和方向。

情感线:美国抗疫不力深陷疫情灾难——中美抗疫情况对比——中国制度优越,人民至上,党的初心使命。

问题线:问题1+问题2+问题N。

1.我国民主制度有哪些?优势是什么?
2.中国共产党怎样践行初心使命?
3.中国抗疫胜利彰显哪些制度优势?
4.美国抗疫措施不力深陷危机原因何在?

活动线:活动1+活动2+活动N。

观看视频资料,评议其反映的内容(师生对话)——问题讨论——先对话后归纳。

【基础设计】

(一)教材分析

1.本课地位:本课基于课标整合《政治生活》第三单元"发展社会主义民主政治"的内容,以新冠肺炎疫情为情境,进行大单元教学。

2.内容分析:第三单元"发展社会主义民主政治"是对一二单元的延伸和深化,是对学生进行思想政治教育的重点。我国是人民民主专政的社会主义国家,人民民主专政的实质是人民当家作主,为了保障人民当家作主,我国建立一系列政治制度。通过议题式教学活动，对我国政治制度进行整合，可以提高学习效率，结合我国疫情防控阻击战，引导学生全面认识我国建立的各项社会主义政治制度的内容、优越性，引导学生拥护中国共产党的领导，理解我国社会主义民主政治的特点和优势，逐步确立正确的政治方向，提高公共参与、政治认同、法治意识素养。

（二）学情分析

通过议题式教学探究中国抗疫体现的"中国之制"的优势，进一步提高学生对中国特色社会主义制度优越性的政治认同和公共参与意识。探究活动建议：①中国共产党怎样践行初心与使命？②中国之治的自信来自哪里？③全球共同抗疫，为何美国防疫失控导致"美式人权"危机？

（三）教学目标

1.通过探究"疫情期间中国共产党怎样践行初心使命"议题，加深学生对中国共产党相关知识的理解，增强学生对社会主义制度优越性的政治认同和公共参与意识。

2.通过"中国之治"的自信来自"中国之制"的优势议题探讨，引导学生进一步理解我国制度的优势，增强学生的分析与综合能力，增强学生的政治认同。

3.通过对中美抗疫不同做法及结果的讨论，从国家民主政治制度知识的角度分析，提高学生的辨识与判断能力。

（四）教学重点难点

1.重点：通过议题探究中美抗疫中的不同措施，明确中国抗疫彰显哪些制度自信。

2.难点：增强学生对中国特色社会主义制度的自信。

（五）教学方法

议题式教学法。

【主体设计】

（一）资料搜集

关注抗疫热点时政，分小组通过网络搜集中美抗疫对比资料，合作互动探究，实现情感升华。

（二）自主梳理并展示

主议题：中国在抗击新冠肺炎疫情中体现了哪些制度自信的光芒？

(三)重点理解

[新课导入]

环节一:观看视频,升华情感

[议题探究]引导思考。

[提出问题]中国为什么能在此次抗疫中取得成功?

习近平总书记指出:全国疫情防控阻击战取得重大战略成果,彰显了中国共产党领导和我国社会主义制度的显著政治优势。面对来势汹汹的新冠肺炎疫情,在党中央集中统一领导下,我们迅速调集340多支医疗队、4.2万多名医务人员,星夜驰援、奔赴一线;我们迅速组织19个省份对口支援疫情严重地区,倾尽全力、不胜不退;我们迅速动员14亿人民联防联控、群防群控,筑起严密防线……

世界卫生组织总干事谭德塞由衷感叹:"中方行动速度之快、规模之大,世所罕见。这是中国制度的优势。"在网络直播的全球"云监工"之下,逾万名建设者齐心协力,日夜鏖战,与蔓延的疫情竞速,火神山、雷神山医院接连建成,超级速度、超级震撼,点亮生命的希望。美国疫情的累计确诊人数和累计死亡人数均是全球第一,其中累计确诊人数是除中国之外世界其他国家确诊人数的29%,而美国的人口只占世界人口的5%。截至2021年2月3日,美国最近一个月(疫情疾病)死亡病例超过10万例。

[活动一]学生活动展示:全球抗击新冠肺炎过程中,"中国之治"与"西方之乱"形成鲜明对比。国际舆论纷纷热赞中国组织力,高度评价中国集中力量办大事的制度优势,为什么"只有中国可以"?

在中国共产党领导下,坚持人民至上原则,人民的生命健康权高于一切,全国一盘棋,联防联治,全国人民经过艰苦卓绝的努力,疫情防治取得重要成果。中国共产党的坚强领导是疫情防控取得成功的关键,各民族人民团结一心、众志成城,中国政府具有仁者之心和国际视野。

美国在抗击新冠肺炎疫情中缺乏责任担当,致使本国疫情严重,未在世界防疫事业中做出自己应有的贡献。玩忽职守,不重视人民的生命健康权。区别对待不同族群,面对人类共同灾难,不负责任且指手画脚。认为自由高于一切,疫情之初麻痹大意,拒绝戴口罩,不停止大规模聚会,致使疫情大规模蔓延。疫情暴发后推卸责任、转移国内民众视线。

[小结]全球共同抗疫，美国深陷疫情危机，美国抗疫之乱彰显中国制度自信。

中国抗疫彰显制度自信。

[主议题]中国抗疫体现"中国之制"的哪些光芒？

[分议题一]抗疫过程中，中国共产党怎样践行初心使命？

[分议题二]中国之治的自信来自哪里？

[分议题三]全球抗疫，为何美国复制不了中国经验，却凸显"美式人权"危机？

答案预设：中国抗疫体现了"中国之制"的哪些光芒？

小组合作要求：分组合作、讨论交流、记录过程、分析总结、代表发言。

教师分析：《政治生活》第三单元介绍了哪些政治制度？这些政治制度的特点和优势是什么？如何把这些优势转换为治理效能？发展社会主义民主政治可以概括为：一本质、三特征、三统一、四制度。

(1)一个本质：人民当家作主（社会主义民主政治的本质和核心）。

(2)三个特征：最广泛、最真实、最管用。

(3)三者统一：党的领导、人民当家作主与依法治国有机统一。

(4)四个制度：根本政治制度是人民代表大会制度，基本政治制度是中国共产党领导的多党合作和政治协商制度、民族区域自治制度及基层民主自治制度。

(一)中国抗疫体现了"中国之制"的哪些光芒？

1.最大的优势是党领导的社会主义制度能够集中力量办大事，这是成就事业的重要法宝。

我国实行中国共产党领导的多党合作与政治协商制度，中国共产党是中国特色社会主义事业的领导核心。中国特色社会主义制度的最大优势是中国共产党领导，坚持中国共产党的领导，能够最广泛、最充分地调动一切积极因素，实现全面建成小康社会的宏伟目标。坚持党的集中统一领导，总揽全局、协调各方，调动一切积极因素。中国基本遏制新冠肺炎疫情只用了26天，基本战胜疫情用了59天。只有中国共产党领导，才能把人民的生命看得高于一切！

2.坚持以人民为中心的发展思想。紧紧依靠人民群众，坚持人民当家作主，切实保障人民群众生命安全和身体健康，实现最广大人民的根本利益。

3.坚持人民代表大会制度，坚持民主集中制原则。各地各部门各司其职、协调联动,全力奋战,发挥中央和地方的积极性。

4.集中人力、物力、财力办大事。(全国一盘棋,共同抗疫)

5.基层民主自治制度的优势,创新基层治理模式,发挥基层群众的主体作用。社区强化网格化管理,守住社区这道防线。

6.发挥党组织战斗堡垒和党员先锋模范作用。

7.坚持依法治国的基本国策,完善疫情防控相关立法,依法防控。

8.实行民族区域自治和党的宗教政策,铸牢中华民族共同体意识。

9.坚持中国共产党领导的多党合作与政治协商制度,各党派团结起来,实现决策科学化、民主化,为共同目标而奋斗。中国共产党是为人民而执政的党,在任何困难和挑战面前,都要对人民负责、对历史负责,不辜负人民的信任。疫情来袭,党中央迅速建立统一调动、上下协同、运行高效的指挥体系,保证国家政令统一、步调一致,使疫情在较短时间内得到有效遏制,保持了社会稳定、人心安定。党的集中统一领导的一个重要体现就是发挥总揽全局、协调各方的领导核心作用。这样的制度优势可以防止出现各自为政、各行其是的分散局面,减少社会内耗。党和政府在极短时间内,启动各级响应机制,高度重视,全面加强对疫情防控的集中统一领导,举全国之力支援湖北、支援武汉,火神山医院、方舱医院在举世惊叹的短时间内拔地而起并投入使用。这一切,再一次证明了社会主义的优越性!

民主集中,闻令而动,集中力量落实防控。

图1 党员先锋模范作用

(二)重点应用

分议题一:抗击新冠肺炎疫情过程中,中国共产党怎样践行初心使命?

小组讨论后分享。

[情景]学生先思考,小组合作、讨论,教师指导

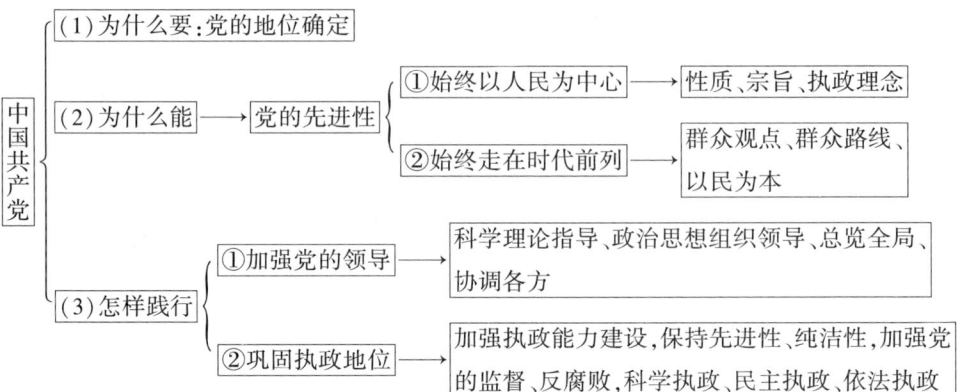

图 2 抗疫中党的领导是最大的优势

教师分析展示：

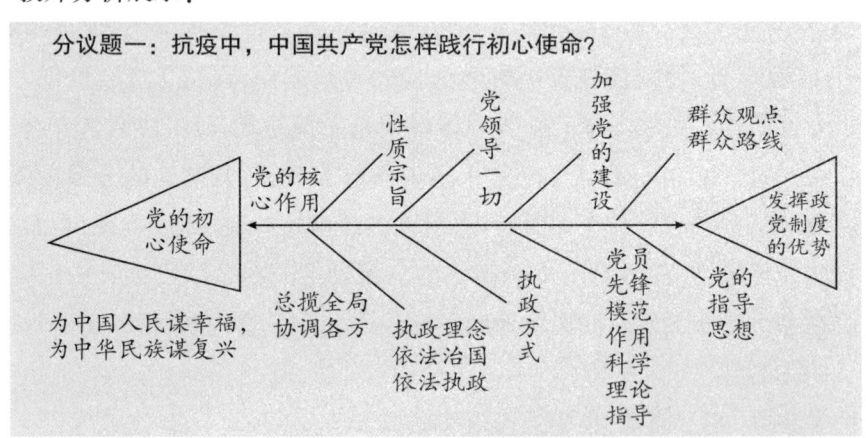

图 3 党践行初心使命

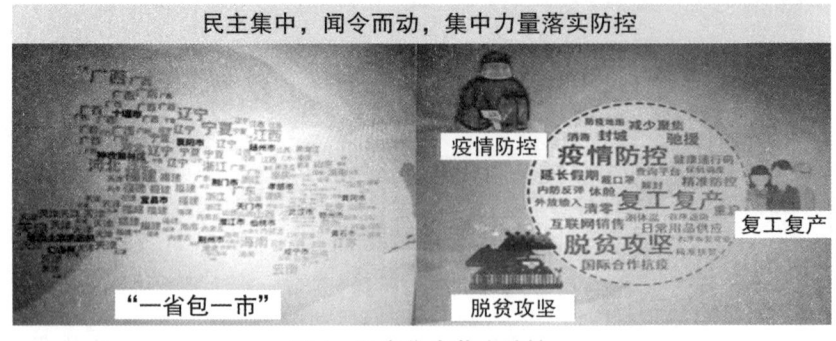

图 4 民主集中落实防控

教师总结：社会主义制度的建立和完善，始终把整体利益置于社会首位，不仅从根本上克服了个人利益至上导致的各种利益对立及冲突，还有利于调动社会各个方面的积极性。党的领导和社会主义制度在抗疫中起到保障作用。对比中国与西方抗疫的表现,"中国社会主义制度是更加人道、更加为了人的制度"。"中国团结一心,中国速度和中国力量向世界展示了抗击疫情的必胜信念和积极成效。"在疫情面前,中国政府展现出强大高效的组织和动员能力,让人印象深刻,这正是中国制度的优势。

[分议题二]抗疫中,"中国之治"的自信来自"中国之制"的哪些优势?

学生讨论后回答:①彰显中国制度以人民为中心的价值优势。②彰显中国制度党领导一切的政治优势。③彰显中国制度集中力量办大事的体制优势。④彰显中国制度构建人类命运共同体的独特优势。

教师总结:虽然疫情来势汹汹,但是中国的制度优势确保中国必能战胜疫情。中美疫情防控对比彰显中国制度优势。

中国国家制度和国家治理体系具有显著优势。这些显著优势主要是:①坚持党的集中统一领导的显著优势。维护党的权威,坚持党的科学理论,保持政治稳定,确保国家始终沿着社会主义方向前进的显著优势。②坚持人民当家作主,发展人民民主,密切联系群众,紧紧依靠人民推动国家发展的显著优势。③坚持全面依法治国,建设社会主义法治国家,切实保障社会公平正义和人民权利的显著优势。④坚持全国一盘棋,调动各方面积极性,集中力量办大事的显著优势。⑤坚持各民族一律平等,铸牢中华民族共同体意识,实现共同团结奋斗、共同繁荣发展的显著优势。⑥坚持公有制为主体、多种所有制经济共同发展和按劳分配为主体、多种分配方式并存,把社会主义制度和市场经济有机结合起来,不断解放和发展社会生产力的显著优势。⑦坚持以人民为中心的发展思想,密切联系群众,紧紧依靠人民增进人民福祉,走共同富裕道路的显著优势。⑧坚持独立自主和对外开放相统一,积极参与全球治理,为构建人类命运共同体不断做出贡献的显著优势。这些显著优势,是我们坚定中国特色社会主义道路自信、理论自信、制度自信、文化自信的基本依据。

[分议题三]全球抗疫,为何美国复制不了中国经验,却凸显"美式人权"危机?

学生讨论,教师总结。

新冠肺炎疫情是新中国成立以来在我国发生的传播速度最快、感染范围最广、防控难度最大的一次重大突发公共卫生事件。中国发挥了应有的大国精神,坚持人民至上,始终秉持人类命运共同体理念,彰显大国担当。中国人民团结一致,同其他国家并肩作战、共克时艰。世界公认中国政府强大的执行能力和中国人民强大的凝聚力。美国《斯坦福日报》发文表示,新冠肺炎疫情证明了"中国模式"的力量;疫情凸显了当代西方治理的深层弊病;当前的危机充分显示了中国治理的优越性。

美国抗击疫情措施不力导致疫情失控,美国政府在新冠肺炎疫情防治中缺乏责任担当,没有足够重视人民的生命健康权,区别对待不同族群,社会阶层不平等,致使本国疫情严重,没有对世界防疫事业做出应有的贡献。美国人口不到中国的1/4,死亡人数近40万。

教师进一步分析:"一场疫情,犹如一面大镜子,照出了中美两种制度的差异。"列举中美抗疫造成两国形势不同的原因。

①我国的国体是人民民主专政的社会主义国家。我国国家始终坚持人民至上,生命健康第一。一切为了人民,一切依靠人民,维护人民利益。美国实行资产阶级专政,是资产阶级狭隘虚伪的少数人的民主。

②人民代表大会制度是我国的根本政治制度。我国国家机构贯彻民主集中制,地方服从中央,保证中央统一领导的同时,充分发挥地方的主动性和积极性。资本主义国家实行三权分立,导致效率低下。

③坚持中国共产党的集中统一领导是中国国家制度和国家治理体系的最大优势。党的领导是中国特色社会主义的本质特征,是中国特色社会主义的最大优势。中国共产党的坚强领导是疫情防控成功的关键。中国共产党员发挥先锋模范作用,全国3900多万名党员、干部战斗在抗疫一线,1300多万名党员参加志愿服务,近400名党员、干部为保卫人民生命安全献出了宝贵生命。

④中国特色社会主义制度坚持把根本政治制度、基本政治制度同基本经济制度及各方面体制机制等具体制度有机结合,坚持把国家层面的民主制度同基层民主制度有机结合,坚持把党的领导、人民当家作主、依法治国有机结合,符合我国国情,集中体现了中国特色社会主义的特点和优势,是中国发展进步的根本制度保障。

⑤中美两国在以"人民为中心"和以"利益优先"的执政理念、"党的集中统一领导"和"两党轮流执政"的政党制度、"全国一盘棋"和"各自为政"的治国理念上的差异导致两国战"疫"结果天壤之别。中国制度优势来自强大的人民核心力、卓越的政治领导力、高度的组织凝聚力,体现在坚定的国际担当力上,在与国际社会的抗疫合作中,中国展现出对人类命运共同体理念的践行与担当,

为维护全球公共卫生安全和人民健康福祉做出巨大贡献。

课前活动:画第三单元思维导图,课堂上展示。

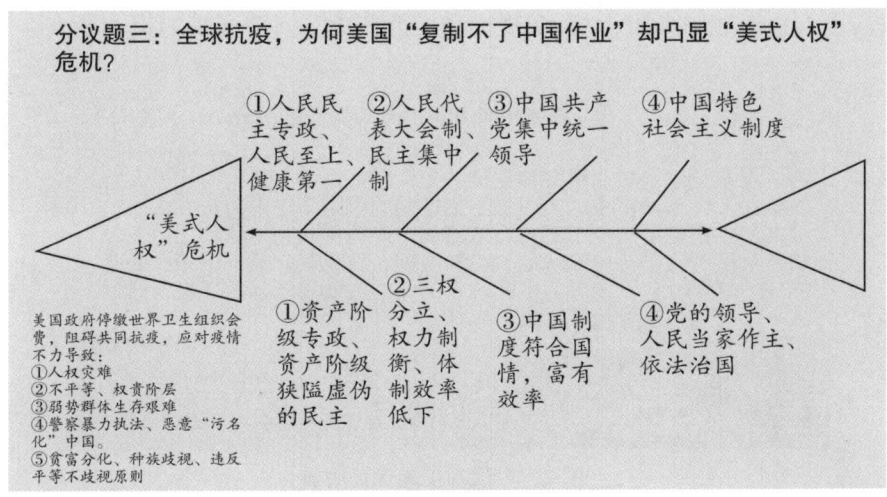

图5 "美式人权"危机

学生展示

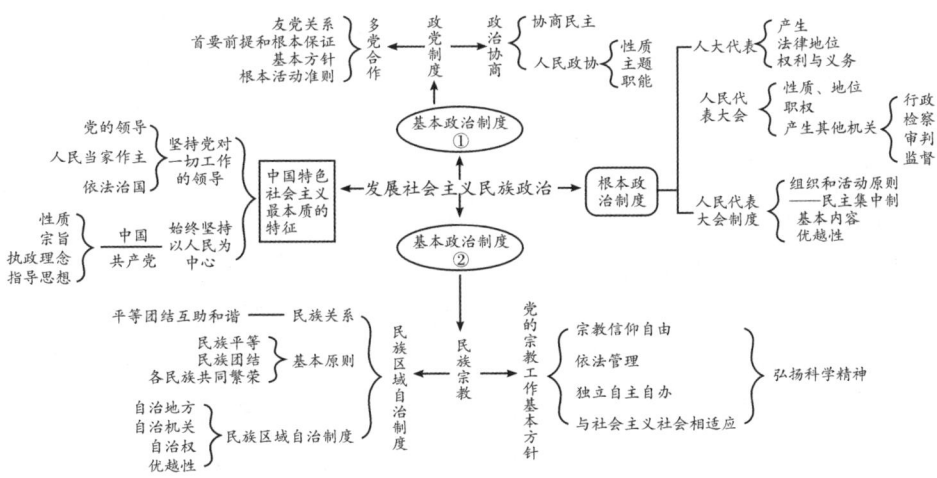

图6 第三单元思维导图(学生展示)

(三)重点迁移

面对突如其来的疫情,党和国家坚持人民至上,不惜一切代价维护人民生命安全和身体健康。我国创立了一套独特的社会治理体系,即党委领导、政府负责、民主协商、社会协同、公众参与、法治保障、科技支撑。

在防控疫情过程中,这一制度优势把社会各方面的资源和力量迅速动员组织起来,形成统一指挥、按需配置、协同合作的防控体系。疫情防控斗争实践证明,更好坚持和完善中国特色社会主义制度,不断增强中国特色社会主义制度优势,是打赢新冠肺炎阻击战、实现中华民族伟大复兴中国梦的根本所在。

总结

美国"抗疫之乱"彰显中国之制。中国制度是个好制度主要表现:
①党的集中统一领导,坚持以人民为中心,以科学理论为指导、发挥党组织战斗堡垒和党员的先锋模范作用。②人民代表大会制确保人民当家作主,实行民主集中制的原则,集中力量办大事。③基层民主自治制度,坚持群众路线,发挥群众的主体作用。④坚持依法治国,坚持民族区域自治制度和宗教政策,筑牢中华民族共同体的意识。⑤党领导的多党合作的政治协商制度,实现决策科学化、民主化,为共同目标而奋斗。

中国特色社会主义最本质的特征是中国共产党领导,中国特色社会主义制度的最大优势是中国共产党领导。

图7 中国制度的优势明显

【板书设计】

中国抗疫彰显制度自信 { 党践行初心使命
中国制度的优势
美国抗疫之乱的根源

【延伸设计】

(一)思考题

1.在2020年春节到来之际,全国暴发了一场极为严重的新型冠状病毒肺炎疫情。自疫情暴发以来,党中央高度重视,始终把人民生命安全和身体健康放在第一位。习近平总书记亲自指挥、亲自部署,多次作出重要指示。党政军民学、东西南北中,各方力量紧急行动起来,众志成城、团结奋战,打响疫情防控的人民战争,全国形成全面动员、全面部署、全面加强疫情防控工作的局面。

2020年2月5日,党中央全面依法治国委员会审议通过《中央全面依法治国委员会关于依法防控新型冠状病毒感染肺炎疫情、切实保障人民群众生命健康安全的意见》,明确要求完善疫情防控相关立法,构建系统完备、科学规范、运行有效的疫情防控法律体系。发热病了找社区,没床位找社区、没吃的也找社区……汹涌的疫情面前,社区被看作第一道"防波堤"。要把防控力量向社区下沉,加强社区各项防控措施的落实,充分发挥社区在疫情防控中的阻击作用,使所有社区成为疫情防控的坚强堡垒。

结合材料运用《政治生活》相关知识,简要说明如何发挥我国的制度优势打赢疫情防控阻击战。

①坚持党的集中统一领导,确保党始终总揽全局、协调各方,调动一切积极因素,发挥集中力量办大事的优势。②坚持以人民为中心的发展思想,紧紧依靠人民群众,打一场疫情防控的人民战争。③坚持依法治国的基本国策,完善疫情防控相关立法,依法防控。④发挥基层群众自治制度优势,守住社区这道防线,全力打赢疫情防控阻击战。

2.材料分析:制度优势是一个国家的最大优势,国与国之间的竞争深层次上是制度的竞争。2020年9月8日,在全国抗击新冠肺炎疫情表彰大会上,习近平总书记指出,中国特色社会主义制度所具有的显著优势,是抵御风险挑战、提高国家治理效能的根本保证。这是在这场波澜壮阔的抗疫斗争中,我们得到的深刻启示。

回答中国制度好在哪里?

①以习近平新时代中国特色社会主义思想为指导,把实现中华民族伟大复兴、为人民谋幸福、为民族谋复兴、为世界谋大同、与党的初心使命和国家前途命运结合起来。

②有中国共产党的坚强领导。党的领导是中国特色社会主义最本质的特征,是中国特色社会主义制度的最大优势,是风雨袭来时中国人民最可靠的主心骨,发挥党员冲锋在前、协调各方、总揽全局的领导作用。

③以人民为中心。在我国制度体系中,人民代表大会制度、民族区域自治制度、基层群众自治制度、基本经济制度、民生保障制度和社会治理制度等体现了坚持人民主体地位、人民至上的崇高理念。

④集中力量办大事。

⑤坚持改革创新、与时俱进。党和国家善于自我完善和自我发展,推进国家治理体系和治理能力现代化才能经受住风险考验。

(二)推荐阅读

人民日报:《关键时刻更见中国制度优势》。

"中国共产党领导战'疫'彰显'人民至上'担当"专题复习

周萍波（浙江省诸暨市浬浦中学）

议题： 中国共产党领导战"疫"为什么能彰显人民至上担当？

【思路框架】

任务线： 简要梳理疫情发生以来习近平总书记部署指导开展疫情防控和经济社会发展的资料，并绘制成习近平总书记的战"疫"日历图，在自主学习中感悟中国共产党的担当和作为，在讨论中理解中国共产党坚持"人民至上"的原因——比较中国援外抗疫善举的主流舆论和杂音怪论，在讨论和辩驳中理解中国援外抗疫践行"人民至上"理念的原因——预测中国抗疫发展趋势，在填表活动中提升对中国共产党带领人民创造美好生活的必胜信心——回望广大青年在战"疫"中的优秀表现，明确新时代青年的使命担当，在公共参与中实现知识迁移，坚定坚持中国共产党领导一以贯之的担当。

情境线： 梳理疫情发生以来习近平总书记部署指导开展疫情防控和经济社会发展的资料——面对中国援外抗疫善举的主流舆论和杂音怪论——疫情过后我国面临的种种挑战——青年在战"疫"中的优秀表现、党的十九届五中全会关于"十四五"规划和2035年远景目标建议。

问题线： 新冠肺炎疫情发生以来，习近平总书记部署指导开展了哪些疫情防控和经济社会发展工作？（小组展示）中国共产党领导战"疫"为什么会坚持"人民至上"？（师生对话）——面对中国援外抗疫善举的杂音怪论，如果我是外交部发言人，我会说："_____。"分析中国援外抗疫的原因，驳斥针对中国援外抗疫的杂音怪论。（组队辩驳）——预测中国战"疫"发展趋势，并从"认识社会与价值选择"或"文化传承与文化创新"角度阐述两个理由（填写表格）——共话新时代青年的青春担当，并归纳新时代青年需要具备的必备素质（项目学习）。

活动线： 课前搜集、梳理疫情发生以来习近平总书记部署指导开展疫情防控和经济社会发展的资料，并绘制成习近平总书记的战"疫"日历图，然后课堂展示、师生对话——先讨论后辩驳——填写表格——项目化学习。

【基础设计】

(一)教材分析

1.本课地位:"中国共产党领导战'疫'彰显'人民至上'担当"专题复习是时政专题复习内容,它是对《政治与法治》《当代国际政治与经济》《哲学与文化》《中国特色社会主义》四本教材的整合与提升。

2.内容分析:本课由《政治与法治》中"中国共产党的先进性"、《当代国际政治与经济》中"世界多极化"、《哲学与文化》中"认识社会与价值选择"和"文化传承与文化创新"、《中国特色社会主义》中"只有坚持和发展中国特色社会主义才能实现中华民族伟大复兴"等内容组成。

(二)学情分析

1.心智特征:本课内容的教学对象为高三学生,已具备一定分析社会现象的心智和逻辑思维能力,能够通过分析、对比等方法对教师提供的时政材料进行综合分析,形成对社会史实的基本评价和理解。

2.认知结构:一方面,学生亲身经历这次疫情,对中国共产党坚持"人民至上"领导抗疫并取得巨大成就有直观感受,通过搜集资料、讨论辨析等活动,在合作探究、辨析中提高学生对中国共产党领导的政治认同。另一方面,经过两年多的学习,高三学生对中国共产党领导战"疫"彰显"人民至上"担当的相关知识已经有一定积累,但综合运用学科知识分析、解决时政热点问题能力尚弱,公共参与素养仍需加强,需要创设相关情境,提供综合视点,帮助学生建构立体式知识体系,提升综合能力和学科核心素养。

(三)教学目标

1.了解中国共产党在抗疫中的担当和作为,理解中国共产党领导坚持"人民至上"的原因,培养学生的合作学习能力,增强对党的领导的政治认同。

2.懂得中国共产党不仅是为中国人民谋幸福的政党,也是为人类进步事业而奋斗的政党,培养学生的合作学习能力和科学精神,坚定拥护中国共产党的领导。

3.理解中国共产党定能领导中国人民夺取疫情防控和实现经济社会发展目标双胜利,增强知识迁移能力,提升对中国共产党带领人民创造美好生活必胜信心,增强制度自信、道路自信。

4.了解新时代青年的必备素质,增强知识迁移能力,提升投身社会主义现代化建设的担当意识,增强公共参与素养。

(四)教学重难点

1.教学重点:中国共产党领导战"疫"为什么能彰显"人民至上"的担当。

2.教学难点:青年学生应该如何坚定坚持中国共产党领导一以贯之担当。

(五)教学方法

对话式教学法、议题式教学法、项目式学习。

【主体设计】

1.网络搜集新冠肺炎疫情发生以来习近平总书记统筹指导疫情防控和经济社会发展的资料。

2.简要梳理新冠肺炎疫情发生以来习近平总书记部署指导开展疫情防控和经济社会发展的资料,并绘制成习近平总书记的战"疫"日历图。

环节一:中国共产党坚持"人民至上"领导战"疫"

[子议题1]中国共产党领导战"疫"为什么会坚持"人民至上"?

(过渡)中国仅用3个月左右时间取得抗疫重大战略成果的根本原因是什么?

[视频播放]《琴键上的战"疫"时间线》

[情境]新冠肺炎疫情发生以来,以习近平同志为核心的党中央率领全党与全国人民书写了"人民至上"的最好答卷,仅用3个月左右时间就取得了抗疫重大战略成果。

[活动1]学生展示习近平总书记的战"疫"日历图,教师点评略。

[设计意图]课前调研活动并用画图方式整理资料,引导学生体会战"疫"中中国共产党坚持"人民至上"的担当和作为,巩固之前所学知识点,起到铺垫作用。

[活动2]运用《政治与法治》中"中国共产党的先进性"知识,分析论证中国共产党领导战"疫"为什么会坚持"人民至上"。学生展示,教师点评。

[设计意图]通过讨论、师生对话,使学生全面把握中国共产党的性质、宗旨、地位、执政理念、奋斗目标等,深刻理解中国共产党是我国最高政治领导力量,始终坚持以人民为中心,增强对党的领导和习近平同志为核心的党中央集中统一领导的政治认同。

[答案预设]中国取得抗疫重大战略性胜利根本在于中国共产党的坚强领

导。中国共产党的性质和宗旨决定党除了工人阶级和最广大人民的根本利益,没有自己特殊的利益,始终把人民利益放在第一位。中国共产党不忘初心使命,为中国人民谋幸福,为中华民族谋复兴,践行立党为公、执政为民的执政理念,贯彻党的群众路线,领导全党全军全国各族人民同心抗疫,坚持人民立场和人民主体地位,紧紧依靠人民,党的全部工作以中国最广大人民的根本利益为根本出发点和落脚点,始终把人民群众生命安全和身体健康放在第一位,践行"人民至上"理念等。

环节二:中国践行"人民至上"援外抗疫

[子议题2]中国援外抗疫为什么践行了"人民至上"理念?

[情境设计]图示中国援外抗疫显担当实况。面对中国援外抗疫善举,国外主流舆论认为中国的援外抗疫是"雪中送炭行大义""团结合作显大爱"!部分人认为中国的援外抗疫是"借机施加影响力",中国要为"延误"而赎罪等。

[活动3]合作探究:面对中国援外抗疫善举的杂音怪论,如果我是外交部发言人,我会说:"_____。"运用《当代国际政治与经济》中"世界多极化"知识,分析中国援外抗疫的原因,驳斥针对中国援外抗疫的杂音怪论。(要求:分组讨论4分钟,代表记录发言,每组代表抢到一次机会只说一个角度,其他组补充不同角度)

[设计意图]通过创设冲突的问题情境,使学生在辩驳中辨明事实真伪,做出正确的价值判断,深刻揭示错误言论的实质,培养学生对国际政治现象、矛盾理性分析的能力,坚定拥护中国共产党领导的抗疫道路,提升科学精神素养。

[答案预设]中国顺应时代发展主题,奉行独立自主的和平外交政策,中国共产党积极推动构建人类卫生健康共同体,尽已所能向国际社会伸出援手,为全球抗疫贡献中国智慧、中国力量、中国方案,实行国际人道主义援助,彰显负责任大国的担当;中国援外抗疫既是维护本国利益,对本国人民生命安全和身体健康负责,又是对全球公共卫生事业尽责,维护世界人民的健康权益,践行"人民至上"理念;美国等一些西方政客和媒体污名化中国的根本目的是获取政治私利,为自身的抗疫不力甩锅推责;中国坚决反对"污名化"和疫情政治化,绝不接受任何滥诉和索赔要求等。

环节三:坚定中国夺取全面胜利信心

[子议题3]中国共产党领导中国人民抗疫发展趋势会怎样?

[情境设计]中国共产党领导人民战"疫"已取得重大战略性成果,但当前

我国仍面临种种挑战:反击美国等西方政客的甩锅行为;弥补疫情中暴露的公共卫生体系、医疗服务体系的短板和不足;持续抓好抗疫外防输入、内防反弹工作;推进经济社会发展工作,确保完成决胜全面小康、决战脱贫攻坚目标任务……

[活动4]完成表格填写。请你预测中国共产党领导中国人民抗疫发展趋势,并从《哲学与文化》"认识社会与价值选择"或"文化传承与文化创新"角度阐述两个理由。

预测中国共产党领导中国人民抗疫发展趋势	
《哲学与文化》"认识社会与价值选择"或"文化传承与文化创新"角度理由	1.
	2.

[设计意图]创设这一情境是为保持情境结构的完整性,增强学生知识迁移能力,使学生更加坚信中国共产党能带领中国人民创造美好生活,对中国共产党更加拥护和信赖,对中国特色社会主义制度更加充满信心。

[答案预设]发展趋势:中国共产党一定能领导中国人民夺取疫情防控和实现经济社会发展目标双胜利。理由:人民群众是历史的创造者,也是抗疫的主体力量,中国共产党坚持群众观点和群众路线,这是党领导中国人民夺取双重胜利的重要保证;事物发展的道路是曲折的,但前途是光明的,只要我们紧密团结在以习近平同志为核心的党中央周围,增强"四个意识",坚定"四个自信",做到"两个维护",坚决贯彻党中央的决策部署,就一定能迎来美好的明天;中华优秀传统文化与民族精神为中国发展提供强大的精神动力,是中华民族永远的精神火炬,伟大的抗疫精神是中国精神的生动诠释,我们对中国特色社会主义文化要有充分自信,特别是对习近平新时代中国特色社会主义思想自信等。

环节四:坚持中共领导一以贯之担当

[项目学习]新时代青年如何坚持中国共产党领导一以贯之担当?

[过渡]中华民族伟大复兴中国梦终将在一代代青年的接力奋斗中变成现实。在这次战"疫"中,广大青年彰显了青春的蓬勃力量,交出了合格答卷。党的十九届五中全会提出"十四五"规划和2035年远景目标建议。作为新时代青

年,该如何坚持中国共产党领导一以贯之担当?

[情境设计]播放青年在抗疫中的优秀表现视频、图示"十四五"规划和2035年远景目标建议。

[活动5]结合广大青年在战"疫"中的优秀表现和新时代青年的历史使命,共话新时代青年的青春担当,并从《中国特色社会主义》"只有坚持和发展中国特色社会主义才能实现中华民族伟大复兴"角度,归纳新时代青年需要具备的素质。

[设计意图]让学生明白青年强则国家强,中国梦的实现需要一代代青年人接力奋斗,激发学生担当时代新人的责任感和使命感,让学生在为祖国自豪的同时学会担当,把爱国情、强国志、报国行自觉融入坚持和发展中国特色社会主义事业、建设社会主义现代化强国、实现中华民族伟大复兴的奋斗,提升公共参与素养。

[答案预设]2019年,习近平总书记在纪念五四运动100周年大会上的讲话中对新时代中国青年提出六点要求:树立远大理想、热爱伟大祖国、担当时代责任、勇于砥砺奋斗、练就过硬本领、锤炼品德修为。青年一代可以此作为担当作为的总体要求,不忘初心,牢记使命,以永不懈怠的精神状态和一往无前的奋斗姿态,一以贯之坚持和发展中国特色社会主义,一以贯之拥护党的领导,坚定理想信念,志存高远,脚踏实地,勇做时代的弄潮儿,在实现中国梦的生动实践中放飞青春梦想,在为人民利益的不懈奋斗中书写人生华章。

【板书设计】

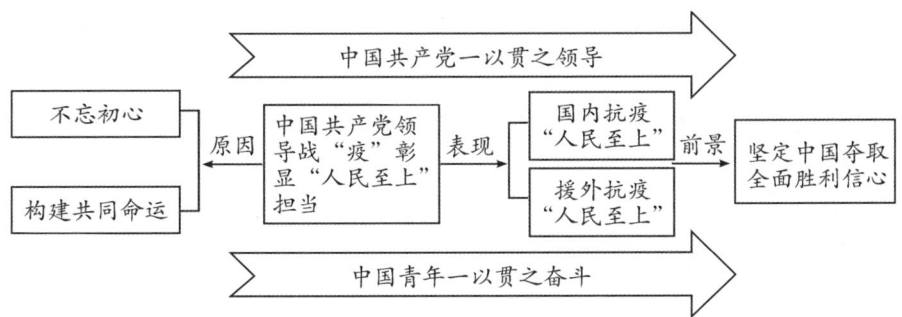

【延伸设计】

(一)思考题

面对突如其来的新冠肺炎疫情,以习近平同志为核心的党中央坚持"以人民为中心"的发展思想领导开展疫情防控治理工作。疫情发生以来,习近平总书记多次强调要"始终把人民群众生命安全和身体健康放在第一位"。在党中央的领导下,全国人民守望相助、团结一致,构筑起全社会抗击疫情的人民长城;根据疫情防控向好的态势,党中央又统筹推进疫情防控和经济社会发展,为人民的生命健康和生活质量提供有力保障。在党中央的坚强领导下,中国人民奋力打赢了夺取疫情防控和实现经济社会发展目标双胜利这场硬仗。

结合材料,运用《经济与社会》中"以人民为中心的发展思想"知识,阐述党中央在疫情防控治理中如何坚持"以人民为中心"发展思想?

参考答案:①坚持以人民为中心的发展思想,就是把实现人民幸福作为发展的目的和归宿,做到发展为了人民、发展依靠人民、发展成果由人民共享。②党中央在疫情防控部署中,始终把人民群众生命安全和身体健康放在第一位,坚持从人民群众的根本利益出发谋发展、促发展,不断满足人民群众对美好生活的需要,努力促进人的全面发展。③党中央领导全国人民构筑起抗击疫情的人民长城,把人民作为发展的力量源泉,充分尊重人民主体地位和人民群众的首创精神,不断从人民群众中汲取智慧和力量,做到依靠人民创造历史伟业。④根据疫情防控形势向好态势,党中央部署有序复工复产、推进经济社会发展,为人民的生命健康和生活质量提供有力保障,使发展成果惠及全体人民,不断保障和改善民生、增进人民福祉,走共同富裕道路,彰显制度优势。

(二)推荐阅读

1.中共中央党校(国家行政学院)中共党史教研部:《中国共产党防治重大疫病的历史与经验》。

2.中共中央党史和文献研究院:《习近平关于统筹疫情防控和经济社会发展重要论述选编》。

3.中华人民共和国国务院新闻办公室:《抗击新冠肺炎疫情的中国行动》。